中华人民共和国

交通法规汇编

（2006）

中华人民共和国交通部　编

人民交通出版社

编辑说明

一、本汇编是国家出版的交通专业性法律、法规、规章汇编正式版本。

二、本卷汇编收集了2006年公布的交通和与交通有关的法律、法规、规章、规范性文件，共104件。

三、本卷汇编收集的内容包括：2006年交通部公布及交通部与有关部委联合公布的交通规章、规范性文件；部分地方交通法规；部分与交通有关的法律、行政法规、规范性文件；2006年废止的交通规章目录。

四、本卷汇编的内容，按下列顺序编制：规划、公路建设养护管理、水运工程、道路运输、水路运输、港口生产作业、海事救捞、人事劳动、税费财务、行风建设、综合、其他、部分地方交通法规、国际公约、附录。

目　录

规　划

公路建设养护管理

水运工程

道路运输

水路运输

港口生产作业

海 事 救 捞

人事劳动

税费财务

行风建设

综　合

其　他

部分地方交通法规

国 际 公 约

附　录

规　　划

公路水路交通“十一五”科技发展规划

（交通部　交科教发〔2006〕70号　2006.02.22）

前　言

“十一五”是我国全面建设小康社会、推进社会主义现代化的关键阶段。党的十六届五中全会明确了“十一五”国民经济和社会发展的主要任务，全国科学技术大会做出了建设创新型国家的重大战略决策，强调把增强自主创新能力作为科学技术发展的战略基点和调整产业结构、转变增长方式的中心环节。未来五年，交通行业必须深入实施“科教兴交”和“人才强交”战略，充分发挥科技的支撑和引领作用，不断增强自主创新能力，推动公路水路交通又快又好地发展。

按照《公路水路交通“十一五”发展规划》、《公路水路交通科技发展战略》和《公路水路交通中长期科技发展规划纲要（2006～2020年）》的总体要求，我部组织编制了《公路水路交通“十一五”科技发展规划》，提出了未来五年交通科技发展的指导方针、发展目标、重点任务和保障措施。实施本项规划，要充分发挥政府、企业、科研单位、高等院校及中介组织等方面的积极性和创造性。通过全行业的共同努力，建立起一个适应交通发展需要、符合交通科技发展规律的创新体系，取得一批拥有自主知识产权和具有世界领先水平的科技成果，培育一支数量充足、结构合理、素质优良、勇于创新的科技人才队伍，推进创新型交通行业建设，为全面建设小康社会做出贡献。

第一章　发展形势与需求

一、发展形势

“十五”是我国公路水路交通历史上发展速度最快、成效最好的时期，也是对经济社会的支撑保障和服务作用最为显著的时期。全社会累计完成交通建设投资21957亿元，年均增长18.7%，超过建国以来51年完成投资的总和，在高速公路、农村公路、沿海港口、内河航运建设等方面取得了显著成就。截至2005年底，全国高速公路总里程达到4.1万公里，位居世界第二；农村沥青（水泥）路达到63万公里，比建国以来前53年翻了一番；公路客运量达171.2亿人次，货运量154亿吨，分别比2000年增长102%和32.6%；港口货物吞吐量达49.1亿吨，集装箱吞吐量达7580万标准箱，连续三年稳居世界第一位。交通事业的快速发展为交通科技提供了广阔的舞台，交通科技的发展也为交通事业的发展提供了有力支撑。

五年来，交通行业坚持“科教兴交”和“人才强交”战略，坚持科技工作面向交通建设主战场，坚持以开放的姿态发展交通科技事业，坚持发挥市场机制配置资源的基础性作用，坚持依靠广大科技人员的拼搏精神，科技投入不断增加，科研条件不断改善，创新能力不断增强，在科技进步和创新方面取得了显著成绩。全行业科研开发总投入约60亿元，其中中央财政性资金约11亿元；建成了2个国家级工程研究中心，建设了17个交通部重点实验室；形成了一支相对稳定、能力较强的交通科技研发队伍；获得国家和省级（含中国公路、航海学会）科技进步奖800余项，获得国家专利数比“九五”增加了一倍多；特殊地质条件筑路技术、公路桥梁隧道建设技术、农村公路建设技术、外海区深水港口建设技术、航道整治和通航技术等一大批交通建设和养护关键技术取得突破，其中高等级公路建设成套技术、大跨径桥梁和深水筑港技术等已达到国际领先水平，为交通基础设施建设提供了保障；现代信息技术的应用，提升了行业的管理和服务能力；加强决策支持技术研究，提高了科学决策的水平；注重交通安全技术的开发和应用，提高了交通安全保障能力；加快环境保护和资源节约技术研究，提高了交通可持续发展能力。

“十一五”我国国民经济将保持平稳较快发展，交通需求仍十分旺盛。预计“十一五”公路客货运周转量年均分别增长8.3%和6.7%，水路货物周转量将年均增长6.6%，汽车保有量将年均增长10%以上，全国沿海港口货物吞吐量、集装箱吞吐量将年均增长8.0%和12.2%。在交通的快速发展过程中，交通建设任务仍然繁重，运输服务要求不断提高，我们不仅面临着重大技术突破和管理水平提升的挑战，还面临着土地、能源、环境、资金等因素的制约。因此，必须实现交通增长方式从要素驱动向科技驱动的根本性转变，走集约化、内涵式发展道路；必须依靠自主创新，大力提高科技进步对交通发展的贡献水平，不断提高交通发展的全面性、协调性和可持续性，建设便捷、通畅、高效、安全的公路水路交通运输体系。

二、发展需求

“十一五”期间，交通科技要面向交通发展主战场，以解决当前和未来发展中的重大科技问题为核心，满足公路水路交通发展扩充能力、提高质量、降低成本、改善服务、保障安全、缓解制约的需要，为公路水路交通发展提供强有力的科技支撑。

（一）扩充能力

我国交通基础设施建设的任务十分艰巨，跨江跨海通道工程、离岸深水港航工程、特大桥梁与超长隧道、特殊地质条件下的公路工程等新项目建设的自然环境恶劣、工程难度大，面临的关键技术问题亟待攻克。随着交通网络的扩大，已有设施改扩建、养护问题日渐突出，危旧桥改造技术、高速公路改扩建技术、无损与快速检测技术、工程快速修复技术等亟待突破。

（二）提高质量

交通基础设施建设要高度重视工程建设质量。工程设计要科学合理，工程结构要安全耐久。高速公路路面的早期破坏、水工工程设施的耐久性、大型桥梁隧道的可靠性等问题提出了全新的技术挑战，需要在机理、设计、施工、管理上开展深入研究。

(三)降低成本

公路水路交通是资金密集型行业，交通基础设施建设一次性投入大，运营时间长，在规划、设计、施工、运营、管理等各个环节都有很大的节约潜力，要树立全寿命周期成本理念，需在上述各个环节进行科技创新。我国区域差异性大，根据区域气候、地质、地理等自然条件，因地制宜地进行设计创新，合理确定建设标准，都对科技创新提出了新要求。

(四)改善服务

提高公路水路交通服务社会的能力，需要推进政务信息化，建设电子政府；需要加快行业信息资源的整合开发和综合利用，建设公众信息服务系统；需要加强综合运输枢纽建设，构筑现代综合运输体系。因此，要加强智能化数字交通技术、多式联运技术以及集装箱一体化运输关键技术和现代物流技术的研究开发与推广应用，促进运输保障能力和服务水平的提高。

(五)保障安全

交通安全最能体现以人为本、社会文明。要对交通设施实施有效的监控与安全评价，提高安全事故的主动防控能力。要从驾驶员、车辆、道路、管理等各个环节形成完整的我国公路交通安全的技术体系。要在船舶交通安全监控、水上事故应急处理、港口安全等方面形成成套技术。要从技术上保障立体搜救与深水打捞，建立全天候运行、全方位覆盖的现代化水上安全监管和人命救助保障体系。

(六)缓解制约

交通的发展必须做到与自然的和谐。要贯彻循环经济理念，在建设、运营、使用、管理等环节形成完善的管理体制和运行机制，依靠科技进步，节约资源，降低能耗，保护环境，发展洁净运输和绿色交通；加大交通领域资源节约与环境保护的新技术、新工艺、新材料、新装备的研发和应用,在发展中节约、集约利用资源,保护生态环境。

第二章 指导方针与发展目标

一、指导方针

"十一五"交通科技发展的指导方针是:以邓小平理论和"三个代表"重要思想为指导,以科学发展观为统领,深入实施"科教兴交"和"人才强交"战略,按照"以人为本、需求引导、综合集成、强化创新、重点突破"的基本方针,以提高自主创新能力为主线,加快交通科技创新体系建设,提升交通科技的总体水平,提高科技对交通发展的贡献水平,为建设创新型行业,推动公路水路交通又快又好发展提供强有力的科技支撑。

二、发展目标

到2010年公路水路交通科技的发展目标是:

(一)建立一个适应交通发展需要、符合交通科技自身发展规律的交通科技创新体系,显著提高交通行业自主创新能力

1. 建成35个交通行业重点实验室,覆盖公路、水路、材料、运输工程、交通安全、决策支持、环保节能、智能交通等8个专业领域的25个研究方向,力争培育1~2个国家重点实验室;

2. 在交通建养技术、智能交通技术、运输组织技术、决策支持技术、安全保障技术及绿色交通技术等方面,整合形成3~5个专业优势明显、学术水平突出、服务全国或区域的交通行业技术研发中心;

3. 以交通科技信息资源集成共享为目标,基本建成数字化、智能化的公共科技信息资源共享服务平台,为交通行业以及全社会提供内容丰富、准确及时、使用便捷的科技信息服务。

(二)突破交通生产建设中的重大关键技术,取得一批拥有自主知识产权和具有世界领先水平的科技成果,大大提高科技成果转化率,全面提升交通的科技含量

1. 着力解决公路水路交通重大工程建设、养护中的关键技术问题，在高速公路、桥梁隧道、深水码头和航道整治等工程建养技术方面达到和保持国际领先水平；

2. 大力开发应用交通信息化技术，以信息化推动交通产业的升级，在智能交通技术、现代化运输管理技术、交通事故应急反应技术等方面达到国际先进水平；

3. 努力突破交通领域资源利用和环境保护等方面的关键技术，在交通决策支持研究等方面取得明显进步；

4. 不断加强先进适用技术的推广应用，科技成果的推广率和转化率显著提高，将交通科技普及工作提高到新水平。

（三）培育一支数量充足、结构合理、素质优良、勇于创新的科技人才队伍，形成比较完整的科研梯队，为交通发展提供智力支持和人才保障

1. 以交通行业重点实验室和行业技术研发中心为基地，依托重大科技项目，造就 50 名左右学术造诣深厚、具备国际先进研究水准、国内一流、国际有影响的交通科技领军人才；

2. 形成一支高素质、有活力、创新能力强的交通科技人才队伍，培养 1000 名左右有学术造诣的优秀青年科技人才；

3. 形成一支政治素质和业务素质高的科技管理人才队伍。

第三章 重点任务

“十一五”交通科技发展的重点要按照总体部署、分步实施、远近结合、解决急需的原则，以增强自主创新能力为主线，全面加强交通科技创新体系建设，着力解决牵动性、关键性、前瞻性重大技术问题，充分发挥科技对公路水路交通发展的支撑、推动和引领作用。

一、创新能力建设

（一）科研基地建设

以交通行业重点实验室建设为切入点，启动交通行业技术研

发中心建设，改善交通科研条件，整合社会科技资源，完善行业科研力量布局，形成高水平的科研基地，培养交通行业的主力研发力量，初步建成适应交通现代化要求、充分发挥市场机制作用、符合交通科技自身发展规律的交通科技创新体系。

1. 建设交通行业重点实验室

在“十一五”期间，交通行业重点实验室建设要覆盖公路工程、水路工程、材料工程、运输工程、交通安全、决策支持、环保节能、智能交通等8个专业领域的25个研究方向。重点实验室的布局突出应用基础研究和重大关键技术研究，重点实验室的建设面向高等院校、科研院所或其他具有自主创新能力的机构，充分吸纳社会各类科技资源。

在强化调整现有交通行业重点实验室的基础上，在长大桥梁和隧道建养技术、大型公路工程构造物的检测与诊断技术、新型港口水工建筑物设计与建造技术、大型水工构造物的检测与诊断技术、交通设施安全技术、道路安全保障技术、交通应急处理技术、交通防灾抗灾技术、水上三品（危险品、化学品和油品）污染监测、防治和处理技术、公路水路环保新技术、智能公路、船舶远程状态检测与信息处理技术等12个研究方向优先认定交通行业重点实验室，到2010年完成其他研究方向的行业重点实验室认定工作。

结合交通行业发展的需要，适时发布行业重点实验室认定指南，指导重点实验室的建设和管理工作。

2. 培育国家重点实验室

对研发能力强、优势明显、业绩突出、影响广泛，对交通行业发展有重大作用，符合“十一五”期间国家重点实验室建设领域和方向的行业重点实验室，加大支持力度，培育1~2个国家重点实验室。

3. 建立交通行业技术研发中心

在公路水路交通建养技术研究、智能交通技术研究、一体化运输系统研究、船舶标准研究、交通决策支持研究、交通安全及可持续发展研究等方面建设形成3~5个专业优势明显、学术水平突出、服务全国或区域的交通行业技术研发中心，使其具备承担重大交通科研攻关和长期从事交通应用基础研究的条件，成为交通科技自主创新的主力。

4. 改善交通科研单位的基础条件

“十一五”期间，各级交通主管部门要加大对交通科研单位的投入，改善基础条件，提高科研开发能力，保障交通科技的可持续发展。部直属科研单位要在道路工程、港口工程、智能交通、集装箱运输和决策支持研究等方向成为国内一流、国际有影响的交通科研机构。主要改善规划与决策咨询、港航安全、动静态数据统计和分析、环境保护、路面试验、公路和港口检测设施、海岸动力环境等方面的研究条件，改善科研业务用房。

（二）科技信息资源共享平台建设

以交通科技信息资源的集成共享和优质服务为目标，以信息保障系统和共享制度体系为基础，建成交通科技信息资源共享平台，提供数字化、智能化交通公共科技信息服务。

1. 加快信息资源共享平台基础设施建设。编制科技信息资源共享平台建设规划，形成交通科技信息资源中心。重点加强科技管理、信息服务、成果发布与技术交易等信息系统的整体开发，形成行业科技管理工作平台与科技信息服务平台。

2. 加强交通科技信息资源的整合与共享。打破科技信息资源分散、封闭和垄断的状况，对公益性、基础性科技数据资源和工程技术数据资源进行有效整合，实现科技信息资源的有效集成、高效流动与低成本使用。

3. 建立信息资源共享平台运行管理机制。开展信息资源共享平台的信息资源、应用系统、服务体系和标准规范建设研究，制定相应的规章制度，形成有效的平台运行机制和管理机制，实现交通科技信息资源的共建共享。

（三）科技人才队伍建设

1. 培养高层次科技人才

交通行业要营造一个有利于培养、吸引高层次科技人才的良好环境，通过交通生产建设实践、重大科研项目以及国际科技合作与学术交流，培养、锻炼和发现人才，使优秀科技人才充分发挥聪明才智，脱颖而出。加快交通科技创新团队建设，改善科技人才结构，着力培养青年科技人才，建设科技人才梯队，促进交通科技的持续创新。

2. 开发利用各类科技人才资源

充分发挥市场机制在人才资源配置中的基础性作用，把引进人才和引进智力结合起来，开发利用国内外科技人才智力资源。建立更加开放的科技人才引进、使用机制，通过合作研究、技术交流与培训等多种形式，吸引社会科技人才为我国交通科技创新服务。采用积极有效的人才政策，鼓励和支持专业技术人员为基层、为交通生产建设第一线服务。

二、重大专项攻关

开展重大专项攻关，重点解决交通生产建设面临的关键技术难题，重点支持对行业发展具有明显支撑和引领作用的重大科研项目，力争形成一批拥有自主知识产权、技术水平世界领先、成果实用性强、生产效益显著的科研成果和科技产品。组织开展5个重大专项：

(一)大型公路桥梁隧道建设关键技术研究

1. 预期目标

开展公路桥梁、隧道等重大建设工程关键技术攻关，形成具有我国自主知识产权的、整体上达到国际先进水平，并在若干单项技术居世界领先地位的大型跨江跨海桥梁、公路隧道建设成套技术；在勘察设计、施工组织、质量管理、安全控制等方面的水平均有明显的提升，为我国公路重大基础设施建设和运营管理提供技术支撑。

2. 主要研究内容

—深水地域地质、水文勘察技术

—构造物抗风、抗震、抗潮汐性能

—超大跨径桥梁关键部位设计、施工技术

—超大跨径桥梁施工技术和质量控制技术

—钻爆法、盾构法海底隧道建设技术

—连拱隧道与特长隧道修筑与围岩监控、施工技术

—长隧道运营管理与交通管理技术

—特大桥梁和长隧道运营安全与紧急援助系统技术

(二)高等级公路养护技术及装备开发

1. 预期目标

初步形成以路桥状况数据采集为中心,以评价管理系统为基础,以材料、装备、工艺为重点的适应我国国情的高等级公路养护管理技术,推动养护材料、养护装备和检测设备的开发,以适应我国公路交通养护工作发展的需要。

2. 主要研究内容

—网级、项目级公路养护管理系统的完善与应用

—高速公路改扩建关键技术

—道路预防性养护与快速维修技术

—桥梁运营状况检测、评定与桥梁加固技术

—无损检测技术

—养护新材料、新工艺应用技术

—大型桥隧结构健康诊断与养护管理技术

—多功能养护设备

(三)大型深水港口建设关键技术研究

1. 预期目标

解决大型外海深水港口建设设计、施工和养护中的技术难题,提高工程质量和结构物的耐久性,降低工程的全寿命成本,使我国筑港技术处于世界领先水平,适应全球船舶大型化和专业化发展需要,从技术上保障我国深水港口建设目标的实现。

2. 主要研究内容

—大型外海开敞式深水码头建设成套技术

—新型水工建筑物结构、材料及施工技术

—新型深水防波堤结构与施工关键技术

—码头基础设施健康状态检测、诊断及养护技术

—航道适航水深关键技术

（四）智能交通技术研究开发

1. 预期目标

建成区域高速公路联网电子不停车收费示范车道，实施精确气象预报，完成与大经济区域联网信息服务相关、具有自主知识产权的关键技术及应用示范，形成相关的成套标准规范。通过集成开发路上行驶车辆的信息采集和计量技术，为未来道路用户费用征收模式的改革提供前瞻性技术支撑。

2. 主要研究内容

—联网电子不停车收费技术

—车辆导驶与路侧通信系统

—计算机识别与动态交通数据采集技术

—公路公众出行信息服务系统

—公路运输紧急事件应急管理及处置系统技术

—基于定位系统的车辆运营监控、调度和精确计量技术

（五）水上突发事故应急反应关键技术研究

1. 预期目标

在海上遇险人员快速撤离、溢油和化学品处置、深潜水打捞作业等方面的关键技术有所突破，提高深潜水施工和装备的集成应用能力，形成水上突发事故应急反应成套技术，为提高水上人命救助能力，改善水上安全状况提供技术支撑。

2. 主要研究内容

—溢油应急决策、指挥支持系统及跟踪监测技术

—大面积溢油清除、回收及生态恢复技术与装备

—水上快速搜救指挥决策支持系统及船舶应急响应系统

—海上快速搜救技术及遇险人员安全撤离装置

—深潜水饱和系统及潜水模拟训练系统

—水下遥控机器人、水下切割设备、多波束扫测设备研发

—深水打捞成套技术与装备集成应用和开发

—水上危险品、化学品应急处治技术

三、重点研发方向

重点研发方向主要支持为制修订重要技术标准规范开展的研究，具有行业技术共性的应用研究，需要长期跟踪的前瞻性基础研究，难以靠市场力量完成的高风险、公益性的研究等。确定10个重点研发方向：

（一）长寿命路面关键技术研究

1. 预期目标

从结构、材料、工艺入手解决路面早期损坏问题，形成我国重交通沥青路面的修筑技术，保证路面在使用寿命内的使用功能，降低公路的全寿命成本，通过预防性养护和不定期表层维修，路面的使用寿命力争达10～20年。

2. 主要研究内容

—路面长期性能观测与数据库开发

—路面损坏机理分析研究

—路基路面综合设计体系研究

—长寿命路面结构与材料设计研究

—长寿命路面施工与质量控制

—长寿命路面养护与维修技术

（二）桥梁耐久性及安全性检测评价与加固关键技术研究

1. 预期目标

研究方便、实用、快捷、有效的提高桥梁耐久性和旧桥检测、评定、加固成套技术。在混凝土桥梁耐久性极限状态设计方法理论上取得突破，达到国际领先水平；在桥梁铺装材料耐久性评价指标体系和混凝土耐久性检测评价指标体系上有所创新；在耐久性桥面铺装施工工艺和大型桥梁结构物全寿命设计及养护管理技术方面取得具有自主知识产权的核心技术。支持公路旧桥检测、评定、加固技术工作向系统化、规范化、专业化方向发展。

2. 主要研究内容

—桥梁病害识别与成因机理分析

—桥梁耐久性设计方法

—桥梁关键性部位施工质量控制技术

—桥梁安全可靠性评定、养护管理与加固关键技术

—桥梁质量通病的防治技术

—钢桥面铺装关键技术

—桥梁施工安全评价与管理技术

—桥梁隐蔽工程无损检测装备与检测技术

—特大桥隧运行过程中病害检测技术开发

—新型高性能加固材料

（三）内河航运技术研究

1. 预期目标

推进内河航运信息化建设，开展内河航运监控、运输组织管理、航道整治、运输装备等技术研发，全面提高建设、装备与管理的技术水平，为发挥内河运输优势提供技术支撑。

2. 主要研究内容

—电子航道图技术

—河道演变规律研究

—航道整治与疏浚技术

—内河灾害监控和预警技术

—内河运输拖带方法研究

—内河新型船舶和动力装置开发及江海直达关键技术

—内河新型港口装卸工艺及装备

（四）交通运输管理信息化关键技术研究

1. 预期目标

开展交通运输管理与服务信息系统关键技术的研究，支持交通系统电子政务建设，逐步形成交通运输管理信息与服务网络，提高交通运输管理能力和服务水平。

2. 主要研究内容

—交通电子政务及公众信息服务关键技术

—交通大型数据库群建设及应用关键技术

—交通应急反应系统建设关键技术

—道路运输联网信息服务、分析统计系统关键技术

—综合运输管理系统接口设计技术

—内河和沿海港航运政联网系统技术

(五)运输组织管理技术研究

1. 预期目标

深化区域交通运输管理、多式联运及集装箱一体化运输、运输组织调度、客货运枢纽规划和设计等方面的技术研究,推动区域交通资源整合,为区域交通一体化提供技术支撑,推进现代综合交通体系建设。

2. 主要研究内容

—区域交通一体化及综合运输规划设计技术

—综合枢纽功能设计、智能管理及建设关键技术

—多式联运和甩挂运输组织技术

—智能化集装箱运输关键技术研究

—港口集疏运体系建设关键技术

—跨国运输关键技术研究

(六)交通决策支持研究

1. 预期目标

开展交通发展与改革的理论与实证研究,深刻认识交通发展规律,为交通发展战略、规划、政策法规制定以及体制改革等提供决策支持。

2. 主要研究内容

—交通发展战略、规划

—交通行业发展政策、行业立法、管理体制

—交通运输宏观调控问题与现代交通规划理论方法

—交通运输市场的监测、管理和机制

—行业发展前瞻性、敏感性问题

—现代交通统计技术

—交通行业行政执法相关问题

—交通行业精神文明建设

(七)公路交通安全保障技术研究

1. 预期目标

从驾驶员、车辆、道路以及管理等多个方面开展公路交通安全技术研究,建立适合我国国情的公路安全技术体系,并大力推广和应用,促进我国公路交通安全形势的逐步好转。

2. 主要研究内容

—超限运输长效治理机制与管理技术

—公路安全设计与运营安全评价技术

—车辆安全性能检测与危险品运输保障技术

—事故多发路段综合治理技术

—驾驶员行为特性与培训机制

—特殊气候条件下道路交通安全保障技术

(八)水上交通安全保障技术研究

1. 预期目标

在船舶交通安全监控、船舶主动避碰、水上事故应急处理、港口安全等方面形成完整的技术体系,提高水上安全事故的预防、应急反应和处治能力,促进我国水上交通安全保障能力的显著提高。

2. 主要研究内容

—水上安全监管系统关键技术

—船舶航行安全监控关键技术

—危险品运输船舶监控技术

—船舶避撞技术

—辅助安全驾驶技术及设备

—港口防灾减灾关键技术

(九)技术标准与规范研究

1. 预期目标

在工程设计、建设养护、运输组织、管理服务、安全保障、信息技术、环保节能等方面开展技术标准与规范研究,基本形成适应交通发展需要的交通技术标准规范体系。

2. 主要研究内容

—交通标准规范发展战略与框架体系

—国外先进标准规范引进、消化、吸收

—交通信息化、数字化技术标准

—交通基础设施建设工程系列技术标准

—交通运输管理及危险货物运输技术标准

—交通安全、环保与节能技术标准

—交通建设质量监测标准与计量规程

—船型标准化技术

(十)交通资源节约与环保新技术研究

1. 预期目标

开展以节约土地、岸线、能源、材料以及资源综合利用和环境保护为重点的关键技术研究，建立循环经济的技术发展模式，促进交通与自然的和谐发展，为建设资源节约型、环境友好型交通提供技术支撑。

2. 主要研究内容

—交通行业资源节约型发展机制

—交通发展与国土资源有效利用

—工业废料与再生技术的应用

—车辆、船舶节能与代用燃料应用

—车辆、船舶废气、噪声、排污治理技术

—交通发展生态保护与水资源综合利用技术

—疏浚土综合利用技术研究及推广

—环境评价方法与管理技术

第四章　保障措施

一、提高认识，加强领导，推进创新型交通行业建设

认真贯彻党中央、国务院提出的增强自主创新能力，建设创新型国家的战略决策，深入实施“科教兴交”和“人才强交”战略，积

极推进创新型交通行业建设。

公路水路交通是以技术应用为主的行业，是科学技术应用的重要领域，其行业特性决定了在重视原始创新的同时，要更加注重集成创新和引进消化吸收再创新。各级交通主管部门要增强科技创新的责任感和紧迫感，把科技创新摆在交通工作的突出位置，加强领导，明确责任，分解任务，落实措施，进一步提高科技进步对交通发展的贡献水平，促进交通增长方式的转变，实现交通产业结构的升级，推动公路水路交通又快又好发展。

二、深化科技体制改革，加快交通科技创新体系建设

继续深化科技体制改革，按照以政府为主导、企业为主体、市场为导向、产学研相结合的科技创新模式，加快交通科技创新体系建设。政府通过制定发展战略、规划、政策等把握科技创新的方向，营造科技创新的良好环境；企业作为科技创新的主体，在交通生产建设中充分发挥主动性、创造性；科研机构、高等院校在应用基础性研究、公益性研究、行业共性技术和重大工程技术研发中发挥主力军作用；科技中介机构在科技评价、成果推广应用、知识传播中发挥桥梁和纽带作用，不断提高交通科技的自主创新能力。

三、建立稳定的科研资金渠道，保证科技创新的持续发展

充分调动和吸纳社会可以利用的资金资源，逐步形成以政府投入为引导，广泛吸引企业、科研机构和大学、社会资金等的交通科技投入体系。为保证科研开发资金的落实，继续执行《交通部关于加强技术创新、推进交通事业发展的若干意见》（交科教发[2000]282 号）中提出的科技开发资金政策；要积极争取国家、地方政府和社会各界的支持，在稳定财政性科技资金投入的基础上，广开融资渠道，鼓励和吸引国外和社会资金投向交通技术研究开发活动。

在增加交通科技投入的同时，要通过科学立项、鼓励竞争、完善管理、强化信用、加强监督等手段，提高科技研发资金的使用效率。对于交通行业的应用基础研究、需要长期跟踪的重大交通科技问题，给予持续性的支持和长期的科研投入。

四、强化科技成果推广应用，推动交通科普工作

着力做好科技成果的推广应用和产业化工作，及时将成熟技术纳入标准规范；充分利用科技信息资源共享平台和技术交流等多种形式，加大先进技术成果的推广应用力度，提高全行业的科技成果转化和应用水平。

加强交通科技普及与技术培训工作，提高交通职工的科技文化素质，积极开展科技下乡、下基层等活动，提高交通生产建设一线职工的科技知识和技能。

五、拓展对外科技交流，积极引进国外先进技术

充分利用全球科技资源，提高交通科技交流与合作的层次和水平，既要充分利用国外先进的科技成果，也要对世界科技发展有所作为。广泛开展双边和多边合作与交流，积极参与和组织重大交通国际科技合作计划，充分利用好技术展览、技术论坛等科技交流平台。引进国外先进技术，注重进行消化、吸收和再创新。积极参与有关国际组织的活动，参与国际公约和国际标准的制定工作。

六、完善科技管理机制，提高科技管理水平

交通科技管理部门要按照提高自主创新能力的要求，拓宽交通科技工作视野，创新交通科技管理机制。认真做好科研组织管理工作，抓好科技立项、合同管理、过程评价、质量监督、项目后评估等科研工作的全过程管理；加强交通科技计划项目的绩效评价，建立交通科技信用管理制度，完善重大科技项目招投标制，建立交通行业科技进步的统计和评价制度；加强交通科技管理队伍建设，提高科技管理人员的能力和水平。

完善交通科技管理部门的有效协作机制，鼓励开展跨地区的科研项目联合攻关，加强交通行业各单位间的科技交流与合作，促进交通科技资源的共享，强化科技成果在更大范围的推广应用。

“十一五”交通教育与培训发展规划

（交通部　交科教发〔2006〕71号　2006.02.22）

前　言

中国是世界上人口最多的国家，人口压力十分巨大，要把巨大的人口压力转化为人力资源优势，必须大力发展教育事业。党的十六大报告明确指出：“教育是发展科学技术和培养人才的基础，在现代化建设中具有先导性、全局性作用，必须摆在优先发展的战略地位”。通过各级各类教育的发展，才能实现充分发挥人力资源的优势，才能将经济建设切实转到依靠科技进步的轨道上来，才能提高全体人民的生活质量和水平。

交通教育与培训是交通事业发展的基础。建设创新型行业，实现交通全面、协调和可持续发展，需要一支为民、务实、高效、廉洁和具有较高依法行政能力的交通管理干部队伍，需要成千上万的技术专家和创新人才，也需要数以千万计工作在基层岗位的技能型、应用型人才。大力发展交通教育与培训事业，建立交通人力资源支持保障体系，为交通事业发展源源不断地提供人力资源和创新人才，是实现交通事业发展的基本保证。

根据《中共中央国务院关于进一步加强人才工作的决定》、《国务院关于大力发展职业教育的决定》和《干部教育培训工作条例（试行）》，交通部制定了“十一五”交通教育与培训发展规划，本规划是“十一五”公路水路交通发展规划的重要组成部分，旨在明确交通教育与培训工作的指导思想、发展目标和主要任务，指导未来五年交通行业人力资源支持保障体系的建设，推动交通教育与培训工作的开展，实现未来交通事业发展的各项目标。

一、形势和需求

（一）发展形势

"十五"是我国交通事业发展最快的5年。交通基础设施建设取得辉煌成就，新增公路里程24万公里，其中高速公路新增2.47万公里，公路总里程达到192万公里；沿海港口新增深水泊位344个，港口泊位总数达到2770个；改善内河航道里程4175公里，航道总里程达到12.3万公里。运输能力增强，运输装备结构调整加快，运输服务质量和效率明显提高。交通精神文明建设、法制建设、对外开放以及科技进步等各项事业均取得长足发展。交通事业发展的各项成就凝结广大交通职工的辛勤劳动和智慧，交通教育与培训发展起到了重要的支撑作用。

交通部门全面深入贯彻实施"科教兴交"和"人才强交"战略，充分发挥行业管理与指导作用，深化交通教育培训的改革和发展，增强交通教育与培训机构服务交通的能力，积极支持和引导全社会教育资源为交通事业发展提供人才支持和智力保障，从根本上保证了交通各项事业的快速发展。

1.交通教育与培训改革取得明显成效。交通教育与培训工作主动适应我国教育管理体制的变化，创新理念，深化改革，实现了由直属院校的管理向行业管理模式的转变。加强了交通高等教育教学指导委员会和交通职业教育教学指导委员会的工作，充分利用全社会优质教育资源为交通人才培养服务。初步形成了以交通干部培训机构为中心的交通管理干部培训基地、以部直属高校和共建交通特色高校为核心的交通高层次人才培养基地、以交通行业职业院校为主体的交通技能型和应用型人才培养基地。五年间，各类教育机构为交通行业输送专门人才100余万人，直接推动了交通行业的巨大变化。

2.交通行业继续教育与培训工作得到加强。交通行业继续教育与培训工作坚持以能力建设为核心，主动适应交通事业发展面临的新形势、新任务和新环境，努力满足交通职工接受各类教育培训的需求。五年间，在“以人为本、统一领导、分工负责、分级培训”的原则指导下，交通部统一组织领导干部和各类业务干部培训班400余次，近2万名领导干部和业务干部参加了培训。全行业继续开展交通行业各类管理干部与专业技术人员的继续教育和岗位培训工作，开展交通行政执法人员提高学历层次的教育和专项培训，为培养和造就一支具有文明服务意识、专业知识和法律知识的交通行业干部队伍和行政执法队伍奠定了基础。交通部根据中组部和国务院西部开发领导小组的要求，组织实施了支持西部地区干部培训计划，通过举办培训班、组织讲师团、开办研究生班等多种形式，培训西部地区交通管理和技术人员超过2万人次，培养研究生300余人，这些人才在西部地区交通建设和管理中正在发挥重要作用。交通企事业单位自主开展教育与培训活动空前活跃。继续教育与培训已成为交通行业人力资源开发不可或缺的重要组成部分。

3. 交通类学科专业实力不断增强。伴随交通人才需求的增长，交通部直属高校、共建交通特色高校的办学规模、办学层次和办学水平均有较大的发展。五年间，本科教育培养规模增长近1倍，新增博士学位授权点63个，硕士学位授权点123个。全社会普通高等教育机构开办交通类专业的数量也不断增加。雄厚的办学实力和良好的就业前景，吸引大批优秀青年学子报考交通类的专业，使开放的交通行业成为最吸引和凝聚优秀青年人才的行业之一，为交通事业未来发展储备了大量优质人力资源。

4. 交通特色职业教育体系初步形成。交通职业教育依托行业快速发展。到2004年底，全国有交通高等职业技术学院43所，中等专业学校28所，技工学校188所，北京交通管理干部学院远程教育教学中心站已发展到29个，交通职业教育在校生规模30余万人。目前已形成各省、自治区、直辖市基本设有1所交通高等职业院校、若干所交通中等职业学校的格局。交通职业院校设置的专业种类已基本覆盖了交通发展需要的主要职业岗位，初步形成了较完整的交通职业教育与培训体系，为交通行业生产、建设、管理和服务一线岗位输送了大批“下得去，留得住，用得上”的适用人才，深受用人单位欢迎，也使交通行业生产一线技能型人才紧缺的局面得到初步缓解。

“十一五”是我国全面建设小康社会的关键时期，经济社会和综合国力必将全面的发展和提高，交通行业面临着更加艰巨的任务。要实现交通新的跨越式发展，必须以科学的发展观统领交通工作全局。在发展理念上，要从简单缓解交通供需矛盾，转变到坚持以人为本、全面、协调和可持续的发展上；在发展模式上，要从粗放型交通建设转变到集约型、质量型和效益型的交通供给上；在发展内容上，要从单纯重视建设转变到运输、管理、服务并重，充分发挥运输系统的整体性功能上；在发展动力上，转向更加注重科技创新和高新技术的研发和应用上。交通发展的变化，必然更加依赖人力资源的开发和利用，更加需要劳动者素质的提高，也必然给交通教育与培训提供难得的发展机遇。

（二）发展需求

“十一五”我国交通将完成“五纵七横”国道主干线建设，基本形成国家高速公路网骨架，全面实施农村公路通达工程，大幅增加沿海港口吞吐能力，加快长江黄金水道的建设，大力发展内河水运，基本建立海陆空搜救体系，明显提高重点水域安全监管和救助能力，使枢纽站场建设取得显著进展，交通精神文明建设、法制建设以及科技进步等各项事业将更快发展。面临如此艰巨的发展任务，不仅需要自然资源、资金和技术的投入，更需要和依赖一支具有较高依法行政能力的交通管理干部队伍，需要成千上万的技术专家和创新人才队伍，需要数以千万计的工作在基层岗位的技能型、应用型人才队伍。交通行业发展引发的巨大人才需求，正是交通教育与培训应承担的任务。“十一五”期间交通行业的发展对教育与培训的需求主要表现为：

1.构建和谐交通，提高行政能力，需要强化管理干部继续教育。按照中央加强党的执政能力建设的要求，落实科学发展观，提高交通管理部门的行政管理能力，是加强党的执政能力建设的实际体现，也是交通发展的实际需要。交通部门必须着力提高交通运输适应经济社会发展需求的能力、交通运输统筹规划和协调发展的能力、交通运输公共服务和组织保障能力、交通运输和建设市场依法监管能力，以及交通安全管理和重大突发事件紧急处置的能力。这就需要一批掌握现代经济知识、管理知识、法律知识和交通专业知识，熟悉市场规则，具有创新精神，能够依法行政的管理人员。同时，随着知识更新的加快，交通行业各级管理人才继续教育需求十分迫切。交通教育与培训工作必须自觉地服从和服务于行业发展的要求，加大交通管理干部培训力度，以确保交通管理队伍人才数量充足，人才质量不断提高。

2. 加快交通科技进步，提高创新能力，急需加快专业技术人才的培养。科技创新是实现交通新的跨越式发展的重要推动力。"十一五"期间，交通科技进步的步伐将进一步加快，在交通建设养护技术、数字管理技术、一体化运输技术、决策支持研究、交通安保技术以及绿色交通技术等六大领域开展更加深入的研究，急需一大批了解未来技术发展、掌握最新科技知识与技能、具有创新能力的交通规划设计、施工管理、运输组织、海事救捞、船舶检验、信息通信、交通环保等专业技术人员。因此，必须依靠全社会优质的教育资源，培养更多的交通专业技术人才，加快培养科技领军人才和创新型人才。

3. 完成交通发展任务，提高岗位技能，急需加强技能型人才的培训。要完成繁重的交通基础设施建设和养护任务，提高交通运输服务质量，增强汽车修理等运输服务业的能力，迫切需要数以百万计的掌握实用技术、动手能力强、爱岗敬业的交通技能人才。据调查，交通行业70%的企业单位技师和高级技师占技术工人总数的比重仅1%左右，远远低于劳动和社会保障部提出的5%的要求。在交通工程建设与养护、汽车运用与维修、船舶驾驶与轮机管理、工程潜水、工程设备管用养修及现代物流服务等专业领域，技能型人才既存在量的短缺，更有质的不足。交通职业教育应切实担负起技能型人才培训的重任，加快实训基地建设，全面提高技能人才培养质量和数量。

面临发展的机遇和挑战，交通部门必须继续支持交通教育与培训事业的发展。交通教育与培训机构必须肩负起自己的历史使命，为“十一五”交通发展提供智力支持和人才保障，为建设高素质的具有国际竞争力的交通行业从业队伍不懈努力。

二、指导思想和基本原则

(一)指导思想

“十一五”交通教育与培训工作的指导思想是：以邓小平理论和“三个代表”重要思想为指导，坚持以人为本和“人才资源是第一资源”的发展理念，深入贯彻实施“科教兴交”和“人才强交”战略，坚持“围绕核心、强化服务、支持保障”的基本方针，以管理干部队伍、专业技术人才队伍、技能型人才队伍建设及创新型人才的培养为核心，为交通从业队伍建设和职工继续教育与岗位培训服务，为实现交通事业全面发展提供坚实的智力支持和人才保障。

(二)基本原则

1. 服务交通。坚持服务于交通全面、协调和可持续发展的实际需要，促进交通教育与培训工作同交通事业发展的紧密结合。

2. 突出重点。坚持突出交通特色，加大对交通主干专业和主干学科发展的支持力度，加强交通行业急需的各类专门人才的培养，加快科技领军人才和创新人才培养。

3. 协调发展。坚持规模、结构、质量和效益的统一，加强行业指导，促进不同类型、不同层次的交通教育与培训协调发展，不断提高交通教育与培训的人才培养质量。

4. 公益公平。坚持履行交通行业的社会发展义务，注重教育培训的公益性和公平性，支持西部、贫困等地区交通教育培训机构的发展，加强农民工的教育培训，适应和谐社会建设的要求。

三、发展目标

(一)总体目标

“十一五”交通教育培训发展总体目标是：初步建立交通人力资源支持保障体系，使交通教育与培训工作适应交通和服务交通的能力明显提高,交通行业管理干部队伍依法行政能力明显提高,专业人才培养和科技创新能力明显提高,使交通行业技能型人才紧缺状况明显缓解,努力培养和造就爱岗敬业富有社会责任感、积极进取富有活力与朝气、技能精湛富有竞争力的交通从业人员队伍。

(二)具体目标

1. 根据经济社会和交通发展需要,初步建成交通行业人力资源支持保障体系,加强干部培训基地的建设,促进直属高校和交通特色高校交通主干学科、专业的发展,支持交通职业院校培养能力的提高,形成较完善的在职管理干部培训、交通专业技术人才和技能型人才培养等三个平台,基本满足交通事业快速发展对人才的需要,使交通教育与培训工作适应交通和服务交通的能力明显提高。

2. 依托行业自身和全社会优质教育与培训资源,继续加强交通行业领导干部队伍、专业管理干部、公务员队伍及交通执法队伍的教育与培训,培训规模比“十五”提高20%,使交通行业管理干部队伍依法行政能力明显提高。

3. 大力培养交通发展需要的专业技术人才,形成稳定的本科生和研究生培养规模,整体教学质量优秀率达到70%以上。努力培养50名左右交通科技领军人才,培养1000名左右优秀青年科技人才,形成一支高素质、有活力、创新能力强的交通科技人才队伍,使专业人才培养和科技创新能力明显提高。

4. 继续深化交通职业教育的改革与发展,以就业为导向,调整专业设置,以岗位要求为依据,更新教学内容、方法和手段,实现向现代职业教育的转变,满足建立交通职业资格体系对交通职业教育与培训的需要。为交通行业输送技能紧缺人才不低于50万人,为企业开展的培训要有较大规模的提高,使交通行业技能型人才紧缺状况明显缓解。

四、主要任务

“十一五”交通教育与培训的主要任务是:建设交通行业人力

资源支持保障体系,实施管理队伍能力建设工程、专业技术人才培养工程和技能型紧缺人才培养工程。

(一)建设交通行业人力资源支持保障体系

“十一五”期间,交通行业将充分调动全社会的教育与培训资源,努力构建一个开放的交通人力资源支持保障体系。重点是:

1. 以交通部干部培训中心、各省(自治区、直辖市)交通干部培训中心(1+32)及企事业培训机构为依托,并充分利用社会优质教育与培训资源,采用现代信息技术手段,形成培训网络,建立交通行业管理干部队伍培训平台。

2. 以交通部直属高校、交通科研机构和交通特色高校为核心层、以普通高等院校交通主干学科和专业为紧密层,建立紧密联系和密切协作的交通专业技术人员和创新人才培养平台。

3. 以交通行业职业教育院校为主干,以全社会职业教育院校交通专业为补充,建立规模适度、结构合理、质量可靠、协调发展、满足交通发展需要并与劳动就业紧密结合的技能型、应用型人才培养平台。

(二)实施三项工程

1. 管理队伍能力建设工程

进一步加大交通管理队伍的培训力度,重视培训效果,提高培训质量。重点加强领导干部培训,增强领导干部执政意识,提高执政能力。培训应包括政治理论、政策法规、业务知识、文化素养和技能训练等基本内容,努力增强交通管理干部的创新意识,提升交通管理干部驾驭新事物能力和依法行政能力。交通部每年将继续按计划组织交通厅局长培训1~2期,组织地市州交通局长培训6~8期。省市区应继续组织县交通局长培训,保证“十一五”期间全员培训一次。

根据交通行业发展需要,继续组织各类专业管理干部培训,使其熟悉岗位相关法律、法规和有关规定,具备岗位需要的基础知识,掌握业务技能,提高工作效率和工作水平。交通部每年组织专业管理干部培训80期,培训规模达到4000人次。省市区应制定专业管理干部培训计划，组织本地区专业管理干部的培训，并继续按要求组织交通执法人员教育培训，确保先培训后上岗。

继续加强交通行业公务员队伍建设，按照中组部、人事部规定的培训要求，认真组织必需的任职培训。积极组织多种形式的理论和业务知识学习，采取措施进一步鼓励公务员在做好岗位工作的同时，积极参加在职学历教育和继续教育。积极拓宽公务员培训渠道，选派优秀公务员出国进修，拓宽公务员的国际视野，培养公务员的创新能力。

交通部将继续组织实施支持西部地区交通干部培训，筹措专项资金，采取请出来和派进去、对口支援、参与项目等多种形式，对西部地区交通领导干部、管理干部、专业技术人员和交通教育师资进行培训。每年对西部地区的干部培训2000人次，并加大利用现代远程教育手段，扩大西部地区接受培训的受益面。按照每年200人的规模，继续帮助西部地区交通部门培养在职研究生。积极采取措施支持西部交通职业院校的师资培养，增强西部自身人才培养能力。

2. 专业技术人才培养工程

继续支持直属院校、交通特色院校和其他普通高等院校交通主干专业和学科的建设与发展。“十一五”期间，继续加大对大连海事大学各项事业的投入，重点加强航海类优势专业学科的发展，稳步拓展相关的专业学科，着力强化学科梯队建设和学校师资队伍建设，努力提高科学研究能力。继续支持共建高校改善交通类专业学科办学条件，提高为交通行业输送优秀本科毕业生和研究生的能力。全方位、多渠道的与国内外高等教育机构和科研单位加强交流与合作，围绕公路水路交通科技发展规划提出的科研领域和研究方向，开展交通基础科学研究和应用科学研究，培养交通科技创新人才。

进一步发挥交通直属科研单位人才培养的作用，结合国家重点工程建设和国家重大科研项目，推进产、学、研紧密结合，加快交通行业科技领军人才的培养。鼓励交通行业科研机构举办研究生教育，设立博士后工作站，支持优秀科研人员参与国际高水平的研发活动和国际学术交流活动，使科研机构成为交通科技成果创新基地，成为交通创新人才培养基地。“十一五”期间，部直属科研单位均应开展培养研究生教育，有条件的地方交通科研单位也应积极争取开展研究生教育。通过实施专业技术人才培养工程，为交通行业培养大批高素质专业技术人才和创新人才。

3. 技能型人才培养工程

交通行业要全面贯彻落实《国务院关于大力发展职业教育的决定》，发挥行业对职业教育的指导作用，加快组织建设2～3个重点专业的职业教育师资培训基地，8～10所交通职业示范院校，20～30个交通紧缺人才的专业实训基地。交通职业教育院校应加强与交通行业用人单位联系和沟通，以服务为宗旨，以就业为导向，及时掌握人才需求信息，调整专业设置和招生规模，改革教学内容、教学手段和教学方法，大力推进素质教育，努力提高学生的创新意识和实践能力。重点组织汽车运用与维修、船舶驾驶与轮机工程、救助打捞、工程设备管用养修、工程建设与养护、道路运营与管理及现代物流服务等技能型紧缺人员的培养。通过交通职业教育机构自身能力建设，交通职业院校的交通主干专业毕业生质量应满足相应职业资格的要求，毕业生数量应使上述领域技能人才需求得到基本满足。

随着交通事业的快速发展，大量农民工参与交通建设，交通行业已成为吸纳就业的重要产业。交通职业教育与培训机构要从保证交通建设质量和推动解决“三农”问题的高度，将农村劳动力转移培训工作列为重点，帮助转移到交通建设、工程养护和运输服务等领域的农民工掌握相关职业技能，使之成为交通发展所需要的技能型人才。

五、保障措施

保障交通教育与培训事业发展，重点在于加强对交通教育与培训的组织管理，建立有效的管理制度和运行机制，制定支持交通教育与培训发展政策，拓展资金渠道，加大对交通教育与培训事业的投入，营造适合交通教育与培训健康发展的良好环境，充分整合交通教育与培训的资源，形成合力，推动交通教育与培训事业不断发展。

（一）组织保障

1. 加强组织领导。交通行业各级管理部门要充分认识交通教育与培训工作的重要性，加强对交通教育与培训工作的指导和管理，进一步健全交通教育与培训组织机构，明确职责，确保“十一五”交通教育与培训规划顺利实施。

2. 加强队伍建设。进一步加强交通教育与培训管理干部队伍的建设，努力提高自身素质，增强创新意识，使之适应交通事业发展和教育培训工作的新形势、新任务。

3. 加强研究工作。交通行业各级管理部门要加强对交通教育与培训的研究工作，把握交通事业发展的大局，充分认识教育与培训自身的发展规律，增强对交通教育与培训工作管理和指导的科学性。

（二）机制保障

1. 以科学的发展观为指导，更新发展观念，深化交通教育培训工作改革，积极推进制度创新和管理创新，建立科学有效的管理制度和运行机制，营造适合交通教育与培训发展的良好环境，努力提高交通教育与培训发展的自身动力。

2. 开发交通教育与培训的信息服务体系，形成交通教育与培训的服务网络。整合信息资源，建立开放共享的交通行业人才需求和在职培训需求信息系统，为交通教育与培训提供良好的服务，指导交通教育与培训机构面向行业需要，开展人才培养工作。

3. 创造人人皆受教育，人人皆可成才的条件，建立科学的人才评估机制，尊重各类交通人才的作用。完善交通行业职业资格制度，完善职业资格评价指标体系，建立健全科学的测评标准，形成社会化的交通职业资格认证体系，促进建立开放、公平的交通行业就业和人才聘任制度。

4. 加强对高层次创新人才和高层次技能人才的服务。为知名学者教授、国家级有突出贡献的中青年专家、国家百千万人才工程入围者、学科带头人、高技能人才在内的各类优秀人才发挥作用创造好的工作和生活条件，在交通行业形成吸引人才、凝聚人才和人才辈出的良好机制。

（三）政策保障

1. 尽快制定支持交通行业急需、岗位要求特色明显、办学要求特殊的航海教育与培训政策。航海教育具有突出的岗位适应性、国际通用性、法律规范性和海上国防性等特征，从保证国家外贸运输任务和海上国防事业的利益出发，研究制定符合我国航海教育特点和实际的发展政策。

2. 实施国家高等级公路网建设和农村公路建设，以及运输服务业的快速发展需要大批从业人员，制定相关的教育与培训发展政策，引导企业和院校共同加大对交通从业人员的培训力度，经过专业化培养，使之成为交通基础建设、养护和管理及运输服务急需的基层技能型人才，促进和谐社会的全面发展。

3. 在推动交通职业资格制度的建设中，根据国家鼓励职业教育实行双证互换的政策，研究制订交通职业教育学历证书与职业资格证书互换的具体措施。交通管理部门在建立就业准入制度和推行职业资格体系过程中，应充分发挥交通职业教育机构的作用，紧密依托交通教育院校和培训机构，开展职业资格体系中的职业教育培训和职业技能鉴定。利用交通职业资格制度的建立，引导交通职业教育机构的改革与发展。

（四）资金保障

1. 交通教育属公益性为主导的事业，发挥各级政府投入的主导作用，不断增加对交通教育与培训工作的投入。各地交通部门应按《交通部教育部关于进一步推进交通职业教育改革与发展的若干意见》，根据需要安排资金，推进交通教育与培训的发展。

2. 充分利用市场机制，调动各方面的积极因素，努力拓宽投入渠道，鼓励和支持用人单位、个人和社会各渠道对交通教育与培训的投入。交通企业要按《国务院关于大力发展职业教育的决定》

的规定，提取职工工资总额的1.5%～2.5%，作为职工教育经费，用于本企业职工教育与培训。交通基础设施建设重大项目、企业技术改造和项目引进等均应按规定提取教育与培训费用，用于职工的教育与培训。

3.研究制定交通教育与培训经费使用绩效考评指标，从社会效益、经济效益和预算执行情况等加强对交通教育培训各项投入资金的监管和跟踪，加强审计监督，切实提高交通教育与培训资金的使用效益，保证交通教育与培训事业健康发展。

交通财务"十一五"重点工作规划纲要

（交通部　交财发〔2006〕114号　2006.03.24）

"十一五"(2006年至2010年)是我国全面建设小康社会,构建社会主义和谐社会的关键时期,也是实现建设小康社会公路水路交通跨越式发展目标的重要战略机遇期。为贯彻落实科学发展观、建设资源节约型行业,做好"十一五"期间的交通行业财务管理工作,全面提升交通财会的保障能力和服务水平,适应国家财政改革和交通新的跨越式发展的需要,促进交通事业全面、协调、可持续发展,根据"十一五"交通发展规划,制定本规划纲要。

一、交通财务"十一五"面临的形势和任务

未来五年,是我国全面建设小康社会的关键时期,经济增长仍存在较大的发展潜力。国民经济的快速发展,人民生活水平的不断提高,社会主义新农村建设步伐的加快,经济结构的调整和经济增长方式的转变,必将对公路水路交通发展提出更新、更高的要求。

(一)交通行业筹资任务十分艰巨。为满足经济社会发展的需要,贯彻落实科学发展观,我部提出了"到2010年公路水路运输紧张状况得到总体缓解,对国民经济的制约状况得到总体改善"的新的跨越式发展目标。为了确保这一发展目标的实现,"十一五"期间,交通基础设施建设需要提供数额巨大的资金予以保障。

随着消费升级和外贸进出口的增加,车辆购置税和港口建设费等中央建设专项资金会有较大幅度的增长,但这部分中央资金远不能满足交通基础设施建设的需要,仍将有2万亿元交通建设资金需要通过市场筹集。因此,"十一五"期间,除了需要继续做好规费征收工作外,交通建设还将面临着通过市场筹集资金的巨

大压力。为了实现交通新的跨越式发展目标,需要进一步加大贷款筹资、债券筹资、股份筹资等工作力度,坚持不懈地创新筹资方式,拓宽筹资渠道。

(二)国家财税改革将对交通财务工作提出新的要求。随着稳健财政政策的实施,公共财政体系的逐步建立,部门预算、国库集中收付、政府采购制度的继续深化,国有资本经营预算制度的建立,非税收入收缴制度的逐步实施,以及随之而来的相关财政政策的调整等,都将对交通行业财务工作提出新的要求;随着增值税转型、统一所得税、车船税调整、择机出台燃油税等一系列税制改革的推出,也将使交通财会工作面临新的挑战。

(三)国家投资体制改革将对交通行业基础设施建设的投融资工作产生重要影响。随着《国务院关于投资体制改革的决定》的进一步贯彻落实,投资管理改革措施的实施,尤其是《政府投资条例》的出台,国家对不同投资主体的管理方式将发生较大的变化,直接投资、资本金注入、投资补助、转贷、贴息等政府投资将区别项目性质,采用不同的监管方式。投资主体的多元化,融资模式和投资监管方式的多样化,将使交通财会工作,尤其是交通筹融资和国有资产管理面临新的考验。

(四)国内经济环境,使交通财会工作面临新的机遇与挑战。消费升级、汽车进入家庭加速,将使车辆购置税收入持续增长;建设节约型社会和节约型行业目标的确立,将为交通财会工作创造良好的理财环境;高储蓄率将为吸引社会资金参与交通建设创造有利条件;城镇化进程加快、产业结构调整、经济增长方式转变、自主创新能力提高,增加了对运输的需求,加大了交通建设任务,加重了交通建设的筹资任务;土地、信贷政策的收紧,交通建设成本的增加,加大了提高效益的难度。

(五)交通发展和廉政建设的形势决定资金监管面临艰巨的任务。"十一五"期间交通基础设施建设任务依然十分繁重,交通廉政建设的形势依然十分严峻,根据中央领导同志的重要指示精神,进一步加强交通基础设施建设领域廉政工作的任务十分艰巨,如何建立健全有效的资金监管制度和机制，仍需要做大量艰苦细致的工作。

（六）经济全球化对交通财务工作的有利因素与不利因素并存。一方面，国际资本流动加速、金融市场不断深化，为创新交通筹资方式、扩大筹资范围、降低筹资成本提供了依据；国际先进技术的引进和应用，为交通建设和运输生产降低成本、提高效率和质量提供了广阔的发展空间；伴随着世贸组织体系的不断完善，外贸进出口货物的持续增长，也为水运和港口发展创造了条件。另一方面，国际石油价格的高位波动，贸易摩擦的加剧，金融风险控制的难度加大，发达国家的技术垄断，又给交通财会工作，尤其是控制交通建设和发展的成本、防范资金风险提出了新的挑战。

二、交通财务“十一五”工作的总体目标

到2010年，交通财务工作的总体目标是：建立和完善与社会主义市场经济体制相适应、有利于促进交通事业发展的财会管理体制与机制，形成规范的、有行业特色的财务管理与会计核算体系；塑造一支高素质、高水平的行业财会队伍，达到管理模式规范化、财会方法科学化、财会队伍知识化、管理手段现代化，使交通财会工作在效率、质量和水平方面有较大提高；努力实现交通行业整体资源配置最优化，整体效益最大化，为交通事业全面、协调、可持续发展提供优质、高效的资金保障和财会服务。

具体目标概括为：健全一个体制（交通行业财务管理体制），强化两个机制（资金保障机制和资源优化配置机制），夯实三个基础（财会队伍建设、财会信息化建设和会计基础工作），完善四个体系（财会理论体系、制度法规体系、国有资产管理体系和资金监管体系）。包括以下十大目标：

（一）适应社会主义市场经济体制、财政改革和交通发展的需要，进一步完善“统一领导、分级管理、重点联系、分类指导”的交通行业财务管理模式和体制，构建和谐的理财环境。

（二）坚持“中央投资、地方筹资、社会融资、利用外资”的交通筹融资体制，探索建立可持续发展的资金保障机制，进一步拓宽筹融资渠道,优化资金结构,防范债务风险,为交通建设与发展提供资金保障。

（三）按照建设节约型行业的要求,综合运用价格、税收、利率、汇率等经济杠杆,充分利用行业内外和国内外各种资源,优化资产资本结构,建立方法科学、机制灵活、运行高效的交通资源优化配置机制,增收节支,提高行业整体投入产出效益。

（四）以提高理财能力为重点,加大培训、交流、锻炼力度,积极创造条件,提高交通财会人员学历层次和技术等级,建设一支政治坚定、业务精通、作风优良、清正廉洁的交通财会队伍,全面提高交通财会人员的综合素质。

（五）加快交通财会信息化建设,初步建成部与省级以上交通主管部门、重点联系企业和部直属单位互联互通的交通财会网络信息系统,主要财会业务实现网上操作。

（六）进一步建立和健全各级交通主管部门和企事业单位的内部控制制度,加强内部监督制约,强化会计基础工作。

（七）深入开展具有交通行业特色的财会理论研究,力争在涉及交通行业发展的一些关键领域取得突破性进展,形成较为系统的交通财会理论体系。

（八）深化交通行业财会改革,加强交通财会制度建设,建立健全规范、完整的交通行业财务会计制度体系,保证国家财政法规与政策在交通行业的有效实施。

（九）按照建立现代企业制度和国有资产管理的要求,以理顺产权关系为基础,以强化管理责任为重点,以确保安全、提高效益为目标,建立产权清晰、结构优化、流转顺畅、管理规范的交通国有资产管理体系。

（十）加大对资金的监管力度,创新监管形式,完善监管制度,落实监管责任,加强监督检查,进一步完善交通财务资金监管体系,减少违规违纪行为,确保交通资金的合理有效使用。

三、交通财务“十一五”工作的总体思路和指导原则

“十一五”期间交通财务工作的总体思路是:以邓小平理论和

“三个代表”重要思想为指导，树立和落实科学发展观，紧紧围绕“十一五”交通发展目标，充分调动各级交通主管部门和企事业单位财会人员的积极性，开拓创新，积极进取，求真务实，诚信廉洁，全面履行“指导、协调、服务、监督”的财会职能，依法理财、科学理财，不断提高交通财务工作的质量、效率和水平。全面推进交通财会发展目标的实现，为交通事业的全面协调可持续发展做出新的贡献。

“十一五”交通财会工作应坚持以下指导原则：

（一）依法理财原则。坚持依照《会计法》等财经法律、法规和规章制度的基本要求，组织会计核算，实施财务管理，真实、完整、准确、及时地反映会计信息，为促进交通事业发展提供资金保障。

（二）效益最大化原则。注重提高经济效益和社会效益，正确处理好经济效益与社会效益的辩证统一关系，追求整体效益最大化。

（三）资源配置最优化原则。注重加强资金和成本管理，优化资产资本结构，建立激励和约束机制，科学、合理地配置资源，使行业的整体资源结构不断得以优化。

（四）分级管理、分类指导原则。依照行业主管部门的管理范围、管理权限和管理职责，并针对不同交通企事业单位的业务性质、财务管理特点与会计核算要求，实施分级管理、分类指导。

（五）规范与创新相结合原则。既要强调会计基础工作，规范财务管理和会计核算行为，保证会计信息的真实、完整；又要鼓励通过不断创新，进一步提高交通财会工作的质量和服务水平。

（六）面向行业、依靠行业、服务行业原则。充分发挥交通行业管理的职能和作用，紧紧依靠行业内部各企事业单位和中介组织的力量，抓好行业财务管理与会计核算工作，为交通事业发展提供优质的财会服务。

四、交通财务“十一五”重点工作任务

（一）适应财政改革和交通发展的需要，进一步完善“统一领导、分级管理、重点联系、分类指导”的交通行业财务管理体制。

建立并不断完善适应财政改革和交通发展要求的交通财务管理体制，明确管理职责，理顺管理关系，发挥中央和地方、交通主管部门与企事业单位的积极性，构建和谐的交通理财环境，更好地适应交通新的跨越式发展需要；根据国家财政主管部门的统一部署，按照深化财政管理制度改革的要求，建立和完善与财政主管部门相协调的交通财会制度体系和运行机制；进一步强化行业财会主管部门指导、协调、服务和监督的综合管理职能；发挥交通会计学会及其各专业委员会的桥梁纽带作用，建立健全行业内部单位之间良性互动的工作机制，为顺利实现交通“十一五”发展目标提供资金保障和财会服务。

1. 采取切实措施，进一步完善交通财务管理体制。按照依法行政、依法理财的原则，规范行政审批行为；按照财权与事权相适应的原则，规范管理行为，进一步理顺交通行业主管部门和交通企事业单位的财务管理关系，完善和落实重点企业财务联系制度，形成上下职责明确、管理有序、运行高效的财务管理体制。

2. 适应国家财政改革的需要，按照深化部门预算、国库集中收付、政府采购、收支两条线管理、政府收支分类、非税收入收缴制度等财政改革要求，在积极推进各项改革工作的同时，进一步调整内部机构职责，修订管理制度和工作程序，理顺交通财务管理体制。

3. 理顺政企、政事关系，重点加大行业管理和指导力度。研究和探索在新形势下发挥职能作用的有效途径和方法，依靠行业力量，服务行业发展；充分发挥交通会计学会及其各专业委员会在业务指导方面的优势，建立相应的交流平台，加强经验交流和信息沟通；建立以服务为导向的行业管理工作机制，构建和谐的交通理财环境，不断增强行业的凝聚力，提高行业的财会工作水平。

（二）完善“政府投资、地方筹资、社会融资、利用外资”的交通投融资体制，逐步建立可持续发展的资金保障机制。

进一步发挥中央、地方和交通企事业单位的优势，建立多渠道、宽领域、全方位的筹融资机制，积极争取各级政府在资金和政策上的支持，加强交通规费的征收管理，充分利用好现有筹融资渠道,拓宽新的筹资渠道,积极引入社会资金参与交通建设,优化筹资结构,降低筹资成本,防范财务风险,逐步建立可持续发展的资金保障机制。

1. 进一步加强公路养路费、公路客货运附加费、港口建设费、船舶港务费、航道养护费等交通规费的征收管理工作,各级交通财会、征稽部门要保证各项规费的足额征收,及时解缴,规范使用,并积极配合国税部门做好车辆购置税的征收工作。

2. 积极争取各级财政部门的支持,最大限度地争取预算内资金、国债资金、车辆购置税资金、船舶吨税资金等财政拨款用于交通事业发展。

3. 进一步拓宽交通基础设施建设的融资渠道,认真贯彻《国务院关于鼓励支持和引导个体私营等非公有制经济发展的若干意见》,加大吸引非国有资本进入公路水路交通建设领域的力度,制定《鼓励社会资金进入交通基础设施领域规范财务管理的指导意见》,积极鼓励引导,适时适度规范。

4. 根据《收费公路管理条例》的规定,积极探索并逐步完善收费公路权益有偿转让的政策规定,有效规范收费公路权益转让行为,盘活公路存量资产,规范使用增量资金,充分发挥现有收费公路的筹资功能,积极研究探索建立公路收费权特许经营制度,规范收费公路投资建设经营行为。

5. 适应经济发展对水路运输增长的需要,进一步拓宽水运发展的筹资渠道,积极探索水路基础设施有偿使用的新机制。

6. 积极探索有利于促进农村公路发展的新机制,进一步拓宽农村公路建设与养护资金渠道。

7. 认真总结交通基础设施建设资金筹措经验,规范资产重组、国有资产产权交易、公司上市、发行债券、金融机构借款等筹资行为,积极开拓新的筹融资渠道,保证"十一五"公路水路交通发展目标的顺利实现。

8. 积极探索与金融、保险、社保等机构的合作形式,为交通建设和运输生产搭建融资平台,为充分利用社会资金推动交通事业的发展创造条件。

9. 研究探索可持续发展的资金保障机制，优化筹资结构，降低筹资成本，防范财务风险，确保资金安全有效使用。

（三）积极探索创建节约型行业的途径和方法，建立方法科学、机制灵活、运行高效的资源优化配置机制。

根据创建节约型行业和加快交通增长方式转变的要求，进一步发挥交通财会部门在产权制度改革、优化资产结构、筹划资本经营、加强资金和成本管理、增收节支、提高资金使用效益等方面的职能作用，研究运用市场机制，探索建立节约型行业的有效形式，建立交通资源优化配置机制。

1. 狠抓增收节支，深入开展经济活动分析，运用差异分析法等分析方法，发掘节约的途径和潜力，充分利用现代理财手段，探索在交通领域建立循环经济的模式，进一步提高交通行业的整体经济效益。

2. 积极推进交通绩效考评工作的开展。制定交通预算项目绩效考评管理办法，在试点的基础上逐步扩大绩效考评范围，建立交通资金使用"追踪问效"的管理制度，逐步形成交通资金绩效评价的管理体系，从总体上提高交通资金的使用效益。

3. 加强交通行业风险控制，逐步建立和完善风险预警机制，防范交通国有资产流失。

4. 发挥资金在科技创新中的引导作用，增强交通自主创新能力，争取有利于交通科技发展的财税优惠政策，加大对科研成果转化的资金政策引导，为提高交通自主创新能力创造条件。

5. 按照"统筹兼顾、突出重点、协调发展"的原则，提高预算安排的科学性，保证农村公路、西部开发等重点领域建设资金的需要。

6. 加强增收节支经验的总结、交流和推广工作，提高交通行业总体经济效益。

7. 积极争取各级政府及有关部门在资金、财税和投资政策上的支持，充分发挥交通主管部门、企事业单位广大财会人员的积极性和创造性，探索充分利用行业内外部资源发展交通的有效形式，逐步建立和完善优化资源配置机制，加快节约型行业的建设步伐。

（四）建立一支政治合格、业务精通、作风优良、清正廉洁的交通财会队伍。

适应交通建设、改革和发展的需要，以提高依法理财、科学理财能力为重点，积极创造条件，开展多种形式的国内外分行业、分层次的知识更新培训、职业技能培训和继续教育培训，通过参与科研项目、挂职锻炼、组织干部交流等多种途径，进一步提高交通财会人员的综合素质和业务工作能力，使交通财会队伍知识结构、学历结构和专业技术职称结构都有不同程度的改善和提高。到"十一五"末，具有本科及以上学历财会人员的比例达到30%以上；具有中级及以上专业技术职务人员的比例达到35%以上，分别比"十五"末提高15个百分点。通过制定"十一五"交通财会队伍建设规划，并采取相应的措施抓好实施工作。

1. 加强学科带头人的选拔培养工作。依托科研项目和建设项目，充分利用交通财会培训基地，增加国内外学术交流，加大学科带头人的选拔培养力度，使其在理论研究、政策制定、财会培训、业务咨询等方面发挥更大的作用。通过全方位的锻炼，逐步成为财会领域的学术权威，为推动交通财会理论和实践的发展做出贡献。

2. 加强财会负责人和业务骨干的使用培养工作。通过多种方式和途径，把交通主管部门和企、事业单位财会负责人和业务骨干的培养，作为交通财会队伍建设的重中之重，切实抓实、抓好，使他们成为既精通财务管理，掌握金融、财政、税务、法律等方面知识，又懂得交通建设、运输生产业务知识的复合型人才。探索建立有效的激励机制，鼓励技术创新、制度创新和管理创新，使优秀拔尖人才脱颖而出，为他们发挥聪明才智创造条件。

3. 发挥行业人才资源整体优势，搭建交通财会人才资源管理平台。加快交通系统财会人才库的建设，建立健全交通财会高层次人才信息沟通渠道，逐步形成发现、吸引、培养和用好人才的良好环境和人才发展机制。设立交通财会专家咨询委员会，作为交通财会主管部门的辅助决策机构，对交通建设、改革和发展中的重大财会问题提供政策建议和业务咨询。

4. 加强交通财会人员的培训工作，全面提高交通财会人员的综合素质。通过落实"十一五"交通财会队伍建设规划，抓好培训的具体组织实施工作，继续组织做好部属事业单位财会人员的轮训工作，并积极推动交通行业财会人员培训工作的开展。重点加强财会人员专业基础知识和相关业务知识的培训，及时更新知识，加强会计人员职业道德教育，深化会计人员继续教育，全面提高会计队伍的整体素质。

5. 启动交通财会"十百千万"人才工程，强化分层次的交通财会人才梯队建设，建立财会精英、顶尖人才、拔尖人才和业务骨干的选拔、培养、使用制度，引入激励和淘汰机制，为优秀人才脱颖而出，建功立业搭建平台，加强交通财会人才的培养，为推进交通财会工作，服务交通发展提供人才保障。

6. 加强各级交通会计学会建设，充分发挥交通会计学会的参谋助手和桥梁纽带作用，充分利用各专业委员会的优势，促进交通财会人才的培养。

7. 充分发挥高等院校和科研院所在人才培养方面的优势，积极探索利用社会资源，优化交通财会队伍的机制、途径和方法；依托高等院校共建交通财会培训基地，并针对交通行业财会业务特点和培训需要，出版理论水平高、针对性强、密切结合现实的交通财会培训系列教材；依托科研院所结合课题研究，加强对交通财会人才的培养。

8. 加强财会人员职业道德教育，提高财会人员职业道德水平；建立完善的奖惩机制，激发交通行业财会人员爱岗敬业的积极性、主动性和自觉性。

（五）建立涵盖主要财会业务，与省级以上交通主管部门、重点联系企业和部属单位互联互通的交通财会网络信息系统。

适应信息化发展的需要，提高交通财会工作的质量和效率，充分发挥信息资源在行业决策和企事业单位内部管理中的基础性作用,加快交通财务信息化建设的步伐,全面开发财务信息资源,建立和完善交通财会基础数据库,健全信息化管理体系,为行业有关单位提供准确、及时、有效的财会信息服务。

1. 建设以网络技术为基础的交通财会信息系统应用平台,开发涵盖主要财会业务的系统应用软件。进一步完善报表集成系统和人才库系统,提高网络运行速度和应用水平;完善国库集中支付管理系统,扩大应用覆盖范围;开发交通事业单位预算定额编制管理系统,提高预算编制管理水平;组织开发政府性基金和行政事业性收费征收管理系统,强化交通规费征收管理;推广交通企业财务集成系统的应用。

2. 建立交通财会基础数据库,提高交通信息资源的使用效益和共享程度。进一步完善交通财会指标数据库分析系统,建立和充实基础数据资料,逐步形成分单位分项目的固定资产投资分析数据库,单位收入、成本(支出)、利润(结余)的效益指标数据库,以及资产、负债、权益(净资产)等反映基本财务状况的动态数据库及其分析系统。

3. 加强交通财会网站建设,建立交通行业财会信息报送和发布制度。及时搜集、整理、汇总、分析和发布交通行业财会信息,为行业决策和企事业单位改进内部管理,提高市场竞争力提供信息服务,促进行业单位之间的良性互动。

4. 加强交通财会信息化管理体系建设,完善内部信息化管理制度,保障信息安全,整合信息资源,实现网络互联、信息互通、财务资源共享,提高财会信息应用系统的管理水平。

5. 加强交通财会信息技术人才培养。通过多种途径,加快培养一批既熟悉财会业务又精通计算机网络应用技术的交通财会信息技术人才和管理人才,作为推动交通财会信息化建设的骨干力量,加快推进交通财会信息化建设步伐。

(六)健全交通行业内部会计控制体系,强化交通行业会计基础工作。

进一步规范财务管理与会计核算行为,提高依法理财、科学理财的能力，按照《会计法》的要求，强化会计基础工作，建立健全内部会计控制体系，保障会计信息资料的真实、完整，不断提高交通行业财会工作水平和工作质量。

1.以财政部颁布的内部会计控制规范为依据，结合交通行业特点，制定交通行业内部会计控制制度的指导意见，推动建立健全交通行业内部会计控制制度体系的建设。

2.强化学习、宣传和贯彻执行《会计基础工作规范》的力度，完善相关监督、检查机制，确保会计基础工作规范化落到实处。

3.加强建设项目和基层单位财会基础工作和内部控制制度的建设，落实分级管理责任，进一步健全会计机构，加大指导和监管力度。

4.进一步提高交通行业财会电算化水平，到"十一五"末，交通行业独立核算的单位基本实现会计电算化。

5.完善和修订《交通部部属企事业单位会计基础工作规范化实施办法》，组织和开展部属单位会计基础工作规范化的复查工作，指导交通行业开展会计基础工作规范化活动，不断总结经验，推动交通行业会计基础工作扎实有效地开展。

（七）加强对交通财会工作规律的研究，建立具有交通行业特色的财会理论体系。

加强对交通财会工作规律的研究，紧密结合行业特点，形成具有交通特色的财会理论，为深化交通财会改革，促进交通财会管理水平的提高提供理论依据。

1.加强交通行业筹融资政策的研究，建立坚持可持续发展的资金保障机制，以适应交通事业快速发展对资金的需求。

2.加强对交通科学理财方法和途径的研究，探索编制三年滚动预算的理论与方法，提高预算编制的科学性；加强财务管理与会计核算方法的研究，以适应国库管理制度改革、政府收支分类改革、建立公共财政体系的需要。

3.加强交通基本建设资金监管的研究，探索有效的资金监管形式，以适应加强廉政建设、提高资金使用效益的要求。

4. 加强交通行业财务管理与会计核算的政策研究，为深化财会改革、加快制度建设提供理论支撑。

5. 加强国有资产管理问题研究，进一步强化交通行业国有资产监管，以确保交通行业国有资产安全运行，实现交通国有资产的保值增值。

6. 加强内部控制制度研究，建立健全交通企事业单位内部控制体系，以适应加强财务管理、规范会计行为、提高经济效益的要求。

7. 加强交通行业财税政策的研究，为积极争取有利于交通发展的财税政策奠定基础，促进交通行业全面、协调、可持续发展。

8. 充分利用高等院校、科研机构、社会团体等在财会理论与学术研究方面的优势，采取科研课题、研讨会等多种形式，开展有行业特色的财会理论研究和学术交流，以促进交通财会管理总体水平的提高。

（八）深化交通行业财会改革，加快交通行业财务会计制度体系的建设步伐。

1. 以提高交通行业财会工作质量和服务效率，规范财务管理行为，提高资金使用效益为目标，进一步加大行业财会改革力度。

（1）继续推进部门预算改革。深化基本支出和项目支出预算改革，抓紧制定交通事业单位分类预算定额和经费预算编制管理办法，并做好组织实施工作；建立和完善交通预算项目库，加强对已安排项目的清理工作，完善预算项目论证、比选、审核、排序的程序和方法，稳步推进项目预算的滚动管理；推进政府收支分类改革，提高部门预算的透明度；进一步深化“收支两条线”改革，规范预算外资金管理，加强对预算执行的监管。

（2）继续深化国库管理制度改革，逐步扩大支付范围，规范支付程序和会计核算行为，强化资金使用监管。

（3）完善政府采购制度。加强政府采购制度建设，制定交通部所属单位的政府采购管理实施办法，加强对交通投资项目政府采购的监督指导；扩大政府采购范围和规模，将财政性资金逐步纳入政府采购范围,加强对非招投标方式使用财政性资金的管理;规范采购行为,逐步推进“采管分离”。

(4)配合国家国有资本经营预算制度的改革,采取措施,规范交通国有资本收益的管理,规范公路收费权益转让行为;加强对外投资的管理,防范投资风险。

(5)配合税收制度改革,加大对相关税收制度和政策的研究,结合交通行业的实际,提出配套的改革措施,争取有利于行业发展的优惠政策。

2. 按照依法理财、规范管理的要求和各项改革实施的进程,结合交通财会业务的特点,进一步加快交通财会法规、制度的建设,尽快形成以国家财会法规制度为基础、以行业制度办法为主体、以单位内部制度细则为补充的具有行业特色的财务会计制度体系。

(1)加强交通企业财会制度建设。推动企业会计制度、会计准则的贯彻实施,制定《交通行业物流企业成本核算办法》、《公路经营企业会计核算办法》等交通企业特殊业务的示范制度。

(2)加强交通行政事业单位财会制度建设。抓紧修订《公路养护单位财务管理与会计核算办法》,制定《公路收费还贷业务会计核算办法》等相关财会制度,规范交通行政事业单位的财会行为。

(3)加强交通国有资产管理制度建设。抓紧出台《公路收费权益转让管理办法》,规范公路收费权益转让行为;制定《交通部行政事业单位国有资产管理办法》,规范部属单位国有资产管理。

(4)加强对交通企事业单位内部财会管理制度建设的指导,通过政策引导、制度规范、业务交流、专项资金检查、开展交通财会咨询等活动,推动交通单位进一步完善内部财会管理制度。

(九)加快建立产权清晰、结构优化、流转顺畅、管理规范的交通国有资产管理体系。

加强交通国有资产管理,确保交通国有资产的安全、完整,发挥交通国有资产促进经济社会发展、改善人民生活的重要作用,实现交通国有资产的保值、增值,加快建立与健全产权清晰、结构优化、流转顺畅、管理规范的交通国有资产管理体系。

1. 按照建立现代企业制度的要求，完善交通企业法人治理结构，建立健全有效的交通国有资产管理的监督约束机制。

2. 完善交通国有资产管理的相关法规，明确交通专项资金的投资主体，建立分级分类管理机制，完善国有资产投资决策程序，规范部属事业单位对外投资的管理，进一步强化交通国有资产管理。

3. 按照国家国有资本经营预算制度的要求，进一步加强对国有资产收益的监管；开展对公路收费权转让的专项清理整顿工作，规范公路收费权益转让行为。

4. 全面开展事业单位清产核资工作，摸清所属行政事业单位资产家底，建立部属行政事业单位资产管理信息系统，研究制定部属事业单位资产配额标准及相关定额，加强资产配置、使用、处置等环节的管理。

5. 引入市场机制，按照“公开、公平”的原则，逐步推动交通行业产权交易的市场化运作，探索盘活交通存量资产的有效形式，形成流转顺畅的国有资产运行机制，在流转中实现国有资产的保值与增值，逐步形成以存量求增量、滚动发展的交通国有资产运行体系。

（十）加大对交通行业财务资金的监管力度，建立规范的财务资金监管体系。

按照建设节约型行业和打造廉洁交通的要求，认真研究市场经济条件下交通行业资金监管的特点和规律，综合运用行政、法律、经济手段和现代信息管理技术，逐步建立健全资金分级监管体系，强化对交通建设、生产和科研资金的监管，保证资金合理、有效、安全使用，提高资金的使用效益。

1. 加强对公路、水运基础设施和支持保障系统建设资金的监管，制定《交通建设项目资金监管规程》，规范资金监管程序，落实监管责任，强化对重点项目、关键环节、薄弱部位的监督管理。促进决策的民主化、规范化、科学化，依法支持财务人员参与项目的决策，实现全过程的控制，强化对项目的财务管理和监督。

2. 加强建设项目前期的财务管理与资金监督工作，从源头上防范各类财务风险。

3. 加强建设项目实施过程的财务管理与资金监督工作，加强工程价款结算的管理，规范材料、设备采购行为，确保资金安全、有效使用；在保证工程质量的基础上，努力降低工程成本，提高工程项目的资金使用效益。

4. 加强建设项目竣工阶段的财务管理与资金监督工作，按照规范要求编制工程竣工财务决算，正确核定工程交付使用资产价值，如实反映投资借款偿还情况，遏制超规模投资建设、挪用资金等违纪、违规行为。

5. 积极开展财务与审计的共建活动，强化资金监管力度，创新资金监管方式，通过完善资金管理制度，强化日常财务管理和过程控制，力求监督"关口前移"，防患于未然。

6. 加强对交通企业和部属单位收支的资金监管，强化对外投资、企业改制重组、资产处置等的监督管理，防止国有资产流失。加强对社团组织的资金监管，完善内部管理制度，规范财务管理与会计核算行为。

五、实现交通财务"十一五"工作目标的保障措施

(一)加强对财会工作的领导。

各级交通主管部门和交通企事业单位领导要关心、重视和支持财会人员的工作，积极创造条件，营造为广大财会人员干事业和干成事业的工作环境。

认真贯彻落实《会计法》，单位负责人要进一步增强依法理财的意识，树立第一责任人的观念，加强对本单位会计工作的领导，积极支持财会部门和财会人员依法履行工作职责，模范地遵守财经纪律，对本单位会计资料的真实性、完整性负责。

(二)健全财会机构，充实财会人员。

各单位要根据《会计法》的要求，设置会计机构，配备与工作相适应的财会人员。国有大中型交通企业必须设置总会计师；大中型交通事业单位可依据本单位业务工作的需要，申请设置总会计师；交通中、小型企事业单位和社团组织应当根据会计业务的需要单独设置财会机构，配备财会机构负责人，对不具备单独设置会计机构条件的单位，必须在有关机构中配备会计主管人员，对设置专门会计机构和配备具有专业技术任职资格会计人员确有困难的，应当委托经批准设立的从事会计代理记账业务的中介机构代理记账；交通建设项目单位也要配备财会人员，切实保证依法组织会计核算，保障资金安全有效使用。各单位要进一步健全内控制度，完善工作程序，加强内部监督，保障各单位财会工作的有序开展。

（三）加大投入，为实现“十一五”财会工作目标提供资金保障。

各级交通主管部门和企事业单位要切实重视财会工作，在财会改革、财会信息化建设、财会人员培训、财会制度法规建设、财会课题研究等方面给予资金保障，予以重点支持，不断提高交通财会的技术手段、工作条件和管理水平。

（四）创新工作机制，充分运用行业内外部资源推进交通财会工作。

积极探索交通财会工作的运行机制，充分调动各级交通主管部门和企事业单位财会人员的积极性，充分发挥交通会计学会的桥梁纽带作用，充分发挥高等学校、科研院所在培训、科研等方面的优势，整合行业内外部资源，促进交通行业整体优势的发挥，不断提高交通财会的工作效率、质量和服务水平。

（五）加大宣传力度，构建和谐的交通理财环境。

通过加大对财经法规和财经政策的宣传，增强交通行业广大干部职工执行财经法规的主动性，积极支持财政改革，自觉遵守财经纪律；通过对增收节支活动等典型事例的大力宣传，引导和推动创建节约型行业的深入开展；通过宣传交通行业的公益性特点，积极争取有关部门对交通事业的理解和支持，为实现交通发展创造和谐的理财环境，促进交通财会“十一五”重点工作规划的顺利实施，为实现交通发展的新跨越做出积极的贡献。

公路水路交通"十一五"人才工作规划

（交通部　交人劳发〔2006〕361号　2006.07.16）

为贯彻落实全国人才工作会议和全国科技大会精神，不断推进交通行业人才资源开发与管理工作，造就一支数量充足、结构合理、素质较高的交通人才队伍，为实现公路水路交通又快又好发展提供有力的人才保障和智力支持，制定本规划。

一、交通人才资源现状及存在的问题

（一）交通人才资源现状

"十五"以来，随着我国教育事业和交通事业的快速发展，人才资源开发与管理工作的不断加强，交通发展的人才保障与智力支持能力得到了前所未有的提高，总体上体现为：人才资源总量不断增加，人才队伍结构明显改善，人才队伍素质不断提高，人才管理机制逐步完善。

1. 人才总量不断增加

2005年，公路水路交通行业具有中等职业教育及以上文化程度或学历层次、初级及以上技术职称或技工等级的各类专门人才约400万人，约占交通行业各类从业人员总数的10%，极大地改变了改革开放初期交通行业人才总量严重不足的现象。

2. 人才结构日趋合理

交通行业的人才队伍结构得到了明显改善，断层、断档和失衡现象有一定好转。"十五"期间，交通部机关具有研究生及以上学历人员比例提高了近20个百分点，大专及以下学历人员比例降低了近9个百分点，一大批学历层次较高、专业知识深厚、管理经验丰富的年轻干部走上各级领导岗位，大大提高了政府部门的行政能力。部直属单位具有高级职称的人员中45岁以下人员已占

57.4%,许多青年人才脱颖而出,已成为交通事业发展的骨干力量。

地方交通系统和交通企业职工队伍中专业技术人才和技能人才所占比例和学历层次明显提高,平均年龄降低,人才断层问题得到了初步解决,一大批优秀的青年人才已成为教学、科研和生产的主力。

3.人才队伍的业务素质和能力明显提高

交通事业的持续快速发展吸引了大批优秀人才投身于交通事业,为交通行业增添了新生力量。部党组高度重视人才队伍建设,通过开展各种形式的在职学历教育和短期培训等有效措施,提高了人才队伍的政治素质、道德修养和业务能力。交通行业各部门注重在实践中培养和锻炼人才,加快了青年人才的成长,促进了全行业人才队伍素质和能力的普遍提高。

4.人才管理机制不断完善

随着国家经济体制和干部人事制度改革的不断深化,交通行业从政府部门到企事业单位,人才引进的方式和机制已发生了很大变化,法制化、规范化、市场化进程明显加快,交通行业人才培养渠道不断拓展,人才培养的保障机制逐渐完善。

(二)人才队伍建设存在的主要问题

尽管交通行业的人才资源开发与管理工作得到了足够的重视和发展,但仍存在着许多与交通事业健康发展不相适应的薄弱环节。

1.人才资源短缺问题仍较严重

一是高层次人才短缺。目前交通行业在国内外有较高知名度和较大影响力的高级专家很少,而且后继乏人,与交通事业的大发展及其所处的地位极不相称。二是发展快的领域专业技术人才明显不足。公路建设中勘测、设计、施工、监理等方面的人才不能满足需要,给工程建设质量和安全留下了较大的隐患。三是技能型人才严重短缺。公路运输与公路养护、水上运输、港口、公路工程与航务工程等专业和工种人才供需缺口很大。四是人才资源分布不均衡。中西部地区尤其是西部地区人才普遍不足；基层单位和小型企业人才匮乏，制约了这些单位的发展。

2. 人才队伍素质和能力不能适应交通快速发展的需求

专业技术和技能人才的学历和职称仍然偏低；人才队伍的学习能力、实践能力尤其是创新能力与交通快速发展的实际需求还存在较大差距。

3. 人才开发与管理还存在体制性障碍

人才引进在一些方面还受到户籍、身份等方面的政策性限制；人才培养在经费、时间等方面缺乏长效保障机制；选人用人机制不够健全；人才评价体系还不完善。

二、人才工作面临的形势要求

"十一五"时期，是实现全面建设小康社会交通发展目标的关键时期，交通人才资源保障与智力支持将面临新的形势和要求。

（一）全面建设小康社会，实现交通又快又好发展，要求全面提升人才资源保障和智力支持的能力

交通要发展，人才是关键。实现公路水路交通又快又好发展，关键是要造就一批数量充足、结构合理、素质较高的人才队伍，在现有人才资源基础上增加人才数量、完善人才结构、提高人才素质。这就要求人才工作要围绕交通发展大局及其中心工作，加强人才资源开发与管理，全面提升人才资源保障和智力支持能力。

（二）建设创新型交通行业，解决交通改革发展中的重大问题和突出矛盾，要求加快高层次、高技能创新人才的培养

高层次、高技能人才在交通改革与发展中地位重要、作用突出。面临我国公路水路交通改革与发展出现的大量新情况、新问题，必须依靠具有创新思维和创新能力的高层次、高技能创新人才，运用他们的聪明才智破难题、攻难关。要围绕交通改革与发展中的重大问题和突出矛盾，把高层次、高技能创新人才队伍建设摆上重要位置，加大培养力度，提高培养效果。

（三）保证交通工程质量，提高运输服务水平，要求大力加强基层单位的专门人才队伍的建设

交通行业是一个劳动密集型行业，从业人员中90%以上在交通建设和运输服务等一线工作，其素质和能力在很大程度上决定了交通发展的质量和效益。而基层单位是行业人才保障最薄弱的环节，必须大力进行充实和培养。

（四）实施西部大开发和中部崛起战略，要求重点支持中西部地区交通人才队伍的建设

要针对中西部地区工作条件艰苦、人才引进困难、容易流失的实际情况，采取相应的倾斜政策，创造良好的人才环境，鼓励和吸引各类人才到中西部地区建功立业，支持中西部地区引进急需人才、稳定现有人才、培养民族人才。提倡和引导东部发达地区为中西部地区的人才培养和智力支持提供服务。

（五）适应人才资源配置市场化趋势，要求交通行业树立大人才观，着眼于国内国际市场人才资源开发

随着市场化、全球化进程不断加快和交通事业快速发展对人才的大量需求，要求交通行业必须在完善人才机制和改善人才环境方面下功夫，坚持以人为本，建立健全与社会主义市场经济相适应的人才选拔、培养、引进、使用、评价机制，营造有利于人才成长的环境，让全社会及海内外的优秀人才为交通发展贡献才华和智慧。

三、人才工作的指导思想、基本原则及总体目标

（一）指导思想和基本原则

“十一五”交通人才工作要以邓小平理论和“三个代表”重要思想为指导，坚持科学发展观和人才观，以实现交通人才快速成长为目标，以提高自主创新能力为重点，不断优化人才结构，提升人才素质，健全人才机制，改善人才环境，造就一支数量足、能力强、素质高、作风硬的交通人才队伍，为实现公路水路交通又快又好发展提供坚强有力的人才保障和智力支持。

交通人才工作坚持以下基本原则：

—坚持党管人才原则。党管人才主要是管宏观、管政策、管协调、管服务。各级党政主要负责同志要树立强烈的人才意识，善于

发现人才、培养人才、集聚人才、服务人才，做到知人善任、唯才是举、广纳群贤，实行人才管理与人才服务并重。

—坚持整体推进原则。坚持管理人才、技术人才和技能人才三支队伍建设一起抓，注重三支人才队伍建设的整体推进，着重培养造就一大批适应现代交通建设的高层次和高技能人才，带动整个交通行业人才队伍的建设。

—坚持分类指导原则。针对管理人才、技术人才和技能人才等各类人才的不同特点和成长规律，实行分类指导。抓住人才培养、引进和使用三个关键环节，创新人才工作机制，改善人才成长的环境和条件，使各类人才各得其所、各尽其能。

—坚持协调发展原则。紧密配合国家和行业重大战略的实施，采取有力措施，促进人才在区域、部门和单位之间的合理分布。尤其要重视和支持中西部地区、民族地区和基层单位交通人才的引进和培养，实现交通行业人才队伍建设的协调发展。

—坚持市场调节原则。适应市场经济特点，充分发挥市场机制在人才资源配置中的基础性作用。逐步发展和不断完善交通人才市场体系，强化人力资本观念，引导人才合理流动，推动人才资源的结构调整，实现人才资源优化和高效配置。

(二)总体目标

1. 总体目标

到2010年，加强交通人才开发与管理的机制保障体系、服务保障体系和安全保障体系建设，重点加强高层次、高技能和紧缺性人才培养，使人才资源保障和智力支持能力基本适应公路水路交通又快又好发展的需要。

2. 具体目标

—交通行业各类人才总量达到600万人，人才密度提高到12%，实现人才总量增长快于从业人员的增长。与此同时，人才队伍结构得到明显改善，人才队伍素质得到明显提高，人才资源分布得到合理调整，人才紧缺状况得到明显缓解。

—逐步建立充分利用行业内外优质教育与培训资源的交通人

才培养体系，健全交通行业与相关教育与培训机构之间的开放、合作机制，基本适应交通发展需求。

—深化干部人事制度改革，加强人才管理机制研究，建立健全科学、规范、可行的人才培养、引进、评价和激励机制，优化人才工作和人才成长的环境和条件。

—加强交通人才服务体系建设，完善交通人才信息服务系统，丰富人才市场信息，扩充信息服务功能；建立交通行业高层次、高技能人才信息服务系统，强化对高层次和高技能人才的信息服务。

四、交通人才工作的主要任务

（一）加强人才队伍建设

1.管理人才队伍建设

管理人才队伍建设主要是各级政府交通部门公务员和交通行业企事业单位领导干部队伍建设，重点是省级以上交通主管部门机关公务员和所属单位领导干部队伍建设。

按照服务型政府和法治型政府的要求，努力建设学习型机关、创新型机关、效能型机关、和谐型机关，提高机关公务员队伍的公共管理能力和依法行政能力。根据《公务员法》及中组部、人事部的培训规定和要求，加大公务员队伍法律知识、管理知识、现代经济知识和交通专业知识的培训力度，增强管理干部的创新意识和开拓意识，提升管理干部依法行政和履行岗位职责的能力。继续加大轮岗、交流、输送到重要岗位锻炼等方式，注重在艰苦、复杂环境和危难险重工作中培养锻炼公务员队伍，在实践中增长才干。按照“为民、务实、清廉”的要求，加强政府机关工作人员的作风建设，增强公务员的服务意识，改进工作作风，提高工作效率。

进一步加强部属单位领导班子的思想政治建设和业务能力建设，不断提高领导干部的政治思想素质和业务领导水平。以深入贯彻执行《党政领导干部选拔任用工作条例》为重点，开展体现科学发展观要求的领导干部选拔任用、绩效考核评价和“能上能下”、权力运行监督制约、收入分配激励约束机制等课题的研究，不断改进干部考评的方式和手段，提高干部管理工作的前瞻性。

继续推行和完善干部竞争(竞聘)上岗、领导干部任期制,使干部管理工作更科学、更有效。通过集中、全面、深入的考察和培养锻炼,建立一支数量充足、素质较高、结构合理的后备干部队伍。

2. 技术人才队伍建设

高层次人才队伍建设是交通人才队伍建设的重点和关键,具有战略意义。适应社会主义市场经济和交通事业又快又好发展的需要,不断创新机制,制定和实施促进优秀人才迅速成长的政策和措施。进一步实施交通部新世纪十百千人才培养工程,以重大建设项目和重点科研项目为依托,以交通行业技术研发中心和交通行业重点实验室为基地,经过五年的努力,造就50名左右在国内外有重大影响的交通科技领军人才,100名交通主干学科领域的青年拔尖人才,1000名有较高学术造诣的优秀青年科技人才,形成一批优秀的创新团队。要深化职称改革,完善专业技术职务聘任制度,进一步探索改进考试、评审、考核、聘任等多种评价手段。

从人才培养入手,针对紧缺性人才和战略性人才的需求,设立专项奖学金,吸引优秀的学生进入交通类专业学习。加大宣传力度,吸引高校优秀毕业生到交通行业工作。妥善解决医疗保险、配偶就业、子女上学等问题,制定和实施吸引优秀留学人才和海外科技人才回国服务交通发展的具体办法。

3. 技能人才队伍建设

贯彻落实中共中央办公厅、国务院办公厅《关于进一步加强高技能人才工作的意见》(中办发〔2006〕15号)精神,根据交通行业和劳动力市场的实际需要,针对交通技能型人才短缺的矛盾,尽快启动"交通行业技能型紧缺人才培养工程",重点组织对交通事业发展有重要影响的主干专业技能型紧缺人员的培养。要充分发掘现有各类培训机构的潜力,经过强化培训和实践锻炼,造就更多的高技能人才,并重点建设一批技能人才示范性培训基地。要通过评选行业技术能手等活动,树立先进典型,鼓励和推动更多的高技能人才快速成长。

(二)健全人才保障体系

1. 创新人才机制保障体系

创新人才机制，是促进新时期人事人才工作快速发展并取得成效的重要保障。创新人才机制，关键是要抓住人才培养、引进、使用三个环节，深化干部人事制度改革，加快人才资源开发与管理的法制化、制度化、规范化和科学化进程。

(1)创新人才培养机制

根据各类人才的不同特点，制定各类人才能力建设的标准框架，建立面向全行业的以能力为基础的各类人才培训和开发体系。要充分发挥交通行业各级培训机构的作用，实现资源共享、信息互通、优势互补，使培训教育资源最大限度地得到利用。

围绕人才资源的能力建设，创新人才培养机制，优化人才成长环境，努力提高人才的自主创新能力。一是要构建有利于创新人才培养和成长的保障机制，要以重大建设项目和重大科研项目为依托，让优秀青年人才在重大建设和科研实践中得到充分锻炼和快速成长，大力提高青年人才的创新能力，充分发挥青年人才的创新潜力，让年轻人早出成果、多出成果。二是要营造有利于创新人才敢于探索和勇于创新的文化环境，要倡导拼搏进取、自觉奉献的爱国精神，求真务实、开拓创新的科学精神，团结协作、淡泊名利的团队精神。要倡导学术自由和民主，尊重个性，宽容失败，努力营造宽松和谐、健康向上的创新文化氛围。

(2)创新人才吸引机制

按照“不求所在，不求所有，但求所用”的原则，打破户籍、部门、身份及地域界限，制定吸引国内外人才特别是高层次优秀人才到交通行业服务的具体办法和配套政策。既可以引进人才，也可以引进智力，还可以引进研究项目和成果。引进可以采用调动、聘用、借调、兼职、讲学、培训、科研等多种形式，壮大交通行业高层次优秀人才队伍，提高高层次优秀人才队伍实力。

(3)创新人才使用机制

要按照“人尽其才，才尽其用，用当其时”的原则，为更多的年轻优秀人才提供发挥才能、体现价值的机会和舞台，形成优秀年轻人才脱颖而出的选人用人机制，最大程度激发人才队伍的内在活力。

(4)建立有利于创新的人才评价机制

从规范职位分类与职业标准入手，研究并建立客观、公正、科学、合理、可行的，以业绩为依据，由品德、知识、能力等要素构成的，以量化指标为主的人才资源评价指标体系，并把是否有自主创新能力作为重要评价指标，为人才资源的科学管理提供准确的依据。

(5)建立有效的人才激励机制

采取特殊政策和切实措施，对人才实行有效激励，进一步强化“尊重劳动、尊重知识、尊重创造、尊重人才”的良好环境。要在加强精神鼓励和事业激励的同时重视物质奖励，积极鼓励管理、技术、知识等要素参与分配，对自主创新成果显著，取得重大经济效益和社会效益的人才予以重奖，实现按劳分配、效率优先、兼顾公平，使政策向贡献大、业绩突出的一线骨干倾斜，鼓励人们踏踏实实地在本职岗位上为交通发展多做贡献。

2. 完善人才服务保障体系

建立和完善交通人才市场服务体系，充分发挥市场机制在人才资源配置中的基础性作用，引导人才资源的合理流动，推动人才资源的结构调整，实现人才资源优化和高效配置。

(1)完善人才信息系统

不断规范和完善全国航海类专业毕业生就业协作组、全国公路交通类专业毕业生就业协作组的活动，增强凝聚力，扩大影响力，为会员和社会提供更为有效的服务。改造并整合现有交通人才信息系统，建立全国统一、多层次、分类型的交通人才资源信息网，扩充服务功能，定期发布交通人才的供求信息、政策信息和培训信息，使中国交通人才网成为全行业人才服务的共享平台。

(2)畅通人才供求信息

逐步建立人才培养机构和人才使用部门之间的人才供求联系机制，为培训机构和用人单位提供信息服务。充分利用交通行业现行的统计渠道，建立交通人才统计制度，加强人才统计信息分析，掌握交通人才资源在总量、结构和分布等方面的基本状况和变化趋势，为主管部门研究制定人才规划和人才政策提供科学依据。

(3)加快与社会保障制度衔接

按照国家的统一部署，尽快将交通事业单位全部纳入社会保障体系，进一步完善交通企业单位参加社会保障制度，消除人才流动的后顾之忧，促进人才资源的合理配置。

3. 建立人才队伍稳定保障体系

(1)建立人才身体健康保障体系

高级人才是交通事业发展的中流砥柱，是交通人才队伍的稀缺资源。要采取有效的减压措施和保健措施，努力改善他们的工作环境和工作条件，解除或缓解他们目前存在的工作任务重、工作强度大，健康状况差等现象，使他们以强健的体魄、旺盛的精力投身工作，实现人才的可持续发展。

(2)完善人才思想安全保障体系

从爱护人才、保护人才的角度出发，坚持以教育为主、预防为主、事前监督为主的原则，完善对干部的监督管理机制，使人才队伍思想过硬，在复杂的市场经济环境下，立得住、站得稳，真正成为交通行业领头人和骨干力量。

(3)健全人才流动安全保障体系

建立和健全高层次人才等重要人才的安全管理体制和安全管理办法，提高重要人才待遇，保障重要人才权益，高度重视和充分信任重要人才，做到事业留人，感情留人，适当的待遇留人，使高层次技术人才安心交通、热爱交通、献身交通。

五、加强人才工作的措施

(一)树立科学的人才观，转变人才工作的职能重点

认真贯彻落实全国人才工作会议和全国科技大会精神，牢固树立以人为本的发展理念，高度重视交通人才工作，把人才工作放到更加重要的战略位置，坚持“第一把手”抓“第一资源”，建立统分结合、齐抓共管的格局，形成抓人才工作的强大合力。各部门、

各单位人事部门要更新观念，实现人才工作重点由从传统的部门人才管理向行业人才管理，单一的人事管理向人才资源开发、管理与服务工作并重转变。

（二）加强前期研究，为人才工作提供科学的决策支撑

以促进交通事业发展为根本出发点，“立足当前、着眼长远、积极筹划、超前打算”，着眼于人才资源总量增长、素质提高、结构优化、分布合理，针对人才资源保障与智力支持在人才体制、机制、环境和政策等方面存在的主要问题和突出矛盾，开展前瞻性研究，为人才工作提供科学的决策支撑。

（三）建立稳定的资金渠道，加大人才工作保障力度

尽快建立稳定的长效的资金渠道，不断加大对人才工作的投入力度。各级交通主管部门要根据人才工作实际需要，在财政预算中安排必要的资金用于人才资源开发与管理工作，支持高层次管理人才、专业技术人才、紧缺性人才培养计划的实施。各级交通主管部门可继续沿用从交通规费中按1%比例足额提取教育经费；在重大建设和科研项目经费中，按规定要求提取教育培训经费；一般交通企业可按职工工资总额的1.5%的比例足额提取教育培训经费，从业人员要求高的交通企业可按2.5%的比例提取教育培训经费。积极引导和推动企业单位和社会组织加大对交通人才队伍建设的资金投入，努力创立具有交通行业特点的人才培养基金和优秀人才专项资助基金，为加快人才培养创造更加有利的条件。

（四）加强职业技术教育，推进技能人才队伍建设

根据交通行业和劳动力市场的实际需要，在公路、水路领域选择5~8个技能型培训项目，即汽车运用与维修、公路施工与养护、筑路机械操作与维护、港口装卸机械操作与维护、船舶驾驶（船舶操纵以及相关专业，工种）、轮机管理（船舶轮机工）等，有计划地实施“交通行业技能型紧缺人才培养培训工程”，并逐步扩大范围，推进技能人才队伍建设的健康开展。要争取国家和有关部门在资金、政策等方面的重点支持，同时根据技能人才的特点和成长

规律，研究制定技能人才的评价标准、新的培养模式及方式、激励措施和管理办法等。各地区各单位可根据各自的人才需求情况，把交通行业技能型人才培养纳入到交通教育培训发展规划之中，加大培养力度。以缓解目前全行业技能型人才紧缺状况。

（五）大力推进交通行业职业资格制度建设

针对交通行业中责任重大、专业性强的关键岗位建立国家职业资格制度，既是适应社会主义市场经济和实现交通又快又好发展的需要，也是提高交通人才队伍整体素质的需要。根据部印发的《交通行业职业资格制度框架》，按照统筹规划、分步实施、急需先建的原则，尽快建立交通行业当前急需的职业资格，对关系到国家和人民生命财产安全的关键岗位实行准入控制，使交通行业人才队伍素质不断提高，人才结构逐步合理，适应交通事业全面、协调、可持续发展的需要。

（六）加强人才统计工作，夯实人才工作的决策基础

要全面、系统、准确、及时掌握人才信息，把握人才总量、结构、素质和分布情况，为科学的人才决策提供保证。为此，要完善人才统计指标体系，制定符合交通实际的人才统计指标。要改进人才统计调查方法，界定人才统计的合理范围，确定人才统计的有效渠道，建立科学、规范、可行的交通人才统计调查制度。要加强人才统计分析工作，在搜集和整理基础统计数据的基础上，进一步加工和提炼出更便于直接使用的决策信息。

（七）加强交通文化建设，增强交通人才的凝聚力

树立社会主义荣辱观，充分发挥先进文化的特有作用，继承交通行业的优良传统，弘扬交通行业的时代精神，构筑行业内部的和谐关系，增强整个行业的团队意识，激发交通人才的积极性和创造性。交通行业各部门、各单位要自觉开展文化建设，大力构建具有部门和单位特色并充分体现人本理念和人文关怀的人才管理文化和人才服务文化，增强交通行业人才队伍的集体观念和团队精神，提高交通行业人才队伍的凝聚力和战斗力，为交通发展提供强大的精神动力和思想保证。

公路建设养护管理

农村公路建设管理办法

(交通部令2006年第3号　2006.01.27)

第一章　总　则

第一条　为加强农村公路建设管理,促进农村公路健康、持续发展,适应建设社会主义新农村需要,根据《中华人民共和国公路法》,制定本办法。

第二条　本办法适用于各级人民政府和有关部门投资的农村公路新建和改建工程的建设管理。

本办法所称农村公路,包括县道、乡道和村道。

第三条　农村公路建设应当遵循统筹规划、分级负责、因地制宜、经济实用、注重环保、确保质量的原则。

第四条　农村公路建设应当由地方人民政府负责。其中,乡道由所在乡(镇)人民政府负责建设;在当地人民政府的指导下,村道由村民委员会按照村民自愿、民主决策、一事一议的方式组织建设。

第五条　农村公路建设项目应当依据农村公路建设规划和分阶段建设重点,按照简便适用、切合实际的原则和国家规定的程序组织建设。

第六条　农村公路建设应当保证质量,降低建设成本,节能降耗,节约用地,保护生态环境。

国家鼓励农村公路建设应用新技术、新材料、新工艺。

第七条　交通部负责全国农村公路建设的行业管理。

省级人民政府交通主管部门依据职责负责本行政区域内农村

公路建设的管理。

设区的市和县级人民政府交通主管部门依据职责负责本行政区域内农村公路建设的组织和管理。

第二章　标准与设计

第八条　各级人民政府交通主管部门应当按照因地制宜、实事求是的原则，合理确定农村公路的建设标准。

县道和乡道一般应当按照等级公路建设标准建设；村道的建设标准，特别是路基、路面宽度，应当根据当地实际需要和经济条件确定。

第九条　农村公路建设的技术指标应当根据实际情况合理确定。对于工程艰巨、地质复杂路段，在确保安全的前提下，平纵指标可适当降低，路基宽度可适当减窄。

第十条　农村公路建设应当充分利用现有道路进行改建或扩建。桥涵工程应当采用经济适用、施工方便的结构型式。路面应当选择能够就地取材、易于施工、有利于后期养护的结构。

第十一条　农村公路建设应当重视排水和防护工程的设置，提高公路抗灾能力。在陡岩、急弯、沿河路段应当设置必要的安全、防护设施和警示标志，提高行车安全性。

第十二条　二级以上的公路或中型以上的桥梁、隧道工程项目应当按照国家有关规定，分初步设计和施工图设计两个阶段进行；其他工程项目可以直接采用施工图一阶段设计。

第十三条　四级以上农村公路工程和大桥、特大桥、隧道工程的设计，应当由具有相应资质的设计单位承担；其他农村公路工程的设计，可以由县级以上地方人民政府交通主管部门组织有经验的技术人员承担。

第十四条　农村公路建设的工程设计，应当按照有关规定报县级以上人民政府交通主管部门审批。

第三章　建设资金与管理

第十五条　农村公路建设资金应当按照国家有关规定，列入地方人民政府的财政预算。

第十六条　农村公路建设逐步实行政府投资为主、农村社区为辅、社会各界共同参与的多渠道筹资机制。

鼓励农村公路沿线受益单位捐助农村公路建设；鼓励利用冠名权、路边资源开发权、绿化权等方式筹集社会资金投资农村公路建设，鼓励企业和个人捐款用于农村公路建设。

第十七条　农村公路建设不得增加农民负担，不得损害农民利益，不得采用强制手段向单位和个人集资，不得强行让农民出工、备料。确需农民出资、投入劳动力的，应当由村民委员会征得农民同意。

第十八条　中央政府对农村公路建设的补助资金应当全部用于农村公路建设工程项目，并严格执行国家对农村公路补助资金使用的有关规定，不得从中提取咨询、审查、管理、监督等费用。补助资金可以采用以奖代补的办法支付或者先预拨一部分，待工程验收合格后再全部支付。

地方政府安排的建设资金应当按时到位，并按照工程进度分期支付。

第十九条　农村公路建设不得拖欠工程款和农民工工资，不得拖欠征地拆迁款。

第二十条　各级地方人民政府交通主管部门应当依据职责，建立健全农村公路建设资金管理制度，加强对资金使用情况的监管。

农村公路建设资金使用应当接受审计、财政和上级财务部门审计检查。

任何单位、组织和个人不得截留、挤占和挪用农村公路建设资金。

第二十一条 各级人民政府和村民委员会应当将农村公路建设资金使用情况,向公路沿线乡(镇)、村定期进行公示,加强资金使用的社会监督。

第四章 建设组织与管理

第二十二条 农村公路建设用地依法应当列入农用地范围的,按照国家有关规定执行。

第二十三条 农村公路建设需要拆迁的,应当按照当地政府确定的补偿标准给予补偿,补偿标准应当公开。

第二十四条 农村公路建设项目符合法定招标条件的,应当依法进行招标。

含群众集资、农民投劳或利用扶贫资金的农村公路建设项目,以及未达到法定招标条件的项目,可以不进行招标。

第二十五条 县级以上地方人民政府交通主管部门应当加强对农村公路建设项目招标投标工作的指导和监督。

省级人民政府交通主管部门可以编制符合农村公路建设实际的招标文件范本。

第二十六条 对于规模较大、技术复杂的农村公路建设项目以及大桥、特大桥和隧道工程应当单独招标,其他农村公路建设项目可以在同一乡(镇)范围内多项目一并招标。

第二十七条 县道建设项目的招标由县级以上地方人民政府交通主管部门负责组织。乡道、村道建设项目的招标,可以由县级人民政府交通主管部门统一组织,也可以在县级人民政府交通主管部门的指导下由乡(镇)人民政府组织。

招标结果应当在当地进行公示。

第二十八条 沥青(水泥)混凝土路面、桥梁、隧道等工程,应当选择持有国家规定的资质证书的专业队伍施工。路基改建和公路附属工程在保证工程质量的条件下,可以在专业技术人员的指导下组织当地农民参加施工。

第二十九条 二级以上公路或中型以上桥梁、隧道工程项目应当依法办理施工许可;其他列入年度建设计划的农村公路建设项目,完成相应准备工作并经县级以上地方人民政府交通主管部门认可的,即视同批准开工建设。

第三十条 农村公路路面和桥梁、隧道工程应当主要采用机械化施工。

第三十一条 农村公路建设单位对工程质量负管理责任。施工单位对施工质量负责。

建设单位和施工单位要依据职责,明确质量责任,落实质量保证措施,加强质量与技术管理。

第三十二条 农村公路建设项目应当建立工程质量责任追究制和安全生产责任制。

第三十三条 铺筑沥青(水泥)混凝土路面的公路、大桥、特大桥及隧道工程应当设定质量缺陷责任期和质量保证金。质量缺陷责任期一般为1年,质量保证金一般为施工合同额的5%。

质量保证金由施工单位交付,由建设单位设立专户保管。质量缺陷责任期满、质量缺陷得到有效处置后,质量保证金应当返还施工单位。

第三十四条 农村公路建设过程中,发生工程质量或者安全事故,应当按照有关规定及时上报,不得隐瞒。

第三十五条 县级以上人民政府交通主管部门要加强对农村公路建设质量和安全生产的监督管理。

第三十六条 省级人民政府交通主管部门所属的质量监督机构应当加强对农村公路建设质量监督工作的指导。

设区的市级地方人民政府交通主管部门可以委托所属的质量监督机构负责组织农村公路建设的质量监督工作。未设置质量监督机构的,可以成立专门小组负责组织农村公路建设的质量监督工作。

第三十七条 地方人民政府交通主管部门可以聘请技术专家或群众代表参与监督工作。

农村公路施工现场应当设立工程质量主要控制措施的告示牌，以便社会监督和质量问题举报。

第三十八条 农村公路工程监理可以由县级人民政府交通主管部门以县为单位组建一个或几个监理组进行监理。有条件的，可通过招标方式，委托社会监理机构监理。

农村公路工程监理工作应当注重技术服务和指导，配备必要的检测设备和检测人员，加强现场质量抽检，确保质量，避免返工。

第五章 工程验收

第三十九条 农村公路建设项目中的县道、大桥、特大桥、隧道工程完工后，由设区的市级人民政府交通主管部门组织验收；其他农村公路建设项目由县级人民政府交通主管部门组织验收。

省级人民政府交通主管部门应当对农村公路工程验收工作进行抽查。

第四十条 农村公路建设项目的交工、竣工验收可以合并进行。

县道一般按项目验收；乡道和村道可以乡（镇）为单位，分批组织验收。

第四十一条 农村公路建设项目验收合格后，方可正式开放交通，并按规定要求开通客运班车。

第四十二条 农村公路建设项目验收合格后，应当落实养护责任和养护资金，加强养护管理，确保安全畅通。

第四十三条 省级人民政府交通主管部门可以根据交通部颁布的《公路工程竣（交）工验收办法》和《公路工程质量检验评定标准》，规定具体的农村公路建设项目验收办法与程序。

第六章 法律责任

第四十四条 违反本办法规定，在筹集农村公路建设资金过程中，强制向单位和个人集资，强迫农民出工、备料的，由上一级人民政府交通主管部门或者本级人民政府对责任单位进行通报批评，限期整改；情节严重的，对责任人依法给予行政处分。

第四十五条 违反本办法规定，农村公路建设资金不按时到位或者截留、挤占和挪用建设资金的，由上一级人民政府交通主管部门或者本级人民政府对责任单位进行通报批评，限期整改；情节严重的，停止资金拨付，对责任人依法给予行政处分。

第四十六条 违反本办法规定，擅自降低征地补偿标准，拖欠工程款、征地拆迁款和农民工工资的，由上一级人民政府交通主管部门或者本级人民政府对责任单位进行通报批评，限期整改；情节严重的，对责任人依法给予行政处分。

第四十七条 违反本办法规定，未经验收或者质量鉴定不合格即开放交通的，由上一级人民政府交通主管部门责令停止使用，限期改正。

第四十八条 农村公路建设项目发生质量和安全事故隐瞒不报、谎报或拖延报告期限的，由上一级人民政府交通主管部门对责任单位给予警告，对责任人依法给予行政处分。

第四十九条 农村公路建设项目未依法招标的，依据《中华人民共和国招标投标法》、《公路工程施工招标投标管理办法》等有关规定，对相关责任单位和责任人给予处罚。

第五十条 农村公路建设发生质量违法行为的，依据《建设工程质量管理条例》、《公路建设市场管理办法》、《公路工程质量监督规定》等有关规定对相关责任单位和责任人给予处罚。

第七章 附 则

第五十一条 本办法自2006年3月1日起施行。

公路工程施工监理招标投标管理办法

（交通部令2006年第5号　2006.05.25）

第一章　总　则

第一条　为规范公路工程施工监理招标投标活动，保证公路工程质量，维护招标投标活动各方当事人合法权益，依据《公路法》和《招标投标法》，制定本办法。

第二条　依法必须进行招标的公路工程施工监理项目，其招标投标活动应当遵守本办法。

本办法所称公路工程施工监理，包括路基路面（含交通安全设施）工程、桥梁工程、隧道工程、机电工程、环境保护配套工程的施工监理以及对施工过程中环境保护和施工安全的监理。

第三条　公路工程施工监理招标投标应当遵循公开、公平、公正和诚实信用的原则。

第四条　交通部负责全国公路工程施工监理招标投标活动的监督管理。

县级以上地方人民政府交通主管部门负责本行政区域内公路工程施工监理招标投标活动的监督管理工作。

交通主管部门可以委托其所属的质量监督机构具体负责施工监理招标投标活动的监督管理工作。

第五条　交通主管部门应当加强对公路工程施工监理招标投标活动全过程的监督管理。

第六条　交通主管部门应当按照《工程建设项目招标投标活动投诉处理办法》和国家有关规定，建立公正、高效的招标投标投诉处理机制。

任何单位和个人认为公路工程施工监理招标投标活动违反法律、法规、规章规定,都有权向招标人提出异议或者依法向交通主管部门投诉。

第七条 交通主管部门应当逐步建立公路工程施工监理企业和人员信用档案体系。

信用档案中应当包括公路工程施工监理企业和人员的基本情况、业绩以及行政处罚记录。

第二章 招 标

第八条 依照本办法进行施工监理招标的公路工程项目,应当具备下列条件:

(一)初步设计文件应当履行审批手续的,已经批准;

(二)建设资金已经落实;

(三)项目法人或者承担项目管理的机构已经依法成立。

第九条 公路工程施工监理招标人,应当是依照本办法规定提出公路工程施工监理招标项目、进行招标的公路工程项目法人或者其他组织。

第十条 招标人可以将整个公路工程项目的施工监理作为一个标一次招标,也可以按不同专业、不同阶段分标段进行招标。

招标人分标段进行施工监理招标的,标段划分应当充分考虑有利于对招标项目实施有效管理和监理企业合理投入等因素。

第十一条 公路工程施工监理招标分为公开招标和邀请招标。

第十二条 公路工程施工监理应当公开招标。

符合下列条件之一的项目,经有审批权的部门批准后,可以进行邀请招标:

(一)技术复杂或者有特殊要求的;

(二)符合条件的潜在投标人数量有限的;

(三)受自然地域环境限制的;

(四)公开招标的费用与工程监理费用相比,所占比例过大的;

(五)法律、法规规定不宜公开招标的。

第十三条 采用公开招标方式的,招标人应当依法在国家指定媒介上发布招标公告,并可以在交通主管部门提供的媒介上同步发布。

第十四条 公路工程施工监理招标的招标人应当对潜在投标人进行资格审查。资格审查方式分为资格预审和资格后审。

资格预审是招标人在发布招标公告后,发出投标邀请书前对潜在投标人的资质、信誉和能力进行的审查。招标人只向通过资格预审的潜在投标人发出投标邀请书和发售招标文件。

资格后审是招标人在收到投标人的投标文件后,对投标人的资质、信誉和能力进行的审查。

第十五条 资格审查方法分为强制性条件审查法和综合评分审查法。

强制性条件审查法是指招标人只对投标人或者潜在投标人的资格条件是否满足招标文件规定的投标资格、信誉要求等强制性条件进行审查,并得出"通过"或者"不通过"的审查结论,不对投标人或潜在投标人的资格条件进行具体量化评分的资格审查方法。

综合评分审查法是指在投标人或者潜在投标人的资格条件满足招标文件规定的最低资格、信誉要求的基础上,招标人对投标人或者潜在投标人的施工监理能力、管理能力、履约情况和施工监理经验等进行量化评分并按照分值进行筛选的资格审查方法。

第十六条 公路工程施工监理招标,应当按照下列程序进行:

(一)招标人确定招标方式。采用邀请招标的,应当履行审批手续。

(二)招标人编制招标文件,并按照项目管理权限报县级以上地方交通主管部门备案;采用资格预审方式的,同时编制投标资格预审文件，预审文件中应当载明提交资格预审申请文件的时间和地点。

（三）发布招标公告。采用资格预审方式的，同时发售投标资格预审文件；采用邀请招标的，招标人直接发出投标邀请，发售招标文件。

（四）采用资格预审方式的，对潜在投标人进行资格审查，并将资格预审结果通知所有参加资格预审的潜在投标人，向通过资格预审的潜在投标人发出投标邀请书和发售招标文件。

（五）必要时组织投标人考察招标项目工程现场，召开标前会议。

（六）接受投标人的投标文件。

（七）公开开标。

（八）采用资格后审方式的，招标人对投标人进行资格审查。

（九）组建评标委员会评标，推荐中标候选人。

（十）确定中标人，将评标报告和评标结果按照项目管理权限报县级以上地方交通主管部门备案并公示。

（十一）招标人发出中标通知书。

（十二）招标人与中标人签订公路工程施工监理合同。

二级以下公路、独立中、小桥及独立中、短隧道的新建、改建以及养护大修工程项目，可根据具体条件和实际需要对上述程序适当简化，但应当符合《招标投标法》的规定。

第十七条 招标人应当根据施工监理招标项目的特点和需要编制招标文件，招标文件应当符合交通部部颁标准《公路工程施工监理规范》中要求强制性执行的规定。

二级及二级以上公路、独立大桥及特大桥、独立长隧道及特长隧道的新建、改建以及养护大修工程项目，其主体工程的施工监理招标文件，应当使用交通部颁布的《公路工程施工监理招标文件范本》，附属设施工程及其他等级的公路工程项目的施工监理招标文件，可以参照交通部颁布的《公路工程施工监理招标文件范本》进行编制，并可适当简化。

第十八条 招标文件应当包括以下主要内容：

（一）投标邀请书；

（二）投标须知（包括工程概况和必要的工程设计图纸，提交投标文件的起止时间、地点和方式，开标的时间和地点等）；

（三）资格审查要求及资格审查文件格式（适用于采用资格后审方式的）；

（四）公路工程施工监理合同条款；

（五）招标项目适用的标准、规范、规程；

（六）对投标监理企业的业务能力、资质等级及交通和办公设施的要求；

（七）根据招标对象是总监理机构还是驻地监理机构，提出对投标人投入现场的监理人员、监理设备的最低要求；

（八）是否接受联合体投标；

（九）各级监理机构的职责分工；

（十）投标文件格式，包括商务文件格式、技术建议书格式、财务建议书格式等；

（十一）评标标准和办法。评标标准应当考虑投标人的业绩或者处罚记录等诚信因素，评标办法应当注重人员素质和技术方案。

第十九条 招标人对重要监理岗位人员的数量、资格条件和备选人员的要求，应当符合《公路工程施工监理规范》的规定。

第二十条 招标人要求投标人提交投标担保的，投标人应当按照要求的金额和形式提交。投标保证金金额一般不得超过五万元人民币。

第二十一条 招标人不得在招标文件中制定限制性条件阻碍或者排斥投标人，不得规定以获得本地区奖项等要求作为评标加分条件或者中标条件。

第二十二条 招标公告、投标邀请书应当载明下列内容：

（一）招标人的名称和地址；

（二）招标项目的名称、技术标准、规模、投资情况、工期、实施地点和时间；

（三）获取招标文件或者资格预审文件的办法、时间和地点；

（四）招标人对投标人或者潜在投标人的资质要求；

（五）招标人认为应当公告或者告知的其他事项。

第二十三条 资格预审文件和招标文件的发售时间不得少于5个工作日。

第二十四条 招标人应当合理确定投标人编制资格预审申请文件和投标文件的时间。

采用资格预审的招标项目，潜在投标人编制资格预审申请文件的时间，自开始发售资格预审文件之日起至提交资格预审申请文件截止之日止，不得少于14日。

投标人编制投标文件的时间，自发售招标文件之日起至提交投标文件截止之日止不得少于20日。

第二十五条 招标人发出的招标文件补遗书至少应当在投标截止日期15日前以书面形式通知所有投标人或者潜在投标人。补遗书应当向招标文件的备案部门补充备案。

第二十六条 招标人应当根据编制成本，合理确定资格预审文件和招标文件的售价。

第三章 投 标

第二十七条 公路工程施工监理投标人是依法取得交通主管部门颁发的监理企业资质，响应招标、参加投标竞争的监理企业。

第二十八条 招标人允许监理企业以联合体方式投标的，联合体应当符合以下要求：

（一）联合体成员可以由两个以上监理企业组成，联合体各方均应当具备承担招标项目的相应能力和招标文件规定的资格条件。由同一专业的监理企业组成的联合体，按照资质等级较低的企业确定资质等级；

（二）联合体各方应当签订共同投标协议，约定各方拟承担的工作和责任，并将共同投标协议连同投标文件一并提交招标人。联合体各方签订共同投标协议后，只能以一个投标人的身份投标，不得针对同一标段再以各自名义单独投标或者参加其他联合体投标。

第二十九条 投标人应当按照招标文件的要求编制投标文件，并对招标文件提出的实质性要求和条件做出响应。

第三十条 采用本办法规定的技术评分合理标价法和综合评标法的项目，投标文件由商务文件、技术建议书、财务建议书组成。商务文件和技术建议书应当密封于一个信封中，财务建议书密封于另一个信封中。上述两个信封应当再密封于同一信封内，成为一份投标文件。

采用本办法规定的固定标价评分法的项目，投标文件由商务文件、技术建议书组成。商务文件和技术建议书应当密封于一个信封中，成为一份投标文件。

投标文件及任何说明函件应当经投标人盖章，投标文件内的任何有文字页须经其法定代表人或者其授权的代理人签字。

第四章 开标、评标和中标

第三十一条 开标由招标人主持，邀请所有投标人的法定代表人或其授权的代理人参加。

交通主管部门应当对开标过程进行监督。

第三十二条 开标时，由投标人或者其推选的代表检查投标文件的密封情况，也可以由招标人委托的公证机构进行检查并公证；经确认无误后，当众拆封商务文件和技术建议书所在的信封，宣读投标人名称和主要监理人员等内容。

投标文件中财务建议书所在的信封在开标时不予拆封，由交通主管部门妥善保存。在评标委员会完成对投标人的商务文件和技术建议书的评分后，在交通主管部门的监督下，再由评标委员会拆封参与评分的投标人的财务建议书的信封。

第三十三条 开标过程应当记录，并存档备查。

第三十四条 投标人少于3个的，招标人应当重新招标。

第三十五条 招标人设有标底的，标底应当符合有关价格管理规定。标底应当综合考虑项目特点、要求投入的监理人员、配备的监理设备等因素。标底应当在开标时予以公布。

招标人不设标底且不采用固定标价评分法的，招标人可以在规定的范围内设定投标报价上下限。

第三十六条 评标工作由招标人依法组建的评标委员会负责。

对国家和交通部重点公路建设项目，评标委员会的专家应当从交通部设立的监理专家库中随机抽取，或者根据交通部授权从省级交通主管部门设立的监理专家库中随机抽取；其他公路建设项目评标委员会的专家从省级交通主管部门设立的监理专家库中随机抽取。

第三十七条 评标委员会应当按照招标文件确定的评标标准和方法，对投标文件进行评审和比较。未列入招标文件的评标标准和方法，不得作为评标的依据。

第三十八条 评标可以使用固定标价评分法、技术评分合理标价法、综合评标法以及法律、法规允许的其他评标方法。

固定标价评分法，是指由招标人按照价格管理规定确定监理招标标段的公开标价，对投标人的商务文件和技术建议书进行评分，并按照得分由高至低排序，确定得分最高者为中标候选人的方法。

技术评分合理标价法，是指对投标人的商务文件和技术建议书进行评分，并按照得分由高至低排序，确定得分前二名中的投标价较低者为中标候选人的方法。

综合评标法，是指对投标人的商务文件和技术建议书、财务建议书进行评分、排序，确定得分最高者为中标候选人的方法。其中财务建议书的评分权值应当不超过10%。

第三十九条 评标委员会成员应当客观、公正地履行职务，遵守职业道德,对所提出的评审意见承担个人责任。

评标委员会成员及参加评标的有关工作人员不得私下接触投标人,不得收受商业贿赂。

第四十条 评标委员会完成评标后,应当向招标人提交书面评标报告。

评标报告应当包括以下内容:

(一)评标委员会的成员名单;

(二)开标记录情况;

(三)符合要求的投标人情况;

(四)评标采用的标准、评标办法;

(五)投标人排序;

(六)推荐的中标候选人;

(七)需要说明的其他事项。

第四十一条 招标人确定中标人后,应当及时向中标人发出中标通知书,并同时将中标结果告知所有的投标人。

第四十二条 招标人和中标人应当自中标通知书发出之日起30日内订立书面合同。招标人和中标人均不得提出招标文件和投标文件之外的任何其他条件。

招标文件中要求中标人提交履约担保的,中标人应当按要求的金额、时间和形式提交。以保证金形式提交的,金额一般不得超过合同价的5%。

第四十三条 招标人应当在与中标人签订合同后的5个工作日内,向中标人和未中标的投标人退还投标保证金。

第五章 法律责任

第四十四条 违反本办法,由交通主管部门根据各自的职责权限按照《招标投标法》和有关法规、规章及本办法进行处罚。

第四十五条 招标人有下列情形之一的,交通主管部门责令其限期改正,根据情节可以处3万元以下的罚款:

（一）公开招标的项目未在国家指定的媒介发布招标公告的；

（二）应当公开招标而不公开招标的；

（三）不具备招标条件而进行招标的；

（四）资格预审文件及招标文件出售时限、潜在投标人提交资格预审申请文件的时限、投标人提交投标文件的时限少于规定时限的；

（五）在规定时限外接收资格预审申请文件和投标文件的。

第四十六条 评标过程中有下列情形之一的，评标无效，应当依法重新进行评标：

（一）使用招标文件没有确定的评标标准和方法评标的；

（二）评标标准和方法含有倾向或者排斥投标人的内容，妨碍或者限制投标人之间竞争，且影响评标结果的；

（三）应当回避担任评标委员会成员的人员参与评标的；

（四）评标委员会的组建及人员组成不符合法定要求的。

第四十七条 评标委员会成员及参加评标的有关工作人员收受投标人的商业贿赂，向他人透露对投标文件的评审和比较、中标候选人的推荐以及与评标有关的其他情况的，给予警告，没收收受的财物，可以并处3000元以上5万元以下的罚款，对评标委员会成员，如有上述违规行为，则取消其担任评标委员会成员的资格，不得再参加任何依法必须进行招标的项目的评标；构成犯罪的，依法追究刑事责任。

第四十八条 交通主管部门及其所属质量监督机构的工作人员违反本办法规定，在监理招标投标活动的监督管理工作中徇私舞弊、收受商业贿赂、滥用职权或者玩忽职守，构成犯罪的，依法追究刑事责任；不构成犯罪的，依法给予行政处分。

第六章 附 则

第四十九条 国际金融组织或者外国政府贷款、援助资金的公路工程项目，贷款方或者资金提供方对施工监理招标投标的具体条件和程序有不同规定的，可以适用其规定，但不得违背中华人民共和国的社会公众利益。

第五十条 本办法自2006年7月1日起施行。交通部1998年12月28日发布的《公路工程施工监理招标投标管理办法》（交通部令1998年第9号）同时废止。

公路建设监督管理办法

（交通部令2006年第6号　2006.06.08）

第一章　总　则

第一条　为促进公路事业持续、快速、健康发展，加强公路建设监督管理，维护公路建设市场秩序，根据《中华人民共和国公路法》、《建设工程质量管理条例》和国家有关法律、法规，制定本办法。

第二条　在中华人民共和国境内从事公路建设的单位和人员必须遵守本办法。

本办法所称公路建设是指公路、桥梁、隧道、交通工程及沿线设施和公路渡口的项目建议书、可行性研究、勘察、设计、施工、竣（交）工验收和后评价全过程的活动。

第三条　公路建设监督管理实行统一领导，分级管理。

交通部主管全国公路建设监督管理；县级以上地方人民政府交通主管部门主管本行政区域内公路建设监督管理。

第四条　县级以上人民政府交通主管部门必须依照法律、法规及本办法的规定对公路建设实施监督管理。

有关单位和个人应当接受县级以上人民政府交通主管部门依法进行的公路建设监督检查，并给予支持与配合，不得拒绝或阻碍。

第二章　监督部门的职责与权限

第五条　公路建设监督管理的职责包括：

（一）监督国家有关公路建设工作方针、政策和法律、法规、规章、强制性技术标准的执行；

（二）监督公路建设项目建设程序的履行；

（三）监督公路建设市场秩序；

（四）监督公路工程质量和工程安全；

（五）监督公路建设资金的使用；

（六）指导、检查下级人民政府交通主管部门的监督管理工作；

（七）依法查处公路建设违法行为。

第六条 交通部对全国公路建设项目进行监督管理，依据职责负责国家高速公路网建设项目和交通部确定的其他重点公路建设项目前期工作、施工许可、招标投标、工程质量、工程进度、资金、安全管理的监督和竣工验收工作。

除应当由交通部实施的监督管理职责外，省级人民政府交通主管部门依据职责负责本行政区域内公路建设项目的监督管理，具体负责本行政区域内的国家高速公路网建设项目、交通部和省级人民政府确定的其他重点公路建设项目的监督管理。

设区的市和县级人民政府交通主管部门按照有关规定负责本行政区域内公路建设项目的监督管理。

第七条 县级以上人民政府交通主管部门在履行公路建设监督管理职责时，有权要求：

（一）被检查单位提供有关公路建设的文件和资料；

（二）进入被检查单位的工作现场进行检查；

（三）对发现的工程质量和安全问题以及其他违法行为依法处理。

第三章 建设程序的监督管理

第八条 公路建设应当按照国家规定的建设程序和有关规定进行。

政府投资公路建设项目实行审批制，企业投资公路建设项目实行核准制。县级以上人民政府交通主管部门应当按职责权限审批或核准公路建设项目，不得越权审批、核准项目或擅自简化建设程序。

第九条 政府投资公路建设项目的实施，应当按照下列程序进行：

（一）根据规划，编制项目建议书；

（二）根据批准的项目建议书，进行工程可行性研究，编制可行性研究报告；

（三）根据批准的可行性研究报告，编制初步设计文件；

（四）根据批准的初步设计文件，编制施工图设计文件；

（五）根据批准的施工图设计文件，组织项目招标；

（六）根据国家有关规定，进行征地拆迁等施工前准备工作，并向交通主管部门申报施工许可；

（七）根据批准的项目施工许可，组织项目实施；

（八）项目完工后，编制竣工图表、工程决算和竣工财务决算，办理项目交、竣工验收和财产移交手续；

（九）竣工验收合格后，组织项目后评价。

国务院对政府投资公路建设项目建设程序另有简化规定的，依照其规定执行。

第十条 企业投资公路建设项目的实施，应当按照下列程序进行：

（一）根据规划，编制工程可行性研究报告；

（二）组织投资人招标工作，依法确定投资人；

（三）投资人编制项目申请报告，按规定报项目审批部门核准；

（四）根据核准的项目申请报告，编制初步设计文件，其中涉及公共利益、公众安全、工程建设强制性标准的内容应当按项目隶属关系报交通主管部门审查；

（五）根据初步设计文件编制施工图设计文件；

（六）根据批准的施工图设计文件组织项目招标；

（七）根据国家有关规定，进行征地拆迁等施工前准备工作，并向交通主管部门申报施工许可；

（八）根据批准的项目施工许可，组织项目实施；

（九）项目完工后，编制竣工图表、工程决算和竣工财务决算，办理项目交、竣工验收；

（十）竣工验收合格后，组织项目后评价。

第十一条 县级以上人民政府交通主管部门根据国家有关规定，按照职责权限负责组织公路建设项目的项目建议书、工程可行性研究工作、编制设计文件、经营性项目的投资人招标、竣工验收和项目后评价工作。

公路建设项目的项目建议书、工程可行性研究报告、设计文件、招标文件、项目申请报告等应按照国家颁发的编制办法或有关规定编制，并符合国家规定的工作质量和深度要求。

第十二条 公路建设项目法人应当依法选择勘察、设计、施工、咨询、监理单位，采购与工程建设有关的重要设备、材料，办理施工许可，组织项目实施，组织项目交工验收，准备项目竣工验收和后评价。

第十三条 公路建设项目应当按照国家有关规定实行项目法人责任制度、招标投标制度、工程监理制度和合同管理制度。

第十四条 公路建设项目必须符合公路工程技术标准。施工单位必须按批准的设计文件施工，任何单位和人员不得擅自修改工程设计。

已批准的公路工程设计，原则上不得变更。确需设计变更的，应当按照交通部制定的《公路工程设计变更管理办法》的规定履行审批手续。

第十五条 公路建设项目验收分为交工验收和竣工验收两个阶段。项目法人负责组织对各合同段进行交工验收，并完成项目交工验收报告报交通主管部门备案。交通主管部门在15天内没有对备案项目的交工验收报告提出异议，项目法人可开放交通进入试运营期。试运营期不得超过3年。

通车试运营2年后，交通主管部门应组织竣工验收，经竣工验收合格的项目可转为正式运营。对未进行交工验收、交工验收不合格或没有备案的工程开放交通进行试运营的，由交通主管部门责令停止试运营。

公路建设项目验收工作应当符合交通部制定的《公路工程竣(交)工验收办法》的规定。

第四章　建设市场的监督管理

第十六条　县级以上人民政府交通主管部门依据职责，负责对公路建设市场的监督管理，查处建设市场中的违法行为。对经营性公路建设项目投资人、公路建设从业单位和主要从业人员的信用情况应进行记录并及时向社会公布。

第十七条　公路建设市场依法实行准入管理。公路建设项目法人或其委托的项目建设管理单位的项目建设管理机构、主要负责人的技术和管理能力应当满足拟建项目的管理需要，符合交通部有关规定的要求。公路工程勘察、设计、施工、监理、试验检测等从业单位应当依法取得有关部门许可的相应资质后，方可进入公路建设市场。

公路建设市场必须开放，任何单位和个人不得对公路建设市场实行地方保护，不得限制符合市场准入条件的从业单位和从业人员依法进入公路建设市场。

第十八条　公路建设从业单位从事公路建设活动，必须遵守国家有关法律、法规、规章和公路工程技术标准，不得损害社会公共利益和他人合法权益。

第十九条　公路建设项目法人应当承担公路建设相关责任和义务，对建设项目质量、投资和工期负责。

公路建设项目法人必须依法开展招标活动，不得接受投标人低于成本价的投标，不得随意压缩建设工期，禁止指定分包和指定采购。

第二十条 公路建设从业单位应当依法取得公路工程资质证书并按照资质管理有关规定,在其核定的业务范围内承揽工程,禁止无证或越级承揽工程。

公路建设从业单位必须按合同规定履行其义务,禁止转包或违法分包。

第五章 质量与安全的监督管理

第二十一条 县级以上人民政府交通主管部门应当加强对公路建设从业单位的质量与安全生产管理机构的建立、规章制度落实情况的监督检查。

第二十二条 公路建设实行工程质量监督管理制度。公路工程质量监督机构应当根据交通主管部门的委托依法实施工程质量监督,并对监督工作质量负责。

第二十三条 公路建设项目实施过程中,监理单位应当依照法律、法规、规章以及有关技术标准、设计文件、合同文件和监理规范的要求,采用旁站、巡视和平行检验形式对工程实施监理,对不符合工程质量与安全要求的工程应当责令施工单位返工。

未经监理工程师签认,施工单位不得将建筑材料、构件和设备在工程上使用或安装,不得进行下一道工序施工。

第二十四条 公路工程质量监督机构应当具备与质量监督工作相适应的试验检测条件,根据国家有关工程质量的法律、法规、规章和交通部制定的技术标准、规范、规程以及质量检验评定标准等,对工程质量进行监督、检查和鉴定。任何单位和个人不得干预或阻挠质量监督机构的质量鉴定工作。

第二十五条 公路建设从业单位应当对工程质量和安全负责。工程实施中应当加强对职工的教育与培训,按照国家有关规定建立健全质量和安全保证体系,落实质量和安全生产责任制,保证工程质量和工程安全。

第二十六条 公路建设项目发生工程质量事故,项目法人应在24小时内按项目管理隶属关系向交通主管部门报告,工程质量事故同时报公路工程质量监督机构。

省级人民政府交通主管部门或受委托的公路工程质量监督机构负责调查处理一般工程质量事故;交通部会同省级人民政府交通主管部门负责调查处理重大工程质量事故;特别重大工程质量事故和安全事故的调查处理按照国家有关规定办理。

第六章 建设资金的监督管理

第二十七条 对于使用财政性资金安排的公路建设项目,县级以上人民政府交通主管部门必须对公路建设资金的筹集、使用和管理实行全过程监督检查,确保建设资金的安全。

公路建设项目法人必须按照国家有关法律、法规、规章的规定,合理安排和使用公路建设资金。

第二十八条 对于企业投资公路建设项目,县级以上人民政府交通主管部门要依法对资金到位情况、使用情况进行监督检查。

第二十九条 公路建设资金监督管理的主要内容:

(一)是否严格执行建设资金专款专用、专户存储、不准侵占、挪用等有关管理规定;

(二)是否严格执行概预算管理规定,有无将建设资金用于计划外工程;

(三)资金来源是否符合国家有关规定,配套资金是否落实、及时到位;

(四)是否按合同规定拨付工程进度款,有无高估冒算,虚报冒领情况,工程预备费使用是否符合有关规定;

(五)是否在控制额度内按规定使用建设管理费,按规定的比例预留工程质量保证金,有无非法扩大建设成本的问题;

(六)是否按规定编制项目竣工财务决算,办理财产移交手续,形成的资产是否及时登记入账管理;

（七）财会机构是否建立健全，并配备相适应的财会人员。各项原始记录、统计台账、凭证账册、会计核算、财务报告、内部控制制度等基础性工作是否健全、规范。

第三十条 县级以上人民政府交通主管部门对公路建设资金监督管理的主要职责：

（一）制定公路建设资金管理制度；

（二）按规定审核、汇总、编报、批复年度公路建设支出预算、财务决算和竣工财务决算；

（三）合理安排资金，及时调度、拨付和使用公路建设资金；

（四）监督管理建设项目工程概预算、年度投资计划安排与调整、财务决算；

（五）监督检查公路建设项目资金筹集、使用和管理，及时纠正违法问题，对重大问题提出意见报上级交通主管部门；

（六）收集、汇总、报送公路建设资金管理信息，审查、编报公路建设项目投资效益分析报告；

（七）督促项目法人及时编报工程财务决算，做好竣工验收准备工作；

（八）督促项目法人及时按规定办理财产移交手续，规范资产管理。

第七章 社会监督

第三十一条 县级以上人民政府交通主管部门应定期向社会公开发布公路建设市场管理、工程进展、工程质量情况、工程质量和安全事故处理等信息，接受社会监督。

第三十二条 公路建设施工现场实行标示牌管理。标示牌应当标明该项工程的作业内容，项目法人、勘察、设计、施工、监理单位名称和主要负责人姓名，接受社会监督。

第三十三条 公路建设实行工程质量举报制度，任何单位和个人对公路建设中违反国家法律、法规的行为，工程质量事故和质量缺陷都有权向县级以上人民政府交通主管部门或质量监督机构检举和投诉。

第三十四条 县级以上人民政府交通主管部门可聘请社会监督员对公路建设活动和工程质量进行监督。

第三十五条 对举报内容属实的单位和个人，县级以上人民政府交通主管部门可予以表彰或奖励。

第八章 罚 则

第三十六条 违反本办法第四条规定，拒绝或阻碍依法进行公路建设监督检查工作的，责令改正，构成犯罪的，依法追究刑事责任。

第三十七条 违反本办法第八条规定，越权审批、核准或擅自简化基本建设程序的，责令限期补办手续，可给予警告处罚；造成严重后果的，对全部或部分使用财政性资金的项目，可暂停项目执行或暂缓资金拨付，对直接责任人依法给予行政处分。

第三十八条 违反本办法第十二条规定，项目法人将工程发包给不具有相应资质等级的勘察、设计、施工和监理单位的，责令改正，处50万元以上100万元以下的罚款；未按规定办理施工许可擅自施工的，责令停止施工、限期改正，视情节可处工程合同价款1%以上2%以下罚款。

第三十九条 违反本办法第十四条规定，未经批准擅自修改工程设计，责令限期改正，可给予警告处罚；情节严重的，对全部或部分使用财政性资金的项目，可暂停项目执行或暂缓资金拨付。

第四十条 违反本办法第十五条规定，未组织项目交工验收或验收不合格擅自交付使用的，责令改正并停止使用，处工程合同价款2%以上4%以下的罚款；对收费公路项目应当停止收费。

第四十一条 违反本办法第十九条规定，项目法人指定分包和指定采购，随意压缩工期，侵犯他人合法权益的，责令限期改正，可处20万元以上50万元以下的罚款；造成严重后果的，对全部或部分使用财政性资金的项目,可暂停项目执行或暂缓资金拨付。

第四十二条 违反本办法第二十条规定,承包单位弄虚作假、无证或越级承揽工程任务的,责令停止违法行为,对勘察、设计单位或工程监理单位处合同约定的勘察费、设计费或监理酬金1倍以上2倍以下的罚款;对施工单位处工程合同价款2%以上4%以下的罚款,可以责令停业整顿,降低资质等级;情节严重的,吊销资质证书;有违法所得的,予以没收。承包单位转包或违法分包工程的,责令改正,没收违法所得,对勘察、设计、监理单位处合同约定的勘察费、设计费、监理酬金的25%以上50%以下的罚款;对施工单位处工程合同价款0.5%以上1%以下的罚款。

第四十三条 违反本办法第二十二条规定,公路工程质量监督机构不履行公路工程质量监督职责、不承担质量监督责任的,由交通主管部门视情节轻重,责令整改或者给予警告。公路工程质量监督机构工作人员在公路工程质量监督管理工作中玩忽职守、滥用职权、徇私舞弊的,由交通主管部门或者公路工程质量监督机构依法给予行政处分;构成犯罪的,依法追究刑事责任。

第四十四条 违反本办法第二十三条规定,监理单位将不合格的工程、建筑材料、构件和设备按合格予以签认的,责令改正,可给予警告处罚,情节严重的,处50万元以上100万元以下的罚款;施工单位在工程上使用或安装未经监理签认的建筑材料、构件和设备的,责令改正,可给予警告处罚,情节严重的,处工程合同价款2%以上4%以下的罚款。

第四十五条 违反本办法第二十五条规定,公路建设从业单位忽视工程质量和安全管理,造成质量或安全事故的,对项目法人给予警告、限期整改,情节严重的,暂停资金拨付;对勘察、设计、施工和监理等单位视情节轻重给予警告、取消其2年至5年内参加依法必须进行招标项目的投标资格的处罚;对情节严重的监理单位,还可给予责令停业整顿、降低资质等级和吊销资质证书的处罚。

第四十六条 违反本办法第二十六条规定,项目法人对工程质量事故隐瞒不报、谎报或拖延报告期限的，给予警告处罚，对直接责任人依法给予行政处分。

第四十七条 违反本办法第二十九条规定，项目法人侵占、挪用公路建设资金，非法扩大建设成本，责令限期整改，可给予警告处罚；情节严重的，对全部或部分使用财政性资金的项目，可暂停项目执行或暂缓资金拨付，对直接责任人依法给予行政处分。

第四十八条 公路建设从业单位有关人员，具有行贿、索贿、受贿行为，损害国家、单位合法权益，构成犯罪的，依法追究刑事责任。

第四十九条 政府交通主管部门工作人员玩忽职守、滥用职权、徇私舞弊的，依法给予行政处分；构成犯罪的，依法追究刑事责任。

第九章 附 则

第五十条 本办法由交通部负责解释。

第五十一条 本办法自 2006 年 8 月 1 日起施行。交通部 2000 年 8 月 28 日公布的《公路建设监督管理办法》(交通部令 2000 年第 8 号)同时废止。

公路工程施工招标投标管理办法

（交通部令2006年第7号　2006.06.23）

第一章　总　　则

第一条　为规范公路工程施工招标投标活动，保证公路工程施工质量，维护招标投标活动各方当事人合法权益，依据《公路法》、《招标投标法》，制定本办法。

第二条　在中华人民共和国境内进行公路工程施工招标投标活动，适用本办法。

本办法所称公路工程，包括公路、公路桥梁、公路隧道及与之相关的安全设施、防护设施、监控设施、通信设施、收费设施、绿化设施、服务设施、管理设施等公路附属设施的新建、改建与安装工程。

第三条　下列公路工程施工项目必须进行招标，但涉及国家安全、国家秘密、抢险救灾或者利用扶贫资金实行以工代赈等不适宜进行招标的项目除外：

（一）投资总额在3000万元人民币以上的公路工程施工项目；

（二）施工单项合同估算价在200万元人民币以上的公路工程施工项目；

（三）法律、行政法规规定应当招标的其他公路工程施工项目。

第四条　公路工程施工招标投标活动应当遵循公开、公平、公正和诚信的原则。

第五条 依法必须进行招标的公路工程施工项目,其招标投标活动不受地区或者部门的限制,任何具备从事公路建设规定条件的企业法人都可以参加投标。

任何组织和个人不得以任何方式非法干预公路工程施工招标投标活动。

第六条 交通部依法负责全国公路工程施工招标投标活动的监督管理。

县级以上地方人民政府交通主管部门按照各自职责依法负责本行政区域内公路工程施工招标投标活动的监督管理。

第二章 招 标

第七条 公路工程施工招标的项目应当具备下列条件:

(一)初步设计文件已被批准;

(二)建设资金已经落实;

(三)项目法人已经确定,并符合项目法人资格标准要求。

第八条 公路工程施工招标的招标人,应当是依照本办法规定提出公路工程施工招标项目、进行公路工程施工招标的项目法人。

第九条 具备下列条件的招标人,可以自行办理招标事宜:

(一)具有与招标项目相适应的工程管理、造价管理、财务管理能力;

(二)具有组织编制公路工程施工招标文件的能力;

(三)具有对投标人进行资格审查和组织评标的能力。

招标人不具备本条前款规定条件的,应当委托具有相应资格的招标代理机构办理公路工程施工招标事宜。

任何组织和个人不得为招标人指定招标代理机构。

第十条 公路工程施工招标分为公开招标和邀请招标。

采用公开招标的,招标人应当通过国家指定的报刊、信息网络或者其他媒体发布招标公告,邀请具备相应资格的不特定的法人投标。

采用邀请招标的，招标人应当以发送投标邀请书的方式，邀请三家以上具备相应资格的特定的法人投标。

第十一条 公路工程施工招标应当实行公开招标，法律、行政法规和本办法另有规定的除外。

符合下列条件之一，不适宜公开招标的，依法履行审批手续后，可以进行邀请招标：

（一）项目技术复杂或有特殊技术要求，且符合条件的潜在投标人数量有限的；

（二）受自然地域环境限制的；

（三）公开招标的费用与工程费用相比，所占比例过大的。

第十二条 公路工程施工招标，可以对整个建设项目分标段一次招标，也可以根据不同专业、不同实施阶段分别进行招标，但不得将招标工程化整为零或者以其他任何方式规避招标。

第十三条 公路工程施工招标标段，应当按照有利于对项目实施管理和规模化施工的原则，合理划分。

施工工期应当按照批复的初步设计建设工期，结合项目实际情况，合理确定。

第十四条 公路工程施工招标，应当按下列程序进行：

（一）确定招标方式。采用邀请招标的，应当按照国家规定报有关主管部门审批；

（二）编制投标资格预审文件和招标文件。招标文件按照本办法规定备案；

（三）发布招标公告，发售投标资格预审文件；采用邀请招标的，可直接发出投标邀请书，发售招标文件；

（四）对潜在投标人进行资格审查；

（五）向资格预审合格的潜在投标人发出投标邀请书和发售招标文件；

（六）组织潜在投标人考察招标项目工程现场，召开标前会；

（七）接受投标人的投标文件，公开开标；

(八)组建评标委员会评标,推荐中标候选人;

(九)确定中标人。评标报告和评标结果按照本办法规定备案并公示;

(十)发出中标通知书;

(十一)与中标人订立公路工程施工合同。

第十五条 公路工程施工招标投标应当对潜在投标人进行资格审查。

公路工程施工采用公开招标的,招标公告发布后,招标人应当根据潜在投标人提交的资格预审申请文件,对潜在投标人的资格进行审查。招标人只向资格预审合格的潜在投标人发售招标文件。

公路工程施工采用邀请招标的,投标邀请书发出后,招标人应当根据投标人提交的投标文件,对投标人的资格进行审查。

公路工程施工招标资格预审办法由交通部另行制定。

第十六条 招标人审查潜在投标人的资格,应当严格按照资格预审的规定进行,不得采用抽签、摇号等博彩性方式进行资格审查。

第十七条 招标人应当根据招标项目的特点和需要,编制招标文件。

二级及以上公路和大型桥梁、隧道工程的主体工程施工招标文件,应当按照交通部颁布的《公路工程国内招标文件范本》的格式和要求编制。

本条前款规定以外的其他公路工程和公路附属设施工程的施工招标文件,可参照《公路工程国内招标文件范本》的格式和内容编制,并可根据实际需要适当简化。

第十八条 招标文件中关于投标人的资质要求,应当符合法律、行政法规的规定。

招标人不得在招标文件中制定限制性条件阻碍或者排斥投标人,不得规定以获得本地区奖项等要求作为评标加分条件或者中标条件。

第十九条 招标文件应当载明以下主要内容:

(一)投标邀请书;

(二)投标人须知;

(三)公路工程施工合同条款;

(四)招标项目适用的技术规范;

(五)施工图设计文件;

(六)投标文件格式,包括投标书格式及投标书附录格式、投标书附表格式、工程量清单格式、投标担保文件格式、合同格式等。

投标人须知应当载明以下主要内容:

(一)评标标准和方法;

(二)工期要求;

(三)提交投标文件的起止时间、地点和方式;

(四)开标的时间和地点。

招标公告、投标邀请书应当载明下列内容:

(一)招标人的名称和地址;

(二)招标项目的名称、技术标准、规模、投资情况、工期、实施地点和时间;

(三)获取资格预审文件或者招标文件的办法、时间和地点;

(四)对潜在投标人的资质要求;

(五)招标人认为应当公告或者告知的其他事项。

第二十条 招标人应当按照招标公告或者投标邀请书规定的时间、地点出售资格预审文件和招标文件。资格预审文件和招标文件的发售时间不得少于5个工作日。

第二十一条 招标人应当合理确定资格预审申请文件和投标文件的编制时间。

编制资格预审申请文件的时间,自开始发售资格预审文件之日起至潜在投标人提交资格预审申请文件截止时间止,不得少于14日。

编制投标文件的时间,自招标文件开始发售之日起至投标人提交投标文件截止时间止,高速公路、一级公路、技术复杂的特大桥梁、特长隧道不得少于28日,其他公路工程不得少于20日。

第二十二条 国道主干线和国家高速公路网建设项目的工程施工招标文件应当报交通部备案,其他公路建设项目的工程施工招标文件应当按照项目管理权限报县级以上地方人民政府交通主管部门备案。

交通主管部门发现招标文件存在不符合法律、法规及规章规定内容的,应当在收到备案文件后的7日内,提出处理意见,及时行使监督检查职责。

第二十三条 招标人如需对已出售的招标文件进行必要的澄清或修改,应当在投标截止日期15日前以书面形式通知所有招标文件收受人,并应当按照第二十二条的规定备案。

对招标文件澄清或者修改的内容为招标文件的组成部分。

第二十四条 招标人设定标底的,可自行编制标底或者委托具备相应资格的单位编制标底。

标底编制应当符合国家有关工程造价管理的规定,并应当控制在批准的概算以内。

招标人应当采取措施,在开标前做好标底的保密工作。

第二十五条 国道主干线和国家高速公路网建设项目的资格预审结果报交通部备案,其他公路建设项目的资格预审结果按照项目管理权限报县级以上地方人民政府交通主管部门备案。

第三章 投 标

第二十六条 公路工程施工招标的投标人是响应招标、参加投标竞争的公路工程施工单位。

投标人应当具备招标文件规定的资格条件,具有承担所投标项目的相应能力。

第二十七条 两个以上施工单位可以组成联合体参加公路工程施工投标。联合体各成员单位都应当具备招标文件规定的相应资质条件。由同一专业施工单位组成的联合体,按照资质等级较低的单位确定资质等级。

以联合体形式参加公路工程施工投标的单位，应当在资格预审申请文件中注明，并提交联合体各成员单位共同签订的联合体协议。

联合体协议应当明确主办人及成员单位各自的权利和义务。

第二十八条 投标人应当按照招标文件的要求，按时参加招标人主持召开的标前会并勘察现场。

第二十九条 投标人应当按照招标文件的要求编制投标文件，并对招标文件提出的实质性要求和条件作出响应。

第三十条 投标人根据招标文件载明的项目实际情况，拟在中标后将中标项目的部分非关键性工作进行分包的，应当向招标人提交分包计划，并在投标文件中载明。分包单位的资质应当与其承担的工程规模标准相适应。

第三十一条 投标文件中投标书及投标书附录、投标报价部分应当由投标人的法定代表人或其授权的代理人签字，并加盖投标人印章，其他部分应当按照招标文件的要求签署。

投标文件应当由投标人密封，并按照招标文件规定的时间、地点和方式送达招标人。

第三十二条 投标文件按照要求送达后，在招标文件规定的投标截止时间前，投标人如需撤回或者修改投标文件，应当以正式函件提出并作出说明。

修改投标文件的函件是投标文件的组成部分，其形式要求、密封方式、送达时间，适用对投标文件的规定。

第三十三条 招标人对投标人按时送达并符合密封要求的投标文件，应当签收，并妥善保存。

招标人不得接受未按照要求密封的投标文件及投标截止时间后送达的投标文件。

第三十四条 投标人参加投标，不得弄虚作假，不得与其他投标人互相串通投标，不得采取贿赂以及其他不正当手段谋取中标，不得妨碍其他投标人投标。

第四章　开标、评标和中标

第三十五条　开标时间应当与招标文件中确定的提交投标文件截止时间一致。

开标地点应当是招标文件中预先确定的地点，不得随意变更。

第三十六条　开标应当公开进行。

开标由招标人主持，邀请交通主管部门和所有投标人的法定代表人或其授权的代理人参加。

第三十七条　开标时，由投标人或者其推选的代表检查投标文件的密封情况，也可以由招标人委托的公证机构检查并予以公证。

投标文件的密封情况经确认无误后，招标人应当当众拆封，并宣读投标人名称、投标价格和投标文件的其他主要内容。

招标人设有标底的，应当同时公布标底。

第三十八条　招标人应当记录开标过程，并存档备查。

第三十九条　评标由招标人依法组建的评标委员会负责。

评标委员会由招标人的代表和技术、经济专家组成。评标委员会委员人数为五人以上单数，其中专家人数不得少于成员总数的三分之二。

第四十条　国道主干线和国家高速公路网建设项目，评标委员会专家从交通部设立的评标专家库中随机抽取，其他公路建设项目的评标委员会专家从省级人民政府交通主管部门设立的评标专家库中随机抽取。

与投标人有利害关系的人员不得进入相关招标项目的评标委员会。

第四十一条　评标委员会成员名单在中标结果确定前应当保密。

第四十二条　评标委员会成员应当客观、公正地履行职责，遵守职业道德，对所提出的评审意见承担责任。

评标委员会成员不得私下接触投标人，不得收受贿赂或者投标人的其他好处，不得透露对投标文件的评审、中标候选人的推荐情况以及与评标有关的其他情况。评标委员会成员存在违规行为的，一经查实，取消其评标委员会成员资格，并不得再参加任何依法必须进行招标的项目的评标。

任何单位和个人不得非法干预、影响评标过程和结果。

第四十三条 评标委员会可以要求投标人对投标文件中含义不明确的内容作出必要的澄清或者说明，但是澄清或者说明不得超出或者改变投标文件的实质性内容。

第四十四条 公路工程施工招标的评标方法可以使用合理低价法、最低评标价法、综合评估法和双信封评标法以及法律、法规允许的其他评标方法。

合理低价法，是指对通过初步评审和详细评审的投标人，不对其施工组织设计、财务能力、技术能力、业绩及信誉进行评分，而是按招标文件规定的方法对评标价进行评分，并按照得分由高到低的顺序排列，推荐前 3 名投标人为中标候选人的评标方法。

最低评标价法，是指按由低到高顺序对评标价不低于成本价的投标文件进行初步评审和详细评审，推荐通过初步评审和详细评审且评标价最低的前 3 名投标人为中标候选人的评标方法。

综合评估法，是指对所有通过初步评审和详细评审的投标人的评标价、财务能力、技术能力、管理水平以及业绩与信誉进行综合评分，按综合评分由高到低排序，并推荐前 3 名投标人为中标候选人的评标方法。

双信封评标法，是指投标人将投标报价和工程量清单单独密封在一个报价信封中，其他商务和技术文件密封在另外一个信封中，分两次开标的评标方法。第一次开商务和技术文件信封，对商务和技术文件进行初步评审和详细评审，确定通过商务和技术评审的投标人名单。第二次再开通过商务和技术评审投标人的投标报价和工程量清单信封，当场宣读其报价，再按照招标文件规定的评标办法进行评标,推荐中标候选人。对未通过商务和技术评审的投标人,其报价信封将不予开封,当场退还给投标人。

公路工程施工招标评标,一般应当使用合理低价法。使用世界银行、亚洲开发银行等国际金融组织贷款的项目和工程规模较小、技术含量较低的工程,可使用最低评标价法。

第四十五条 评标委员会应当按照招标文件确定的评标标准和方法,对投标文件进行评审和比较。

招标文件中没有规定的标准和方法,不得作为评标的依据。

第四十六条 评标委员会完成评标工作后,应当向招标人提出书面评标报告。评标报告应当由所有评标委员会委员签字。

评标报告应当载明以下内容:

(一)评标委员会的成员名单;

(二)开标记录情况;

(三)评标采用的标准和方法;

(四)对投标人的评价;

(五)符合要求的投标人情况;

(六)推荐的中标候选人;

(七)需要说明的其他事项。

第四十七条 评标委员会推荐的中标候选人应当限定在一至三人,并标明排列顺序。

招标人应当根据评标委员会提出的书面评标报告确定排名第一的中标候选人为中标人。排名第一的中标候选人放弃中标、因不可抗力不能履行合同,或者在招标文件规定的期限内未能提交履约担保的,招标人可以确定排名第二的中标候选人为中标人。

排名第二的中标候选人因前款规定的原因也不能签定合同的,招标人可以确定排名第三的中标候选人为中标人。

招标人可以授权评标委员会直接确定中标人。

第四十八条 招标人应当将评标结果在招标项目所在地省级交通主管部门政府网站上公示,接受社会监督。公示时间不少于7日。

第四十九条 属于下列情况之一的,应当作为废标处理:

(一)投标文件未经法定代表人或者其授权代理人签字,或者未加盖投标人公章;

(二)投标文件字迹潦草、模糊,无法辨认;

(三)投标人对同一标段提交两份以上内容不同的投标文件,未书面声明其中哪一份有效;

(四)投标人在招标文件未要求选择性报价时,对同一个标段,有两个或两个以上的报价;

(五)投标人承诺的施工工期超过招标文件规定的期限或者对合同的重要条款有保留;

(六)投标人未按招标文件要求提交投标保证金;

(七)投标文件不符合招标文件实质性要求的其他情形。

第五十条 有下列情形之一的,招标人应当依照本办法重新招标:

(一)少于 3 个投标人的;

(二)经评标委员会评审,所有投标均不符合招标文件要求的;

(三)由于招标人、招标代理人或投标人的违法行为,导致中标无效的;

(四)中标人均未与招标人签订公路工程施工合同的。

重新招标的,招标文件、资格预审结果和评标报告应当按照本办法的规定重新报交通主管部门备案,招标文件未作修改的可以不再备案。

第五十一条 招标人确定中标人后,应当向中标人发出中标通知书,并同时将中标结果通知所有未中标的投标人。

第五十二条 招标人应当自确定中标人之日起 15 日内,将评标报告向第二十二条规定的备案机关进行备案。

第五十三条 招标人和中标人应当自中标通知书发出之日起 30 日内订立书面公路工程施工合同。

公路工程施工合同应当按照招标文件、中标人的投标文件、中标通知书订立。

招标人和中标人不得再行订立背离合同实质性内容的其他协议。

第五十四条 招标人应当自订立公路工程施工合同之日起5个工作日内,向中标人和未中标的投标人退还投标保证金。由于中标人自身原因放弃中标,招标文件约定放弃中标不予返还投标保证金的,中标人无权要求返还投标保证金。

第五章 附 则

第五十五条 违反本办法及《招标投标法》的行为,依法承担相应的法律责任。

第五十六条 使用国际金融组织或者外国政府贷款的公路工程施工招标,贷款方或者资金提供方对施工招标投标的具体条件和程序有特殊规定的,可以适用其规定,但不得违背中华人民共和国的社会公共利益。交通部对其有另行规定的,适用其规定。

第五十七条 本办法自2006年8月1日起施行,交通部2002年6月6日发布的《公路工程施工招标投标管理办法》同时废止。

公路工程施工招标资格预审办法

（交通部　交公路发〔2006〕57号　2006.02.16）

第一章　总　则

第一条　为规范公路工程施工招标资格预审工作，依据《中华人民共和国招标投标法》和《公路工程施工招标投标管理办法》，制定本办法。

第二条　公路工程施工招标实行资格预审的，适用本办法。

第三条　公路工程施工招标资格预审是指招标人在发出投标邀请前，对潜在投标人的投标资格进行的审查。只有通过资格预审的潜在投标人，方可取得投标资格。

第四条　潜在投标人是具有独立法人资格、持有营业执照、具有与招标项目相应的施工资质和施工能力的施工企业。

第五条　资格预审工作由招标人负责，任何单位和个人不得非法干预。

第六条　资格预审工作应遵循公开、公平、公正、科学、择优的原则，不得实行地方保护和行业保护，不得对不同地区、不同行业的潜在投标人设定不同的资格标准。

第二章　资格预审程序和要求

第七条　资格预审按下列程序进行：

（一）招标人编制资格预审文件；

（二）发布资格预审公告；

（三）出售资格预审文件；

（四）潜在投标人编制并递交资格预审申请文件；

（五）对资格预审申请文件进行评审；

（六）编写资格评审报告；

（七）发出资格预审结果通知。

第八条 资格预审文件应当载明以下主要内容：

（一）资格预审公告；

（二）资格预审须知；

（三）资格预审申请表格式；

（四）有关附件：工程概况、各标段详细情况、计划工期、实施要求、建设环境与条件、招标时间安排等。

招标人应根据工程实际，科学划分标段，合理确定资格标准。

第九条 资格预审公告应当载明以下内容：

（一）招标人的名称和地址；

（二）招标项目和各标段的基本情况；

（三）各标段投标人的合格条件和资质要求；

（四）获得资格预审文件的办法、时间、地点和费用；

（五）递交资格预审申请文件的地点和截止时间；

（六）招标人认为应当告知的其他事项。

资格预审公告应在国家指定的媒介上公开发布。公告中不得含有限制具备条件的潜在投标人购买资格预审文件的内容。

第十条 资格预审须知应当载明以下内容：

（一）潜在投标人可以申请资格预审的标段数量，以及可以通过资格预审的标段数量；

（二）对潜在投标人的施工经验、施工能力（包括人员、设备和财务状况）、管理能力和履约信誉等的要求；

（三）对工程分包、子公司施工、联合体投标的规定和要求；

（四）资格预审申请文件编制和递交要求（包括编制格式、内容、签署、装订、密封及递交方式、份数、时间、地点等）；

（五）资格预审文件的修改和资格预审申请文件的澄清的

要求；

（六）资格预审方法、评审标准（包括符合性条件、强制性标准、评分标准等）和合格标准；

（七）资格审查结果的告知方式和时间；

（八）招标人和潜在投标人分别享有的权利；

（九）招标人认为应当告知的其他事项。

第十一条 招标人应当按照资格预审公告规定的时间、地点出售资格预审文件。自资格预审文件出售之日起至停止出售之日止，最短不得少于5个工作日。

第十二条 资格预审文件的售价应当合理，不得以营利为目的。具备条件的，可以通过信息网络发售资格预审文件。

第十三条 招标人应当合理确定资格预审申请文件的编制时间，自开始发售资格预审文件之日起至潜在投标人递交资格预审申请文件截止之日止，不得少于14个工作日。

第十四条 招标人如需对已出售的资格预审文件进行补充、说明、勘误或者局部修正，应在递交资格预审申请文件截止之日7日前以编号的补遗书的形式通知所有已购买资格预审文件的潜在投标人。对已出售的资格预审文件进行补充、说明、勘误或者局部修正的内容，为资格预审文件的组成部分。

购买资格预审文件或递交资格预审申请文件的单位少于3家的，招标人应重新组织资格预审或经有关部门批准采取邀请招标方式。

第三章　资格预审申请

第十五条 潜在投标人应当按照资格预审文件的要求，编制资格预审申请文件，并应载明以下内容：

（一）营业执照；

（二）相关工程施工资质证书；

（三）法人证书或法定代表人授权书及公证书；

（四）财务资信和能力的证明文件（包括近3年来财务平衡表及财务审计情况等）；

（五）拟派出的项目负责人与主要技术人员的简历、相关资格证书及业绩证明，并按要求提供备选人员的相关信息；

（六）拟用于完成投标项目的主要施工机械设备；

（七）初步的施工组织计划，包括质量保证体系、安全管理措施等内容；

（八）近5年来完成的类似工程施工业绩情况及履约信誉的证明材料；

（九）目前正在承担和已经中标的全部工程情况；

（十）资产构成情况及投资参股的关联企业情况；

（十一）潜在投标人若存在工程分包、分公司施工或以联合体形式投标，应符合第十七、十八、十九条要求；

（十二）招标人要求的其他相关文件。

第十六条 资格预审申请文件（正本）应加盖法人单位公章，并由其法定代表人或其授权代理人签字。

资格预审申请文件应当密封，并按照资格预审文件规定的时间、地点和方式送达招标人。

第十七条 潜在投标人如有工程分包计划，应遵守以下规定：

（一）分包人应具备与其分包工程内容相适应的资质和施工能力；

（二）提供分包人的营业执照、资质证书、人员、设备等资料表以及拟分包的工作量。

第十八条 潜在投标人如由所属分公司承担施工，应遵守以下规定：

（一）明确具体承担施工的分公司名称及负责施工的主要内容；

（二）该分公司不得再以任何形式参加该标段的资格预审；

（三）资格预审申请文件应提供分公司施工经验、施工能力（包括人员、设备）、管理能力和履约信誉等方面的资料。

第十九条 潜在投标人如以联合体形式申请资格预审，应遵守以下规定：

（一）联合体主办人应具备与所投标段工程内容相适应的施工资质，成员单位应具备与所承担工程内容相适应的施工资质。由同一专业的单位组成的联合体，按照施工资质等级较低的单位确定施工资质等级；

（二）联合体主办人所承担的工程量必须超过总工程量的50%；

（三）联合体各方签订联合体协议后，不得再以自己名义单独或以其他联合体成员的名义申请同一标段的资格预审；

（四）提交联合体各成员单位共同签订的联合体协议，明确主办人及成员单位各自的权利和义务以及应当承担的责任。

第二十条 具有投资参股关系的关联企业，或具有直接管理和被管理关系的母子公司，或同一母公司的子公司，不得同时申请同一标段的资格预审。

第二十一条 凡投资参股招标项目或承担招标项目代建工作的法人单位不得申请该项目的资格预审。

第二十二条 资格预审申请文件按要求送达后，在规定的递交截止时间前，潜在投标人可以撤回申请文件或修改申请文件。如需修改申请文件，应当以正式函件提出并作出说明。

修改资格预审申请文件的正式函件是资格预审申请文件的组成部分，其形式要求、密封方式、送达时间，应符合资格预审文件的要求。

第二十三条 对于按时送达并符合密封要求的资格预审申请文件，招标人应当向潜在投标人出具签收证明，并妥善保管，在规定的截止时间前不得开启。

第二十四条 在规定的截止时间后送达的或未按要求密封的资格预审申请文件为无效的资格预审申请文件。

第四章　资格评审

第二十五条 资格评审工作由招标人组建的资格评审委员会

负责。

第二十六条 资格评审委员会由招标人代表和有关方面的专家组成,人数为5人以上单数,其中专家人数应不少于成员总数的二分之一。

第二十七条 资格评审委员会的专家从国务院交通主管部门或省级交通主管部门设立的评标专家库中抽取。

但有下列情形之一者,不得进入资格评审委员会:

(一)与潜在投标人的主要负责人或授权代理人有近亲属关系的人员;

(二)当地交通主管部门或行政监督部门的人员;

(三)与潜在投标人有利害关系,可能影响公正评审的人员;

(四)法律、法规和规章规定的其他情形。

资格评审委员会成员名单在评审工作结束前应当保密。

第二十八条 资格评审委员会成员应当客观、公正地履行职责,遵守职业道德,对所提出的评审意见承担个人责任。

第二十九条 资格评审委员会成员不得私下接触潜在投标人,不得收受潜在投标人的财物或者其他好处,不得透露资格评审的有关情况。

第三十条 资格评审方法分强制性资格条件评审法和综合评分法两种。招标人可根据工程特点和潜在投标人的数量选择合适的评审方法。

第三十一条 对潜在投标人的资格评审,应当严格按照资格预审文件载明的资格预审的条件、标准和方法进行。不得采用抽签、摇号等博彩方式进行资格审查。

第三十二条 资格评审按以下程序进行:

(一)符合性检查;

(二)强制性资格条件评审或综合评分;

(三)澄清与核实。

第三十三条 通过符合性检查的主要条件:

(一)资格预审申请文件组成完整;

（二）资格预审申请文件正本应加盖潜在投标人法人单位公章，并由其法定代表人或其授权的代理人签字；

（三）潜在投标人的营业执照、法定代表人授权书及公证书有效；

（四）潜在投标人的施工资质满足资格预审文件的要求；

（五）潜在投标人没有正受到责令停产、停业的行政处罚或正处于财务被接管、冻结、破产的状态；

（六）潜在投标人没有正受到取消投标资格的行政处罚；

（七）潜在投标人没有涉及正在诉讼的案件，或涉及正在诉讼的案件但经评审委员会认定不会对承担本项目造成重大影响；

（八）潜在投标人符合本办法第十七条至第二十一条规定；

（九）潜在投标人没有提供虚假材料。

符合以上条件的，方可进入下一阶段的评审。

第三十四条 采用强制性资格条件评审法的，招标人应按照标段内容和特点，对潜在投标人的施工经验、财务能力、施工能力、管理能力和履约信誉等资格条件，制定强制性的量化标准。只有全部满足强制性资格条件的潜在投标人才可通过资格审查。评审结论分“通过”和“未通过”两种。

第三十五条 采用综合评分法的，招标人应对潜在投标人的施工经验、财务能力、施工能力、管理能力、施工组织和履约信誉等资格条件，制定可以量化的评分标准，并明确通过资格审查的最低总得分值。只有总得分超过规定的最低总得分值的潜在投标人才能通过资格审查。

对重要的资格条件也可制定最低资格条件要求，不符合最低资格条件的，不得通过资格审查。计算得分时应以评审委员会的打分平均值确定，该平均值以去掉一个最高分和一个最低分后计算。

第三十六条 综合评分法采用百分制，评分内容和权重分值划分如下：

（一）类似工程施工经验 分值范围15~25；

（二）财务能力 分值范围 10～20；

（三）拟投入本标段的主要机械设备 分值范围 10～20；

（四）拟投入本标段的主要人员资历 分值范围 15～25；

（五）初步施工组织计划 分值范围 10～15；

（六）履约信誉 分值范围 15～25。

第三十七条 资格评审委员会对资格预审申请文件中不明确之处，可通过招标人要求潜在投标人进行澄清，但不应作为资格审查不通过的理由。如潜在投标人不按照招标人的要求进行澄清，其资格审查可不予通过。澄清应以书面材料为主，一般不得直接接触潜在投标人。

第三十八条 资格评审委员会在审查潜在投标人的主要人员资历和施工业绩、信誉时，应当通过省级以上交通主管部门设立的交通行业施工企业信息网进行查询；若潜在投标人所提供信息与企业信息网上的相关内容不符，经核实存在虚假、夸大的内容，不予通过资格审查。

第三十九条 对联合体进行资格评审时，其施工能力为主办人和各成员单位施工能力之和。对含分包人的潜在投标人进行资格评审时，其施工能力为潜在投标人和分包人施工能力之和。

第四十条 对通过资格评审的潜在投标人明显偏少的标段，在征得潜在投标人同意的情况下，评审委员会可以对通过评审的潜在投标人申请的标段进行调整。经调整后，合格的潜在投标人仍少于 3 家的，招标人应重新组织资格预审或经有关部门批准采取邀请招标方式。

第五章 资格评审报告

第四十一条 资格评审工作结束后，由资格评审委员会编制资格评审报告，其内容包括：

（一）工程项目概述；

（二）资格审查工作简介；

(三)资格审查结果;

(四)未通过资格审查的主要理由及相关附件证明;

(五)资格评审表等附件。

第四十二条 招标人应在资格评审工作结束后15日内,按项目管理权限,将资格评审报告报交通主管部门备案。

第四十三条 交通主管部门在收到资格评审报告后5个工作日内未提出异议的,招标人可向通过资格审查的潜在投标人发出投标邀请书,向未通过资格审查的潜在投标人告知资格审查结果。

第四十四条 招标人不得向他人透露已通过资格审查的潜在投标人名称、数量,以及可能影响公平竞争的有关招标投标的其他情况。

第四十五条 资格预审工作出现下列情况之一的,招标人负责组织重新评审。

(一)由于招标人提供给资格评审委员会的信息有误或不完整,导致评审结果出现重大偏差的;

(二)由于评审委员会的原因导致评审结果出现重大偏差的;

(三)由于潜在投标人有违法违规行为,导致评审结果无效的。

第六章 附 则

第四十六条 对于公路工程附属设施以及工程规模较小、技术较简单、工期特别紧的工程或潜在投标人数量较少的,招标人如采取资格后审的方式,可参照本办法执行。

第四十七条 利用国际金融组织贷款、外国政府贷款和采用合资、合作、独资方式融资的公路项目,有特殊规定的从其规定。

第四十八条 本办法由交通部负责解释。

第四十九条 本办法自2006年5月1日起施行。交通部1997年8月1日发布的《公路工程施工招标资格预审办法》(交公路发〔1997〕451号)同时废止。

公路交通优秀勘察奖、优秀设计奖评选管理办法

（交通部　交公路发〔2006〕178号　2006.04.21）

第一章　总　则

第一条　为贯彻落实科学发展观，推动行业科技进步，提升勘察设计理念，提高公路工程勘察设计水平，依据《中华人民共和国公路法》和国家有关规定，制定本办法。

第二条　公路交通优秀勘察奖、优秀设计奖是全国公路交通部级奖。每种奖分设一、二、三等奖。

第三条　公路交通优秀勘察、设计奖原则上每年评选一次。

第四条　公路交通优秀勘察、设计奖评选工作在交通部领导下，由中国公路勘察设计协会负责组织实施。

第二章　评选标准

第五条　公路交通优秀勘察、设计奖按下列标准评选：

一、符合国家有关方针、政策、法律、法规、技术标准以及公路行业勘察设计标准、规范、规程、办法有关规定和要求；

二、采用先进的勘察方法与手段，经外业验收勘察基础资料齐全、真实、可靠、符合规范规定，满足设计需要。

三、具有促进公路行业科学发展的勘察设计新理念，因地制宜、保护环境、节约资源、安全可靠，技术经济指标合理，工程造价适中，社会经济效益显著；

四、采用新技术、新工艺、新材料并有所创新；

五、无因勘察设计原因而产生重大工程变更和投资变化。

第六条 公路交通优秀勘察、设计奖一等奖的项目，其整体工程各项主要指标应达到国内领先水平；公路交通优秀勘察、设计奖二等奖的项目，其整体工程各项主要指标应达到国内先进水平；公路交通优秀勘察、设计奖三等奖的项目，其整体工程几项主要指标应达到国内先进水平。

第三章 申报条件

第七条 申报单位必须具有国家或省、自治区、直辖市有关部门颁发的并与其申报项目规模相符的勘察、设计资质证书。

第八条 申报项目必须同时具备下列条件：

一、符合国家、区域及农村公路网的发展规划，由各级政府审批或核准建设的项目（包括新建、改扩建项目）。

二、参加评奖项目的规模、技术等级要求如下：

（一）独立特大桥梁、特长隧道，路线中特长隧道；

（二）20 公里以上高速公路、一级公路；

（三）50 公里以上二、三级公路；

（四）二级以上汽车站、交通工程及沿线服务设施。

三、经竣工验收（以业主和有关部门证明的日期为准）评定无勘察设计质量事故，且勘察设计质量优良的项目。自竣工验收至申报的时限，一般不超过 3 年。

第九条 中外（境外）合资、合作建在我国境内的公路工程项目，凡由中方为主进行勘察设计的可以申报。

第十条 每个参加评奖项目只能申报一次，不得重复申报。已获省级优秀奖的项目，不再参加评选。

第十一条 申报单位须按规定的内容报送评奖项目申报材料（其内容及要求见附件 1）。

第十二条 申报评奖的项目，由申报单位按项目交纳申报费，此经费将用于评奖过程的经费开支。

第四章　评选组织

第十三条　中国公路勘察设计协会设公路交通优秀勘察、设计奖评选专家委员会(以下简称评选专家委员会),负责公路交通优秀勘察、设计奖的评选工作。

第五章　评选工作程序

第十四条　参加评奖的项目,由评选专家委员会下设的专业评选组进行初评,提出初评意见。根据需要组织专家对项目进行现场考察,核实申报材料中的相关内容。

第十五条　根据专业评选组的初评意见,由评选专家委员会进行综合评审,确定获奖项目名单,由中国公路勘察设计协会进行公示,公示后批准发布。

第六章　奖　　惩

第十六条　获公路交通优秀勘察、设计奖的项目,由中国公路勘察设计协会向获奖单位颁发证书。对项目主要完成人给予表彰,并颁发个人荣誉证书。

对获公路交通优秀勘察奖、设计奖一等奖的项目,获奖人数不得超过 12 人,二等奖项目不得超过 10 人,三等奖项目不得超过 8 人。

第十七条　申报评奖项目的相关材料必须实事求是,不得弄虚作假。评选结果公布后,如发现与获奖条件不符或重复申报,将视情节和影响程度,分别给予降低获奖等级、撤消奖励、通报批评、暂停该单位两届申报评选资格的处理。

第十八条　评选工作必须坚持公平、公正、公开的原则,保证评选质量。评选专家要以严肃认真和高度负责的态度进行工作，对违反纪律者，取消其专家资格，并给予通报批评。

第七章 附 则

第十九条 本办法自发布之日起施行。

第二十条 本办法由中国公路勘察协会负责解释。

附件1

公路交通优秀勘察奖、优秀设计奖申报材料的内容及要求

公路交通优秀勘察、设计奖申报材料的内容及要求如下：

一、公路交通优秀勘察、设计奖申报表(格式见附表,略)；

二、公路工程项目竣工验收鉴定书、项目简介、工程总体布置图及反映主体工程全貌的照片或影像资料；

三、申报公路交通优秀勘察奖的项目,要附有工程勘察总说明书和工程勘察成果验收文件；

四、申报公路交通优秀设计奖的项目,要附有按部颁《公路工程基本建设项目设计文件编制办法》编制的说明书,以及交通主管部门的初步设计、技术设计(如有)和施工图设计批复文件；

五、工程建设单位、质量监督站、养护管理单位对勘察设计质量评价、工程效益的证明材料,以及后评价报告(如有)；

六、申报材料除申请表10份外,其他材料各2份；

七、申报材料须在每年10月30日前寄送到中国公路勘察设计协会。

公路交通优质工程奖评选办法

（交通部　交公路发〔2006〕178 号　2006.04.21）

第一章　总　则

第一条　为鼓励公路建设从业单位加强质量管理，提高工程质量，发挥投资效益，依据《中华人民共和国公路法》和国家有关规定，制定本办法。

第二条　公路交通优质工程奖（以下简称优质工程奖）是全国公路建设行业最高质量奖，设一、二、三等奖。

第三条　优质工程奖原则上每年评选一次。

第四条　中国公路建设行业协会在交通部领导下负责优质工程奖评选工作。

第二章　评 选 标 准

第五条　优质工程奖按下列标准评选：

（一）符合国家有关法律、法规、技术标准和公路工程勘察、设计、施工规范、规程的要求；

（二）管理规范，理念先进，方法科学，有所创新；

（三）推广使用新技术、新工艺、新材料、新设备，技术有创新；

（四）符合安全、环保、美观、和谐的要求；

（五）资金管理规范，竣工决算未超概算（包括修正概算），无工程款拖欠；

（六）实际工期未超过合同工期（含经批准延长的工期）；

（七）未发生过重特大质量安全事故；

（八）项目竣工验收工程质量和建设项目综合评定等级为优良，主体工程合同段质量等级评定均为优良。

第六条 优质工程奖一等奖的项目（合同段），其整体质量水平应达到国内领先水平；优质工程奖二等奖的项目（合同段），其整体质量水平应达到国内先进水平；优质工程奖三等奖的项目（合同段），其整体质量水平应达到国内较高水平。

第三章 申报条件

第七条 参评工程必须是列入国家或地方公路建设计划，按规定通过了竣工验收，自竣工验收至申报时限不超过两年。

第八条 参评工程可以是独立建设项目，也可以是项目中符合条件的合同段。独立项目已申报的，合同段不再单独申报。

第九条 以独立项目申报的，其工程规模和技术等级应满足如下条件之一：

（一）单座桥长≥3000 米或单跨长≥300 米的独立特大桥或独立大型互通立交桥；

（二）3000 米以上的独立隧道；

（三）50 公里以上高速公路、一级公路（含交通工程设施）；

（四）100 公里以上公路改、扩建工程。

第十条 以合同段申报的，其工程规模和技术等级应满足如下要求之一：

（一）特大桥、投资 1 亿元以上的大型立交桥；

（二）2000 米以上的隧道；

（三）10 公里以上高速公路、一级公路；

（四）50 公里以上公路改、扩建工程；

（五）交通工程综合系统：

1.70 公里以上高速公路且交通工程综合系统总造价 3000 万元人民币以上；

2. 单座桥长≥2000 米的独立大桥(包括引桥)且交通工程综合系统总造价 2000 万元人民币以上;

3. 3 公里以上的隧道群且交通工程综合系统总造价 2500 万元人民币以上。

第十一条 由国内企业勘察、设计或施工的国外和台、港、澳地区公路工程项目不列入评选范围。

第四章 申报办法

第十二条 符合条件的项目和工程只允许申报一次。

第十三条 以独立项目申报优质工程奖的,由项目建设管理单位提出申请,并须经项目所在地省级交通主管部门审核和提出推荐意见;以合同段申报优质工程奖的,可以由一个施工单位或多个施工单位联合提出申请,并须经项目建设管理单位同意,且经项目所在地省级交通主管部门审核和提出推荐意见。

第十四条 以独立项目申报优质工程奖的,申报材料包括:

(一)申报表(见附表1《公路交通优质工程奖申报表》,略)一式两份;

(二)公路工程竣工验收鉴定书、竣工验收质量鉴定报告、竣工验收建设项目综合评定表、竣工验收工程质量评分表、建设项目质量检验评定表等的复印件;

(三)项目简介(含项目平、纵面示意图或桥型图),反映主体工程的照片、附有解说词的光盘(时间不超过 10 分钟);

(四)项目创新报告。对项目在理念、模式、手段、质量和技术等方面的创新内容和创新成果进行总结;

(五)项目执行报告,建设管理情况总结(包括质量、安全、采用的新技术、新工艺、新材料、新设备、环境保护、科研成果等),勘察、设计有关资料(工程测设路线总说明书、工程测量验收纪要文件和按部颁《公路工程基本建设项目设计文件编制办法》编制的总说明书);

（六）质量监督机构对项目质量评价、养护管理单位对项目使用情况的证明材料；

（七）主要参加建设的单位及承担的主要任务和做出的主要贡献。

第十五条 以合同段申报优质工程奖的，申报材料包括：

（一）申报表（见附表2《公路交通优质工程奖申报表》，略）一式两份；

（二）竣工验收鉴定书、合同段的公路工程施工管理综合评价表、竣工验收质量鉴定报告及建设项目质量检验评定表、公路工程交工验收报告、交工验收各合同段工程质量评分一览表、合同段交工验收证书等的复印件；

（三）工程简介，反映主体工程的照片、附有解说词的光盘（时间不超过10分钟）；

（四）施工总结报告（包括施工组织、管理、安全、质量总结，采用的新技术、新工艺、新材料、新设备和施工管理、环境保护、科研成果等内容）。

第十六条 申报材料必须真实、准确，并涵盖所申报工程的全部内容；申报材料中提供的文件、证明、印章等必须清晰、齐全。申报表统一使用计算机处理，A4纸打印，装订整齐。

第十七条 申报材料（申报表一式两份、其他材料一份）于每年的9月30日前报送或邮寄至中国公路建设行业协会，以后到达的申报材料列入下一年度的评选。

第十八条 申报单位应按有关规定交纳申报费。该项费用用于评奖的经费开支。

第五章 评审工作

第十九条 中国公路建设行业协会组织专家组成优质工程奖评审委员会，下设专业评审组，负责对申报材料的审查和现场复查。

第二十条 评审程序如下：

（一）中国公路建设行业协会汇总申报材料，进行复核性审查，将符合要求的材料提交专业评审组；

（二）专业评审组对申报材料进行初步审查，提出初评意见；

（三）对有疑义的项目和工程，专业评审组组织专家进行现场核验；

（四）汇总初评意见和现场核验结果，提交评审委员会；

（五）评审委员会采取投票表决的方式进行综合评审，确定获奖项目和工程名单；

（六）获奖项目和工程名单在有关媒体进行公示，报交通部备案；

（七）公布获奖项目和工程。

第二十一条 现场核验工作内容如下：

（一）以独立项目申报的，听取建设单位对项目管理和工程质量的介绍和评价意见；以合同段申报的，听取建设单位和施工单位对项目管理和工程质量的介绍和评价意见；

（二）查阅工程有关的资料；

（三）实地查验工程外观、质量水平；

（四）向专家评审委员会提交书面核验报告。

第六章 奖 惩

第二十二条 对获优质工程奖的项目和合同段，由中国公路建设行业协会对项目建设管理单位和主要参建单位颁发证书。并通报表彰。

主要参建单位是指承担主要施工任务的施工单位和施工监理单位。

第二十三条 申报单位不得弄虚作假。违者，经核实，取消申报、评奖资格。

第二十四条 对于已经获得优质工程奖称号的项目和工程，

若发现工程质量存在问题或隐患，经中国公路建设行业协会组织专家进行鉴定确认属实，取消该项目和工程获奖称号。

第二十五条 评选工作坚持公正、公平、公开的原则。评审委员要秉公办事、科学严谨、认真负责、廉洁自律，违反规定的，取消评审委员资格并依法处理。

第七章 附 则

第二十六条 本办法由中国公路建设行业协会负责解释。

第二十七条 本办法自颁布之日起施行。

关于进一步做好农村公路管理养护体制改革的通知

（交通部、发展改革委、财政部
交公路发〔2006〕400 号　2006.07.28）

各省、自治区、直辖市交通厅（委）、发展改革委、财政厅（局），天津市市政工程局、上海市市政工程管理局：

为贯彻落实《中共中央国务院关于推进社会主义新农村建设的若干意见》（中发〔2006〕1 号，以下简称中央 1 号文件）和《国务院办公厅关于印发农村公路管理养护体制改革方案的通知》（国办发〔2005〕49 号，以下简称国办 49 号文件），进一步加强和规范农村公路养护管理工作，现就有关事宜通知如下：

一、高度重视，抓紧研究制订改革实施方案

加强农村公路养护管理工作，是一项复杂的系统工程，涉及面广，政策性强。各级交通、发展改革和财政部门要站在推进社会主义新农村建设的高度，充分认识农村公路管理养护工作的重要意义，进一步增强责任感和使命感，各负其责，密切配合，加强协作，按照中央 1 号文件及国办 49 号文件的要求，共同做好农村公路管理养护体制改革工作。

省级交通主管部门要在省级人民政府的统一领导下，负起主要责任，积极推动改革实施工作。省级发展改革、财政部门要密切配合，积极支持，确保改革的顺利进行。今年 12 月底前，各省（区、市）要研究提出适合本辖区的农村公路管理养护体制改革实施方案，并报交通部、国家发改委和财政部备案。同时，要积极研究提出符合本地实际的农村公路管理养护制度、技术规范、养护定额、质量评定标准和验收标准等行政、技术管理制度。通过建章立制,不断规范和加强农村公路管理养护工作。

二、精心组织,积极开展示范点创建工作

2006年各省(区、市)要视情况分别选择若干个地市(不设地市的选择县或区)作为示范点,建立农村公路养护管理长效机制的方法和途径,并在总结经验的基础上,制定将农村公路管理养护纳入国家支持范围的相关政策。各地在示范点建设过程中,要在国办49号文件所规定的政策范围内,结合本地实际情况,完善以县为主的农村公路管养体系,建立稳定的农村公路养护资金筹集渠道,健全相关规章制度,切实为建立农村公路养护管理长效机制提供示范。具体安排如下:

8月底前,要制定完成示范点工作方案,做好各项前期准备工作,并将方案报交通部、国家发改委和财政部备案。12月底前,集中精力做好示范点的组织和实施工作,并对示范点工作进行阶段性总结,针对示范点创建工作中存在的问题,及时完善相关政策措施,为全面推进农村公路管理养护体制改革工作奠定基础。交通部、国家发改委和财政部将联合成立督导组,选择部分重点地区进行跟踪和督查,并对落实情况差的省份予以通报。

三、深入研究,不断完善加强农村公路管理养护工作的政策措施

(一)落实责任,健全农村公路养护管理体系

各省级交通、发展改革、财政部门在省级人民政府的统一领导下,要按照国办49号文件的总体要求,明确地方各级人民政府及有关部门的职责分工,进一步落实县级人民政府在农村公路养护管理工作中的主体地位,从根本上改变农村公路管养主体缺位、资金缺乏的突出问题。要充分发挥乡镇政府和村委会的积极性,把农村公路管养责任落实到位。经济条件比较好的乡镇要积极投入力量,共同做好农村公路管理养护工作。要在明确责任的基础上,按照科学、高效的原则,建立农村公路养护管理工作的有关协调、监管、考核机制,不断提高农村公路管理水平。

(二)保障投入,建立长期稳定的资金保障制度

地方各级交通、发展改革和财政部门要积极做好农村公路养护资金的筹措工作。在制定农村公路管理养护政策时，要充分体现中央1号文件确定的“逐步把农村公路管理养护纳入国家支持范围”的要求，不断加大公共财政支持力度，确保农村公路的日常养护和正常使用，为农村公路养护管理的正常化、规范化提供强有力的资金支持。

一是省、地（市）、县、乡四级地方政府要统筹本级财政预算，安排必要的财政资金，保证农村公路正常养护。随着农村公路里程的增加和地方财力的增长，用于农村公路养护的财政资金要逐步增加。

二是要统筹公路建设和养护资金，确保公路养路费总收入在扣除征收成本、交警费用和水利建设基金后用于公路养护的资金比例不低于80%。交通、财政部门要加强管理和监督，结合当地实际，逐步落实汽车养路费用于农村公路养护的投资部分，集中用于农村公路的养护工程。要加强农村拖拉机、摩托车养路费的征收和使用管理，所收资金原则上全部用于农村公路养护。

三是要充分利用“一事一议”政策，采取以奖代补等多种方式，引导沿线村民投工投劳养护农村公路。同时积极鼓励包括受益企事业单位在内的社会捐赠资金用于农村公路养护。

省级交通主管部门要在农村公路普查的基础上，根据统一的统计标准与口径，确定本辖区需要列入养护范围的农村公路里程，建立农村公路养护管理数据库。同时会同有关部门对本辖区的农村公路管理养护成本进行全面测算，并以此为基础合理确定养护资金投入标准。

（三）健全机制，提高管理养护资金的使用效率

地方各级交通主管部门和公路管理机构要合理配置干线和农村公路管理养护的技术、人员、设备等资源，充分利用现有资源开展农村公路养护管理工作，避免机构重复设置和人员膨胀，不得利用改革之机新增人员。要努力降低公路养护管理资金中人员经费的支出比例。农村公路日常养护工作，可以通过竞争方式承包给

公路沿线的村民，促进农民就业和增收。鼓励通过竞争方式，将油路挖补和水泥路修补等小型养护工程捆绑承包给专业化养护队伍，实行合同管理、计量支付。鼓励干线公路、农村公路大、中修工程捆绑招标，面向社会公开择优选定具备资质条件的公路养护公司，充分发挥专业管理、施工、监理队伍在农村公路养护工作中的作用。

（四）分级负责，加大农村公路路政管理力度

各级地方人民政府和交通主管部门应认真履行职责，按照统一领导、分级负责的原则，建立适合本省情况的农村公路路政管理模式，建立健全农村公路路政管理的有关规章制度，落实工作职责，明确工作机制，保障农村公路的完好、安全和畅通。乡村道路的路政管理工作可以结合养护管理工作，采取委托管理等多种方式，充分调动乡镇政府、村委会和沿线村民保护公路的积极性。

（五）切实加强农村公路管理养护资金监管

各省级财政、交通、发展改革部门要按照有关规定和要求，研究制定农村公路管理养护资金管理办法，完善资金管理和监督制度，确保专款专用。同时，应按照有关规定，采取点面结合的方式，定期对农村公路管理养护资金使用情况进行监督检查。县级交通主管部门要切实履行职责，完善资金申请、拨付、使用等各个环节的工作制度，确保资金的使用效率和安全，并接受财政部门的监管。农村公路养护资金纳入国库集中支付改革范围的，按照国库集中支付的有关规定办理。

四、加强领导，密切配合，抓好组织实施

各级交通、发展改革和财政部门要在当地人民政府的统一领导下，建立健全农村公路管理养护体制改革的领导机构和协作机制，进一步加强对改革工作的领导，及时研究、解决改革推进过程中出现的问题，确保改革顺利进行。同时，应将农村公路的养护管理工作纳入正常行政管理和公共服务的范畴，进行目标考核，切实把中央1号文件和国办49号文件的各项要求落到实处。

干线公路灾害防治工程试点工作方案

（交通部　交公路发〔2006〕441号　2006.08.23）

为贯彻落实2006年全国交通工作会议精神，做好干线公路灾害防治工程试点工作，制定本方案。

一、工作目标与主要任务

（一）工作目标

完成全国10个省（区）共24个试点路段的公路灾害防治工程实施工作，提高试点路段的抗灾能力、通行能力和行车安全水平。探索总结适合我国国情的公路灾害防治工程技术措施和组织实施方法，为全面实施积累经验。工程实施后的二级公路应能够抵御50年一遇的洪水袭击，三、四级公路应能够经受25年一遇的洪水威胁。

（二）主要任务

结合近年来特别是今年以来公路水毁、震毁的灾害发生情况，依托路面大中修工程、危桥改造、公路灾毁修复工程和安保工程实施工作，以增设和完善试点路段的灾害防护设施为重点，推广科研成果，采用成熟的工程措施，对公路边坡、路基、桥梁构造物和排（防）水设施进行综合处治，全面提高公路防灾能力。具体包括：

1. 全面系统地调查分析试点路段公路灾害的成因，科学拟定合理的防治措施。

2. 加强日常养护管理，完善、修复各类排导设施，及时检修防洪设施，以预防和减小自然灾害对公路设施的损毁。

3. 清理、疏通桥涵的泄洪通道，增设必要的调治导流设施，增强公路桥涵构造物的抗洪能力。

4. 全面修复已损毁的挡墙、护坡、石笼、驳岸等公路防护设施。

5. 整治或加固易发生崩塌、滑坡、滚石、冲蚀、冲刷、泥石流等灾害损毁的公路上、下边坡和路基。

6. 顺应洪水流势,全面整治或完善试点路段的排水系统。

7. 探索公路灾害防治工程的处置技术,总结工程实施经验,完善《干线公路灾害防治试点工程技术指南(试行)》(附后,略)。

二、工作步骤

干线公路灾害防治试点工程涉及因素多、技术要求高,而且多数实施路段位于地形条件复杂的山岭重丘区,实施难度大。各级交通主管部门应按以下步骤,精心组织,周密筹划,确保今年年底前完成试点工作。

(一)调查摸底。收集、分析试点路段发生灾毁的历史数据,查明灾害发生的具体位置、类型、规模,摸清目前公路设施的抗灾状况。

(二)工程设计。根据调查摸底结果和试点工程的规模、复杂程度等,按照有关标准、规范对试点工程进行详细设计,并对设计方案作充分论证。

(三)组织实施。组织施工单位按设计方案完成试点工程施工。

(四)总结验收。灾害防治试点工程完工后,省级公路管理机构应依据相关规定及时组织验收,并向交通部提交"灾害防治工程试点工作技术总结报告"。交通部将根据情况组织抽查。

三、工作要求

(一)高度重视,精心组织,保证试点工作顺利进行。实施干线公路灾害防治工程是交通部门贯彻落实"以人为本"和"可持续"发展理念的重要举措,对于提高我国公路网络的通行保障能力和服务水平具有重要意义。各级交通主管部门要高度重视,切实做到精心组织、周密筹划,确保试点工作的顺利实施。

(二)积极筹措落实配套资金。试点工作所需资金主要由有关地方交通主管部门负责筹集,交通部给予适当补助。交通部补资金将纳入安保工程的投资计划下达各地。试点省(区)的交通主管部门应根据工程需要积极筹措落实配套资金，保证及时足额到位，为试点工作提供资金保障。

（三）精心设计，保证工程效果。公路灾害成因复杂、影响因素多，整治工程技术难度大，试点省（区）应针对影响公路设施安全的主要灾害采取“预防为主、防治结合”的综合治理措施，进行专门设计。设计方案应符合有关技术标准、规范的规定，并充分体现“安全、经济、环保、和谐”的勘察设计新理念。

（四）严格管理，确保质量。各级交通主管部门要按照有关法律法规的规定，切实规范和加强工程管理。应采用招投标方式选择施工单位，并建立和完善符合试点工程特点的质量监管体系，确保工程实施质量。

（五）加强技术支持，提高试点工程的技术水平。部已确定由中交第一公路勘察设计研究院作为试点工作的技术依托单位，对试点工作进行跟踪研究，提供技术咨询。试点单位也要组织有关技术单位，结合工程实施和当地灾害特点开展技术研究工作，加强对试点工作的技术支持，提高试点工程技术水平。力争做到完成一项试点工程，锻炼一支队伍，培养一批技术专家，提高和普及公路灾害防治技术。

公路交通出行信息服务工作规定(试行)

(交通部　交公路发〔2006〕451 号　2006.08.29)

第一章　总　　则

第一条　为加强公路交通出行信息服务工作,根据《中华人民共和国公路法》等相关法律、法规,以及《公路水路交通信息化“十一五”发展规划》,制定本规定。

第二条　公路交通出行信息服务工作应当遵循“统筹规划、资源共享、信息适用、分级发布”的原则。

第三条　交通部主管全国公路交通出行信息服务工作,包括:组织制定相关政策、标准和规范,对各省(区、市)的公路交通出行信息服务工作进行指导和检查,负责国家高速公路网、国道网等跨省域的公路交通出行信息的集成和发布工作。

第四条　县级以上人民政府交通主管部门负责统一组织、协调或实施所管辖区域的公路交通出行信息服务工作;公路管理机构、收费公路经营管理单位根据交通主管部门的有关要求,具体负责实施所管辖路段的公路交通出行信息服务工作。

第五条　公路交通出行信息服务应与公路业务管理工作紧密结合,按照“以管理推动服务,以服务促进管理”的总体思路,逐步建立长效工作机制。

第二章　信息的采集和管理

第六条　现阶段,公路交通出行信息主要包括:公路基础信息、公路气象信息、公路养护施工信息、突发事件信息四大类。各级交通主管部门和公路管理机构、收费公路经营管理单位可根据公众实际需求不断拓展信息的种类和内容。

公路基础信息内容主要包括:公路路线编号、路线名称、公路里程、主要技术指标,以及公路沿线主要城市与旅游景点的出入位置或编号、安全服务设施与服务项目、公路收费站与收费标准信息等。

公路气象信息内容主要包括:当日及未来48小时的公路交通气象信息,特别是雾、雨、雪等直接关系到公路交通安全的重大气象信息。

公路养护施工信息内容主要包括:近期计划实施养护或改造路段的路线编号、路线名称、施工路段起止点、预计工期,以及交通组织措施、安全措施等。

突发事件信息是指影响公路交通正常运行的自然灾害、事故灾难、公共卫生事件、社会安全事件等突发公共事件。其内容主要包括:事件原因、影响路段、公路受损情况,以及交通组织措施、安全措施等。

第七条 公路基础信息的采集应依托"公路数据库"的维护和管理工作完成,确保公路基础信息的准确性和唯一性。

"公路数据库"的建设和维护、管理工作应按照《关于加强公路数据库建设与管理工作的若干意见》(交公路发〔2003〕228号)执行。

第八条 公路管理机构、收费公路经营管理单位应通过不断加强动态路况信息自动采集系统建设,加大公路巡查力度,建立公路交通信息员制度等多种信息采集方式,畅通渠道,保证突发事件信息及时、准确。

第九条 各级交通主管部门和公路管理机构、收费公路经营管理单位应结合公路交通应急管理工作,积极与当地气象部门开展合作,逐步建立和完善公路气象信息采集、分析、发布和处置机制。

第十条 各级交通主管部门或受其委托的公路管理机构应对所管辖区域的公路交通信息实行统一管理,建立健全信息报送、发布和交换工作制度,逐步形成信息共享、反应迅速、指挥协调、调度灵活的公路交通出行信息服务和应急管理工作体系。

第十一条 各省(区、市)应充分利用交通政务专网、公网和高速公路通信设施资源,大力推进信息采集、上传、交换所需要的通信网络建设。

第三章 信息发布方式

第十二条 公路交通出行信息的发布,可借助互联网站、呼叫中心、广播电视、车载终端、移动终端、公路沿线信息发布设施等多种手段,信息内容应满足社会公众对"出行前"和"出行中"不同阶段的需求。

第十三条 公路信息服务网站是社会公众"出行前"了解交通信息的主要窗口,是交通主管部门展示辖区公路交通资源、提供信息服务的主要平台。

"中国公路信息服务网"(www.chinahighway.gov.cn)是交通部政府网站的子站,是交通部向社会提供国家高速公路、国道等跨省域范围公路交通出行信息服务的信息平台。

各省(区、市)交通主管部门,要建设适应本辖区公路交通特点的公路信息服务栏目或网站,并与"中国公路信息服务网"建立链接。

第十四条 公路信息服务网站的信息查询应简单、快捷,信息服务内容应准确、实用,信息表达方式应形象、直观。

网站服务栏目应提供以下基本功能:

(一)辖区公路电子地图展示;

(二)"出发点、目的地"方式的路径查询;

(三)公路交通出行合理化建议。

第十五条 公路沿线信息发布设施是道路使用者在"出行

中”了解交通实时信息的主要窗口。是公路管理机构、收费公路经营管理单位为道路使用者提供服务的重要手段。

公路沿线信息发布设施的建设与信息发布的原则，应遵循以下要求：

（一）固定标志、标线的布设应当符合交通行业的技术标准和规范要求，特别是在标志设置的具体位置、布设密度、提示内容等方面，要充分考虑道路使用者的心理需求。

（二）在交通流量大的路段或交通事故易发、多发路段布设可变信息标志，及时向道路使用者发布道路状况、警示及诱导信息。

可变信息标志不得随意关闭，或发布商业广告及其他与出行信息无关的内容。

（三）按照相关规定和标准、规范要求，在公路交通异常路段设置临时警示或绕行标志。

（四）在公路沿线的服务区或停车区醒目位置，设立路线所经区域平面交通地图，标注沿线主要城镇、旅游景点以及通达路线。

有条件的服务区，可采取适用技术，提供出行信息查询服务。

（五）充分利用收费站的便利条件，向出行者提供信息服务，并在道路通行中断、封闭或拥堵时，向等候车辆及时通报原因及预测时长等信息。

第十六条 各级交通主管部门和公路管理机构、收费公路经营管理单位要切实改善公路交通出行环境，积极探索与实践其他形式多样的信息发布形式和服务内容。

第十七条 积极鼓励和引导社会力量，在政府提供公益性公路交通出行信息服务的基础上，为社会公众和客货运输企业提供更实用、便捷的公路交通出行增值信息服务。

第四章 监督和奖惩

第十八条 各级交通主管部门和公路管理机构、收费公路经营管理单位应将公路交通出行信息服务工作纳入公路管理的日常业务范围,并作为年度考核评定的目标内容之一。

第十九条 各级交通主管部门应当依照本规定,对辖区内公路交通出行信息服务工作的开展情况进行监督检查,并定期公布检查结果。

第二十条 对在公路交通出行信息服务工作中成绩突出的单位和个人,有关交通主管部门或公路管理机构应给予表彰和奖励;对不按照交通主管部门的规定及时报送、发布有关信息,或提供虚假错误信息导致不良社会影响的单位和个人,有关交通主管部门应当依据有关法律法规给予处罚。

第五章 附 则

第二十一条 本规定所称公路交通出行信息服务工作是指各级交通主管部门和公路管理机构、收费公路经营管理单位,为了满足社会公众和客货运输企业日益增长的公路交通出行需求,提高公路网的运行效率和服务水平,将所掌握或实地采集的公路交通数据和信息整理、加工后,通过各种有效方式向社会发布的活动。

第二十二条 各省、自治区、直辖市交通主管部门,结合实际情况,制定具体实施办法,并报交通部备案。

第二十三条 本规定由交通部负责解释。

第二十四条 本规定自发布之日起试行。

交通部公路交通阻断信息报送制度(试行)

(交通部　交公路发〔2006〕451 号　2006.08.29)

一、总则

第一条　为规范公路交通阻断信息报送工作,提高公路交通应急保障和公共服务能力,根据《中华人民共和国公路法》等相关法律、法规,制定本制度。

第二条　本制度适用于各级地方交通主管部门和公路管理机构、收费公路经营管理单位向交通部报送公路交通阻断信息。

第三条　本制度所指的公路交通阻断信息包括:

(一)由于公路养护施工、重大社会活动等计划性事件或自然灾害、事故灾难、公共卫生事件、社会安全事件等突发性公共事件引起的高速公路预计出现超过 6 小时的交通中断或阻塞,以及国道、省道等干线公路预计出现超过 12 小时的交通中断或阻塞。

(二)虽未引起长时交通中断或阻塞,但出现重大人员伤亡或社会影响恶劣的公路交通事件。

第四条　公路交通阻断信息报送工作应该遵循"属地负责,统一审核、准确高效"的原则。

二、报送的内容和方式

第五条　报送内容应包括:基本情况、阻断原因、处置措施和统计数据等。

基本情况主要包括:路线名称、路线编号、发生时间、阻断位置、管养单位、行政区划等。

阻断原因主要为:计划性的公路养护施工、重大社会活动或突发性的自然灾害、事故灾难、公共卫生事件、社会安全事件等。

处置措施主要包括:抢通方案、疏散方案、绕行方案等。

统计数据主要包括：路产损失、人员伤亡等。

第六条 报送的格式应符合《公路交通阻断（事件）信息表》的要求。

第七条 公路交通阻断信息主要采取网络方式报送，报送人员通过登陆“中国公路信息服务网”（www.chinahighway.gov.cn）的路况信息管理系统，按照有关要求逐项填报。

第八条 突发事件现场不具备上网条件或网络通信出现故障的，应在第一时间通过电话（010－62079332，夜间（17:00～次日8:00）：13911072189）或传真（010－62079005）将事件发生的时间、地点、概况等主要信息及时上报，然后按照时限要求由具备条件的办公人员上网填报。

第九条 各省、自治区、直辖市交通主管部门或受其委托的公路管理机构，负责所管辖区域公路交通阻断信息的管理和审核工作。

公路管理机构、收费公路经营管理单位具体负责所管辖路段的交通阻断信息填报工作。

第十条 各省、自治区、直辖市交通主管部门应将本辖区内负责审核和填报公路交通阻断信息的单位信息，按照《公路交通阻断信息报送任务分配表》的格式报交通部备案，由交通部统一分配系统用户名、初始密码和使用权限。

辖区内负责填报公路交通阻断信息的单位如有新增或调整的，应在变动后3日内，重新填写《公路交通阻断信息报送任务分配表》报交通部备案。

三、报送的时限和要求

第十一条 由于计划性公路养护施工、重大社会活动等原因，需要实施路段封闭通行的，应在路段封闭前3日上网填报相关内容。

第十二条 由于突发性自然灾害、事故灾难、公共卫生事件、社会安全事件等原因，引发的高速公路交通中断或阻塞，应在事件发现后1小时内上网填报；引发的国道、省道等干线公路交通中断或阻塞,应在事件发现后 3 小时内上网填报。

第十三条 《公路交通阻断(事件)信息表》可分两次填报:

第一次填报应按照时限要求,填写(一)基本情况,(二)阻断原因,(三)处置措施三项内容;如果出现人员伤亡,必须填写(四)统计数据部分相关内容;

第二次填报应在交通恢复正常运行 3 小时内,在第一次填报内容的基础上继续填写(四)统计数据。

第十四条 在报送交通阻断信息内容的同时,应尽可能附带能够反映现场情况的数字图片。

第十五条 对报送时限的审核,由路况信息管理系统根据填报人所填报的事件"发现时间"、"实际恢复通车(事件结束)时间"以及数据录入数据库完毕时间自动判别。

四、附则

第十六条 交通部将汇总各地上报的公路交通阻断信息,并通过路况信息管理系统,及时向可能受影响的相邻省(区、市)发布有关信息。

第十七条 各省、自治区、直辖市交通主管部门可借助"中国公路信息服务网"(www.chinahighway.gov.cn)的路况信息管理系统,汇总所管辖区域公路交通阻断信息,并及时向可能受影响的相邻路段管理单位发布有关信息。

第十八条 各省、自治区、直辖市交通主管部门和公路管理机构、收费公路经营管理单位应将公路交通阻断信息报送工作纳入公路管理的日常业务范围,并作为年度考核评定的目标内容之一。

第十九条 交通部将对公路交通阻断信息报送工作中成绩突出的单位给予表彰和奖励;对因报送虚假信息或延误报送时限,造成不良社会影响或严重后果的单位,依据有关法律法规追究其责任。

第二十条 本制度由交通部负责解释。

第二十一条 本制度自发布之日起试行。

更好地为公众服务——“十一五”公路养护管理事业发展纲要

（交通部　交公路发〔2006〕482号　2006.09.05）

未来五年是我国贯彻落实科学发展观，全面建设小康社会承前启后的关键时期，也是交通实现好中求快发展的关键时期。公共需求发生深刻变化，公路养护管理事业面临前所未有的挑战。为了适应新的更高的要求，使公路养护管理事业切实转入全面协调可持续发展的轨道，更好地为公众服务，特制定本纲要。

一、站在新的历史起点上

1.“十五”公路养护管理事业取得显著成绩。过去的5年，各级交通部门认真贯彻“建设是发展，养护管理也是发展”的指导思想，紧扣时代脉搏，着眼服务为民，立足全面发展，公路养护管理事业取得了显著成绩。公路养护投入大幅增加，路网技术状况显著改善，养护质量稳步提升，服务内涵得到拓展。公路管理法治化进程进一步加快，体制和科技创新取得新进展，一些束缚生产力发展的体制性障碍正逐步消除。公路的出行保障能力和公共服务水平显著提升。“十五”主要发展目标提前实现，为“十一五”的发展奠定了良好基础。面向未来，我们站在一个新的历史起点上。

2.发展中凸显的重大问题。与快速增长的公路交通出行需求相比，公路养护管理事业总体上还处于较低发展水平，主要表现为两个“仍显不足”和两个“依然突出”。

—公路基础设施的有效供给仍显不足。这是当前和今后较长一段时期内需要解决的主要矛盾。路网结构仍需优化，整体技术状况有待提高，区域之间、城乡之间发展还不平衡。公路基础设施的安全水平、通行能力、耐久性、抗灾能力较弱，桥梁安全形势仍很严峻。公路服务水平较低，服务设施不能满足要求，服务和应急机制仍不完善。

—科技的主导作用仍显不足。能够适应现代化管理要求的公路管理与决策信息系统尚未建立，现代信息技术等高新技术的集成与应用较为薄弱。养护工程技术的研发与实际需求还有较大差距，科技自主创新能力、成果转化应用和产业化水平亟待提高，矫正性、被动性、突击性和单纯以路面为中心的粗放型养护还相当普遍。高层次、复合型技术和管理人才缺乏。

—体制性障碍依然突出。路网分割管理与公路的基础性、网络性、功能层次性特点相适应的管理体制尚未形成。高速公路行业管理不完善，收费公路养护监管不到位，农村公路养护管理体系不健全。收费公路的可持续发展问题日益突出。养护运行机制改革进入攻坚阶段，统一开放、竞争有序的养护市场尚未形成。

—约束性因素依然突出。资金不足仍是制约公路养护管理事业健康发展的重要因素。公路管理法规体系仍不完善，滞后于实际工作需求。土地资源和环境保护的约束与建设需求的矛盾日益凸显。

3. 养护管理事业发展进入新阶段。未来五到十年是我国全面建设小康社会承前启后的关键时期。经济持续快速增长必然带来旺盛的客货运需求，"十一五"期间公路客货运量和交通量将继续保持高增长态势。产业结构优化升级步伐加快，需求模式由数量型向质量型转变的进程加速。汽车消费大众化时代来临，个性化、多样化出行成为新趋势。城镇化进程提速，对城际间公路网络提出了新的更高的要求。农村公路进入历史上最快的发展时期，建立农村公路养护管理长效机制任重道远。建设资源节约和环境友好型社会、发展循环经济日益成为社会共识，增长方式更加注重内涵。公路养护管理事业将迈入"养护转型、管理升级、改革加速、服务提高"的新阶段。

4. 养护管理事业发展的新任务。"十一五"养护管理事业发展面临着新形势新任务。政府重视，群众支持，为发展创造了良好的环境;连续多年的快速建设,为发展奠定了良好的基础;行政管理体制改革和事业单位改革进一步加快,为发展注入了新的活力;公共财政体系建设以及逐步深化的投资体制改革,为发展开辟了新的前景。但是,土地资源和环境保护的硬约束、体制改革和政策调整的软约束、公共需求和评价体系的新变化使行业的发展面临日益复杂的新形势。我们要努力适应新变化,满足新需求,就必须以科学发展观统领全局,必须树立全寿命周期和质量就是节约的理念,必须保证对现有路网的正常养护,必须努力提高路网的管理效率,以更低的社会经济成本,管理和维护一个更安全、更畅通、更和谐、更高效的公路基础设施网络,为公众出行提供更好的服务。

二、准确把握"十一五"养护管理事业发展方向

5. 将公众利益作为核心价值取向。各级交通主管部门应全面贯彻落实科学发展观,以保障安全畅通、提升服务品质为主题,以全面创新为动力,以资金、制度、人才、科技为保障,坚持建设与养护并重、增量与挖潜并重、管理与服务并重,在发展的价值取向上突出用户优先,在发展的目标取向上突出服务优先,在发展的模式上突出效率优先,在发展的手段上突出科技优先。实现速度向效益、管理向服务的根本性转变,走出一条将公众利益作为核心价值取向、既快又好的公路养护管理事业发展道路。

6. 建立适应新时期公路养护管理需求的评价体系。这个体系应包括以下主要内容:

——更安全。普遍树立"呵护生命,安全第一"的理念。公路安全防护设施齐全,因公路设施破损或不完善引发的交通事故数量和损害程度大幅降低。超限超载车辆行驶公路现象得到有效控制。公路养护作业人员的安全得到可靠保障。公路救援和应急反应体系基本建立。

——更畅通。普遍树立"以人为本,用户至上"的理念。不同层级的公路衔接顺畅,高速公路形成网络,国省干线结构趋向合理,县乡公路技术状况显著改善。干线公路经常保持较高的行驶质量,服务设施较为完备,行车舒适度明显提高。面向公众的信息服务更加人性化，用户可以及时获取可靠的路况信息，保证出行时间。养护施工管理科学规范，作业快速，因养护作业造成的交通中断大为减少。基础设施抗灾能力显著增强，因自然灾害造成的中断交通时间大幅下降。收费站设置合理，通过能力明显增强。

—更和谐。普遍树立"保护自然，节约资源"和"规范执法、文明服务"的观念。具备条件的公路用地全部实现绿化美化。施工对环境造成的影响降到更低程度。谨慎使用自然资源，养护作业的过程中产生的废弃物得到无害化处理，实现循环利用。执法规范、文明，服务更具人性化。具有时代特征与行业特色的公路文化体系基本建立。职工队伍素质稳步提高。行业凝聚力进一步增强。公路管理部门与公众的关系更为融洽。

—更高效。着力构建科学合理、统一高效的公路管理体制。逐步形成统一开放、竞争有序的养护工程市场。基本建立较为完善的法律法规体系。推广应用先进的养护管理技术。通过良好的养护与有效的管理使现有路网发挥更高的效率。

7.公路养护管理事业发展的基本原则。"十一五"公路养护与管理工作应遵循以下基本原则：

—坚持以人为本、用户至上。以公众出行需求为导向，强化公共服务职能，把维护公众利益、使用户满意作为养护管理工作的出发点和落脚点，改变发展理念和管理方式，实现更好地为公众出行服务的根本目标。

—坚持建养并重、协调发展。牢固树立"建设是发展，养护管理也是发展，而且是可持续发展"的观念。强化公路养护的基础性地位，满足合理的养护资金需求，加强养护管理中的薄弱环节，使公路养护实现预防性养护和周期性养护的良性循环。

—坚持统筹规划、分类指导。统筹地区间、城乡间以及不同管理主体间的公路养护与管理工作，维护路网的完整统一。加强高速公路的行业管理，高度重视对经营性高速公路的养护监管与技术指导。建立农村公路养护管理机制，着力提升农村公路养护管理水平。

—坚持深化改革、体制创新。配合国家行政体制与事业单位改革的总体部署,合理确定公路管理部门的职能。以权责一致为原则,正确界定各级公路管理部门间的事权关系。正确处理改革、发展、稳定的关系。综合考虑改革的客观条件和社会可承受的程度,合理把握改革的时机与节奏,平稳推进公路管理体制和养护运行机制改革。兼顾效率与公平,最大限度地保护职工的合法权益。

—坚持科技兴路、环保节约。借鉴先进养护管理技术和经验,加大自主创新力度,提高科技成果对养护管理事业的贡献率。树立环保意识和循环经济理念,发展绿色公路、预防性养护和再生利用技术,建立资源节约、环境友好的公路养护模式。

—坚持依法治路、保障畅通。健全法律法规体系,加大公路保护力度。全面推进依法行政,建设法治公路。把坚持依法行政与积极履行职责统一起来,提高管理效能,降低管理成本,增强管理透明度,确保公路完好畅通。

8. 公路养护管理事业发展的目标。到 2010 年,基本形成畅通、安全、和谐、高效的公路基础设施网络。基本建成以人为本、用户至上的公共服务体系。体制环境有所优化。舆论环境日趋友好。以资金、制度、人才、科技为核心的支持保障系统基本完善。公路养护管理事业可持续发展能力明显提高,公路养护的基础性地位显著增强,在保障公路基础设施有效供给、支撑交通新的跨越式发展中的作用更加突出。

三、维护畅通安全、和谐高效的公路基础设施网络

9. 优化路网结构。加快建成国家高速公路网,提高国省干线公路等级,改善农村公路行车条件,逐步形成干线公路(包括高速公路)、农村公路协调发展。到 2010 年,全国二级以上公路里程达到 45 万公里,国道中二级以上公路所占比例不低于 80%,其中东、中、西部省份分别不低于 95%、87% 和 65%。省道中二级以上公路所占比例不低于 65%,其中东、中、西部省份分别不低于 80%、75% 和 50%。国省干线路面铺装率达到 97% 以上,其中东、中、西部省份分别达到 100%、98% 和 90%。通乡公路基本达到简易铺装路面及以上技术标准，乡到行政村公路基本消除无路面状况。全国农村公路的技术状况和服务水平显著提高，为社会主义新农村建设提供基础保障。

10. 加强正常养护。加大养护投入，加强养护资金使用监管。公路养路费应主要用于公路养护，首先保证公路达到规定的养护质量标准，并确保一定比例用于农村公路养护，公路养路费（包括汽车养路费、拖拉机养路费和摩托车养路费）总收入中扣除征收成本和交警费用等支出后，用于公路养护的比例应不低于80%。所有公路基本实现正常养护，国省干线公路实现预防性和周期性养护，并由单一养护、粗放型养护向全面养护、集约型养护转变。其中，高速公路和交通量大的国省干线公路应实现专业化和机械化养护；农村公路要保持设施完好，安全畅通。各地每年安排的国省干线大中修里程应不低于国省干线公路总里程的13%。国省干线公路及重要县乡公路交通标志、标线设置符合国家标准，并充分考虑方便公众出行。到2010年，全国普通公路平均好路率达到76%，国省干线公路平均好路率达到88%，其中高速公路平均优等路率达到95%。全国所有可绿化公路实现绿化。路况质量显著改善，路网整体服务水平明显提高。

11. 实施路网结构改造工程。大力实施安保工程。对国省干线、公铁立交路段及重要旅游公路的安全隐患加大排查和整治力度，有条件的地区逐步向县乡公路延伸。进一步加大危桥改造工作力度，基本消灭国省干线公路上的已有危桥，有条件的省份启动县乡公路危桥改造。各省（自治区、直辖市，下同）每年安排的安保工程和危桥改造资金（不含地方配套）应不低于部补助资金的2~3倍。大力实施公路灾害防治工程，使危害严重的重大灾害点基本得到整治。力争普通国省干线公路上的水毁路段年修复率达到95%以上，水毁路段的灾害重复发生率降到5%以下。建立相对完善的公路灾害预警与防治监管体系。以"畅、安、舒、美"为目标，进一步拓展GBM工程和文明样板路内涵，在巩固已有文明样板路创建成果的基础上，各省应每年创建1~2条省级干线文明样板路。

12. 全面推行预防性养护。牢固树立全寿命周期养护成本理念。以现有高速公路、普通干线和重要旅游公路为重点，围绕路况检测调查、分析评价、养护决策和工程实施四个关键环节，抓紧研究制订预防性养护相关制度措施。积极推广应用预防性养护新设备、新技术和新工艺。

13. 强化桥隧养护监管。建立桥隧养护管理逐级考评体系和责任追究制度，明确相关单位责任和义务。加强人员培训，完成桥隧养护工程师的培训和考核工作。严格市场准入，明确桥梁加固市场准入条件，尽快建立桥梁养护管理从业资格制度。完善相关技术标准，加大资源整合力度。加强特大型桥隧设施的动态监控，加强三、四类桥梁的养护监管，加快五类桥梁的加固改造，强化与铁路靠近及交叉的公路桥梁的安全防护工作。到2010年，建成比较完善的桥隧技术管理体系、行政管理体系和监督检查体系，全面提高桥隧的养护管理水平。

14. 依法保护公路设施。进一步加大车辆超限治理工作力度，建立长效治理机制，力争“十一五”末把超限车辆控制在5%以下。加大公路保护工作力度，分层级开展公路用地确权和登记、路产路权维护、建筑红线控制、清理非法占用公路用地等综合治理活动。切实加强公路渡口和铁路平交道口管理，实现管理规范、秩序井然、通过安全。

四、构建并完善以人为本、用户至上的公共服务体系

15. 构建公共服务型行业。研究制定以用户为评判主体的公路服务质量评价标准体系。进一步提升服务理念，拓展服务内涵，推进服务创新，提高服务水平，打造一批具有特色的公路服务知名品牌。让用户用最小的成本，使用到安全、顺畅的公路设施，感受到出行的便捷与舒适。

16. 提升出行信息服务水平。建设并完善“一库一网一系统”。即，一个标准规范的全国公路数据库；一个提供公众出行信息的人性化公路信息服务网；一套以公路数据库为平台的业务应用系统。构建并完善公路网管理及应急处置中心，以此为基础，逐步实现全国高速公路网视频监控，重要路段、重要节点要实现全程监控，为区域路网调度创造技术条件。大力推进全国公路气象信息服务。加强交通调度指挥体系建设，通过多种媒介为公众提供及时、准确、可靠的出行信息服务。

17. 提升公共突发事件应急处置能力。按照国家突发公共事件总体应急预案的要求，完善部、省、地（市）、县四级公路应急组织机构，建立健全信息搜集及预警、应急处置、应急保障和监督管理机制，提高公路应急处置能力。

18. 加强养护施工路段交通组织工作。严格执行部颁《公路养护维修作业安全规程》，健全养护施工路段交通组织管理工作制度，加大监管力度，减少养护施工对公路交通的影响。加强养护施工中的环境保护工作，降低施工噪音、扬尘和废弃物对环境的影响。

19. 不断拓展公路服务内涵。提高高速公路服务区、加油站以及其他相关附属设施的服务水平。逐步建立一、二级公路的基本服务区（点）。推进公路政务信息公开，完善信息服务制度。增强规章制度和决策程序的透明度，接受社会监督。推广养路费联网征收经验。减少收费站的拥堵现象，建立"五纵二横"鲜活农产品运输"绿色通道"。积极探索公路服务新模式、新机制。鼓励和吸引社会力量参与公路服务工作。

五、建设并完善科学合理、精简高效的体制平台

20. 深化公路管理体制改革。深刻认识公路的网络性、公益性等基本属性，按照"分级管理"和"事权统一"的原则，以行政等级分类与路网功能分类为基础，科学界定各级公路交通主管部门对路网管理的职责。结合国家行政管理体制改革，合理设置公路管理机构，科学划分各级管理机构事权，提高管理效率。

21. 规范收费公路管理。进一步加大省级交通主管部门和公路管理机构对收费公路的行业监管力度。健全收费公路监管机制，充分尊重民意，切实维护公路使用者的合法权益。严格界定收费还贷与收费经营性公路。政府还贷公路的建设和管理应由不以营利为目的的事业法人组织负责，按照“统筹发展、统一管理”的思路，探索新型的公路投融资机制，实现收费还贷公路的良性循环。逐步建立收费公路特许经营制度，规范和扩大利用社会资金。积极争取增加政府财政投入，严格控制收费公路规模，有条件的地方应逐步减少二级公路收费站点。

22. 强化高速公路管理。着力解决高速公路管理主体多元问题，落实和完善交通主管部门和公路管理机构对高速公路的行业管理，逐步实现以省为单位的高速公路专业化集中管理。围绕建立公路特许经营制度，逐步完善相关法律法规，规范高速公路资产管理和经营权管理。鼓励各省积极探索适合本地区的高速公路特许经营管理模式，有条件的地方可先行试点。

23. 完善农村公路养护管理体系。按照农村公路管理养护体制改革方案的要求，落实农村公路管理和养护责任，强化各级交通主管部门的管理养护职能。建立以政府投入为主的长期、稳定的养护资金来源渠道。建立符合实际的农村公路养护管理体制和运行机制，实现农村公路管理养护的正常化和规范化，做到“有路必养”。在不增加农民负担的前提下，可以采取多种模式，因地制宜做好农村公路的日常养护。

六、培育并完善公平规范、竞争有序的养护工程市场

24. 稳步推进养护运行机制改革。坚持“管养分离，事企分开”，充分引入竞争激励机制，从有利于维护社会稳定、有利于改善养护质量、有利于提高投资效益出发，围绕改革产权制度和理顺劳动关系两个关键环节，积极稳妥地推进养护运行机制改革。公路管理部门应逐步把工作重点转移到监督养护市场运行、维护养护市场秩序上来，逐步建立起符合社会主义市场经济要求的公路养护新机制。

25. 大力培育养护工程市场。加快培育统一开放、竞争有序的养护工程市场，全面推行定额养护和计量支付，鼓励具备资质的养护公司跨区域参与养护工程竞争。对现有道班进行合并改造，加大养护机械投入，提高养护水平和市场竞争力，使其最终发展成独立参与竞争的市场主体。在养护运行机制改革上，全国不搞一刀切，各地可根据实际情况，采取多种实现形式和途径。新建公路原则上实行社会化、专业化养护，消化、吸纳现有养护队伍，不再增设固定队伍。积极争取优惠税费政策，完善职工养护保险等有关保障体系。

26. 扎实做好各项基础工作。正确处理改革与稳定的关系。妥善解决现有养护职工的社会保障、医疗保险等和补偿安置等突出问题，保证职工合法权益。积极争取对养护企业的税费优惠政策。按照养护市场运行的客观规律，抓紧完善公路养护工程市场准入规则和管理办法，建立健全养护监督、检测和评价制度。

七、建立并完善稳定可靠、保障有力的支持系统

27. 构建稳定的资金保障。建立稳定充足的公路养护资金渠道。积极争取通过转移支付、返还基金等方式加大政府财政投入。做好税费改革的准备工作。在国家税费改革政策实施之前，继续加强养路费征稽工作，提高实征率，确保养路费征收额与汽车吨位拥有量同步增长，确保国家规费应征不漏。利用市场机制提高资金使用效率。在新建和改建工程中积极探索吸引社会资金的途径。在特许经营框架下，采用多种形式规范引入社会资金。

28. 构建完善的制度保障。健全公路管理法律法规和标准规范体系。改进公路立法工作方法，扩大公众参与程度，充分反映公路用户的根本利益，提高公路立法的质量和数量。争取尽快出台《公路保护条例》。各地要加大地方性法规立法力度，到2010年，争取形成较为完善的公路管理法律法规体系。依法实施行政许可、行政处罚等行政执法行为，强化对执法行为的监督检查，建立公路执法考核监督机制。健全行政规章和技术规范。继续完善公路养护技术政策、技术规范，逐步建立科学合理的公路养护质量和服务水平评价标准体系。

29. 构建强大的科技保障。提高科技投入，加大公路养护新技术、新设备、新材料、新工艺研究力度，加快科研成果转化应用。重点开展养护成套技术、公路防灾、病害快速检测诊断和预防技术研究，积极推广路面材料再生技术、边坡生物防护技术，提高公路设施的使用品质和寿命，降低工程全寿命成本。大力推广信息技术，提高养护管理决策的科学化水平。树立循环发展理念，走资源节约型发展道路。积极推进公路养护机械化进程，全面提高公路养护技术水平和效率。广泛开展国际交流与合作，发挥后发优势，提升公路养护管理科技水平。

30. 构建充足的人才保障。着力培养和造就一支理论素质高、业务功底精、具有全局意识和战略眼光的高水平管理人才队伍；着力培养一支数量充足、结构合理、素质优良、具有创新精神的科技人才队伍；形成一支管理统一、行为规范、具有良好职业道德和奉献精神的公路从业人员队伍。采取有效措施稳定基层队伍，为基层工作人员脱颖而出创造良好环境。努力为基层工作人员创造更多学习交流机会，切实维护好他们的切身利益。

31. 营造宽松和谐的内外部环境。进一步加强公路发展战略研究，使政策制定更具前瞻性也更贴近实际，加强调研和交流，使基层更理解掌握上级意图，提高政策执行力，形成目标一致、思想统一、政令畅通、上下顺畅的行业内部环境。加强与政府和相关部门的沟通协调，主动引导舆论，形成有利于行业发展的政策环境和社会环境，动员各方面力量广泛参与，使公路养护管理事业上升为全社会共同关注的事业。要树立各级公路主管部门行业管理的权威，建立各类公路管理相关主体之间的对话机制。

八、塑造并展现服务人民、奉献社会的行业风貌

32. 建设学习型创新型行业。按照建设学习型和创新型行业的要求，抓好职工教育培训工作，培养正确的人生观、价值观、荣辱观。努力改善职工队伍的文化层次和知识水平，使职工队伍素质符合发展要求。在全行业大力倡导创新精神，激发职工的创新能力。

33. 构建具有时代气息和行业特色的公路文化体系。弘扬以“甘当铺路石、奉献在岗位，爱岗敬业、艰苦奋斗”为代表的实干精神；弘扬以“全国一盘棋、拧成一股绳，团结协作、互相关爱”为代表的团队精神。在全行业营造一种尊重人、信任人、关心人和理解人的文化氛围，以合理使用人的能力、综合开发人的潜能为重心，从文化层面引导职工提高对行业共同价值理念的认同度，培育职工的使命感、归属感和自豪感，最大限度地发挥公路职工的自觉性和创造力。要扩大公路文化的感召力和影响力，让社会公众在享受公路这种公共产品带来的快乐中感受到公路行业是一个负责任的行业，把公路打造成展现公路文化、传承中华文明的纽带。

公路养护管理事业是一项涉及多方面工作的系统工程。任务光荣而艰巨，意义重大而深远。各地要根据本纲要的原则、目标和任务，按照本地区国民经济和社会发展规划以及本地区公路水路交通“十一五”发展规划的要求，科学制定本辖区公路养护管理事业“十一五”发展规划。要按照“统一领导、分级管理”的原则，分解落实本纲要所确定的工作目标，创造性地开展工作，确保纲要顺利实施。

让我们以“更好地为公众服务”作为事业发展的核心价值观，以科学发展观为统领，凝聚共识，振奋精神，扎实工作，管好养好公路网络，为国民经济的健康发展，人民群众安全便捷出行作出我们应有的贡献！

“十一五”计划主要任务指标情况

指　　标	“十一五”任务
二级以上公路里程（万公里）	45
国道中二级及以上公路所占比例（%）	80
东部（%）：	95
中部（%）：	87
西部（%）：	65
省道中二级以上公路的比例	65
东部（%）：	80
中部（%）：	75
西部（%）：	50

续上表

指　标	“十一五”任务
国省干线高级次高级路面铺装率(%)	97
东部达到(%)	100
中部达到(%)	98
西部(%)	90
国省干线平均好路率(%)	88
其中,高速公路平均优等路率(%)	95
全国公路平均好路率(%)	76
国省干线公路水毁路段年修复率(%)	95

关于进一步规范收费公路管理工作的通知

（交通部　交公路发〔2006〕654 号　2006.11.28）

各省、自治区、直辖市、新疆建设兵团交通厅（局、委），天津市市政工程局，上海市市政工程管理局：

为贯彻落实建设创新型交通行业工作会议精神以及《国务院办公厅关于转发发展改革委等部门关于加强固定资产投资调控从严控制新开项目意见的通知》（国办发〔2006〕44 号）的要求，根据《收费公路管理条例》（国务院第 417 号令，以下简称《条例》）的有关规定，现就规范和加强收费公路管理等有关问题通知如下：

一、加强收费公路建设项目的审批管理

（一）各地要严格按照《条例》的规定，按照"以非收费公路为主，适当发展收费公路"的原则，加大各级政府对公路建设的财政投入力度，同时各省级交通主管部门还要研究本地的收费公路总量控制指标，控制收费公路建设规模，特别是要严格控制二级收费公路的规模。

（二）各地要从严控制收费公路建设项目审批。新立项的收费公路建设项目，必须在国家和本省级人民政府批准的公路发展规划之内，必须符合《条例》第十八条规定的技术等级和里程规模要求。东部地区要严格落实《条例》要求，一律不得批准二级收费公路建设项目。自本通知发布之日起，中、西部地区要从严控制二级收费公路新增建设项目审批，特别是对于在现有二级公路上进行路面改造、大中修等工程项目，一律不得批准设立为收费公路建设项目，其改造维修费用应按规定在养护工程费中列支。

（三）对于拟建的收费公路建设项目，各级交通主管部门要严格按照《条例》以及国家相关法律、法规的规定，严格执行项目立项、初步设计等审批手续和项目核准、备案等程序。对于不符合建设立项条件、未履行完相关审批程序、没有取得土地审查和环境影响评价许可的收费公路建设项目,一律不得开工建设。部将会同有关部门,对各地收费公路建设项目审核管理工作加强监督检查,对执行不力的地区将予以通报批评。

(四)对于目前在建的收费公路建设项目,各省、自治区、直辖市要严格按照《条例》以及本通知的要求,开展自查,进行全面清理。凡不符合国家规定的收费公路建设项目,要认真进行整改。

二、进一步规范收费站点的设置与管理

(一)在对收费公路建设项目严格审批的同时,各地还要加强对公路收费站点设置的审批把关,合理规划与统一布局收费站,严格控制本辖区内公路收费站点的数量。批准设立的公路收费站必须符合《条例》第十二条的间距规定要求。高速公路以及其他封闭式的收费公路,除两端出入口以及必要的省际之间外,一律不得批准在主线上设置收费站。其他收费公路同一主线上与相邻收费站间距少于 50 公里的收费站,也不予批准设立。

(二)自本通知发布之日起,中、西部地区要严格控制增设新的二级公路收费站点。对于符合规定的新增二级收费公路也应按以下原则设置收费站点:政府还贷公路要按照《公路法》和《条例》的有关规定实施“统贷统还”管理,要充分利用现有的收费站点,合理布局,进行撤并或调整,努力做到保持总量不增并持续减少;经营性公路要严格按照项目的规模和经营特点,本着既保护投资者的合法权益、又考虑路网运行完整性和效率的原则,按规定从严控制收费站点的设置。

(三)对于《条例》正式颁布实施之前已经建成通车并投入运行的收费公路,其收费站点必须经过省级人民政府批准,收费站间距达不到《条例》规定标准的,各地应逐步进行调整,直至满足《条例》规定要求或撤并相关的收费站。

(四)收费站的设置要符合车辆安全、快速通行的要求。除因车道分离、省际间联合设置以及地形等因素确需将收费站设成分离式外,其他实行开放式收费的收费站,均应设置为一站一址,一次性完成车辆通行费的收缴和票证发放工作。同时,一律不得设立专门的停车验票站(点)。

(五)收费站设置应规范统一。应在收费站悬挂由省级交通主管部门统一制发的"收费站"标牌。同时,应在收费站进站的醒目位置统一设置公示牌,向社会公示站点名称、收费单位、审批机关、收费标准、收费起讫时间、举报电话等相关信息。

三、严格界定政府还贷收费公路和经营性收费公路

(一)县级以上地方人民政府交通主管部门以政府财政性资金投入并利用贷款或者向企业、个人有偿集资建设的收费公路,为政府还贷公路。政府还贷公路的建设和管理由县级以上人民政府交通主管部门依法设立的不以营利为目的的法人组织负责。省级人民政府交通主管部门对本行政区域内的政府还贷公路可以实行"统一管理、统一贷款、统一还款"的模式进行管理。

(二)国内外经济组织投资建设或者依法受让政府还贷公路收费权的公路,为经营性公路。经营性公路由依法成立的公路企业法人依据相关法律、法规和规章履行建设、经营和管理职责,并接受国务院交通主管部门和省级人民政府交通主管部门的监督检查。

(三)任何单位不得以任何方式非法设立经营性公路或人为改变政府还贷公路性质。对未依法转让收费权,将政府还贷公路按经营性收费公路进行建设管理的,要进行清理和属性复位。

(四)在国家新的《收费公路权益转让办法》颁布实施之前,暂停政府还贷公路收费权益转让。国家新的转让办法出台后,收费公路收费权益转让要严格按照国家新的规定执行。

四、依法对收费公路实施监管

(一)收费公路是重要的公益性基础设施,省级交通主管部门要根据《条例》规定,依法加强对收费公路的监督检查力度。必须建立健全收费公路监督检查制度,积极研究收费公路养护预备金或质量保证金制度,定期向收费公路经营管理者下达收费公路养护质量和服务水平指标，严格依法督促收费公路经营管理者履行公路养护、绿化和公路用地范围内的水土保持义务，并可将其纳入年度考核的范围，确保收费公路的服务水平和公路使用者的合法权益。

（二）收费公路经营管理者应按照国家法律法规的规定，进一步规范通行费征收、公路养护、设施维护、交通服务等经营管理行为，严格履行法定义务。要按照国家规定的标准和规范做好收费公路及其设施的养护工作，为通行车辆及人员提供优质服务。同时自觉接受政府交通主管部门的行业监管，按要求及时提供路况、收费、交通流量、养护和管理情况等有关信息资料。

（三）严格政府还贷收费公路车辆通行费支出管理，加强资金使用监管，严禁违反规定乱支挪用。政府还贷公路的通行费收入，应当存入财政专户，严格实行收支两条线管理。要按照计划、预算和规定用途专款专用，除必要的管理、养护费用从财政部门批准的车辆通行费预算中列支外，其余部分必须全部用于偿还贷款和有偿集资款。各级交通主管部门要加强对收费站收支情况的监管力度，严格资金使用的审批程序，定期公开收支使用情况，提高透明度。严禁将通行费挪作他用，严禁将资金转交非财务机构管理，严禁账外设账、私设小金库和公款私存，严禁将通行费收入用于非公路行业的计划外投资以及各种形式的高消费。各级交通主管部门要结合收费公路审计工作，加强监督检查，对于违反上述规定的，要严肃处理。同时，对经营性公路车辆通行费的收支情况也要进行实施过程监管。

（四）对违反《条例》规定，未履行养护、绿化和水土保持义务或养护质量、服务水平达不到规定要求的收费公路经营管理者，各省级交通主管部门应根据《条例》第五十、五十四、五十五条的规定，予以处罚。

（五）对违反《条例》规定，未依法转让收费权，将政府还贷公路按经营性公路进行建设管理的，应根据《条例》第四十七条的规定，予以处罚。

关于建立公路建设市场信用体系的指导意见

（交通部　交公路发〔2006〕683 号　2006.12.05）

为加强公路建设市场管理，规范公路建设从业单位和从业人员行为，维护统一开放、竞争有序的市场秩序，促进公路建设又好又快发展，根据《公路法》、《招标投标法》和《公路建设市场管理办法》等相关法规，现就建立公路建设市场信用体系提出以下意见：

一、公路建设市场信用体系建设的总体要求

（一）指导思想

按照党中央、国务院关于加快建设社会信用体系的总体要求，结合公路建设行业实际和特点，以信用管理为手段，以规范公路建设从业单位和人员行为为目的，通过加强行政监管、行业自律和社会监督，加快建立与社会主义市场经济相适应的公路建设市场信用体系。

（二）建设目标

公路建设市场信用体系建设的总体目标是：要用五年左右的时间，建立起比较完善的公路建设市场信用体系，使我国公路建设管理水平和建设市场的规范化程度迈上一个新台阶。

—在规范管理方面，建立起比较完善的公路建设市场信用监管体系、征信制度、信用评价制度、发布制度和奖惩制度，使公路建设信用体系有法可依，有章可循。

—在信息共享方面，加快建立全国共享的公路建设市场信用信息平台，不断提高信息管理和服务水平，基本满足信息需求者的查询和使用需求。

—在信用活动方面，通过宣传教育、褒奖诚信、惩戒失信，全面提高广大从业单位和人员的信用意识，营造诚信为荣、失信为耻的公路建设市场氛围。

（三）建设原则

1. 坚持统筹规划、分级管理的原则

交通部负责全国公路建设市场信用体系建设的总体框架设计，制定和完善信用管理的规章制度，建立全国共享的信用信息平台。

各省级交通主管部门按照交通部的统一要求，负责本辖区公路建设市场信用体系建设工作，组织对公路建设从业单位和人员信用的征集、评价和发布，并按交通部要求上报相关信息。

2. 坚持政府推动、各方参与的原则

当前，公路建设市场信用环境尚不成熟，信用体系建设需要依靠政府的推动和引导。各级交通主管部门要通过制定规则，采取行政措施，推动信用体系的建设。同时，注重发挥质监机构、建设单位（项目法人）和行业协会的作用，充分利用司法机关、金融机构、政府监督部门的相关信息，不断完善信用体系建设。

3. 坚持突出重点、分步实施的原则

目前，信用评价对象应以施工、监理、勘察设计企业为重点，兼顾咨询、代理、材料和设备供应商等其他单位和从业人员，条件成熟时项目法人亦应列为信用评价对象。在实施步骤上，应在完善相关制度的基础上，首先公布公路建设市场基本信息，包括从业单位的基本情况、以往业绩和有关信用记录，再开展信用评价工作。

4. 坚持公开、公平、公正和诚实信用的原则

各级交通主管部门要按照依法执政和执政为民的要求，切实加强行政监管，提高工作透明度，发挥建设单位和行业协会的作用，接受社会监督，确保信用体系建设工作的公开、公平、公正。不得将信用作为地方保护和行业保护的工具，不得泄漏相关单位的商业秘密和个人隐私资料。各从业单位和人员要信守承诺，依法从业，并按照相关规定如实填报、更新相关信用信息，不得弄虚作假。

二、公路建设市场信用体系建设的主要内容

(一)信用信息征集

部负责制定公路建设从业单位和人员信用信息征集的管理制度,并建立全国公路建设市场信用信息平台,发布相关从业单位和人员奖惩信息,以及部审查、审批资质企业的基本信息、列入部建设计划的重点建设项目信息等。各省级交通主管部门要在部需信息的基础上,结合本辖区信用体系建设的需要,做好本辖区公路建设市场信用信息征集工作,建立和完善规章制度,确保信用信息及时、准确、有效,并按要求将有关信息及时报部。

(二)信用评价

信用评价主要包括评价内容和主体、评价等级划分、评价标准和方法等。

1. 评价主体和主要内容。现阶段,守法评价的主体是各级交通主管部门;履约考核信用评价的主体是建设单位(项目业主);质量评价的主体是交通主管部门及其授权的质量监督机构。评价主体对信用评价的结果负责,从业单位对其提供信息的真实性和及时性负责。随着信用市场的逐步完善,应当发挥社会中介机构在信用评价方面的作用。省级交通主管部门应当做好相关评价的监督和管理工作,妥善处理评价双方的争议,确保评价工作规范有序。

2. 评价等级划分。全国公路建设从业单位信用等级从高到低统一划分五个级别,即:信用好、较好、一般、较差、差,分别用AA、A、B、C、D表示,不再对同一等级进行细分。施工企业的信用等级解释如下:

AA:考核期内企业信用好,招投标行为规范,严格履行合同承诺,工程质量、安全保证体系健全并全部得到落实。

A:考核期内企业信用较好,招投标行为规范,履行合同承诺,工程质量、安全保证体系健全并基本得到落实。

B:考核期内企业信用一般,招投标行为基本规范,履行合同承诺一般,工程质量、安全、进度基本得到保证。

C:考核期内企业信用较差,招投标行为不规范,履行合同承诺情况较差,工程进度滞后,或发生工程质量或安全事故的。

D:考核期内企业信用差,招投标中有违法行为,不履行合同承诺,工程质量和安全无法得到保证。同时,有下列情况之一的,直接列入信用D级,全国通报。

1)出借、借用资质证书进行投标或承接工程的;

2)存在围标、串标行为的;

3)以弄虚作假、行贿或其他违法形式骗取中标资格的;

4)将承包的工程非法转包的;

5)被司法部门认定有行贿行为,并构成犯罪的;

6)在建项目发生重大质量、安全责任事故或社会公共事件,造成严重社会影响;或瞒报、虚报事故情况的;

7)其他被限制投标,并在限制期内的;

8)法律、法规规定的其他情形。

从业人员的信用等级参照从业单位划分,但考虑到目前基础条件和考核标准尚不成熟,可以个人信用档案形式记录不良信用行为、良好信用行为,以掌握主要从业人员的信用状况。从业单位及主要从业人员的信用记录在信用档案中永久保存。

3.评价标准。各省级交通主管部门应根据上述信用等级划分,结合各地实际情况,按照"公开、公平、量化、便于操作"的原则制定信用评价标准,并严格按照标准和程序进行信用评价,保证评价结论的合法性和权威性。随着全国公路建设市场信用体系建设的逐步完善,交通部将研究制定全国统一的评价标准。

各地应客观、公正对待新进入本辖区公路建设市场的从业单位,不得以没有本地信用记录为由设置市场准入限制和地方保护。若该从业单位在其他省份无不良信用记录,可按A级信用对待;若有不良信用记录,但不良信用性质不严重,可按B级对待,若不良信用性质严重,可参照本辖区信用等级评定标准按B级以下对待。

信用等级为C及以上的施工企业,有下列行为之一的,每发生一次，信用等级降低一级，直至降至D级。

1)在资格预审申请文件或投标文件中伪造材料的；

2)将承包的工程违规分包的；

3)被确定中标后，放弃中标的；

4)恶意拖欠农民工工资的；或由拖欠农民工工资引发群体性事件，造成较大社会影响的；

5)交通部、省级交通主管部门要求企业自主填报并向社会公开的重要信用信息，如主要从业人员、身份识别代码、业绩、施工能力等，经查实，存在弄虚作假的；

6)其他违法法律、法规的行为。

4.评价周期。从业单位信用等级评定和履约考核原则上每年评定1~2次。若从业单位受到政府或有关部门的行政处罚，或存在信用等级D级所列情形及降低信用等级行为的，应立即对其信用进行重新评级并公布，强化信用行为的动态管理。

(三)建立信用信息平台

公路建设市场信用平台按部、省二级建立，各有侧重，互联互通。部负责建立"全国公路建设市场信用信息系统"，发布相关从业单位和人员的基本信息和信用信息。同时，研究制订统一的信用信息分类及编码、信用信息格式、信用报告文本和征信数据库建设规范等，为实现全国公路建设市场信用信息互联互通创造条件。

各省级交通主管部门负责本辖区的信用信息平台建设。平台建设要符合相关行业标准，充分利用现代信息技术，提高行政效率和管理水平。平台要与省级交通主管部门门户网站建立链接。同时，要逐步通过信用信息平台实现招投标信息的发布，投标单位基本信息的获取，逐步实现网上招标，充分发挥信用信息平台的作用。

网上公开的信息应注意保守企业的商业秘密和个人隐私，公路建设市场管理必需的资料，如企业组织机构代码、主要业绩和经营状况、施工能力、主要人员身份证号码等信息，从业单位不得以商业秘密或个人隐私为由拒绝提供。

（四）信用奖惩机制

各级交通主管部门要充分利用信用信息平台，加强对公路建设从业单位和人员的动态管理。对长期评定为AA、A级的守法诚信单位要给予宣传和表彰，可在招投标、履约保证金等方面给予一定优惠，通过各种奖励措施，逐步建立对诚信单位的长效激励机制，使之真正获得诚信效益；对存在违法、违规、违约等行为的从业单位，要依法查处、重点监管，并按有关规定降低信用等级。

三、加快公路建设市场信用体系建设的保障措施

（一）加强组织领导，明确职责分工

公路建设市场信用体系建设既是一项长期而复杂的系统工程，又是一项当前亟待加强的重要工作，各省级交通主管部门要高度重视，切实加强组织领导，落实信息系统建设与维护等必需的工作经费，明确具体的职能部门和工作职责，做到科学筹划，精心组织，推动本辖区公路建设市场信用体系建设的规范有序进行。

（二）完善规章制度，严格依法行政

各省级交通主管部门要按照建立法制政府和信用政府的要求，建立和完善相关的规章制度，为信用体系建设提供制度保障。要加强对公路建设从业单位和人员的监管，依法查处违法违规行为，为信用体系建设提供行政保障。

（三）强化舆论引导，倡导信用理念

各有关单位要高度重视公路建设市场信用体系建设的宣传工作，充分利用各种媒体，采用多种形式，在公路建设领域广泛开展诚实守信教育，使信用观念、信用意识、信用道德深入人心。特别是注重引导和培养广大从业单位和人员的诚信经营意识，维护自身诚信品牌，使建设廉政工程、打造精品公路、树立诚信企业成为公路建设市场的主旋律。

（四）典型引路，稳步推进

目前，公路建设市场信用体系建设刚刚起步，相关法规环境还不成熟，工作经验比较欠缺。各省级交通主管部门要尽快制定信用体系建设实施方案，用一年左右的时间，在高速公路建设领域开展信用体系建设试点工作。在总结试点经验的基础上，进一步完善相关规章制度，稳步推进公路建设市场信用体系建设。

关于集中清理违规减免特权车人情车车辆通行费的实施方案

（交通部　交公路发〔2006〕691 号　2006.12.08）

近年来，各地区、各有关部门严格按照《收费公路管理条例》的规定，认真做好收费公路车辆通行费的征收管理工作。尤其是各级地方政府领导以身作则，带头主动交纳车辆通行费，为依法足额征收车辆通行费创造了良好的社会环境，有力促进了我国交通事业的健康发展。但最近一段时期，特别是国家审计署在今年收费公路审计调查中发现，有一些地方擅自扩大范围，违规减免“特权车”和“人情车”车辆通行费，少数地方还以减免通行费作为交易，谋取小团体利益，严重扰乱收费秩序。为严肃法纪，根据国务院领导同志的批示要求，按照《收费公路管理条例》的规定，部决定在全国范围内集中开展违规减免“特权车”、“人情车”车辆通行费的专项清理整顿工作，以进一步规范收费公路车辆通行费收费秩序，维护公众利益和社会公平。

一、指导思想与工作目标

以《公路法》和《收费公路管理条例》为依据，在各级人民政府的统一领导下，按照“政府统一领导、部门依法监管、单位全面负责、群众积极参与”的总体要求，坚持重点清理和分类整顿相结合，专项清理与建立长效机制相结合，认真组织各地区、各有关部门，对收费公路车辆通行费减免情况进行全面检查和清理，力争从2007 年 2 月 1 日起全面杜绝“特权车”、“人情车”违规减免通行费现象，真正做到依法、规范征收公路车辆通行费。

二、工作任务与重点

（一）各省、自治区、直辖市交通主管部门要严格按照《公路法》、《收费公路管理条例》以及交通部和省级人民政府有关文件的规定，逐项列出依法享受收费公路车辆通行费减免车辆的范围，在报经省级人民政府同意后，统一印制明细表，分发各收费站，作为收费工作人员执行车辆通行费减免政策的操作依据。凡是在公布明细表范围之外的车辆行驶收费公路时，均应按规定交纳车辆通行费。

（二）集中查处各地违规减免“特权车”、“人情车”车辆通行费的行为，全面清理并集中收缴各地方交通部门及收费管理单位违规发放的车辆通行费“免费卡”、“减缴卡”、“公务卡”、“零折优惠卡”等。

（三）坚决纠正个别地方收费公路车辆通行费管理机构以收费减免作为交易谋取小团体利益等违纪行为。情节严重、违反党纪国法的，要按照国家有关规定，严肃追究有关人员应承担的责任。

（四）辽宁、吉林、黑龙江、江苏、安徽、山东、河南、湖北、广东、重庆、陕西等省（市）除全面进行清理整顿外，对审计调查中所反映的问题，要逐一调查核实，认真纠正。

（五）加强对收费公路一线工作人员的教育和管理。各地要结合治理商业贿赂工作的开展，在收费公路管理机构和收费站中认真开展专题教育活动，提高一线工作人员的依法征费、严守职责的责任意识，规范收费行为，自觉抵制各种违规减免通行费的行为。

三、工作要求与保障措施

（一）在全国集中开展清理违规减免“特权车”、“人情车”车辆通行费工作，是贯彻“三个代表”重要思想、落实科学发展观、构建社会主义和谐社会的具体体现，是规范收费公路管理，保障交通事业又好又快发展的重要举措。各省级交通主管部门要根据部的统一部署，认真贯彻落实国务院领导同志的重要批示，在省级人民政府的领导下，制定具体的实施方案，明确责任，落实任务和工作目标，确保清理工作抓出成效。

（二）各级交通主管部门要首先对系统内部违规减免通行费的车辆进行清理和纠正。同时，要积极会同纪检监察、宣传等部门，做好全面清理整顿工作，把各项措施落到实处。

（三）清理工作中要加大宣传力度，坚持政务公开。要通过电视、报纸等新闻媒介，广泛宣传国家收费公路有关政策和车辆通行费减免范围，确保国家政策家喻户晓，促进公路收费阳光操作。要通过宣传和舆论引导，营造自觉按章交费的社会氛围。同时，对拒不纠正、仍然违规减免，或拒绝缴纳车辆通行费的"特权车"、"人情车"，也要借助媒体公开曝光，予以查处。

（四）加强领导，加大监督检查力度。开展集中清理违规减免"特权车"、"人情车"车辆通行费工作，涉及面广，政策性强，各级交通主管部门要高度重视，加强领导，组织专门力量，认真开展清理工作，及时研究、协调工作出现的问题。对于清理工作中难以解决的实际困难，要及时向政府报告。同时，加大监督检查的工作力度，要以收费站为重点，组织开展专项检查和督导工作，狠抓各项措施的落实。

四、工作步骤与时间安排

清理工作分三个阶段进行：

（一）调查摸底和动员部署阶段（2006 年 12 月）。各省、自治区、直辖市交通主管部门要对本地区的"特权车"、"人情车"违规减免车辆通行费的情况进行一次全面的排查摸底，特别是对审计调查中提出的问题进行核实，要按照附件的格式要求进行总结、汇总。在调查摸底的基础上，各地还要按照本方案制定具体实施方案，并于 2006 年 12 月 30 日前报部备案。

（二）组织实施阶段（2007 年 1 月）。各级交通主管部门会同有关部门按照本方案和各地制定的具体实施方案，积极开展清理工作。各省、自治区、直辖市交通主管部门要会同有关部门加强监督检查，对本地的工作情况进行抽查。部也将对各地清理情况开展重点检查。

（三）总结阶段（2007 年 2 月）。各省、自治区、直辖市交通主管部门要对清理工作认真总结,并将有关情况汇总报部。部将在分析、总结各地情况的基础上,将清理工作情况向全国通报,并报国务院。

附件:“特权车”、“人情车”减免车辆通行费情况调查表(略)

水 运 工 程

关于加强长江航道建设管理的通知

（交通部　交水发〔2006〕139号　2006.04.05）

长江航务管理局：

"九五"以来，我部加大了对长江干线航道治理的力度，相继对界牌、马当、太子矶、碾子湾、张家洲南港、东流、陆溪口、罗湖洲、嘉鱼—燕子窝等9处重点碍航浅滩进行了整治，并实施了长江航道清淤应急工程，取得了明显的工程效果。长江干线航道条件明显改善，保障了航道畅通和航行安全，有力地促进了长江航运的持续快速发展，航道在航运发展中的基础性作用日益突出。目前，长江已成为世界上内河运输最繁忙、运量最大的通航河流，黄金水道作用得以初步显现，成为沿江经济快速发展的重要依托。

十年来长江航道建设取得了很大成绩，但仍然存在一些问题和不足，主要表现在：缺少技术总结、科研投入仍然不足、工程实施效果与前期论证工作对比分析不够、对整治建筑物局部破坏的原因分析不深、建养职责不清等，需要认真研究，切实予以解决。

长江是我国第一大河，其河道、航道演变规律的复杂性是其他河流不可比拟的，滩槽变化复杂，加之三峡清水下泄的影响，航道整治技术难度大。为全面贯彻落实长江黄金水道高层座谈会议精神和2006年全国交通工作会议精神，切实做好"十一五"长江航道建设工作，提高长江航道建设水平，减少投资风险，提高投资效益，要切实加强以下几方面工作：

一、切实加强基础性工作，加快前期工作进度

要加强长江航道原型观测和提高模型试验技术水平，充分认识和把握重点水道演变规律，尤其是三峡清水下泄对中下游航道的影响，及时提出相应的工程和非工程措施，为确定航道治理方案提供科学、可靠的依据。要切实采取措施，利用各种技术资源，加快前期工作的进度，确保“十一五”建设目标的实现。另外，还要加大前期基础研究成果储备，为一旦河道变化出现有利时机及时立项做好基础准备工作。

二、进一步提升设计理念，强化动态管理、动态设计，确保工程实施效果

积极探索与工程动态管理相适应的设计思路和管理办法。树立工程全寿命成本最低理念。动态管理要以确保航道整治效果为目的，以原型观测为依据，以科研为指导，适时调整优化方案，切实提高设计质量。建设单位要加强工程现场跟踪观测；设计单位要根据河道条件的变化，依据科研成果，适时完善和优化设计方案；施工单位要走技术进步之路，特别是在组织施工、优化施工工艺等方面提高效率，提高应对影响工程实施效果的预防和处理能力，确保整治建筑物及航道护岸结构稳定性、耐久性，最大限度地减少工程实施后的维护工作量。

三、积极探索新的建设管理模式，进一步开放建设市场

目前，长江航道整治建设中绝大部分项目存在建设、设计、监理、施工“四位一体”的现象。要打破这种内部管理模式，进一步开放建设市场，引进竞争机制，全面提升科研、设计、施工等管理水平。

四、进一步加大科技投入，开展专题研究，解决航道建设中的重大技术问题

要贯彻落实全国科技大会精神，坚持走技术创新之路，提高自主创新能力。要研究制定长江航道科技发展规划，对航道治理中的关键技术开展专题研究，重点研究适应长江航道治理的新材料、新结构、新工艺和施工设备。要在科研手段和技术上有所创新，要依靠科技进步和创新推动长江航道发展方式的转变。

五、建立质量管理长效机制，保证工程质量

各有关单位要牢固树立科学发展观，按照部《关于进一步提高内河航运建设工程质量暨开展内河航运建设工程质量年活动的通知》精神，进一步增强质量工作的使命感和责任感，要打破航道整治工程破坏不可避免论，强化质量意识，实行施工全过程质量检测，特别是水下工程检测，落实质量管理责任，完善工程建设管理制度，建立工程质量管理长效机制。

六、及时开展技术总结，提高科研、设计、施工、建设等管理水平

工程实施后，要及时开展技术总结，要总结成功的经验，更重要的是要找出存在的问题和不足；要开展航道整治效果评价机制，努力做到演变分析规范化、观测资料系列化、过程控制动态化，逐步建立长江特色的航道整治理论。

七、加强人才队伍建设

坚持“科教兴交”和“人才强交”战略，牢固树立人才是第一资源的思想，坚持把发现、培养、使用、宣传和凝聚优秀科技人才作为长江航道科技发展的重要任务。强化科研基础条件与科技人才队伍建设，逐步建立起培育优秀科技人才的机制，充分发挥科技第一生产力和人才第一资源的作用。

八、加强航道维护管理，巩固航道治理效果

要依法管理航道，切实加强航道行政管理。坚持“建、管、养并重”的原则，加强对整治建筑物及航道的维护、保护等日常管理工作，坚决制止各种破坏航道及其设施的行为，巩固航道治理效果。同时，要抓紧研究，按照实际水情变化及时发布调整、提高航道维护尺度，以满足长江航运发展的需要，进一步提高航运效益。

目前，长江航运已进入快速发展期，航道建设任务十分繁重，机遇和挑战并存。你局要深入分析和正确判断所面临的新形势、新任务，进一步增强加快发展的责任感和紧迫感，认真把握和抓住机遇，坚定信心，积极应对挑战，把思想统一到党的十六届五中全会精神上来，统一到长江高层座谈会和 2006 年全国交通工作会议精神上来，统一到为航运发展全局提供更好服务保障上来，统一到推进航运全面协调可持续发展上来，以航道建设的新发展来适应新形势，满足新需求。要根据上述通知精神，抓紧研究制定具体工作计划，细化工作目标，落实责任制，切实做好长江航道建设管理工作，推动长江航道事业的跨越式发展，更好地服务长江经济发展。

水运工程评标专家和评标专家库管理办法

（交通部　交水发〔2006〕333号　2006.07.06）

第一条　为加强对水运工程评标专家的管理，规范专家评标行为，健全评标专家库管理，保证评标的公正、公平，维护招标投标活动当事人的合法权益，依照《中华人民共和国招标投标法》，并根据水运工程实际情况，制定本办法。

第二条　本办法适用于中华人民共和国境内的水运工程评标专家的资格认定、入库及评标专家库的组建、使用等管理活动。

第三条　水运工程评标专家库（以下简称专家库）由具备本办法规定的资格条件的专家组成。专家库由交通部负责建立和管理。

第四条　入选专家库的专家，必须具备以下基本条件：

（一）具有良好的政治素质和职业道德，能依法办事、维护国家利益和招投标双方的合法权益；

（二）熟悉国家和交通部有关招标投标的法律法规和规章；

（三）从事相关专业领域工作满15年并具有高级技术职称或同等专业技术水平；

（四）履行评标职责，遵守评标纪律，严守秘密，廉洁自律；

（五）年龄一般在65周岁以下，身体健康，能够胜任评标工作。

第五条　凡具备前款规定条件的专业人员，均可申请进入专家库，经交通部审查通过后取得评标专家资格。

第六条　评标专家可通过本人申请或单位推荐方式产生。申请程序如下：

（一）申请人填写申报材料；

（二）经所在单位审核同意后，报省级交通主管部门；

（三）省级交通主管部门审核同意后报交通部；

（四）所在单位为部直属单位的，经所在单位审核同意后报交通部；所在单位如属国资委管理的国有大型企业，经所在单位审核后，报所属国有大型企业审核同意后报交通部；

（五）交通部将根据申报情况组织评审，确定申请人是否具备交通部专家库评标专家资格。具备进入专家库评标专家资格的，由交通部统一组织培训后，颁发评标专家资格证书，并发文公布。

具体申报事宜，我部另行通知。

第七条 一般招标项目可采取随机抽取方式选择评标专家；对于技术复杂的特殊招标项目，按项目管理权限报请交通主管部门批准后，可以采取直接指定的方式选择评标专家。

第八条 选择评标专家应按以下程序进行：

（一）招标人根据评标工作安排，提前 7 天向交通部提出申请；

（二）交通部提前两天通知招标人并提供口令密码，由招标人通过网络进行随机抽取；

（三）招标人根据抽取结果，确定评标专家，并将无故不参加评标的专家姓名反馈交通部，并注明理由；

（四）评标专家名单应当保密。

第九条 选择评标专家应实行回避制度。凡评标专家与投标人有利害关系、可能影响公正评标的，不得进入评标委员会。

第十条 专家所在单位应积极支持评标专家的工作，优先安排参加评标活动。

第十一条 评标专家的主要权利：

（一）接受招标人或招标代理机构的聘请，进入评标委员会，担任评标专家，参加评标活动；

（二）对投标人的投标文件进行独立评审，不受任何部门、单位和个人的非法干预和影响；

（三）按照评标委员会的统一安排，要求投标人对投标文件中存在的问题进行澄清；

（四）如招标人、招标代理机构或评标委员会其他成员有违法、违规或不公正行为，有权向交通主管部门报告，并拒绝在评标报告上签字。

第十二条 评标专家的主要义务：

（一）严格执行国家有关招标投标的法律、法规、规章和招标文件的有关规定，并接受交通主管部门和纪检监察部门的监督管理；

（二）客观、公正地对投标文件进行评审，遵守职业道德，不徇私舞弊，对所提出的评审意见承担个人责任；

（三）遵守保密规定，不泄露评标的任何情况；

（四）参加交通部组织的培训。

第十三条 招标人应负担评标专家在评标工作期间的食宿、交通费用，并按国家有关规定支付评标专家报酬。

第十四条 评标专家有下列情况之一的，交通部核实后将取消其评标专家资格：

（一）1 年之内 3 次被邀请但拒绝参加评标活动的；

（二）无正当理由，承诺参加但没有参加评标活动或中途退出评标活动的；

（三）评标期间私下接触投标人的；

（四）收受投标人的财物或其他好处的；

（五）违反保密规定，泄露评标情况的；

（六）存在评标不公正行为，损害招标人或投标人权益的；

（七）未按要求提交评标报告的；

（八）不参加培训达两次以上的；

（九）由于健康等原因，不能胜任评标工作的；

（十）曾因在招标、评标以及其他与招标活动有关活动中从事违法行为而受过行政处罚或刑事处罚的。

第十五条 交通部对评标专家实行培训制度，原则上每年组织一次。

第十六条 评标专家库实行动态管理。招标人在评标工作结束后,应将对评标专家的意见和评价及时报交通部(综合评价表见附件)。交通部每年将对专家的评标工作进行评价。对评价不合格的专家,取消其评标专家资格。根据工作需要,可补充符合资格要求的专家进入专家库。

第十七条 本办法由交通部负责解释。

第十八条 本办法自2007年1月1日起施行。

附件:水运工程评标专家综合评价表

附件

水运工程评标专家综合评价表

<table>
<tr><td>专家姓名</td><td></td><td>工作单位</td><td></td><td>联系方式</td><td></td></tr>
<tr><td>职业道德</td><td colspan="5">是否私下接触投标人及其利害关系人？
评标期间是否服从有关保密的要求？
是否能够客观评价投标文件？</td></tr>
<tr><td>业务水平</td><td colspan="5">能否正确理解招标文件要求，并对投标文件提出独立评审意见？
对投标文件中的技术方案提出评价意见是否合理？
对投标文件中的其他要求能否准确掌握？</td></tr>
<tr><td>遵守纪律</td><td colspan="5">是否遵守招标人有关评标工作的纪律要求？
是否配合有关行政监督部门的监督、检查？
是否客观公正履行评标职责？</td></tr>
<tr><td>法律法规熟悉情况</td><td colspan="5">是否熟悉有关招标投标的法律法规，并熟练应用？
是否依法对投标文件进行评审？
是否准确掌握评标办法？</td></tr>
<tr><td>其他需说明情况（如有）</td><td colspan="5"></td></tr>
<tr><td>综合评价：（招标人根据评标专家在评标纪律、业务水平、对法律法规应用等主要方面对评标专家给予评价）</td><td colspan="5"></td></tr>
<tr><td colspan="2">招标人签字（章）：</td><td colspan="4">评标监督部门签字（章）：</td></tr>
</table>

道 路 运 输

机动车驾驶员培训管理规定

（交通部令2006年第2号　2006.01.12）

第一章　总　　则

第一条　为规范机动车驾驶员培训经营活动，维护机动车驾驶员培训市场秩序，保护各方当事人的合法权益，根据《中华人民共和国道路交通安全法》、《中华人民共和国道路运输条例》等有关法律、行政法规，制定本规定。

第二条　从事机动车驾驶员培训业务的，应当遵守本规定。

机动车驾驶员培训业务是指以培训学员的机动车驾驶能力或者以培训道路运输驾驶人员的从业能力为教学任务，为社会公众有偿提供驾驶培训服务的活动。包括对初学机动车驾驶人员、增加准驾车型的驾驶人员和道路运输驾驶人员所进行的驾驶培训、继续教育以及机动车驾驶员培训教练场经营等业务。

第三条　机动车驾驶员培训实行社会化，从事机动车驾驶员培训业务应当依法经营，诚实信用，公平竞争。

第四条　机动车驾驶员培训管理应当公平、公正、公开和便民。

第五条　交通部主管全国机动车驾驶员培训管理工作。

县级以上地方人民政府交通主管部门负责组织领导本行政区域内的机动车驾驶员培训管理工作。

县级以上道路运输管理机构负责具体实施本行政区域内的机动车驾驶员培训管理工作。

第二章　经营许可

第六条　机动车驾驶员培训依据经营项目、培训能力和培训内容实行分类许可。

机动车驾驶员培训业务根据经营项目分为普通机动车驾驶员培训、道路运输驾驶员从业资格培训、机动车驾驶员培训教练场经营三类。

普通机动车驾驶员培训根据培训能力分为一级普通机动车驾驶员培训、二级普通机动车驾驶员培训和三级普通机动车驾驶员培训三类。

道路运输驾驶员从业资格培训根据培训内容分为道路客货运输驾驶员从业资格培训和危险货物运输驾驶员从业资格培训两类。

第七条　获得一级普通机动车驾驶员培训许可的，可以从事三种（含三种）以上相应车型的普通机动车驾驶员培训业务；获得二级普通机动车驾驶员培训许可的，可以从事两种相应车型的普通机动车驾驶员培训业务；获得三级普通机动车驾驶员培训许可的，只能从事一种相应车型的普通机动车驾驶员培训业务。

第八条　获得道路客货运输驾驶员从业资格培训许可的，可以从事经营性道路旅客运输驾驶员、经营性道路货物运输驾驶员的从业资格培训业务；获得危险货物运输驾驶员从业资格培训许可的，可以从事道路危险货物运输驾驶员的从业资格培训业务。

获得道路运输驾驶员从业资格培训许可的，还可以从事相应车型的普通机动车驾驶员培训业务。

第九条　获得机动车驾驶员培训教练场经营许可的，可以从事机动车驾驶员培训教练场经营业务。

第十条　申请从事普通机动车驾驶员培训业务的，应当符合下列条件：

（一）有健全的培训机构。

包括教学、教练员、学员、质量、安全、结业考试和设施设备管理等组织机构,并明确负责人、管理人员、教练员和其他人员的岗位职责。具体要求按照行业标准《机动车驾驶培训机构资格条件》(JT/T 433)相关条款的规定执行。

(二)有健全的管理制度。

包括安全管理制度、教练员管理制度、学员管理制度、培训质量管理制度、结业考试制度、教学车辆管理制度、教学设施设备管理制度、教练场地管理制度、档案管理制度等。具体要求按照行业标准《机动车驾驶培训机构资格条件》(JT/T 433)相关条款的规定执行。

(三)有与培训业务相适应的教学人员。

1. 有与培训业务相适应的理论教练员。理论教练员应当持有机动车驾驶证,年龄不超过60周岁,具有汽车及相关专业中专以上学历或者汽车及相关专业中级以上技术职称,具有两年以上安全驾驶经历,熟练掌握道路交通安全法规、驾驶理论、机动车构造、交通安全心理学、常用伤员急救等安全驾驶知识,了解教育学、教育心理学的基本教学知识,具备编写教案、规范讲解的授课能力。理论教练员总数的80%应当经全国统一考试合格,持有《中华人民共和国机动车驾驶培训教练员证》(以下简称《教练员证》,式样见附件1)。

2. 有与培训业务相适应的驾驶操作教练员。驾驶操作教练员应当持有相应的机动车驾驶证,年龄不超过60周岁,具有汽车及相关专业中专或者高中以上学历,符合一定的安全驾驶经历和相应车型驾驶经历,熟练掌握道路交通安全法规、驾驶理论、机动车构造、交通安全心理学和应急驾驶的基本知识,熟悉车辆维护和常见故障诊断、车辆环保和节约能源的有关知识,具备驾驶要领讲解、驾驶动作示范、指导驾驶的教学能力。具体要求按照行业标准《机动车驾驶培训机构资格条件》(JT/T 433)相关条款的规定执行。驾驶操作教练员总数的90%应当经全国统一考试合格,持有《教练员证》。

3. 所配备的理论教练员数量应当不少于教学车辆总数的10%；每种车型所配备的相应驾驶操作教练员应当不少于该种车型车辆总数的110%。

（四）有与培训业务相适应的管理人员。

管理人员包括理论教学负责人、驾驶操作训练负责人、教学车辆管理人员、结业考核人员和计算机管理人员。具体要求按照行业标准《机动车驾驶培训机构资格条件》（JT/T 433）相关条款的规定执行。

（五）有必要的教学车辆。

1. 所配备的教学车辆应当符合国家有关技术标准要求，并装有副后视镜、副制动踏板、灭火器及其他安全防护装置。具体要求按照行业标准《机动车驾驶培训机构资格条件》（JT/T 433）相关条款的规定执行。

2. 从事一级普通机动车驾驶员培训的，应当配备大型客车、通用货车半挂车（牵引车）、城市公交车、中型客车、大型货车、小型汽车（含小型自动挡汽车）、低速汽车（含低速载货汽车、三轮汽车）、摩托车（含普通三轮摩托车、普通二轮摩托车、轻便摩托车）、其他车型（含轮式自行机械车、无轨电车、有轨电车）等九类车型中三种（含三种）以上的车型，所配备的教学车辆不少于50辆，且每种车型的教学车辆不少于5辆；从事二级普通机动车驾驶员培训的，应当配备上述九类车型中的两种车型，所配备的教学车辆不少于20辆，且每种车型的教学车辆不少于5辆；从事三级普通机动车驾驶员培训的，应当配备上述九类车型中的一种车型，且所配备的教学车辆不少于10辆。

（六）有必要的教学设施、设备和场地。

具体要求按照行业标准《机动车驾驶培训机构资格条件》（JT/T 433）相关条款的规定执行。租用教练场地的，还应当持有书面租赁合同和出租方土地使用证明，租赁期限不得少于3年。

第十一条 申请从事道路运输驾驶员从业资格培训业务的，应当具备下列条件：

（一）具备相应车型的普通机动车驾驶员培训资格。

1. 从事道路客货运输驾驶员从业资格培训业务的，应当同时具备大型客车、城市公交车、中型客车、小型汽车（含小型自动挡汽车）等四种车型中至少一种车型的普通机动车驾驶员培训资格和通用货车半挂车（牵引车）、大型货车等两种车型中至少一种车型的普通机动车驾驶员培训资格。

2. 从事危险货物运输驾驶员从业资格培训业务的，应当具备通用货车半挂车（牵引车）、大型货车等两种车型中至少一种车型的普通机动车驾驶员培训资格。

（二）有与培训业务相适应的教学人员。

1. 从事道路客货运输驾驶员从业资格培训业务的，应当配备2名以上教练员。教练员应当具有汽车及相关专业大专以上学历或者汽车及相关专业高级以上技术职称，熟悉道路旅客运输法规、货物运输法规以及机动车维修、货物装卸保管和旅客急救等相关知识，具备相应的授课能力，具有2年以上从事普通机动车驾驶员培训的教学经历，且近2年无不良的教学记录。教练员总数的90%应当经全国统一考试合格，持有《教练员证》。

2. 从事危险货物运输驾驶员从业资格培训业务的，应当配备2名以上教练员。教练员应当具有化工及相关专业大专以上学历或者化工及相关专业高级以上技术职称，熟悉危险货物运输法规、危险化学品特性、包装容器使用方法、职业安全防护和应急救援等知识，具备相应的授课能力，具有2年以上化工及相关专业的教学经历，且近2年无不良的教学记录。教练员总数的90%应当经全国统一考试合格，持有《教练员证》。

（三）有必要的教学设施、设备和场地。

1. 从事道路客货运输驾驶员从业资格培训业务的，应当配备相应的机动车构造、机动车维护、常见故障诊断和排除、货物装卸保管、医学救护、消防器材等教学设施、设备和专用场地。

2. 从事危险货物运输驾驶员从业资格培训业务的，还应当同时配备常见危险化学品样本、包装容器、教学挂图、危险化学品实验室等设施、设备和专用场地。

第十二条 申请从事机动车驾驶员培训教练场经营业务的，应当具备下列条件：

（一）有与经营业务相适应的教练场地。具体要求按照行业标准《机动车教练场技术要求》（JT/T 434）相关条款的规定执行。

（二）有与经营业务相适应的场地设施、设备，办公、教学、生活设施以及维护服务设施。具体要求按照行业标准《机动车教练场技术要求》（JT/T 434）相关条款的规定执行。

（三）具备相应的安全条件。包括场地封闭设施、训练区隔离设施、安全通道以及消防设施、设备等。具体要求按照行业标准《机动车教练场技术要求》（JT/T 434）相关条款的规定执行。

（四）有相应的管理人员。包括教练场安全负责人、档案管理人员以及场地设施、设备管理人员。

（五）有健全的安全管理制度。包括安全检查制度、安全责任制度、教学车辆安全管理制度以及突发事件应急预案等。

第十三条 申请从事机动车驾驶员培训业务的，应当向所在地县级道路运输管理机构提出申请，并提交下列材料：

（一）《交通行政许可申请书》；

（二）申请人身份证明及复印件；

（三）经营场所使用权证明或产权证明及复印件；

（四）教练场地使用权证明或产权证明及复印件；

（五）教练场地技术条件说明；

（六）教学车辆技术条件、车型及数量证明（申请从事机动车驾驶员培训教练场经营的无需提交）；

（七）教学车辆购置证明（申请从事机动车驾驶员培训教练场经营的无需提交）；

（八）各类设施、设备清单；

（九）拟聘用人员名册及资格、职称证明；

（十）根据本规定需要提供的其他相关材料。

申请从事普通机动车驾驶员培训业务的，在递交申请材料时，应当同时提供由公安交警部门出具的相关人员安全驾驶经历证明，安全驾驶经历的起算时间自申请材料递交之日起倒计。

第十四条 道路运输管理机构应当按照《中华人民共和国道路运输条例》和《交通行政许可实施程序规定》规范的程序实施机动车驾驶员培训业务的行政许可。

第十五条 道路运输管理机构应当对申请材料中关于教练场地、教学车辆以及各种设施、设备的实质内容进行核实。

第十六条 道路运输管理机构对机动车驾驶员培训业务申请予以受理的，应当自受理申请之日起 15 日内审查完毕，作出许可或者不予许可的决定。对符合法定条件的，道路运输管理机构作出准予行政许可的决定，向申请人出具《交通行政许可决定书》，并在 10 日内向被许可人颁发机动车驾驶员培训许可证件，明确许可事项；对不符合法定条件的，道路运输管理机构作出不予许可的决定，向申请人出具《不予交通行政许可决定书》，说明理由，并告知申请人享有依法申请行政复议或者提起行政诉讼的权利。

机动车驾驶员培训机构应当持机动车驾驶员培训许可证件依法向工商行政管理机关办理有关登记手续。

第十七条 机动车驾驶员培训许可证件实行有效期制。从事普通机动车驾驶员培训业务和机动车驾驶员培训教练场经营业务的证件有效期为 6 年；从事道路运输驾驶员从业资格培训业务的证件有效期为 4 年。

机动车驾驶员培训许可证件由省级道路运输管理机构统一印制并编号，县级道路运输管理机构按照规定发放和管理。

机动车驾驶员培训机构应当在许可证件有效期届满前 30 日到作出原许可决定的道路运输管理机构办理换证手续。

第十八条 机动车驾驶员培训机构变更许可事项的，应当向原作出许可决定的道路运输管理机构提出申请；符合法定条件、标准的，实施机关应当依法办理变更手续。

机动车驾驶员培训机构变更名称、法定代表人等事项的，应当向原作出许可决定的道路运输管理机构备案。

第十九条 机动车驾驶员培训机构需要终止经营的,应当在终止经营前30日到原作出许可决定的道路运输管理机构办理行政许可注销手续。

第三章 教练员管理

第二十条 机动车驾驶培训教练员资格实行全国统一考试制度。考试每年举行两次。

第二十一条 机动车驾驶培训教练员资格全国统一考试由省级道路运输管理机构按照交通部制定的考试大纲、考试题库、考核标准、考试工作规范和程序组织实施。

考试的具体办法另行制定。

第二十二条 省级道路运输管理机构应当向考试合格人员核发《教练员证》。

《教练员证》由省级道路运输管理机构统一印制并编号。

《教练员证》的有效期为6年。机动车驾驶培训教练员应当在《教练员证》有效期届满前30日到原发证机关办理换证手续。

第二十三条 鼓励教练员同时具备理论教练员和驾驶操作教练员资格。

第二十四条 机动车驾驶培训教练员应当按照统一的教学大纲规范施教,并如实填写《教学日志》和《中华人民共和国机动车驾驶员培训记录》(简称《培训记录》,式样见附件2)。

第二十五条 教练员从事教学活动时,应当随身携带《教练员证》,不得转让、转借《教练员证》。在道路上学习驾驶时,随车指导的教练员应当持有相应的《教练员证》。

第二十六条 机动车驾驶员培训机构应当加强对教练员的职业道德教育和驾驶新知识、新技术的再教育,对教练员每年进行至少一周的脱岗培训,提高教练员的职业素质。

第二十七条 机动车驾驶员培训机构应当加强对教练员教学情况的监督检查,定期对教练员的教学水平和职业道德进行评议,公布教练员的教学质量排行情况，督促教练员提高教学质量。

第二十八条 省级道路运输管理机构应当制定机动车驾驶培训教练员教学质量信誉考核办法，对机动车驾驶培训教练员实行教学质量信誉考核制度。

机动车驾驶培训教练员教学质量信誉考核内容应当包括教练员的基本情况、教学业绩、教学质量排行情况、参加再教育情况、不良记录等。

第二十九条 省级道路运输管理机构应当建立教练员档案，使用统一的数据库和管理软件，实行计算机联网管理，并依法向社会公开教练员信息。机动车驾驶培训教练员教学质量信誉考核结果是教练员档案的重要组成部分。

第三十条 教练员具有下列情形之一的，应当到原发证机关办理有关注销手续：

（一）提出注销申请的；

（二）年龄超过60周岁的；

（三）机动车驾驶证被注销的；

（四）发生重大以上交通责任事故的。

原发证机关发现有上述情形之一未办理注销手续的，应当公告《教练员证》作废。

第四章　经营管理

第三十一条 机动车驾驶员培训机构应当按照经批准的行政许可事项开展培训业务。

第三十二条 机动车驾驶员培训机构应当将机动车驾驶员培训许可证件悬挂在经营场所的醒目位置，公示其经营类别、培训范围、收费项目、收费标准、教练员、教学场地等情况。

第三十三条 机动车驾驶员培训机构应当在注册地开展培训业务，不得采取异地培训、恶意压价、欺骗学员等不正当手段开展经营活动，不得允许社会车辆以其名义开展机动车驾驶员培训经营活动。

第三十四条 机动车驾驶员培训实行学时制，按照学时合理收取费用。机动车驾驶员培训机构应当将学时收费标准报所在地道路运输管理机构备案。

对每个学员理论培训时间每天不得超过6个学时，实际操作培训时间每天不得超过4个学时。

第三十五条 机动车驾驶员培训机构应当建立学时预约制度，并向社会公布联系电话和预约方式。

第三十六条 参加机动车驾驶员培训的人员，在报名时应当填写《机动车驾驶员培训学员登记表》（以下简称《学员登记表》，式样见附件3），并提供身份证明及复印件。参加道路运输驾驶员从业资格培训的人员，还应当同时提供驾驶证及复印件。报名人员应当对所提供材料的真实性负责。

第三十七条 机动车驾驶员培训机构应当按照全国统一的教学大纲进行培训。培训结束时，应当向结业人员颁发《机动车驾驶员培训结业证书》（以下简称《结业证书》，式样见附件4）。

《结业证书》由省级道路运输管理机构按照全国统一式样印制并编号。

第三十八条 机动车驾驶员培训机构应当建立学员档案。学员档案主要包括：《学员登记表》、《教学日志》、《培训记录》、《结业证书》复印件等。

学员档案保存期不少于4年。

第三十九条 机动车驾驶员培训机构应当使用符合标准并取得牌证、具有统一标识的教学车辆。

教学车辆的统一标识由省级道路运输管理机构负责制定，并组织实施。

第四十条 机动车驾驶员培训机构应当按照国家的有关规定对教学车辆进行定期维护和检测，保持教学车辆性能完好，满足教学和安全行车的要求，并按照国家有关规定及时更新。

禁止使用报废的、检测不合格的和其他不符合国家规定的车辆从事机动车驾驶员培训业务。不得随意改变教学车辆的用途。

第四十一条 机动车驾驶员培训机构应当建立教学车辆档案。教学车辆档案主要内容包括:车辆基本情况、维护和检测情况、技术等级记录、行驶里程记录等。

教学车辆档案应当保存至车辆报废后1年。

第四十二条 机动车驾驶员培训机构在道路上进行培训活动,应当遵守公安交通管理部门指定的路线和时间,并在教练员随车指导下进行,与教学无关的人员不得乘坐教学车辆。

第四十三条 机动车驾驶员培训机构应当保持教学设施、设备的完好,充分利用先进的科技手段,提高培训质量。

第四十四条 机动车驾驶员培训机构应当按照有关规定向县级以上道路运输管理机构报送《培训记录》以及有关统计资料。

《培训记录》应当经获得相应《教练员证》的教练员审核签字。

第四十五条 道路运输管理机构应当根据机动车驾驶员培训机构执行教学大纲、颁发《结业证书》等情况,对《培训记录》及统计资料进行严格审查。

第四十六条 省级道路运输管理机构应当建立机动车驾驶员培训机构质量信誉考评体系,制定机动车驾驶员培训监督管理的量化考核标准,并定期向社会公布对机动车驾驶员培训机构的考核结果。

机动车驾驶员培训机构质量信誉考评应当包括培训机构的基本情况、教学大纲执行情况、《结业证书》发放情况、《培训记录》填写情况、教练员的质量信誉考核结果、培训业绩、考试情况、不良记录等内容。

第五章 监督检查

第四十七条 各级道路运输管理机构应当加强对机动车驾驶员培训经营活动的监督检查,积极运用信息化技术手段,科学、高效地开展工作。

第四十八条 道路运输管理机构的工作人员应当严格按照职责权限和程序进行监督检查,不得滥用职权、徇私舞弊,不得乱收费、乱罚款,不得妨碍培训机构的正常工作秩序。

第四十九条 道路运输管理机构实施现场监督检查,应当指派2名以上执法人员参加。执法人员应当向当事人出示交通部监制的交通行政执法证件。

执法人员实施现场监督检查,可以行使下列职权:

(一)询问教练员、学员以及其他相关人员,并可以要求被询问人提供与违法行为有关的证明材料;

(二)查阅、复制与违法行为有关的《教学日志》、《培训记录》及其他资料;核对与违法行为有关的技术资料;

(三)在违法行为发现场所进行摄影、摄像取证;

(四)检查与违法行为有关的教学车辆和教学设施、设备。

执法人员应当如实记录检查情况和处理结果,并按照规定归档。当事人有权查阅监督检查记录。

第五十条 机动车驾驶员培训机构在许可机关管辖区域外违法从事培训活动的,违法行为发生地的道路运输管理机构应当依法对其予以处罚,同时将违法事实、处罚结果抄送许可机关。

第五十一条 机动车驾驶员培训机构、管理人员、教练员、学员以及其他相关人员应当积极配合执法人员的监督检查工作,如实反映情况,提供有关资料。

第六章 法律责任

第五十二条 违反本规定,未经许可擅自从事机动车驾驶员培训业务,有下列情形之一的,由县级以上道路运输管理机构责令停止经营;有违法所得的,没收违法所得,并处违法所得2倍以上10倍以下的罚款;没有违法所得或者违法所得不足1万元的,处2万元以上5万元以下的罚款;构成犯罪的,依法追究刑事责任:

(一)未取得机动车驾驶员培训许可证件,非法从事机动车驾驶员培训业务的；

（二）使用无效、伪造、变造、被注销的机动车驾驶员培训许可证件，非法从事机动车驾驶员培训业务的；

（三）超越许可事项，非法从事机动车驾驶员培训业务的。

第五十三条　违反本规定，机动车驾驶员培训机构非法转让、出租机动车驾驶员培训许可证件的，由县级以上道路运输管理机构责令停止违法行为，收缴有关证件，处2000元以上1万元以下的罚款；有违法所得的，没收违法所得。

对于接受非法转让、出租的受让方，应当按照第五十二条的规定处罚。

第五十四条　违反本规定，机动车驾驶员培训机构不严格按照规定进行培训或者在培训结业证书发放时弄虚作假，有下列情形之一的，由县级以上道路运输管理机构责令改正；拒不改正的，由原许可机关吊销其经营许可：

（一）未按照全国统一的教学大纲进行培训的；

（二）未向培训结业的人员颁发《结业证书》的；

（三）向培训未结业的人员颁发《结业证书》的；

（四）向未参加培训的人员颁发《结业证书》的；

（五）使用无效、伪造、变造《结业证书》的；

（六）租用其他机动车驾驶员培训机构《结业证书》的。

第五十五条　违反本规定，机动车驾驶员培训机构有下列情形之一的，由县级以上道路运输管理机构责令限期整改；逾期整改不合格的，予以通报：

（一）未在经营场所醒目位置悬挂机动车驾驶员培训经营许可证件的；

（二）未在经营场所公示其经营类别、培训范围、收费项目、收费标准、教练员、教学场地等情况的；

（三）未按照要求聘用教学人员的；

（四）未按规定建立学员档案、教学车辆档案的；

（五）未按规定报送《培训记录》和有关统计资料的；

（六）使用不符合规定的车辆及设施、设备从事教学活动的；

（七）存在索取、收受学员财物，或者谋取其他利益等不良行为的；

（八）未定期公布教练员教学质量排行情况的；

（九）违反本规定其他有关规定的。

第五十六条 违反本规定，机动车驾驶培训教练员有下列情形之一的，由县级以上道路运输管理机构责令限期整改；逾期整改不合格的，予以通报：

（一）未按照全国统一的教学大纲进行教学的；

（二）填写《教学日志》、《培训记录》弄虚作假的；

（三）教学过程中有道路交通安全违法行为或者造成交通事故的；

（四）存在索取、收受学员财物，或者谋取其他利益等不良行为的；

（五）未按照规定参加驾驶新知识、新技能再教育的；

（六）违反本规定其他有关规定的。

第五十七条 违反本规定，道路运输管理机构的工作人员，有下列情形之一的，依法给予行政处分；构成犯罪的，依法追究刑事责任：

（一）不按规定的条件、程序和期限实施行政许可的；

（二）参与或者变相参与机动车驾驶员培训业务的；

（三）发现违法行为不及时查处的；

（四）索取、收受他人财物，或者谋取其他利益的；

（五）有其他违法违纪行为的。

第七章 附 则

第五十八条 外商在中华人民共和国境内申请以中外合资、中外合作、独资等形式经营机动车驾驶员培训业务的，应同时遵守《外商投资道路运输业管理规定》等相关法律、行政法规的规定。

第五十九条 机动车驾驶员培训许可证件等相关证件工本费收费标准由省级人民政府财政部门、价格主管部门会同同级交通主管部门核定。

第六十条 本规定自2006年4月1日施行。1996年12月23日发布的《中华人民共和国机动车驾驶员培训管理规定》(交通部令第11号)和1995年7月3日发布的《汽车驾驶员培训行业管理办法》(交公路发〔1995〕246号)同时废止。

附件:1.机动车驾驶培训教练员证式样
2.机动车驾驶员培训记录式样
3.机动车驾驶员培训学员登记表式样
4.机动车驾驶员培训结业证书式样

附件1　机动车驾驶培训教练员证式样

机动车驾驶培训教练员证(正面)

中华人民共和国机动车驾驶培训教练员证

姓名:　　　性别:　　身份证号:

准教类别:

准教车型:　　　　　　　　　照片

证件编号:

发证机关:　　　　　　　　　　　(盖章)

有效期至:　　年　月　日

中华人民共和国交通部监制

机动车驾驶培训教练员证(背面)

说　　明

1. 机动车驾驶培训教练员必须凭本证上岗教学;

2. 本证应当妥善保管,不得转借、涂改、伪造;

3. 本证除道路运输管理机构外,其他部门和个人无权扣留。

注:1. 尺寸为100mm×68mm;

2. 外封皮为白色透明塑封,版心为浅蓝色底纹;

3. "中华人民共和国机动车驾驶培训教练员证"为四号宋体加黑;其他字字体为小四号宋体;

4. 准教类别是指理论教练员、驾驶操作教练员、道路客货运输从业资格培训教练员和危险货物运输从业资格培训教练员。

附件 2　机动车驾驶员培训记录式样

中华人民共和国机动车驾驶员培训记录

No.

姓　名		性别		身份证件号码		入学时间		（照片）
家庭住址				联系方式				
申请车型	A1□ A2□ A3□ B1□ B2□ C1□ C2□ C3□ C4□ D□ E□ F□ M□ N□ P□							

科目名称	培训学时	学员签名	教练员签名	培训单位意见	道路运输管理机构审核
科目一		年　月　日	年　月　日	（盖章） 签名： 年　月　日	（盖章） 签名： 年　月　日
科目二		年　月　日	年　月　日	（盖章） 签名： 年　月　日	（盖章） 签名： 年　月　日
科目三		年　月　日	年　月　日	（盖章） 签名： 年　月　日	（盖章） 签名： 年　月　日

注：1. 培训记录一式三份，在完成培训和考试所有程序后，培训单位、道路运输管理机构、公安交通管理部门车辆管理所各存一份。

2. 在预约科目一、二考试时，公安交通管理部门车辆管理所查验培训记录后，应将培训记录退还驾校，在预约科目三考试时，公安交通管理部门车辆管理所查验培训记录后，应收存归档。

3. 纸张规格为 A4（210mm × 297mm），表格尺寸为 180mm × 267mm。

附件3 机动车驾驶员培训学员登记表式样

机动车驾驶员培训学员登记表

培训机构名称：　　　　　　　　　　　　　　　　　　No.

<table>
<tr><td>姓　名</td><td></td><td>性别</td><td></td><td>出生年月</td><td>年　月</td><td rowspan="4">（照片）</td></tr>
<tr><td>身份证号</td><td colspan="5"></td></tr>
<tr><td>住　　址</td><td colspan="5"></td></tr>
<tr><td>联系电话</td><td colspan="2"></td><td colspan="2">原准驾车型</td><td></td></tr>
<tr><td rowspan="3">培训车型
或类别</td><td colspan="2">普通机动车驾驶员
培训□</td><td colspan="4">A1□　A2□　A3□　B1□　B2□
C1□　C2□　C3□　C4□　D□
E□　F□　M□　N□　P□</td></tr>
<tr><td colspan="2">道路运输驾驶员
从业资格培训□</td><td colspan="4">道路旅客运输□
道路货物运输□
道路危险货物运输□</td></tr>
<tr><td colspan="2">其他培训□</td><td colspan="4"></td></tr>
<tr><td>入学时间</td><td colspan="2">年　月　日</td><td>结业时间</td><td colspan="3">年　月　日</td></tr>
<tr><td rowspan="2">结业考核</td><td>结业证编号</td><td></td><td>发证日期</td><td colspan="3"></td></tr>
<tr><td colspan="6">审核意见：

培训机构：（盖章）
年　月　日</td></tr>
</table>

注：1. 标注有“□”的为选择项，选择后在“□”中划“√”；

2. 纸张规格为A4（210mm×297mm），表格尺寸为225mm×156mm。

附件4 机动车驾驶员培训结业证书式样

机动车驾驶员培训结业证书（正面）

机动车驾驶员培训结业证书

证件编号： 一寸免冠照片

（盖章）

（姓名）________（性别）____，于________年____月____日至________年____月____日参加____________的培训，已经完成教学大纲规定的培训内容，经考核合格，准予结业。

培训机构：

________年____月____日

________省（自治区、直辖市）交通厅（局、委）道路运输管理局（处）监制

机动车驾驶员培训结业证书（背面）

说 明

1. 本证为机动车驾驶员培训合格的证明。
2. 本证只供本人使用，不得转借、涂改。

注：1. 尺寸为125mm×95mm；

2. 外封皮为白色透明塑封，版心为粉红色；

3. “机动车驾驶员培训结业证书”字体为三号楷体，加黑，“省（自治区、直辖市）交通厅（局、委）道路运输管理局（处）监制”为小四号楷体，其他字体为四号楷体。

道路运输从业人员管理规定

（交通部令2006年第9号　2006.11.23）

第一章　总　　则

第一条　为加强道路运输从业人员管理，提高道路运输从业人员综合素质，根据《中华人民共和国道路运输条例》、《危险化学品安全管理条例》以及有关法律、行政法规，制定本规定。

第二条　本规定所称道路运输从业人员是指经营性道路客货运输驾驶员、道路危险货物运输从业人员、机动车维修技术人员、机动车驾驶培训教练员、道路运输经理人和其他道路运输从业人员。

经营性道路客货运输驾驶员包括经营性道路旅客运输驾驶员和经营性道路货物运输驾驶员。

道路危险货物运输从业人员包括道路危险货物运输驾驶员、装卸管理人员和押运人员。

机动车维修技术人员包括机动车维修技术负责人员、质量检验人员以及从事机修、电器、钣金、涂漆、车辆技术评估（含检测）作业的技术人员。

机动车驾驶培训教练员包括理论教练员、驾驶操作教练员、道路客货运输驾驶员从业资格培训教练员和危险货物运输驾驶员从业资格培训教练员。

道路运输经理人包括道路客货运输企业、道路客货运输站（场）、机动车驾驶员培训机构、机动车维修企业的管理人员。

其他道路运输从业人员是指除上述人员以外的道路运输从业

人员，包括道路客运乘务员、机动车驾驶员培训机构教学负责人及结业考核人员、机动车维修企业价格结算员及业务接待员。

第三条 道路运输从业人员应当依法经营，诚实信用，规范操作，文明从业。

第四条 道路运输从业人员管理工作应当公平、公正、公开和便民。

第五条 交通部负责全国道路运输从业人员管理工作。

县级以上地方人民政府交通主管部门负责组织领导本行政区域内的道路运输从业人员管理工作，并具体负责本行政区域内道路危险货物运输从业人员的管理工作。

县级以上道路运输管理机构具体负责本行政区域内经营性道路客货运输驾驶员、机动车维修技术人员、机动车驾驶培训教练员、道路运输经理人和其他道路运输从业人员的管理工作。

第二章 从业资格管理

第六条 国家对道路运输从业人员实行从业资格考试制度。

从业资格是对道路运输从业人员所从事的特定岗位职业素质的基本评价。

经营性道路客货运输驾驶员和道路危险货物运输从业人员必须取得相应从业资格，方可从事相应的道路运输活动。

机动车维修技术人员、机动车驾驶培训教练员取得从业资格的比例分别是相关经营者依法获取机动车维修和机动车驾驶员培训经营许可的必要条件之一。

第七条 道路运输从业人员从业资格考试应当按照交通部编制的考试大纲、考试题库、考核标准、考试工作规范和程序组织实施。

第八条 经营性道路客货运输驾驶员从业资格考试由设区的市级道路运输管理机构组织实施，每月组织一次考试。

道路危险货物运输从业人员从业资格考试由设区的市级人民

政府交通主管部门组织实施,每季度组织一次考试。

机动车维修技术人员从业资格考试由设区的市级道路运输管理机构组织实施,每季度组织一次考试。

道路运输经理人和机动车驾驶培训教练员从业资格考试由省级道路运输管理机构组织实施,每年组织两次考试。

其他道路运输从业人员从业资格考试管理权限由省级道路运输管理机构确定。

第九条 经营性道路旅客运输驾驶员应当符合下列条件:

(一)取得相应的机动车驾驶证1年以上;

(二)年龄不超过60周岁;

(三)3年内无重大以上交通责任事故;

(四)掌握相关道路旅客运输法规、机动车维修和旅客急救基本知识;

(五)经考试合格,取得相应的从业资格证件。

第十条 经营性道路货物运输驾驶员应当符合下列条件:

(一)取得相应的机动车驾驶证;

(二)年龄不超过60周岁;

(三)掌握相关道路货物运输法规、机动车维修和货物装载保管基本知识;

(四)经考试合格,取得相应的从业资格证件。

第十一条 道路危险货物运输驾驶员应当符合下列条件:

(一)取得相应的机动车驾驶证;

(二)年龄不超过60周岁;

(三)3年内无重大以上交通责任事故;

(四)取得经营性道路旅客运输或者货物运输驾驶员从业资格2年以上;

(五)接受相关法规、安全知识、专业技术、职业卫生防护和应急救援知识的培训,了解危险货物性质、危害特征、包装容器的使用特性和发生意外时的应急措施;

(六)经考试合格,取得相应的从业资格证件。

第十二条 道路危险货物运输装卸管理人员和押运人员应当符合下列条件：

（一）年龄不超过60周岁；

（二）初中以上学历；

（三）接受相关法规、安全知识、专业技术、职业卫生防护和应急救援知识的培训，了解危险货物性质、危害特征、包装容器的使用特性和发生意外时的应急措施；

（四）经考试合格，取得相应的从业资格证件。

第十三条 机动车维修技术人员应当符合下列条件：

（一）技术负责人员

1. 具有机动车维修或者相关专业大专以上学历，或者具有机动车维修或相关专业中级以上专业技术职称；

2. 熟悉机动车维修业务，掌握机动车维修及相关政策法规和技术规范。

（二）质量检验人员

1. 具有高中以上学历；

2. 熟悉机动车维修检测作业规范，掌握机动车维修故障诊断和质量检验的相关技术，熟悉机动车维修服务收费标准及相关政策法规和技术规范。

（三）从事机修、电器、钣金、涂漆、车辆技术评估（含检测）作业的技术人员

1. 具有初中以上学历；

2. 熟悉所从事工种的维修技术和操作规范，并了解机动车维修及相关政策法规。

第十四条 机动车驾驶培训教练员应当符合下列条件：

（一）理论教练员

1. 取得相应的机动车驾驶证，具有2年以上安全驾驶经历；

2. 年龄不超过60周岁；

3. 具有汽车及相关专业中专以上学历或者汽车及相关专业中级以上技术职称；

4. 掌握道路交通安全法规、驾驶理论、机动车构造、交通安全心理学、常用伤员急救等安全驾驶知识，了解车辆环保和节约能源的有关知识，了解教育学、教育心理学的基本教学知识，具备编写教案、规范讲解的授课能力。

（二）驾驶操作教练员

1. 取得相应的机动车驾驶证，符合安全驾驶经历和相应车型驾驶经历的要求；

2. 年龄不超过60周岁；

3. 具有汽车及相关专业中专或者高中以上学历；

4. 掌握道路交通安全法规、驾驶理论、机动车构造、交通安全心理学和应急驾驶的基本知识，熟悉车辆维护和常见故障诊断、车辆环保和节约能源的有关知识，具备驾驶要领讲解、驾驶动作示范、指导驾驶的教学能力。

（三）道路客货运输驾驶员从业资格培训教练员

1. 具有汽车及相关专业大专以上学历或者汽车及相关专业高级以上技术职称；

2. 掌握道路旅客运输法规、货物运输法规以及机动车维修、货物装卸保管和旅客急救等相关知识，具备相应的授课能力；

3. 具有2年以上从事普通机动车驾驶员培训的教学经历，且近2年无不良的教学记录。

（四）危险货物运输驾驶员从业资格培训教练员

1. 具有化工及相关专业大专以上学历或者化工及相关专业高级以上技术职称；

2. 掌握危险货物运输法规、危险化学品特性、包装容器使用方法、职业安全防护和应急救援等知识，具备相应的授课能力；

3. 具有2年以上化工及相关专业的教学经历，且近2年无不良的教学记录。

第十五条 申请参加经营性道路客货运输驾驶员从业资格考试的人员，应当向其户籍地或者暂住地设区的市级道路运输管理机构提出申请，填写《经营性道路客货运输驾驶员从业资格考试

申请表》(式样见附件1),并提供下列材料:

(一)身份证明及复印件;

(二)机动车驾驶证及复印件;

(三)申请参加道路旅客运输驾驶员从业资格考试的,还应当提供道路交通安全主管部门出具的3年内无重大以上交通责任事故记录证明。

第十六条 申请参加道路危险货物运输驾驶员从业资格考试的,应当向其户籍地或者暂住地设区的市级交通主管部门提出申请,填写《道路危险货物运输从业人员从业资格考试申请表》(式样见附件2),并提供下列材料:

(一)身份证明及复印件;

(二)机动车驾驶证及复印件;

(三)道路旅客运输驾驶员从业资格证件或者道路货物运输驾驶员从业资格证件及复印件;

(四)相关培训证明及复印件;

(五)道路交通安全主管部门出具的3年内无重大以上交通责任事故记录证明。

第十七条 申请参加道路危险货物运输装卸管理人员和押运人员从业资格考试的,应当向其户籍地或者暂住地设区的市级交通主管部门提出申请,填写《道路危险货物运输从业人员从业资格考试申请表》,并提供下列材料:

(一)身份证明及复印件;

(二)学历证明及复印件;

(三)相关培训证明及复印件。

第十八条 申请参加机动车维修技术人员从业资格考试的,应当向其户籍地或者暂住地设区的市级道路运输管理机构提出申请,填写《机动车维修技术人员从业资格考试申请表》(式样见附件3),并提供下列材料:

(一)身份证明及复印件;

(二)学历证明及复印件,申请参加技术负责人员从业资格考试的,也可以提供技术职称证明及复印件。

申请质量检验人员从业资格考试的,还应当同时提供机动车驾驶证及复印件和维修技术工作经历证明。

第十九条 申请参加机动车驾驶培训教练员从业资格考试的,应当向其户籍地或者暂住地省级道路运输管理机构提出申请,填写《机动车驾驶培训教练员从业资格考试申请表》(式样见附件4),并提供下列材料:

(一)身份证明及复印件;

(二)机动车驾驶证及复印件;

(三)学历证明或者技术职称证明及复印件;

(四)道路交通安全主管部门出具的安全驾驶经历证明;

(五)相应车型驾驶经历证明;

(六)申请参加道路客货运输驾驶员从业资格培训教练员和危险货物运输驾驶员从业资格培训教练员从业资格考试的,还应当提供相应的教学经历证明。

第二十条 交通主管部门和道路运输管理机构对符合申请条件的申请人应当安排考试。

第二十一条 交通主管部门和道路运输管理机构应当在考试结束10日内公布考试成绩。对考试合格人员,应当自公布考试成绩之日起10日内颁发相应的道路运输从业人员从业资格证件。

第二十二条 道路运输从业人员从业资格考试成绩有效期为1年,考试成绩逾期作废。

第二十三条 申请人在从业资格考试中有舞弊行为的,取消当次考试资格,考试成绩无效。

第二十四条 交通主管部门或者道路运输管理机构应当建立道路运输从业人员从业资格管理档案。

道路运输从业人员从业资格管理档案包括:从业资格考试申请材料,从业资格考试及从业资格证件记录,从业资格证件换发、补发、变更记录,违章、事故及诚信考核、继续教育记录等。

第二十五条 交通主管部门和道路运输管理机构应当向社会

提供道路运输从业人员相关从业信息的查询服务。

第三章　从业资格证件管理

第二十六条　机动车驾驶培训教练员经考试合格后，取得《中华人民共和国机动车驾驶培训教练员证》，证件式样按照《机动车驾驶员培训管理规定》(交通部2006年第2号令)的规定执行；经营性道路客货运输驾驶员、道路危险货物运输从业人员、机动车维修技术人员、道路运输经理人和其他道路运输从业人员经考试合格后，取得《中华人民共和国道路运输从业人员从业资格证》(式样见附件5)。

《中华人民共和国道路运输从业人员从业资格证》和《中华人民共和国机动车驾驶培训教练员证》统称道路运输从业人员从业资格证件。

第二十七条　道路运输从业人员从业资格证件全国通用。

第二十八条　已获得从业资格证件的人员需要增加相应从业资格类别的，应当向原发证机关提出申请，并按照规定参加相应培训和考试。

第二十九条　道路运输从业人员从业资格证件由交通部统一印制并编号。具体工作委托交通专业人员资格评价中心负责。

机动车驾驶培训教练员和道路运输经理人从业资格证件由省级道路运输管理机构发放和管理。

道路危险货物运输从业人员从业资格证件由设区的市级交通主管部门发放和管理。

经营性道路客货运输驾驶员从业资格证件、机动车维修技术人员从业资格证件由设区的市级道路运输管理机构发放和管理。

其他道路运输从业人员从业资格证件发放和管理权限由省级道路运输管理机构确定。

第三十条　交通主管部门和道路运输管理机构应当建立道路运输从业人员从业资格证件管理数据库，使用全国统一的管理软件核发从业资格证件，并逐步采用电子存取和防伪技术，确保有关信息实时输入、输出和存储。

交通主管部门和道路运输管理机构应当结合道路运输从业人员从业资格证件的管理工作，建立道路运输从业人员管理信息系统，并逐步实现异地稽查信息共享和动态资格管理。

第三十一条 道路运输从业人员从业资格证件有效期为6年。道路运输从业人员应当在从业资格证件有效期届满30日前到原发证机关办理换证手续。

道路运输从业人员从业资格证件遗失、毁损的，应当到原发证机关办理证件补发手续。

道路运输从业人员服务单位变更的，应当到交通主管部门或者道路运输管理机构办理从业资格证件变更手续。

道路运输从业人员从业资格档案应当由原发证机关在变更手续办结后30日内移交户籍迁入地或者现居住地的交通主管部门或者道路运输管理机构。

第三十二条 道路运输从业人员办理换证、补证和变更手续，应当填写《道路运输从业人员从业资格证件换发、补发、变更登记表》（式样见附件6）。

第三十三条 交通主管部门和道路运输管理机构应当对符合要求的从业资格证件换发、补发、变更申请予以办理。

申请人违反相关从业资格管理规定且尚未接受处罚的，受理机关应当在其接受处罚后换发、补发、变更相应的从业资格证件。

第三十四条 经营性道路客货运输驾驶员、道路危险货物运输从业人员在发证机关所在地以外从业，且从业时间超过3个月的，应当到服务地管理部门备案。

第三十五条 道路运输从业人员有下列情形之一的，由发证机关注销其从业资格证件：

（一）持证人死亡的；

（二）持证人申请注销的；

（三）经营性道路客货运输驾驶员、道路危险货物运输从业人员、机动车驾驶培训教练员年龄超过60周岁的；

（四）经营性道路客货运输驾驶员、道路危险货物运输驾驶员、机动车维修质量检验人员、机动车驾驶培训教练员的机动车驾驶证被注销或者被吊销的；

（五）超过从业资格证件有效期180日未申请换证的。

凡被注销的从业资格证件，应当由发证机关予以收回，公告作废并登记归档；无法收回的，从业资格证件自行作废。

第三十六条 交通主管部门和道路运输管理机构应当将道路运输从业人员的违章行为记录在《中华人民共和国道路运输从业人员从业资格证》的违章记录栏内，并通报发证机关。发证机关应当将该记录作为道路运输从业人员诚信考核和计分考核的依据，并存入管理档案。机动车驾驶培训教练员违章记录直接记入教练员档案，并作为诚信考核的重要内容。

第三十七条 道路运输从业人员诚信考核和计分考核周期为12个月，从初次领取从业资格证件之日起计算。诚信考核等级分为优良、合格、基本合格和不合格，分别用AAA级、AA级、A级和B级表示。在考核周期内，累计计分超过规定的，诚信考核等级为B级。

省级交通主管部门和道路运输管理机构应当将道路运输从业人员每年的诚信考核和计分考核结果向社会公布，供公众查阅。

道路运输从业人员诚信考核和计分考核具体办法另行制定。

第四章 从业行为规定

第三十八条 经营性道路客货运输驾驶员以及道路危险货物运输从业人员应当在从业资格证件许可的范围内从事道路运输活动。道路危险货物运输驾驶员除可以驾驶道路危险货物运输车辆外，还可以驾驶原从业资格证件许可的道路旅客运输车辆或者道路货物运输车辆。

第三十九条 道路运输从业人员在从事道路运输活动时，应当携带相应的从业资格证件，并应当遵守国家相关法规和道路运输安全操作规程，不得违法经营、违章作业。

第四十条 道路运输从业人员应当按照规定参加国家相关法规、职业道德及业务知识培训。

第四十一条 经营性道路客货运输驾驶员和道路危险货物运输驾驶员不得超限、超载运输，连续驾驶时间不得超过4个小时。

第四十二条 经营性道路旅客运输驾驶员和道路危险货物运输驾驶员应当按照规定填写行车日志。行车日志式样由省级道路运输管理机构统一制定。

第四十三条 经营性道路旅客运输驾驶员应当采取必要措施保证旅客的人身和财产安全，发生紧急情况时，应当积极进行救护。

经营性道路货物运输驾驶员应当采取必要措施防止货物脱落、扬撒等。

严禁驾驶道路货物运输车辆从事经营性道路旅客运输活动。

第四十四条 道路危险货物运输驾驶员应当按照道路交通安全主管部门指定的行车时间和路线运输危险货物。

道路危险货物运输装卸管理人员应当按照安全作业规程对道路危险货物装卸作业进行现场监督，确保装卸安全。

道路危险货物运输押运人员应当对道路危险货物运输进行全程监管。

道路危险货物运输从业人员应当严格按照《汽车运输危险货物规则》（JT 617）、《汽车运输、装卸危险货物作业规程》（JT 618）操作，不得违章作业。

第四十五条 在道路危险货物运输过程中发生燃烧、爆炸、污染、中毒或者被盗、丢失、流散、泄漏等事故，道路危险货物运输驾驶员、押运人员应当立即向当地公安部门和所在运输企业或者单位报告，说明事故情况、危险货物品名和特性，并采取一切可能的警示措施和应急措施，积极配合有关部门进行处置。

第四十六条 机动车维修技术人员应当按照维修规范和程序

作业，不得擅自扩大维修项目，不得使用假冒伪劣配件，不得擅自改装机动车，不得承修已报废的机动车，不得利用配件拼装机动车。

第四十七条 机动车驾驶培训教练员应当按照全国统一的教学大纲实施教学，规范填写教学日志和培训记录，不得擅自减少学时和培训内容。

第五章 法律责任

第四十八条 违反本规定，有下列行为之一的人员，由县级以上道路运输管理机构责令改正，处 200 元以上 2000 元以下的罚款；构成犯罪的，依法追究刑事责任：

（一）未取得相应从业资格证件，驾驶道路客货运输车辆的；

（二）使用失效、伪造、变造的从业资格证件，驾驶道路客货运输车辆的；

（三）超越从业资格证件核定范围，驾驶道路客货运输车辆的。

第四十九条 违反本规定，有下列行为之一的人员，由设区的市级人民政府交通主管部门处 2 万元以上 10 万元以下的罚款；构成犯罪的，依法追究刑事责任：

（一）未取得相应从业资格证件，从事道路危险货物运输活动的；

（二）使用失效、伪造、变造的从业资格证件，从事道路危险货物运输活动的；

（三）超越从业资格证件核定范围，从事道路危险货物运输活动的。

第五十条 道路运输从业人员有下列不具备安全条件情形之一的，由发证机关吊销其从业资格证件：

（一）经营性道路客货运输驾驶员、道路危险货物运输从业人员、机动车驾驶培训教练员身体健康状况不符合有关机动车驾驶和相关从业要求且没有主动申请注销从业资格的；

（二）经营性道路客货运输驾驶员、道路危险货物运输驾驶员、机动车驾驶培训教练员发生重大以上交通事故，且负主要责任的；

（三）机动车维修技术人员发生重大生产安全事故，且负主要责任的；

（四）发现重大事故隐患，不立即采取消除措施，继续作业的。

被吊销的从业资格证件应当由发证机关公告作废并登记归档。

第五十一条 违反本规定，交通主管部门及道路运输管理机构工作人员有下列情形之一的，依法给予行政处分；构成犯罪的，依法追究刑事责任：

（一）不按规定的条件、程序和期限组织从业资格考试的；

（二）发现违法行为未及时查处的；

（三）索取、收受他人财物及谋取其他不正当利益的；

（四）其他违法行为。

第六章 附 则

第五十二条 从业资格考试收费标准和从业资格证件工本费由省级以上交通主管部门会同同级财政部门、物价部门核定。

第五十三条 本规定自 2007 年 3 月 1 日起施行。2001 年 9 月 6 日公布的《营业性道路运输驾驶员职业培训管理规定》（交通部 2001 年第 7 号令）同时废止。

附件1

经营性道路客货运输驾驶员从业资格考试申请表

<table>
<tr><td>姓名</td><td></td><td>性别</td><td></td><td>学历</td><td></td><td rowspan="5">照片</td></tr>
<tr><td>住址</td><td colspan="5">（电话）</td></tr>
<tr><td>工作单位</td><td colspan="5">（电话）</td></tr>
<tr><td>身份证号</td><td colspan="5"></td></tr>
<tr><td>培训单位</td><td colspan="5"></td></tr>
<tr><td>驾驶证准驾车型</td><td colspan="2"></td><td colspan="2">初领驾驶证日期</td><td colspan="2">年　月　日</td></tr>
<tr><td>申请种类</td><td colspan="6">初领□　增加□</td></tr>
<tr><td>原从业资格证件号</td><td colspan="6"></td></tr>
<tr><td>申请类别</td><td colspan="3">道路旅客运输□</td><td colspan="3">道路货物运输□</td></tr>
<tr><td>材料清单</td><td colspan="6">身份证明原件□　身份证明复印件□　驾驶证原件□
驾驶证复印件□　无重大以上责任事故记录证明□</td></tr>
<tr><td>承诺</td><td colspan="6">本人承诺上述所有内容真实、有效，并承担由此产生的法律责任。
本人签字：　　　日期：</td></tr>
<tr><td rowspan="5">考试记录</td><td colspan="2">成绩</td><td colspan="2">考核员</td><td colspan="2">考核员</td></tr>
<tr><td colspan="2"></td><td colspan="2"></td><td colspan="2"></td></tr>
<tr><td colspan="2"></td><td colspan="2"></td><td colspan="2"></td></tr>
<tr><td colspan="2"></td><td colspan="2"></td><td colspan="2"></td></tr>
<tr><td colspan="2"></td><td colspan="2"></td><td colspan="2"></td></tr>
<tr><td>道路运输管理机构意见</td><td colspan="6">（盖章）
年　月　日</td></tr>
<tr><td rowspan="2">从业资格证件发放</td><td>发放人（签字）</td><td colspan="2"></td><td>日期</td><td colspan="2"></td></tr>
<tr><td>领取人（签字）</td><td colspan="2"></td><td>日期</td><td colspan="2"></td></tr>
</table>

附件2

道路危险货物运输从业人员从业资格考试申请表

<table>
<tr><td>姓名</td><td></td><td>性别</td><td></td><td>学历</td><td></td><td rowspan="5">照片</td></tr>
<tr><td>住址</td><td colspan="5">（电话）</td></tr>
<tr><td>工作单位</td><td colspan="5">（电话）</td></tr>
<tr><td>身份证号</td><td colspan="5"></td></tr>
<tr><td>培训单位</td><td colspan="5"></td></tr>
<tr><td>原从业资格证件编号</td><td colspan="6"></td></tr>
<tr><td>驾驶证准驾车型</td><td colspan="2"></td><td colspan="2">初领驾驶证日期</td><td colspan="2">年 月 日</td></tr>
<tr><td>申请类别</td><td colspan="2">道路危险货物运输驾驶员□</td><td colspan="2">道路危险货物运输装卸管理人员□</td><td colspan="2">道路危险货物运输押运人员□</td></tr>
<tr><td>材料清单</td><td colspan="6">身份证明原件□ 身份证明复印件□ 学历证明原件□ 学历证明复印件□ 危险货物运输培训证明□ 驾驶证原件□ 驾驶证复印件□ 道路旅客运输从业资格证原件□ 道路旅客运输从业资格证复印件□ 道路货物运输从业资格证原件□ 道路货物运输从业资格证复印件□ 无重大以上责任事故记录证明□</td></tr>
<tr><td>承诺</td><td colspan="6">本人承诺上述所有内容真实、有效，并承担由此产生的法律责任。
本人签字： 日期：</td></tr>
<tr><td rowspan="4">考试记录</td><td colspan="2">成绩</td><td colspan="2">考核员</td><td colspan="2">考核员</td></tr>
<tr><td colspan="2"></td><td colspan="2"></td><td colspan="2"></td></tr>
<tr><td colspan="2"></td><td colspan="2"></td><td colspan="2"></td></tr>
<tr><td colspan="2"></td><td colspan="2"></td><td colspan="2"></td></tr>
<tr><td>交通主管部门意见</td><td colspan="6">（盖章）
年 月 日</td></tr>
<tr><td rowspan="2">从业资格证件发放</td><td>发放人（签字）</td><td colspan="2"></td><td>日期</td><td colspan="2"></td></tr>
<tr><td>领取人（签字）</td><td colspan="2"></td><td>日期</td><td colspan="2"></td></tr>
</table>

附件3

机动车维修技术人员从业资格考试申请表

<table>
<tr><td>姓名</td><td></td><td>性别</td><td></td><td>学历</td><td></td><td rowspan="4">照片</td></tr>
<tr><td>住址</td><td colspan="5">(电话)</td></tr>
<tr><td>工作单位</td><td colspan="5">(电话)</td></tr>
<tr><td>身份证号</td><td colspan="5"></td></tr>
<tr><td>申请种类</td><td colspan="6">质量检验人员□ 技术负责人员□ 机修□ 电器□ 钣金□ 涂漆□ 车辆技术评估(含检测)□</td></tr>
<tr><td>材料清单</td><td colspan="6">学历证明原件□ 学历证明复印件□ 身份证明原件□ 身份证明复印件□ 驾驶证原件□ 驾驶证复印件□ 技术职称证明原件□ 技术职称证明复印件□ 工作经历证明原件□</td></tr>
<tr><td>承诺</td><td colspan="6">本人承诺上述所有内容真实、有效,并承担由此产生的法律责任。
本人签字: 日期:</td></tr>
<tr><td rowspan="7">考试记录</td><td>科目</td><td>成绩</td><td>考核员</td><td colspan="3">考核员</td></tr>
<tr><td rowspan="3">理论知识</td><td></td><td></td><td colspan="3"></td></tr>
<tr><td></td><td></td><td colspan="3"></td></tr>
<tr><td></td><td></td><td colspan="3"></td></tr>
<tr><td rowspan="3">技能考核</td><td></td><td></td><td colspan="3"></td></tr>
<tr><td></td><td></td><td colspan="3"></td></tr>
<tr><td></td><td></td><td colspan="3"></td></tr>
<tr><td>道路运输管理机构意见</td><td colspan="6">(盖章)
年 月 日</td></tr>
<tr><td rowspan="2">从业资格证件发放</td><td>发放人(签字)</td><td></td><td>日期</td><td colspan="3"></td></tr>
<tr><td>领取人(签字)</td><td></td><td>日期</td><td colspan="3"></td></tr>
</table>

附件 4

机动车驾驶培训教练员从业资格考试申请表

<table>
<tr><td>姓名</td><td></td><td>性别</td><td></td><td>学历
（技术职称）</td><td></td><td rowspan="5">照
片</td></tr>
<tr><td>住址</td><td colspan="5">（电话）</td></tr>
<tr><td>工作单位</td><td colspan="5">（电话）</td></tr>
<tr><td>身份证号</td><td colspan="5"></td></tr>
<tr><td>培训单位</td><td colspan="5"></td></tr>
<tr><td>驾驶证准驾车型</td><td colspan="2"></td><td colspan="2">初领驾驶证日期</td><td colspan="2">年　月　日</td></tr>
<tr><td>申请种类</td><td colspan="6">理论教练员□　驾驶操作教练员□　道路客货运输驾驶员从业资格培训教练员□　危险货物运输驾驶员从业资格培训教练员□</td></tr>
<tr><td>申请准教车型</td><td colspan="6">A1□　A2□　A3□　B1□　B2□　C1□　C2□　C3□　C4□　D□
E□　F□　M□　N□　P□</td></tr>
<tr><td>材料清单</td><td colspan="6">身份证明原件□　身份证明复印件□
学历证明原件□　学历证明复印件□
技术职称证明原件□　技术职称证明复印件□
驾驶证原件□　驾驶证复印件□
安全驾驶经历证明□　相应车型驾驶经历证明□
原从业资格证复印件□　相应教学经历证明□</td></tr>
<tr><td>承诺</td><td colspan="6">本人承诺上述所有内容真实、有效，并承担由此产生的法律责任。
本人签字：　　　　日期：</td></tr>
<tr><td rowspan="3">考试记录</td><td>科　目</td><td>成　绩</td><td>主考人</td><td>监考人</td><td colspan="2">日　期</td></tr>
<tr><td>理论知识考试</td><td></td><td></td><td></td><td colspan="2"></td></tr>
<tr><td>示范教学考试</td><td></td><td></td><td></td><td colspan="2"></td></tr>
<tr><td>道路运输管理机构意见</td><td colspan="6">（盖章）
年　月　日</td></tr>
<tr><td rowspan="2">从业资格证件发放</td><td>发放人（签字）</td><td colspan="2"></td><td>日期</td><td colspan="2"></td></tr>
<tr><td>领取人（签字）</td><td colspan="2"></td><td>日期</td><td colspan="2"></td></tr>
</table>

附件 5

中华人民共和国道路运输从业人员从业资格证式样

中华人民共和国交通部制

（封底）

中华人民共和国
道路运输从业人员

从业资格证

（封面）

中华人民共和国
道路运输从业人员

从业资格证

（第1页）

姓名		（照片）
性别		
出生		
住址		
身份证件号		
从业资格证件号		
从业资格类别		
发证机关	有效期至　年　月　日 发证日期　年　月　日 （盖章）	

（第2页）

服务单位	
联系电话： 地址： （盖章） 年　月　日	联系电话： 地址： （盖章） 年　月　日
联系电话： 地址： （盖章） 年　月　日	联系电话： 地址： （盖章） 年　月　日

（第3页）

违章和计分记录

（第 4 页）

违章和计分记录

（第 5 页）

违章和计分记录

继续教育记录	
1	
2	
3	
4	

（第 6 页）　　　　（第 7 页）

诚信考核记录	
年度	考核记录

（第8页）

注 意 事 项

1. 本证件为获准从事道路运输活动的资格证件，必须随身携带。

2. 道路运输从业人员，应当持有与其所从事的道路运输活动相应的从业资格证件。

3. 遵守国家有关法律、法规和交通部发布的道路运输规章。

4. 服从交通主管部门和道路运输管理机构的监督、检查和指挥。

（第9页）

说明：

1. 封面

材料采用证件革，颜色为老蓝平纹。

字体字号分别为：

“中华人民共和国道路运输从业人员”——二号宋体，烫金压凹。

“从业资格证”——零号长标宋体，烫金压凹。

“行徽”——烫金压凹。

2. 封底

“中华人民共和国交通部制”——小二号长宋体，压凹。

3. 成品尺寸：宽 80mm，高 115mm。

4. 从业资格类别栏分别填写：道路旅客运输驾驶员、道路货物运输驾驶员、道路危险货物运输驾驶员、道路危险货物运输装卸管理人员、道路危险货物运输押运人员、机动车维修（质量检验人员）、机动车维修（技术负责人员）、机动车维修（机修）、机动车维修（电器）、机动车维修（钣金）、机动车维修（涂漆）、机动车维修（车辆技术评估）、道路运输经理人、道路客运乘务员、机动车驾驶员培训机构教学负责人、机动车驾驶员培训机构结业考核人员、机动车维修企业价格结算员、机动车维修企业业务接待员。

5. 本证件只能打印，禁止手写或者涂改。采用电子证件的，应当包含该证件式样所确定的相关信息。

附件6

道路运输从业人员从业资格证件换发、补发、变更登记表

<table>
<tr><td>姓名</td><td></td><td>性别</td><td></td><td>学历</td><td></td><td rowspan="4">照片</td></tr>
<tr><td>住址</td><td colspan="5">（电话）</td></tr>
<tr><td>工作单位</td><td colspan="5">（电话）</td></tr>
<tr><td>身份证号</td><td colspan="5"></td></tr>
<tr><td>驾驶证
准驾车型</td><td colspan="2"></td><td colspan="2">初领驾驶证日期</td><td colspan="2"></td></tr>
<tr><td>原从业
资格证件号</td><td colspan="2"></td><td colspan="2">初领从业资格
证件日期</td><td colspan="2">年　月　日</td></tr>
<tr><td>申请种类</td><td colspan="2">换发□</td><td colspan="2">补发□</td><td colspan="2">变更□</td></tr>
<tr><td>申请理由</td><td colspan="6"></td></tr>
<tr><td>承诺</td><td colspan="6">本人承诺上述所有内容真实、有效，并承担由此产生的法律责任。
本人签字：　　　日期：</td></tr>
<tr><td>管理部门
意见</td><td colspan="6">（盖章）
年　月　日</td></tr>
<tr><td rowspan="2">从业资格
证件发放</td><td>发放人（签字）</td><td colspan="2"></td><td>日期</td><td colspan="2"></td></tr>
<tr><td>领取人（签字）</td><td colspan="2"></td><td>日期</td><td colspan="2"></td></tr>
</table>

关于认真贯彻实施《道路运输从业人员管理规定》的通知

（交通部　交公路发〔2006〕765 号　2006.12.31）

各省、自治区、直辖市交通厅(局、委)，新疆生产建设兵团交通局：

部于 2006 年 11 月 23 日发布了《道路运输从业人员管理规定》(交通部 2006 年第 9 号令，以下简称《规定》)，自 2007 年 3 月 1 日正式实施。为做好《规定》的贯彻实施工作，现将有关要求通知如下：

一、充分认识《规定》颁布实施的重要意义

《规定》是《中华人民共和国道路运输条例》关于道路运输从业人员管理的专项配套规章，是在总结《营业性道路运输驾驶员职业培训管理规定》(交通部 2001 年第 7 号令)实施经验的基础上，综合我国道路运输行业实际和发展需要制定的。目前全国道路运输从业人员队伍已经达到 1800 万人，为解决城乡居民就业问题，促进和谐社会建设起到了非常重要的作用。但道路运输从业人员素质参差不齐，整体素质不高。要发展道路运输生产力，保障道路运输安全，提高公共服务水平，转变行业经济增长方式，节约能源，减少环境污染，提高运输效率和效益，规范市场竞争秩序，从根本上讲，要靠从业队伍整体素质的提高。这正是制定《规定》的根本出发点。

《规定》对道路运输从业人员的管理原则、管理范围、资格考试和认证程序、从业资格证件管理、从业人员经营行为、违章处罚等作了具体规范，是道路运输从业人员管理的一部纲领性、系统性规章。它的颁布实施，对于强化道路运输管理，推进道路运输从业队伍建设，全面提升道路运输从业人员综合素质，推动道路运输行政管理改革，培育一个安全和谐文明的道路运输市场，实现道路运输又好又快发展，具有重要意义。

从业人员管理既是道路运输行业管理的重要内容，也是重要手段。各级交通主管部门和道路运输管理机构要以《规定》的发布实施为契机，切实加强道路运输从业人员管理，把从业人员管理工作作为道路运输发展和管理中一项基础性、系统性、根本性的大事来抓。地方各级交通主管部门和道路运输管理机构要站在全面推进依法行政的高度，充分认识贯彻实施《规定》的重要性和必要性，切实领会《规定》的立法宗旨，深入贯彻落实《规定》确定的制度，全面规范道路运输从业人员管理。

二、广泛开展《规定》的学习和宣传

认真学习、正确理解、全面实施《规定》是当前道路运输管理工作的一项重要任务。各级交通部门、道路运输管理机构要结合本地方、本单位的实际情况，切实做好《规定》的学习，全面理解和正确把握《规定》的基本原则和内涵。要按照学用结合的原则，切实转变管理理念，履行管理职能，不断改进管理方式，进一步规范对从业人员的管理。各级道路运输管理机构要对具体从事相关工作的同志，实行全员培训，使他们能熟知和掌握《规定》的基本原则和主要内容，确保《规定》得以顺利实施。

《规定》的实施牵涉面广、社会影响大。各地要全面开展宣传解读工作，充分利用电视、报刊、广播、互联网等各种舆论宣传工具，采取宣讲、解读、知识竞赛等多种形式，用至少一个月的时间，集中加强《规定》的新闻宣传，特别是从提高道路运输服务水平、服务质量，保障安全生产的角度，向社会特别是从业人员解释《规定》实施的重要意义，为《规定》的贯彻实施营造良好的社会环境和舆论氛围。

三、全面加强从业人员管理

各地交通主管部门和道路运输管理机构要结合《规定》的贯彻实施，认真研究解决本地区从业人员管理中存在的问题，有针对性地采取措施，切实加强从业人员管理工作。

要树立服务理念，进一步公开办事程序，提高从业人员考试和发证效率；要坚持依法行政，按照“教育为主、处罚为辅”的原则，加强对从业人员的教育，严格依法实施行政处罚，不能以增加处罚收入为目的，随意扩大处罚范围或者增加处罚额度；要规范管理行为，建立健全行政管理内部监督和社会监督体系，完善执法监督。

要严格执行收费政策，凡针对从业人员的收费，包括培训、考试、从业资格证的收费，都要经过财政、物价部门审核，不能擅自增加收费项目，提高收费标准，避免给从业人员增加不合理的负担。对从业人员的培训也要实行统一规划，在培训的时间、内容、课程、教材、师资、场地、收费等方面要有科学、合理、全面、系统的方案，确保培训质量，务求实效，切忌形式化、走过场。对从业人员的资格考试要认真执行部的统一大纲，做到严肃认真，凡是因管理不严而出现弄虚作假、考试舞弊、制造使用伪、假证件的，必须严肃处理；要积极运用计算机信息技术，加快推行计算机随机出题考试和网络化考试，确保考试质量，节约考试成本。要尽快开展相关准备工作，按照全国统一规定准时、保质开展从业人员考试工作。

四、对几项工作的具体要求

（一）关于从业资格证件的印制和编号。所有道路运输从业人员从业资格证件（含《中华人民共和国机动车驾驶培训教练员证》）由交通部交通专业人员资格评价中心统一印制并编号，省级道路运输管理机构统一领取后，按《规定》确定的权限由相应的道路运输管理机构发放和管理。道路运输从业资格证件编号规则和发放办法，由交通专业人员资格评价中心另行制定。

（二）关于已经取得的从业资格证件的管理问题。在 2007 年 3 月 1 日前，按相关规定已经取得的相应从业资格证件（2006 年 4 月 1 日后取得的《中华人民共和国机动车驾驶培训教练员证》除外），且有效期在 2008 年 3 月 1 日前的，按照《规定》要求，在原证件有效期届满 30 日前，到原发证机关办理换证手续；证件有效期在 2008 年 3 月 1 日之后的，应在 2008 年 6 月 30 日前，到原发证机关办理换证手续；2008 年 7 月 1 日后，旧证件无效，持旧证件从事道路运输经营业务的，按照《规定》第四十八条的规定实施处罚。2006 年 4 月 1 日后取得的《中华人民共和国机动车驾驶培训教练员证》，在证件到期后，按《规定》换发新的证件。

换发证件过程中，交通主管部门和道路运输管理机构对相关申请人不再组织考试，只进行形式审查，经审查符合要求的，直接换发新的从业资格证件；但对道路危险货物运输驾驶员、装卸管理人员和押运人员，则必须审查申请人参加相应法律、法规、知识和技术培训的记录和合格证明，符合要求后，才能换发新的从业资格证件。

（三）关于部分从业人员的从业条件。对“道路运输经理人”、“其他道路运输从业人员”等《规定》中没有明确从业条件的，其从业条件由省级道路运输管理机构确定，待全国颁布统一的规定后，按全国的统一规定执行。

（四）关于道路运输从业人员从业资格考试考核员资格管理。省级道路运输管理机构应当加强对道路运输从业人员从业资格考试考核员的管理。同时，部将建立全国道路运输从业人员从业资格考核员数据库，具体工作由交通专业人员资格评价中心负责。

（五）关于从业资格证件工本费和从业资格考试收费标准。从业资格证件工本费和从业资格考试收费标准，目前由省级交通主管部门会同同级财政部门、物价部门核定。

（六）关于从业人员管理信息系统。各级交通主管部门和道路运输管理机构应在全国道路运输信息化建设的框架内，按照部的统一规划和相关技术标准，结合道路运输管理信息系统，稳步推进道路运输从业人员电子化从业资格证件，尽快建立道路运输从业人员数据库和管理信息系统，逐步实现异地稽查信息共享和动态资格管理，为实行道路运输从业人员诚信考核提供基础信息支撑，并将从业人员的相关信息向社会公布，向道路运输经营者和相关人员提供查询服务。从业资格证件电子化具体步骤和方案由部另行规定。

关于进一步加强道路运输车辆改装管理工作的通知

（交通部　交公路发〔2006〕158号　2006.04.13）

各省、自治区、直辖市、新疆生产建设兵团交通厅（局、委）：

为加强道路运输车辆技术管理，依法打击非法改装行为，根据《中华人民共和国道路运输条例》及《道路旅客运输及客运站管理规定》、《道路货物运输及站场管理规定》、《道路危险货物运输管理规定》等有关规定，现就进一步加强道路运输车辆改装管理工作通知如下：

一、依法认定非法改装道路运输车辆

非法改装道路运输车辆，是指未经有关部门批准，擅自改变已获得《道路运输证》车辆结构、构造或者特征的车辆。主要包括：

1. 擅自改变车辆类型或用途。指擅自将客车改为货车、货车改为客车、普通货车改为专用货车、专用货车改为普通货车、卧铺客车改为座位客车、座位客车改为卧铺客车。

2. 擅自改变车辆颜色。指擅自将驾驶室和车身改为与原车辆不同的外观颜色。

3. 擅自改变车辆主要总成部件。指擅自更换与原车型不一致的发动机、变速箱、前桥、后桥或者车架；擅自更换车辆车身或者罐车罐体；擅自改变车辆悬架形式（空气悬架、复合悬架、钢板弹簧式悬架等悬架形式之间的改变）。

对于小型、微型道路客运车辆加装前后防撞装置，道路货运车辆加装防风罩、水箱、工具箱、备胎架等，道路运输车辆增加车内装饰等，在不影响安全和识别号牌的情况下，可由道路运输经营者自行决定，交通主管部门和道路运输管理机构不得将其认定为非法改装道路运输车辆。

4. 擅自改变车辆外廓尺寸或者承载限值。指擅自加高、加宽、加长、拆除货厢拦板或者增加车辆外廓尺寸;擅自增加或者减少轮胎数量;擅自增加或者减少车轴数量;擅自增加客车座位或者卧铺铺位。

非法改装道路运输车辆,将破坏车辆本身的结构和性能,给车辆行驶带来安全隐患,同时会造成道路运输市场的不公平竞争,不利于道路运输市场健康协调发展,危害很大。各级交通主管部门和道路运输管理机构必须按照《中华人民共和国道路运输条例》及相关配套规章的规定,严格道路运输车辆改装管理,对擅自改装车辆的行为,要予以严厉打击。

二、坚决防止非法改装车辆进入道路运输市场

各级交通主管部门和道路运输管理机构必须严把道路运输车辆市场准入关。对非法改装等不符合技术标准的车辆,一律不得允许进入道路运输市场。对准许非法改装等不符合技术标准的车辆进入道路运输市场的单位和个人,要依法追究责任。

三、规范已取得《道路运输证》车辆的改装行为

已获得《道路运输证》的车辆确需改装的,道路运输经营者应当事先获得有关部门的批准,交由合法改装企业实施车辆改装作业。改装完毕后,道路运输经营者应当到有关部门办理车辆行驶证变更手续,并经车辆综合性能检测合格后,到交通主管部门和道路运输管理机构办理《道路运输证》变更手续。

四、规范对非法改装道路运输车辆的执法行为

各级交通主管部门和道路运输管理机构应当严格按照规定认定非法改装道路运输车辆,不得扩大认定范围. 对允许或经批准改装的道路运输车辆,不得处罚。对经确认的非法改装道路运输车辆,应当严格按照《中华人民共和国道路运输条例》第七十一条第二款的规定,视情节轻重予以处罚。在执法过程中,应当坚持教育为主、处罚为辅的原则,以消除违法违章行为为目的,督促运输经营者采取措施恢复车辆原状。拒不改正的,发放《道路运输证》的道路运输管理机构应当按照有关规定，注销其《道路运输证》。

各级交通主管部门和道路运输管理机构在认定非法改装道路运输车辆时，应当承担举证责任。

五、实施非法改装道路运输车辆黑名单制度

各级交通主管部门和道路运输管理机构应当结合道路运输车辆年度审验和执法检查，完善非法改装道路运输车辆信息管理制度，定期向社会公布有关信息，并将非法改装较多的车型纳入重点监管车型，实施重点检查和管理。必要时向社会发布预警信息，督促相关车辆生产厂家直接设计生产符合道路运输市场需要的车型，引导道路运输经营业户直接选购符合道路运输车辆技术标准的车型。

六、建立部门间协调配合机制，严厉打击非法改装企业

各级交通主管部门和道路运输管理机构应当主动配合有关部门开展非法改装车辆专项整治活动，查处非法改装企业，并建立信息交换机制，对源头管理和执法检查中发现的非法改装企业信息，定期向公安、工商、发展改革等有关部门通报，力争从源头上消除非法改装道路运输车辆。

各级道路运输管理机构应当加强对机动车维修企业经营行为的监督检查，发现机动车维修企业存在非法改装等违法违规行为的，要严格按照《中华人民共和国道路运输条例》及《机动车维修管理规定》相关条款的规定予以处罚，并将有关情况作为机动车维修质量信誉考核的重要内容。

关于认真贯彻国家标准《道路运输危险货物车辆标志》的通知

（交通部、公安部、安全监管总局、
发展改革委　交公路发〔2006〕204 号　2006.05.11）

各省、自治区、直辖市交通厅（局、委）、公安厅（局）、安全生产监督管理局、发改委：

2005 年 4 月，国家质量监督检验检疫总局、国家标准化委员会修订发布了强制性国家标准《道路运输危险货物车辆标志》（GB 13392—2005），并于 2005 年 8 月 1 日起正式实施。为了认真贯彻落实《道路运输危险货物车辆标志》，规范和统一道路危险货物运输车辆的标志、标识，保障道路危险货物运输车辆安全运行，现就有关要求通知如下：

一、有关部门密切配合，督促运输企业认真执行国家标准

道路运输危险货物车辆标志是道路危险货物运输车辆区别于其他车辆的主要标识，在危险货物运输过程中起到了重要的警示及救援参照作用，一旦发生运输安全事故，抢险救灾部门可根据标志提示，迅速确定危险货物的类别、项别，及时、正确地制订抢险方案，将事故危害降到最低程度。

各级交通、公安、安全监管部门要加强协调配合，督促道路危险货物运输企业严格执行国家标准。交通部门在 2006 年 10 月 31 日前，组织、指导、督促道路危险货物运输企业（单位）严格按照国家标准的规定，在道路危险货物运输车辆上安装或更换相应的标志灯、标志牌，确保标志标识正确、规范、醒目。同时，要对现有道路运输危险货物车辆的标志、标识进行全面检查，不符合国家标准的，立即进行整改。全国道路危险货物运输车辆标志的整改换发工作，应在2006年10月31日前完成。逾期达不到国家标准规定的，由原发证的单位吊销道路危险货物运输许可。

公安机关交通管理部门自2006年11月1日起，按照《危险化学品安全管理条例》、《道路运输危险货物车辆标志》和《剧毒化学品购买和公路运输许可证件管理办法》（公安部第77号令）的相关规定，在办理剧毒化学品公路运输通行证工作时，对道路运输危险货物车辆不按规定悬挂警示标志的，不予核发剧毒化学品公路运输通行证。

安全监管部门配合交通、公安部门，督促道路危险货物运输企业（单位）严格执行《道路运输危险货物车辆标志》。

国家发展改革委在《车辆生产企业及产品公告》中，要求在道路运输危险货物专用车辆上喷涂或悬挂符合国家标准规定的警示标志。

二、加强对道路运输危险货物车辆标志安装工作的指导和监督，保证标志的质量和安装符合技术要求

各级交通部门要加强对道路危险货物运输企业的指导和检查，督促运输企业严把道路运输危险货物车辆标志的质量关，保证标志灯、标志牌的质量符合标准要求，保证标志灯、标志牌的形式、外观、样式以及安装（悬挂）位置与标准要求一致。生产标志灯、标志牌的企业，应提供省级质量检测部门出具的检测合格报告。标志灯的光源为荧光物质，荧光黄色在正常使用条件下应至少保持两年不褪色。褪色后应及时更换。标志牌的反光膜、印刷图形能有效地防止酸、碱液或腐蚀性烟雾的侵蚀，使用寿命不少于两年。

运输易燃和易爆物品的道路运输危险货物车辆，在驾驶室上方安装的标志灯必须符合《道路运输危险货物车辆标志》（GB 13392—2005）的要求。不再执行《机动车运行安全技术条件》（GB 7258—2004）第12.10款中对这类车辆标志灯的要求。

三、规范执法行为，促进道路运输危险货物车辆标志管理工作规范、有序

各级交通、公安、安全监管部门不得强制要求道路运输危险货物车辆安装不符合国家标准规定的标志、标识,更不得以此为依据对运输企业进行处罚。

本通知下发前出台的相关规定,与国家标准要求不一致的,一律按国家标准执行。2005 年已经按照全国道路交通安全工作部际联系会议《道路运输危险化学品安全专项整治方案》(公交管〔2005〕49 号)的要求喷涂、粘贴有关标志标识的,现有标志标识仍予以保留,并按照《道路运输危险货物车辆标志》的要求安装标志灯、牌;对于其他车辆,要严格按照国家标准安装标志灯、牌,从事剧毒化学品运输的,还要按照《剧毒化学品购买和公路运输许可证件管理办法》及其贯彻通知规定加装安全标示牌。

道路运输企业质量信誉考核办法(试行)

(交通部　交公路发〔2006〕294 号　2006.06.23)

第一章　总　则

第一条　为加强道路运输市场管理,加快道路运输市场诚信体系建设,建立和完善优胜劣汰的竞争机制和市场退出机制,引导和促进道路运输企业加强管理、保障安全、诚信经营、优质服务,制定本办法。

第二条　对道路旅客运输企业、道路货物运输企业(以下统称为道路运输企业)进行质量信誉考核,应当遵守本办法。

本办法所称的质量信誉考核,是指在考核年度内对道路运输企业的安全生产、经营行为、服务质量、管理水平和履行社会责任等方面进行的综合评价。

本办法所称的道路客运企业,是指从事班车客运、包车客运或旅游客运业务的企业;道路货运企业是指从事营业性道路货物运输或从事为本单位服务的非经营性道路危险货物运输的企业。

第三条　道路运输企业质量信誉考核工作应当遵循公开、公平、公正的原则。

第四条　道路运输企业应当自觉遵守国家有关法律、法规及规章,加强管理,诚信经营,履行社会责任,为社会提供安全、优质的运输服务。

各级交通主管部门和道路运输管理机构应当鼓励和支持质量信誉良好的道路运输企业发展。

第五条　交通部主管全国道路运输企业质量信誉考核工作。

县级以上人民政府交通主管部门负责组织领导本行政区域的道路运输企业质量信誉考核工作。

道路运输企业质量信誉考核工作具体由省级道路运输管理机构统一组织开展，市、县级道路运输管理机构按本办法规定的职责，做好相关工作。

第二章 质量信誉等级

第六条 道路运输企业质量信誉等级分为优良、合格、基本合格和不合格，分别用AAA级、AA级、A级和B级表示。

第七条 道路运输企业质量信誉考核指标包括：

（一）运输安全指标：交通责任事故率、交通责任事故死亡率、交通责任事故伤人率；

（二）经营行为指标：经营违章率；

（三）服务质量指标：社会投诉率；

（四）社会责任指标：国家规费缴纳情况、按法律法规要求投保承运人责任险情况、政府指令性运输任务完成情况；

（五）企业管理指标：质量信誉档案建立情况、企业稳定情况、企业形象、科技设备应用情况、获得省部级以上荣誉称号情况。

第八条 道路运输企业质量信誉考核实行计分制，考核总分为1000分，加分为100分。

在考核总分中运输安全指标为300分、经营行为指标为200分、服务质量指标为200分、社会责任指标为150分、企业管理指标为150分。

企业管理指标中的企业形象、科技设备应用情况、获得省部级以上荣誉称号情况以及社会责任指标中的政府指令性运输任务完成情况为加分项目。

具体考核记分标准见附件。

第九条 道路运输企业质量信誉等级，由道路运输管理机构按照下列标准进行评定：

（一）考核期内未发生一次死亡3人以上的重特大交通责任事故或特大恶性污染责任事故，也未发生一次特大恶性服务质量事件，且考核总分和加分合计不低于850分的，质量信誉等级为AAA级；

（二）考核期内未发生一次死亡10人以上的特大交通责任事故或特大恶性污染责任事故，也未发生一次特大恶性服务质量事件，且考核总分和加分合计在700分至849分之间的，质量信誉等级为AA级；

（三）考核期内未发生一次死亡10人以上的特大交通责任事故或特大恶性污染责任事故，也未发生一次特大恶性服务质量事件，且考核总分和加分合计在600分至699分之间的，质量信誉等级为A级；

（四）考核期内有下列情形之一的，质量信誉等级为B级：

1. 发生一次死亡10人以上的特大交通责任事故的；

2. 发生一次特大恶性污染责任事故的；

3. 发生一次特大恶性服务质量事件的；

4. 考核总分和加分合计低于600分的。

特大恶性污染责任事故是指由于企业原因，造成所承运的货物泄露、丢失、燃烧、爆炸等，对社会环境造成严重污染、造成国家和社会公众财产重大损失的运输责任事故。

特大恶性服务质量事件是指由于企业原因，对旅客或货主造成严重人身伤害或重大财产损失，或在社会上造成恶劣影响，而受到省级以上交通主管部门或道路运输管理机构通报批评的服务质量事件。

第三章　质量信誉考核

第十条　道路运输企业、企业所在地县级或设区的市级道路运输管理机构应当分别建立道路运输企业质量信誉档案。质量信誉档案应当包括下列内容：

(一)企业基本情况,包括企业名称、法人代表姓名、道路运输经营许可证、工商执照、分公司名称及所在地、从业人员数、营运客车或货车数量、所经营的客运班线;

(二)交通责任事故情况,包括每次交通责任事故的时间、地点、肇事车辆、肇事原因、驾驶人员、死伤人数及后果、事故责任认定书;

(三)违章经营情况,包括每次违章经营的时间、地点、车辆、责任人、违章事实、查处机关及行政处罚决定书;

(四)服务质量情况,包括每次服务质量投诉的投诉人、投诉内容、投诉方式、营运车辆车牌号、责任人、受理机关、曝光媒体名称、社会影响及核查处理情况;

(五)国家规费缴纳情况,包括企业应缴运管费、养路费、客货运附加费的金额和实际缴纳的情况;

(六)企业按法律、法规要求投保承运人责任险情况,包括应投保承运人责任险的车辆数量、应缴保险费用、应投保金额及实际投保的情况、承运人保险单;

(七)完成政府指令性运输任务的情况,包括下达任务的部门、完成任务的时间、投入运力数量、完成运量及是否符合要求等情况;

(八)企业稳定情况,包括每次影响社会稳定事件的时间、主要原因、事件经过、参加人数、上访部门、社会影响和处理情况;

(九)企业管理情况,包括使用GPS、行车记录仪等科技设备的营运车辆数量和车牌号,车辆喷涂统一标识和外观、企业服务人员统一服装以及获得省部级以上荣誉称号的情况。

第十一条 道路运输企业应当加强对质量信誉档案的管理,按照第十条的要求及时将相关内容和材料记入质量信誉档案,并按照所在地县级或设区的市级道路运输管理机构的要求定期报送相关材料。

第十二条 道路运输管理机构应当加强对道路运输市场的监督和检查,认真受理社会投诉举报,加强与相关部门的信息沟通,及时、全面、准确了解掌握道路运输企业质量信誉的情况，经核实后及时记入道路运输管理机构的质量信誉档案。

道路运输管理机构在监督检查中发现外地营运车辆违章经营时，应将违章情况和处理结果抄告车籍所在地县级以上道路运输管理机构。车籍所在地县级或设区的市级道路运输管理机构接到抄告后，应及时将违章情况记入本机构的质量信誉档案，并定期通报营运车辆所属企业。

道路运输管理机构应当加强信息化建设，逐步建立道路运输企业质量信誉公共信息平台，实现信息共享。

第十三条 道路运输企业质量信誉考核工作每年进行一次。考核周期为每年的1月1日至12月31日。考核工作应当在考核周期次年的3月至6月进行。

第十四条 道路运输企业应在每年的3月底前，根据本企业的质量信誉考核档案对上年度的质量信誉情况进行总结，向所在地的县级或设区的市级道路运输管理机构申请考核，并如实报送质量信誉情况总结及有关材料。

道路运输管理机构在日常工作中已经掌握被考核道路运输企业质量信誉考核指标情况的，可不再要求道路运输企业报送此项指标的相关材料。

在异地设有分公司的道路运输企业，按上述要求提供材料时，应当包括分公司的营运车辆及质量信誉情况。分公司所在地县级或设区的市级道路运输管理机构应对分公司的质量信誉情况进行核实，出具书面证明，并对确认结果负责。

第十五条 道路运输企业所在地县级道路运输管理机构应当根据本机构的道路运输企业质量信誉档案，对道路运输企业报送的质量信誉情况进行核实。发现不一致的，应要求企业进行说明或组织调查。核实结束后，应根据各项考核指标的初步结果进行打分，对道路运输企业质量信誉等级进行初评，并将各项考核指标数据和所得分数、初评结果上报地市级道路运输管理机构。

道路运输企业所在地为设区市的，由所在地设区的市级道路运输管理机构负责对道路运输企业质量信誉情况进行核实，并对企业质量信誉等级进行初评。

第十六条 设区的市级道路运输管理机构应将道路运输企业的各项考核指标数据和所得分数、初评结果书面通知被考核道路运输企业，并在当地主要新闻媒体或本机构网站上进行为期 15 天的公示。被考核企业或者其他单位、个人对公示结果有异议的，可在公示期内向设区的市级道路运输管理机构书面申诉或者举报。公示结束后，设区的市级道路运输管理机构应当对企业的申诉和社会反映的情况进行调查核实，根据各项指标的最终考核结果对企业的质量信誉等级进行评定，并将评定结果上报省级道路运输管理机构。

向道路运输管理机构举报道路运输企业质量信誉有关情况的单位或个人，应加盖单位公章或如实签署姓名，并附联系方式，否则不予受理。

道路运输管理机构应当为举报人保密，不得向其他单位或个人泄漏举报人的单位名称、姓名及有关情况。

第十七条 省级道路运输管理机构应于 6 月 30 日前在本机构网站或本级交通主管部门网站上公布上一年度道路运输企业质量信誉考核结果，并在网站上建立专项查询系统，方便社会各界查询道路运输企业历年的质量信誉等级。

第十八条 道路运输企业同时经营道路旅客运输业务和道路货物运输业务的，应分别根据企业营运客车、营运货车的质量信誉情况来计算客运业务和货运业务的各项考核指标，并以此为依据分别评定企业的道路客运、道路货运质量信誉等级。

第十九条 道路运输企业下设的分公司与总公司一起进行质量信誉考核，子公司的质量信誉等级由其所在地道路运输管理机构单独评定。

第四章 奖惩措施

第二十条 道路运输管理机构在实施道路客运班线经营权许

可时，在下列情况下，应参考企业的客运质量信誉考核结果。

（一）两个以上道路客运企业同时申请同一新增道路客运班线经营权，在都符合许可条件的前提下，许可机关应当将经营权许可给上一年度客运质量信誉等级高的企业。上一年度客运质量信誉等级相同的，应逐年比较上一年度之前的企业客运质量信誉等级，择优许可。

（二）采取服务质量招投标的方式来实施新增道路客运班线经营权许可的，企业的客运质量信誉等级作为评标时重要的评价内容，具体办法另行规定。

（三）道路客运企业原经营的道路客运班线经营期限届满，继续申请经营的，其客运质量信誉等级在该班线经营期限内每年都不低于AA级，且其中两年以上达到AAA级的，在符合《道路旅客运输及客运站管理规定》有关规定的情况下，许可机关应当予以许可，并按照有关规定重新办理手续。

（四）道路客运企业原经营的道路客运班线经营期限届满，企业客运质量信誉等级达不到本款第（三）项要求的，许可机关应当收回其10%以上的到期的道路客运班线经营权；如果企业客运质量信誉等级在班线经营期限内有两年以上为B级或3年以上为A级的，许可机关应当收回其30%以上的到期的道路客运班线经营权。应收回道路客运班线经营权不足一条的，收回一条。在经营期限到期的道路客运班线中，如果有发生重特大安全事故、特大服务质量事故或长期不规范经营的，必须收回。需要重新分配的，按照《道路旅客运输及客运站管理规定》及本款第（一）、（二）项的规定办理。

第二十一条 鼓励货源单位在选定货物承运单位时优先选择货运质量信誉等级高的道路货运企业。

第二十二条 道路运输企业上一年度质量信誉等级为B级或上两年度连续考核为A级的，道路运输管理机构应当责令其进行整改。整改结束后，道路运输管理机构应当对整改情况进行验收。整改不合格且存在重大安全隐患的，由原许可机关按照相关规定吊销其相应的道路运输经营许可。

第二十三条 道路运输企业有下列情形之一的,其年度质量信誉考核为 B 级。

(一)不按要求参加年度质量信誉考核或不按要求报送质量信誉材料,拒不改正的;

(二)在质量信誉考核过程中故意弄虚作假、隐瞒情况或提供虚假情况,情节严重的;

(三)未按要求建立质量信誉考核档案,导致质量信誉考核工作无法进行的。

第五章 附 则

第二十四条 出租汽车客运、城市公共汽车客运企业的质量信誉考核办法,由省级交通主管部门依据职责权限参照本办法自行制定。

第二十五条 个体运输经营业户的质量信誉考核,由省级交通主管部门参照本办法自行制定。

第二十六条 各省、自治区、直辖市交通主管部门可依据本办法制定具体的实施细则。

第二十七条 本办法自发布之日起施行。

附件

道路运输企业质量信誉考核记分标准

<table>
<tr><th colspan="3">考核项目</th><th>考核分数</th><th>记分标准</th></tr>
<tr><td rowspan="6">运输安全（300分）</td><td rowspan="2">交通责任事故率</td><td>客运企业</td><td>50</td><td>每增0.01次/车，扣5分。</td></tr>
<tr><td>货运企业</td><td>50</td><td>每增0.01次/车，扣5分。</td></tr>
<tr><td rowspan="2">交通责任事故死亡率</td><td>客运企业</td><td>150</td><td>每增0.01人/车，扣25分。</td></tr>
<tr><td>货运企业</td><td>150</td><td>每增0.005人/车，扣25分。</td></tr>
<tr><td rowspan="2">交通责任事故伤人率</td><td>客运企业</td><td>100</td><td>每增0.01人/车，扣10分。</td></tr>
<tr><td>货运企业</td><td>100</td><td>每增0.005人/车，扣10分。</td></tr>
<tr><td rowspan="2">经营行为（200分）</td><td rowspan="2">经营违章率</td><td>客运企业</td><td>200</td><td>每增0.01次/车，扣10分。</td></tr>
<tr><td>货运企业</td><td>200</td><td>每增0.01次/车，扣10分。</td></tr>
<tr><td rowspan="2">服务质量（200）</td><td rowspan="2">社会投诉率</td><td>客运企业</td><td>200</td><td>每增0.01次/车，扣10分。</td></tr>
<tr><td>货运企业</td><td>200</td><td>每增0.005次/车，扣10分。</td></tr>
<tr><td rowspan="2">社会责任（150）</td><td colspan="2">规费缴纳</td><td>80</td><td>不按规定为营运车辆缴纳运管费、养路费、客货运附加费的，每台次扣10分。</td></tr>
<tr><td colspan="2">投保承运人责任险</td><td>70</td><td>不按法律法规要求为营运车辆投保承运人责任险的，每台次扣10分。</td></tr>
<tr><td rowspan="2">企业管理（150）</td><td colspan="2">质量信誉档案</td><td>50</td><td>质量信誉档案不健全的，每缺一项，扣10分；不按要求上报质量信誉情况但能及时纠正的，扣30分。</td></tr>
<tr><td colspan="2">企业稳定</td><td>100</td><td>由于企业管理原因，导致发生违反《信访条例》规定、出现过激行为、严重扰乱社会秩序、造成恶劣社会影响的群体性事件的，不得分；情节不严重，或经批评教育后及时改正的，每次扣50分。</td></tr>
</table>

续上表

考核项目		考核分数	记分标准
加分项目（100分）	企业形象	20	营运车辆统一标识和外观的，加10分；服务人员统一服装的，加10分。
	科技设备应用	30	50%以上营运车辆安装GPS或行车记录仪并有效应用的，加20分；全部营运车辆安装并有效应用的，加30分。
	省部级以上荣誉称号	20	获得省、部级以上荣誉称号的，加20分。
	完成政府指令性运输任务	30	圆满完成县级以上人民政府、交通主管部门或道路运输管理机构指令性应急运输任务的，加30分；未按要求完成的，不加分，并发生一次从考核总分中扣30分。

说明：

1. 所有项目的考核分，不计负分，扣完本项目规定考核分数为止。

2. 交通责任事故限于考核周期内道路运输企业承担同责及同责以上、有人员伤亡的交通事故。

交通责任事故率＝企业发生交通责任事故的次数/营运客车数（或营运货车数）

交通责任事故死亡率＝企业发生交通责任事故导致的死亡人数/营运客车数（或营运货车数）

交通责任事故伤人率＝企业发生交通责任事故导致的受伤人数/营运客车数（或营运货车数）

3. 经营违章限于企业及其从业人员违反交通行业管理行政法规、规章和规定，受到各级交通主管部门、道路运输管理机构行政处罚的违章行为。

经营违章率 = 企业被查处的违章行为的次数/营运客车数（或营运货车数）

4. 服务质量的社会投诉是指道路运输企业及其从业人员违反有关规定，损害他人正当权益，旅客、货主、其他相关人向道路运输管理机构进行投诉，或新闻媒体对企业的服务质量事件曝光，经查属实的。

社会投诉率 = 服务质量投诉次数/营运客车数（或营运货车数）

5. 省、部级以上荣誉称号指道路运输企业在考核周期内获得的国家部委、省级党政机关以上单位（不含下设机构）授予的在评优创先、安全生产、文明服务、精神文明建设方面的集体荣誉称号。

6. 各项考核指标的有效数据按四舍五入的原则保留到小数点后 2 或 3 位，具体要求见每项的记分标准。

7. 上述计算公式中营运客车数系指企业上年度末企业在册的营运客车总数，包括客运班车、客运包车、旅游客车，但不包括出租汽车和城市公共汽车；营运货车数系指企业上年度末企业在册的营运货车总数，包括非经营性道路危险货物运输车辆。

关于加强危险化学品道路运输安全管理的紧急通知

（安全监管总局、公安部、交通部
安监总危化〔2006〕119号 2006.06.23）

各省、自治区、直辖市及新疆生产建设兵团安全生产监督管理局、公安厅（局）、交通厅（局）：

近来，一些地区接连发生道路运输事故引发的危险化学品泄漏、燃烧、爆炸事故，造成人员伤亡和环境污染。究其原因，主要是部分危险化学品从业单位特别是危险化学品道路运输企业没有严格遵守有关法律法规的规定，企业主体责任不落实；一些地方危险化学品事故应急处置能力不强，监管措施不落实，监管手段不能满足实际需要等。为落实国务院领导同志重要批示精神，坚决遏制危险化学品道路运输事故多发势头，依据有关法律法规和标准，现对危险化学品道路运输托运单位（以下简称托运人）、运输单位（以下简称承运人）、生产、储存、经营单位以及安全监督管理工作提出和重申规定如下：

一、危险化学品道路运输托运人应当遵守的规定

（一）托运人必须委托具有危险货物运输资质的企业承运。

（二）购买剧毒化学品的，必须办理剧毒化学品购买凭证或剧毒化学品准购证；通过道路运输剧毒化学品的，托运人须向目的地的县级人民政府公安部门申请办理剧毒化学品公路运输通行证。

（三）托运人必须检查托运的产品外包装上是否加贴或拴挂危险化学品安全标签，对未加贴或拴挂标签的，不得予以托运。

（四）运输危险化学品需要添加抑制剂或者稳定剂的，托运人必须添加抑制剂或者稳定剂，并告知承运人。

（五）托运人不得在托运的普通货物中夹带危险化学品，也不得将危险化学品匿报或者谎报为普通货物。

（六）托运人必须向承运人提供危险化学品安全技术说明书或其品名、危险特性、应急处置措施、应急电话以及托运单位名称和联系人、联系方式等材料；运输剧毒化学品的，还要提供剧毒化学品公路运输通行证。

二、危险化学品道路运输承运人应当遵守的规定

（一）承运人必须取得交通部门认定的危险化学品运输资质。

（二）承运人必须定期将运输车辆、运输工具、罐车罐体和配载容器送质量监督部门认可的机构进行检测检验，取得检测检验合格证明；为运输车辆配备应急处置器材和防护用品；运输车辆必须安装符合《道路运输危险货物车辆标志》（GB 13393—2005）要求的标志灯、标志牌；运输剧毒化学品的车辆还要安装载明品名、种类、施救方法等内容的安全标示牌。

（三）承运人必须为运输车辆配备押运人员。驾驶人和押运人员应经交通部门安全知识培训，考核合格取得上岗资格证，并随身携带上岗证件。

（四）承运人应查收托运人提交的承运的危险化学品安全技术说明书或其品名、危险特性、应急处置措施、应急电话等材料。不提交的，不得承运。

（五）运输剧毒化学品的，承运人必须向托运人索取公安部门核发的剧毒化学品公路运输通行证。

（六）运输剧毒化学品的，运输车辆的驾驶人和押运人员必须在剧毒化学品公路运输通行证规定的有效期内，按照指定的路线、时间和速度行驶。

（七）驾驶人必须遵守道路交通安全和道路运输法律法规，并随车携带本单位的营业执照、危险货物运输资质、运输车辆（包括运输工具、罐车罐体和配载容器）定期检验合格证等有效证件的复印件和本单位负责人姓名、托运单位名称和联系人、联系方式等材料。

（八）运输剧毒化学品的押运人员应当随车携带有效的剧毒化学品公路运输通行证。

（九）运输车辆发生交通事故或者剧毒化学品发生被盗、丢失、流散、泄漏等情况时，承运人、押运人员必须立即向当地公安部门报告，向本单位负责人、托运人报告，并及时采取一切可能的应急处置和警示措施。

（十）运输车辆途中需要停车住宿或者无法正常行驶时，驾驶人、押运人员必须向当地公安部门报告。

三、危险化学品生产、储存、经营企业应当遵守的规定

作为托运人的危险化学品生产、储存、经营企业除应当遵守对托运人的要求外，还应当遵守以下要求：

（一）危险化学品生产企业必须依法取得危险化学品生产企业安全生产许可证和营业执照，危险化学品经营企业必须依法取得危险化学品经营许可证和营业执照。

（二）危险化学品生产企业应当在危险化学品的包装内附有与危险化学品完全一致的化学品安全技术说明书，并在包装（包括外包装件）上加贴或者拴挂与包装内危险化学品完全一致的化学品安全标签。

（三）所在地设立专用停车场或停车位，并设置警示标志，注明当地报警电话。

（四）要建立和执行发货和装载的查验、登记、核准等制度，严禁超装、混装。在开具提货单据前，要查验车辆资质证件、驾驶人和押运人员从业资格证件，查验车辆及罐体与行驶证照片是否一致，查验危险化学品警示灯具和标志是否齐全、有效。查验后，要详细登记。严格按照提货单据载明的品种、数量和对应的车辆实施装载，并对车辆的资质证件、装载数量、行驶证核定载质量等情况进行登记。

（五）剧毒化学品生产、仓储、经营企业还要查验、登记剧毒化学品购买凭证、剧毒化学品准购证、剧毒化学品公路运输通行证是否齐全有效，查验运输车辆是否安装安全标示牌。查验不合格的，一律不得开具提货单、装车发货。

（六）从2006年11月1日开始，查验危险化学品运输车辆是否按照《道路运输危险货物车辆标志》悬挂相应的警示标志，对不符合要求的，一律不得开具提货单据。

（七）向驾驶人和押运人员说明所运输危险化学品的品名、数量、危害、应急措施、生产企业的联系方式等，并出具危险化学品信息联系卡。

四、危险化学品道路运输安全监管工作的要求

（一）认真履行监管职责。安全监管部门要监督危险化学品生产、储存和经营企业加强安全管理，落实安全责任制，从源头上预防危险化学品道路运输事故。公安部门要加强道路通行监管，严格查处危险化学品运输车辆无证运输剧毒化学品、擅闯禁行区域、不按规定时间和路线行驶、超速行驶等违法行为。交通部门要严格危险化学品运输单位的资质管理，督促其认真履行承运人的义务和职责，建立健全安全管理制度，加强驾驶人、押运人员的安全教育，增强遵章守纪意识，提高应急处置能力。

（二）把好行政审批关口。安全监管、交通、公安等部门要依法履行监管职责，严格按照有关法律法规规定的条件，严格审核、发放有关许可证件和资格证书。在危险化学品生产、储存、经营、运输、使用企业取得行政许可后，要加强日常监督检查力度，督促企业认真落实安全主体责任，不断增强遵章守纪意识，提高安全管理水平。

（三）加强执法监督检查。要在政府的统一领导下，完善安全监管、公安、交通等部门共同参与的危险化学品道路运输执法检查机制，开展经常性的执法检查；建立地区间危险化学品道路运输协查制度，形成严密的监管网络。要及时向本地区或有关地区的相关部门通报执法检查发现的问题和隐患，接到协查通报后，相关部门要明确人员督办，开展相关事项调查工作，责令有关单位立即整改或改正。

（四）建立道路运输卸载基地。各地安全监管、公安、交通等部门要加强协作，根据本地区实际情况，对主要公路沿线的大中型化工企业进行调查，选择有条件的单位作为易燃易爆、剧毒溶剂等重点品种危险化学品的卸载基地。一经查获超载、超装的危险化学品运输车辆，除要依法处罚外，要立即将违法车辆押运至就近的危险化学品卸载基地，进行卸载处理。

（五）提高对运输车辆监控能力。危险化学品运输单位车辆安装的 GPS 要符合《危险化学品汽车运输安全监控车载终端》（AQ 3004—2005）要求，对已安装的不符合要求的 GPS，要加快改造进程，达到联网监控的要求。地方各级政府履行危险化学品运输安全管理的职能部门，要督促运输企业按照《危险化学品汽车运输安全监控系统通用规范》（AQ 3003—2005）要求，建立危险化学品道路运输安全监控平台，共享监控资源，对危险化学品运输车辆进行实时动态监控。各省、自治区、直辖市要统筹规划本地区危险化学品道路运输安全监控系统建设工作，保证监控覆盖范围，减少监管盲点，增强监控能力。

（六）完善并演练应急预案。各地要进一步完善本地区危险化学品事故应急预案，有针对性地开展不同条件下的应急预案演练活动。接到危险化学品道路运输事故报告后，要立即启动应急预案，及时向化学品登记中心（电话：0532 - 83889090）或有关专家了解事故涉及危险化学品的应急处置方法和注意事项，避免盲目施救，防止引发次生事故和环境污染。

（七）坚决打击非法运输活动。对非法从事危险化学品道路运输活动的单位和个人，要依法严厉处罚；对构成犯罪的，要依法追究刑事责任。要建立和公布非法从事危险化学品道路运输活动的黑名单，凡列入黑名单的运输单位和个人申请有关危险化学品道路运输资质的，一律不予批准；已经取得资质的，予以撤销。

（八）严肃执行责任追究制度。对危险化学品从业单位的违法、违章行为，要依法予以处罚。对责令限期改正，逾期不改正或整改不合格的，要吊销相关证件。要严格按照“四不放过”原则，严肃追究危险化学品道路运输事故有关责任人的责任；对存在违法、违章问题的异地托运人、承运人，要将违法、违章事实通报其所在地的公安、交通、安全监管等部门，依法追究其法律责任，构成犯罪的，要依法追究刑事责任。

水 路 运 输

老旧运输船舶管理规定

（交通部令2006年第8号 2006.07.05）

第一章 总 则

第一条 为加强老旧运输船舶管理，优化水路运力结构，提高船舶技术水平，保障水路运输安全，促进水路运输事业健康发展，制定本规定。

第二条 本规定适用于拥有中华人民共和国国籍，从事水路运输的海船和河船。

第三条 本规定中下列用语的含义是：

（一）船龄，是指船舶自建造完工之日起至现今的年限；

（二）购置、光租外国籍船船龄，是指船舶自建造完工之日起至国务院商务主管部门或其授权的部门和机构签发的《机电产品进口许可证》或《自动进口许可证》签发之日的年限；

（三）老旧运输船舶，是指船龄在本规定第四条、第五条规定的最低船龄以上的运输船舶；

（四）报废船舶，是指永久不能从事水路运输的船舶；

（五）废钢船，是指永久不能从事水路运输的钢质船舶。

第四条 老旧海船分为以下类型：

（一）船龄在10年以上的高速客船，为一类老旧海船；

（二）船龄在10年以上的客滚船、客货船、客渡船、客货渡船（包括旅客列车轮渡）、旅游船、客船，为二类老旧海船；

（三）船龄在12年以上的油船（包括沥青船）、散装化学品船、液化气船，为三类老旧海船；

（四）船龄在18年以上的散货船、矿砂船，为四类老旧海船；

（五）船龄在20年以上的货滚船、散装水泥船、冷藏船、杂货船、多用途船、集装箱船、木材船、拖轮、推轮、驳船等，为五类老旧海船。

第五条 老旧河船分为以下类型：

（一）船龄在10年以上的高速客船，为一类老旧河船；

（二）船龄在10年以上的客滚船、客货船、客渡船、客货渡船（包括旅客列车轮渡）、旅游船、客船，为二类老旧河船；

（三）船龄在16年以上的油船（包括沥青船）、散装化学品船、液化气船，为三类老旧河船；

（四）船龄在18年以上的散货船、矿砂船，为四类老旧河船；

（五）船龄在20年以上的货滚船、散装水泥船、冷藏船、杂货船、多用途船、集装箱船、木材船、拖轮、推轮、驳船（包括油驳）等，为五类老旧河船。

第六条 国家对老旧运输船舶实行分类技术监督管理制度，对已达到强制报废船龄的运输船舶实施强制报废制度。

第七条 县级以上人民政府交通主管部门根据本规定和其他有关规定对老旧运输船舶的市场准入和营运进行管理，并可委托其设置的航运管理机构负责老旧运输船舶管理的具体工作。

海事管理机构根据有关法律、行政法规和本规定对老旧运输船舶实施安全监督管理。

第二章 船舶购置、光租、改建管理

第八条 购置外国籍船舶或者以光船租赁条件租赁外国籍船舶从事水路运输，船舶必须符合本规定附录规定的购置、光租外国籍船舶的船龄要求，其船体、主要机电设备和安全、防污染设备等应当符合船舶法定检验技术规则。

购置、光租外国籍油船，其船体应当符合《经1978年议定书修订的1973年国际防止船舶造成污染公约》附则I《防止油类污染规则》规定的要求。

第九条 本规定所称购置外国籍船舶、以光船租赁条件租赁外国籍船舶，包括已经从国外购置或者以光船租赁条件租赁，但尚未在中国取得合法船舶检验证书、船舶国籍证书的外国籍船舶，以及通过拍卖方式购置的外国籍船舶。

第十条 任何组织和个人不得购置外国籍废钢船从事水路运输，也不得以光船租赁条件租赁外国籍废钢船从事水路运输。

第十一条 超过本规定报废船龄的外国籍船舶不得从事国内水路运输。

第十二条 购置外国籍船舶或者以光船租赁条件租赁外国籍船舶改为中国籍船舶经营水路运输，购置人、承租人应当了解船舶的船龄和技术状况，并按下列程序办理有关手续：

（一）购置或光租外国籍一、二、三类船舶前，应当按照国家有关规定向县级以上地方人民政府交通主管部门提出增加运力的申请，并报经交通部批准；

（二）购置外国籍船舶或者以光船租赁条件租赁外国籍船舶后，应依法向海事管理机构认可的船舶检验机构申请初次检验，取得其签发的船舶检验证书；

（三）购置外国籍船舶或者以光船租赁条件租赁外国籍船舶取得船舶检验证书后，应依法向海事管理机构申请船舶登记、光船租赁登记，取得其签发的船舶所有权登记证书、船舶国籍证书或光船租赁登记证明书及临时船舶国籍证书；

（四）购置外国籍船舶或者以光船租赁条件租赁外国籍船舶取得船舶国籍证书或光船租赁登记证明书及临时船舶国籍证书后，经营国内水路运输的，应当按有关规定向县级以上人民政府交通主管部门提出申请，取得船舶营运证；经营国际运输的，于投入运营前15日向交通部备案，取得备案证明文件。

第十三条 船舶检验机构应当严格按照有关船舶法定检验技术规则和本规定对购置的外国籍船舶或者以光船租赁条件租赁的外国籍船舶进行检验。

第十四条 船舶登记机关应当严格按照有关船舶登记规定和本规定对购置的外国籍船舶或者以光船租赁条件租赁的外国籍船舶进行登记。

第十五条 县级以上人民政府交通主管部门应当按国家有关水路运输经营资质管理规定和本规定对经营水路运输的申请进行审核。审核不合格的,不得发给船舶营运证或国际船舶备案证明文件。

第十六条 四类、五类船舶不得改为一类、二类、三类船舶从事水路运输,三类船舶之间不得相互改建从事水路运输。

第十七条 改建一、二、三类老旧运输船舶,应当按运力变更的规定报规定的交通主管部门批准。

改建老旧运输船舶,必须向海事管理机构认可的船舶检验机构申请建造检验。

船舶检验机构对改建的老旧运输船舶签发船舶检验证书,应当注明改建日期,但不得改变船舶建造日期。

第十八条 老旧运输船舶经过改建,与改建前不属本规定的同一船舶类型的,其特别定期检验船龄、强制报废船龄适用于改建后老旧运输船舶类型的规定。

第三章 船舶营运管理

第十九条 船舶所有人或者经营人应采取有效措施,加强老旧运输船舶的跟踪管理,适当缩短船舶设备检修、养护检查周期和各种电气装置的绝缘电阻测量周期,严禁失修失养。

第二十条 船舶所有人或者经营人改变老旧运输船舶的用途或航区,必须向海事管理机构认可的船舶检验机构申请临时检验,核定载重线和乘客定额、船舶构造及设备的安全性能,必要时重新丈量总吨位和净吨位。

第二十一条 从事国内运输的老旧运输船舶办理进出港口签证,除应当向海事管理机构交验有关安全证书外,还应当交验船舶营运证。

对未按国家规定交验有效船舶证件的老旧运输船舶，海事管理机构不得为其办理进出港口签证；对未交验船舶营运证的，还应将有关情况通知所在地交通主管部门。

第二十二条 海事管理机构应当对从事国际运输的中国籍老旧运输船舶和进出我国港口的达到本规定老旧船舶年限的外国籍运输船舶加强监督检查。

第二十三条 对处于不适航状态或者有其他妨碍、可能妨碍水上交通安全的老旧运输船舶，海事管理机构依照有关法律、行政法规的规定禁止其进港、离港，或责令其停航、改航、驶向指定地点。

第二十四条 船舶所有人或者经营人应当按照国家有关规定，向海事管理机构认可的船舶检验机构申请对营运中的老旧运输船舶定期检验。经检验不合格的，不得经营水路运输。

第二十五条 老旧运输船舶达到本规定附录规定的特别定期检验的船龄，继续经营水路运输的，船舶所有人或经营人应当在达到特别定期检验船龄的前后半年内向海事管理机构认可的船舶检验机构申请特别定期检验，取得相应的船舶检验证书，并报批准其经营水路运输的交通主管部门备案。

第二十六条 经特别定期检验合格、继续经营水路运输的老旧运输船舶，船舶所有人或者经营人应当自首次特别定期检验届满一年后每年申请一次特别定期检验，取得相应的船舶检验证书，并报批准其经营水路运输的交通主管部门备案。

县级以上人民政府交通主管部门发现老旧运输船舶的技术状况可能影响航行安全的，应当通知海事管理机构。

老旧运输船舶的技术状况可能影响航行安全的，海事管理机构应当责成船舶所有人或经营人向船舶检验机构申请临时检验。

第二十七条 未按本规定第二十五条、第二十六条的规定申请特别定期检验或者经特别定期检验不合格的老旧运输船舶，应予以报废。

第二十八条 达到本规定附录规定的强制报废船龄的船舶，应予以报废。

船舶检验证书、船舶营运证的有效期最长不得超过本规定附录规定的船舶强制报废船龄的日期。

第二十九条 船舶报废后，其船舶营运证或国际船舶备案证明文件自报废之日起失效，船舶所有人或者经营人应在船舶报废之日起15日内将船舶营运证交回原发证机关予以注销。其船舶检验证书由原发证机关加注“不得从事水路运输”字样。

第三十条 禁止使用已经报废的船舶从事水路运输。

禁止使用报废船舶的设备及其他零部件拼装运输船舶从事水路运输。

第三十一条 报废船舶改作趸船、水上娱乐设施以及其他非运输设施，应符合国家有关规定。

第四章 监督和处罚

第三十二条 县级以上人民政府交通主管部门、海事管理机构应当按照有关法律、行政法规、规章的规定，对老旧运输船舶进行监督检查。

老旧运输船舶所有人或者经营人应当接受县级以上人民政府交通主管部门、海事管理机构依法进行的监督检查，如实提交有关证书、资料或者情况，不得拒绝、隐匿或者弄虚作假。

第三十三条 老旧运输船舶所有人或者经营人违反本规定第十二条第(四)项的规定，未经批准擅自从事营业性水路运输的，按《中华人民共和国水路运输管理条例》第二十六条第(一)项的规定给予行政处罚。

第三十四条 违反本规定第二十九条的规定，未将报废船舶的船舶营运证交回原发证的交通主管部门的，以未经批准擅自从事营业性水路运输论，按《中华人民共和国水路运输管理条例》第二十六条第(一)项的规定给予行政处罚。

第三十五条 船舶所有人或者经营人违反本规定有关船舶登记、检验规定的，由海事管理机构按有关法律、行政法规、规章规定给予行政处罚。

第三十六条 交通主管部门、海事管理机构的工作人员玩忽职守、徇私舞弊、滥用职权的，依法给予行政处分。

第五章 附 则

第三十七条 为满足保护国家利益和加强安全管理的需要，交通部可以对本规定的有关船龄进行临时调整。

第三十八条 仅从事水上工程作业的船舶，以及仅从事港区内作业的拖船、工作船等船舶，不适用本规定。

以上船舶和其他非营运船舶从事水路运输时，适用本规定。

第三十九条 对从事中国港口至外国港口间运输的一、二类船舶，需要对船龄作出限制规定的，由双边商定。

第四十条 本规定由交通部负责解释。

第四十一条 本规定自 2006 年 8 月 1 日起施行。2001 年 4 月 9 日交通部公布的《老旧运输船舶管理规定》(交通部令 2001 年第 2 号)同时废止。

附录1

海船船龄标准

船舶类别	购置、光租外国籍船船龄	特别定期检验船龄	强制报废船龄
一类船舶	10 年以下	18 年以上	25 年以上
二类船舶	10 年以下	24 年以上	30 年以上
三类船舶	12 年以下	26 年以上	31 年以上
四类船舶	18 年以下	28 年以上	33 年以上
五类船舶	20 年以下	29 年以上	34 年以上

附录 2

海船船龄标准

船舶类别	购置、光租外国籍船船龄	特别定期检验船龄	强制报废船龄
一类船舶	10 年以下	18 年以上	25 年以上
二类船舶	10 年以下	24 年以上	30 年以上
三类船舶	16 年以下	26 年以上	31 年以上
四类船舶	18 年以下	28 年以上	33 年以上
其中黑龙江水系船舶	18 年以下	33 年以上	39 年以上
五类船舶	20 年以下	29 年以上	35 年以上
其中黑龙江水系船舶	20 年以下	35 年以上	41 年以上

关于贯彻实施《老旧运输船舶管理规定》有关工作的通知

（交通部　交水发〔2006〕436号　2006.08.22）

各省、自治区、直辖市交通厅（委），上海市港口管理局，长江、珠江航务管理局，各直属海事局：

为吸取西班牙“威望”油轮和埃及“萨拉姆98”客滚船沉没事故教训，进一步改善我国船舶技术状况，加快船舶运力结构调整，认真履行国际公约新规定，保障运输安全，加强环境保护，我部对2001年修订颁布的《老旧运输船舶管理规定》进行了修订，并于2006年7月5日颁布了新的《老旧运输船舶管理规定》（交通部令2006年第8号，以下简称《规定》），自2006年8月1日起实施。在原规定的基础上，新《规定》提高了海上油船、化学品船进口船龄和技术标准，重点加强了客船、危险品船改建管理，还加强了对外国籍老旧运输船舶的安全管理和监督。为保障《规定》的顺利实施，现将有关事项通知如下：

一、提高认识，落实责任，切实加强老旧运输船舶的管理

新《规定》的实施，对进一步改善我国运输船舶技术状况，优化运力结构，保障人民生命和财产安全，促进航运业持续健康发展具有重要意义。各级交通部门、海事管理机构、船舶检验机构要充分认识实施新《规定》的重要性，加强领导，各司其职，各负其责，认真贯彻落实《规定》的各项要求。

二、进一步加强改建老旧客船、危险品船的管理

为进一步改善客船（包括高速客船、客滚船、客货船、客渡船、客货渡船、旅游船、普通客船）和危险品船（包括油船、沥青船、散装化学品船、液化气船）的安全技术状况，降低改建客船、危险品船的安全风险,促进运力更新,禁止将普通货船(包括散货船、矿砂船、货滚船、散装水泥船、冷藏船、杂货船、多用途船、集装箱船、木材船、拖轮、推轮、驳船)改建为客船、危险品船,禁止不同种类的危险品船间的改建,禁止客船改建增加载客定额和危险品船改建增加载货能力。

各地交通部门、海事管理机构、船舶检验机构不得为违反上述规定擅自改建的船舶办理检验、登记、营运等手续。

三、加强进口船舶的初次检验和老旧运输船舶的特别定期检验,严格执行运输船舶强制报废制度,严把市场准入和退出关

购置或者以光船租赁条件租赁的符合进口船龄要求的外国籍船舶,应依法向海事管理机构认可的船舶检验机构申请初次检验;达到特别定期检验船龄的船舶,应按时申请特别定期检验。

未按规定申请特别定期检验或者特别定期检验不合格以及达到强制报废船龄的老旧运输船舶,应及时予以报废。禁止使用已经报废的船舶从事水路运输,禁止使用报废船舶的设备及其他零部件拼装运输船舶从事水路运输。

对检验不合格的船舶、应予报废的船舶、进口的废钢船以及使用报废船舶的设备及其他零部件拼装的运输船舶,船舶检验机构不得为其核发船舶检验证书,交通主管部门不得为其核发船舶营运证,海事管理机构不得为其办理运输船舶登记和签证手续。

四、加强老旧运输船舶的安全监督管理

对未按国家规定交验有效船舶安全证书和船舶营运证的从事国内运输的运输船舶,海事管理机构不得为其办理进出港口签证;同时海事管理机构要加强对从事国际运输的中国籍老旧运输船舶和进出我国港口的达到《规定》老旧船舶年限的外国籍运输船舶的安全监督检查。

五、严格执行运力调控政策,保持运力平稳发展

虽然新《规定》明确了进口二手海上油船、化学品船的进口标准(不得进口单壳油船、进口船龄从 15 年以下提高到了 12 年以下),但我部《关于暂停审批新增国内沿海跨省运输油船化学品船运力的公告》（交通部公告2006年第13号）的规定同时适用于从国外进口二手油船、化学品船从事国内沿海运输。因此2006年底前我部将不再批准从国外进口二手油船、化学品船从事国内沿海运输（现有船舶报废后更新运力除外）。2007年1月1日后，我部将视已批准运力的建造情况和市场运力供求状况，决定是否恢复批准新增国内沿海跨省运输油船、化学品船运力（包括从国外进口二手油船、化学品船从事国内沿海运输）。

六、积极做好《规定》宣传和舆论监督工作

新《规定》在原规定的基础上增加了不少新的内容。为了让有关管理部门和企业全面了解并更好地贯彻实施新《规定》，我部已将新《规定》登载到交通部政府网站，并在中国交通报、水运报上做了全文刊载。各有关管理部门要在正确理解和掌握新《规定》主要内容的同时，认真细致地为企业做好宣传解释工作；同时接受企业以及社会对老旧运输船舶管理工作的监督。对企业和群众的举报，各级交通主管部门、海事管理机构、船舶检验机构要进行认真调查核实，情况属实的，给予当事人严肃处理。

七、做好运输船舶的统计分析工作

各省市交通部门要结合水运信息系统的建设加强运输船舶的统计分析工作，全面掌握本省市运力总体情况，并加强船舶运力结构分析。

八、各有关部门和单位在贯彻实施新《规定》过程中，如有重大情况和问题，请及时报我部

关于进一步加强水路公路危险化学品运输管理的通知

（交通部、公安部、安全监管总局
交海发〔2006〕33号 2006.01.23）

各省、自治区、直辖市及新疆生产建设兵团交通厅(局、委)、公安厅(局)、安全生产监督管理局,上海市港口管理局,长江、珠江航务管理局,交通部各直属海事局:

今年以来,各地认真开展危险化学品运输安全专项整治工作,危险化学品运输市场秩序得到好转。但是,一些地方非法从事危险化学品运输的问题仍然较为严重,部分小化工企业与运输户相互庇护,形成了危险化学品非法装运"一条龙"。水运集装箱、车辆装运危险化学品瞒报谎报现象严重,存在重大事故隐患。为进一步加强危险化学品安全管理,严格执行《危险化学品安全管理条例》,保障运输安全,现就有关事项通知如下:

一、进一步加强对运输单位和从业人员的管理

交通部门要严把市场准入关,严格按照《道路运输条例》、《危险化学品安全管理条例》、《道路危险货物运输管理规定》、《国内运输船舶经营资质管理规定》(交通部令2001年第1号)等相关规定以及《道路车辆外廓尺寸、轴荷和质量限值》(GB 18565)、《营运车辆综合性能要求和检验方法》等相关技术标准进行审查。对企业安全制度不健全、车辆(船舶)达不到技术要求、从业人员不符合条件的,一律不予许可。对已进入运输市场但存在重大事故隐患的,要依法责令整改或吊销相关运输许可。对把关不严的,要依法对责任人进行严肃处理。同时,要进一步加强监督检查工作,对运输单位进行定期、不定期的实地监督检查,督促运输单位加强安全管理。要进一步加强对驾驶人员、押运人员和装卸管理人员的教育和培训,不断提高从业人员的安全意识、专业技术水平和操作能力,夯实安全工作的基础。

道路运输管理机构要在货运站场、货运集散地加强危险货物运输源头管理,对未取得道路危险货物运输许可从事危险货物运输的单位要按照有关规定给予严厉处罚,发生安全事故、造成严重后果的,应积极配合有关部门依法追究其相关责任。

所有从事危险化学品运输的个体船舶必须严格按照《关于整顿规范个体运输船舶经营管理的通知》(交水发〔2001〕360 号)规定,实现企业化经营,严禁个体船舶以"挂靠"的方式从事危险品运输。各交通主管部门要对已取得危险品运输资格的企业进行全面排查,清理"挂靠"船舶。凡发现存在"挂靠"船舶的企业,要责令立即解除"挂靠"关系,并对该企业进行停业整顿。航运企业违规对个体船舶实施"挂靠"管理的,发生事故,视为航运企业的事故。

各有关部门要加大对托运人的监督检查力度,严厉查处谎报、瞒报等违规托运的行为。托运人必须将危险品的详细情况告知承运人,如果是多式联运,要告知各个运输方式的承运人。运输危险化学品的车辆在运输过程中必须按 2005 年 8 月 1 日实施的《道路运输危险货物车辆标志》(GB 13392)的要求悬挂或喷涂相关标准,配备通讯工具;押运人员在运输过程中必须按 2004 年 3 月 1 日实施的《汽车运输危险货物规则》(JT 716)的要求携带《道路危险货物运输安全卡》。对拟经水运的危险品运输车辆和集装箱,托运人必须向承运人提供危险品车辆和集装箱装载管理人员的姓名、联系方式及装载管理人员所属企业名称、联系方式,同时要提供托运人的名称和联系方式。承运人发现托运人谎报、瞒报危险化学品行为,应拒绝运输;若在运输途中发现,应立即报告有关主管部门。由于谎报、瞒报或危险品性质标明不清等原因导致发生事故的,要严厉追究托运人的责任;触犯刑律的,要移交司法部门。

二、进一步加强对危险化学品运输船舶、车辆的监督检查

海事管理机构要加强对船舶载运危险化学品的监督检查，坚决阻止不满足技术条件的船舶从事危险化学品运输；要将关口适当前移，加强对拟装船的集装箱的开箱抽查，对查出的瞒报谎报集装箱和车辆应禁止其上船，并依法追究有关单位和人员的责任。海事管理机构要从船舶适装和货物适运两个方面严把载运危险化学品船舶申报管理关，要建立黑名单制度，对存在故意瞒报谎报行为的托运人和承运人，在按有关规定给予相应的行政处罚的同时，要列入黑名单，向社会公布，作为重点监督检查的对象。海事管理机构要进一步加强对申报人员和集装箱装箱检查人员的管理，对申报人员和集装箱装箱检查人员存在故意瞒报谎报行为的，禁止其继续从事危险货物申报和集装箱装箱检查工作，并按有关规定严肃处理。在今年船舶载运危险货物专项整治的基础上，明年海事部门要联合港口部门，以小型危险化学品码头、个体船舶为重点，进一步开展船舶载运危险货物安全专项整治活动。

各港口企业应加强对危险化学品装卸作业的安全管理，对发现谎报瞒报的危险化学品应拒绝装卸，并报告有关主管机关。从事客滚船运输的港口应按交通部的有关要求逐步配备客滚运输车辆安检系统。各港口行政管理部门要加强对港口企业装卸危险化学品的监督检查。从事危险化学品的港口企业要在明年7月1日前配备收集船舶危险化学品洗舱水的设施，否则不得从事相应危险化学品的装卸作业。海事管理机构要加强对危险化学品运输船舶货物洗舱水去向的检查，对未按要求配备船舶危险化学品洗舱水的港口、码头、装卸站和船舶修造厂，由港口行政管理部门依据有关规定责令其停止营业，限期改正；逾期不改正的，由作出行政许可决定的行政机关吊销《港口经营许可证》，并以适当方式向社会公布。

公安机关要加大执法力度，进一步加强对危险化学品运输车辆的检查。对超速、不按规定路线行驶等违反通行规定的行为，要严格查处；对无证运输剧毒化学品、未按照运输通行证注明事项运

输剧毒化学品、未随身携带运输通行证明、擅自进入危险化学品运输车辆禁止通行区域的，要依法从严处罚；要严把剧毒化学品公路运输通行证的审批关，对于运输途中涉及通过内河运输的申请，严格依法不予批准。

三、进一步加强对危险化学品生产、储存企业的监督检查

安全监管部门要进一步加强对从事危险化学品生产、储存企业的监督检查，督促企业建立健全危险化学品发货和装载的查验、登记、核准等制度，严格按照国家有关规定，将危险化学品委托给具有危险货物运输资质的企业和从业人员承运，从源头上防止非法运输危险化学品。危险化学品生产经营企业在开具提货单据前要检查车辆的资质证明、驾驶人员和押运人员的从业资格证件，检查车辆及罐体与行驶证照片是否一致，是否有悬挂符合国家标准的警示标志，生产经营企业应向驾驶人员和押运人员说明所运输危险化学品的品名、数量、危害、应急措施、生产企业的联系方式等，并出具危险化学品信息联系卡。有条件的企业要将车辆的资质证件、驾驶人员和押运人员的从业资格证件，装载数量、行驶证核定载质量等情况使用计算机进行登记。

四、进一步落实危险化学品包装要求

安全监管部门要采取措施，督促危险化学品生产企业遵守危险化学品包装的有关规定，严格按照国家法律法规和标准的要求，在危险化学品的包装内附有与危险化学品完全一致的化学品安全技术说明书，并在包装(包括外包装件)上加贴或者拴挂与包装内危险化学品完全一致的化学品安全标签。承运人要检查承运的危险化学品外包装是否符合要求，发现危险化学品包装不符合要求的，可拒绝运输，并报告有关主管机关。交通(港口)部门、海事管理机构在对载运危险化学品车辆、船舶和装运危险化学品的集装箱的检查中发现危险化学品包装不符合要求，应依法处理，并将有关信息通报质检部门和安全监管部门。

五、进一步加强宣传和舆论监督

各地要高度重视并切实加强宣传工作，深入开展形式多样的宣传教育活动,充分发挥舆论的宣传引导作用。要向全社会广泛宣传危险化学品安全管理的法律法规和安全知识,一方面要让从事危险货物生产、经营、运输单位的从业人员做到学法、懂法、守法、用法,另一方面也要让广大普通货物运输的驾驶人员了解非法运输危险化学品的危害和将要受到的严厉处罚。

六、进一步加强协调配合

各级交通(港口)、公安、安全监管部门、海事管理机构要各司其职,密切配合,建立信息沟通和共享的渠道,形成危险化学品安全监管的合力。安全监管部门在审查危险化学品生产、储存企业设立及其改建、扩建时,应考虑危险化学品的运输问题,并征求有关主管部门的意见。公安机关在划定危险化学品运输车辆禁行区域时,应在确保安全的前提下,主动与交通部门、海事管理机构协商沟通,充分考虑各种交通方式的衔接。交通主管部门在涉及危险化学品运输的有关决策时要主动与公安机关、安监部门和海事管理机构沟通。港口主管部门和海事机构要加大对渡口、港口(码头)和船舶的检查力度,及时查处危险化学品水上违法运输行为,对于在渡口、港口或船舶上发现的通过公路无证运输剧毒化学品、普通货物中夹带危险化学品、无资质运输危险化学品的车辆,要及时通报属地公安机关、交通部门予以查处,并追究运输企业相关人员责任。对危险品运输存在严重问题的地区,各有关部门要联合开展专项整治。各管理机关在依法行政过程中发现涉及触犯刑律的,要及时移交司法部门。

七、进一步加强事故应急工作

各有关部门要积极推动各省(市)人民政府根据有关法律法规和国务院的要求制定和完善省级和市级船舶污染应急计划及其危险化学品事故应急救援预案,省级计划或预案要在 2006 年底前完成,市级计划或预案要在 2007 年底前完成。

全国内河船型标准化发展纲要

（交通部　交水发〔2006〕56 号　2006.02.14）

编制的目的与意义：

船型标准化是一项复杂的系统工程，推进内河船型标准化，是内河航运结构调整的重要内容。编制《全国内河船型标准化发展纲要》（以下简称《纲要》）对推动内河运输船舶技术进步，提高内河运输船舶技术水平，优化内河运输船舶结构，提高航道和船闸等通航设施利用率，减少船舶污染，保障水上交通运输安全，降低内河船舶运输成本，提高内河航运竞争力，促进内河航运可持续发展，具有十分重要的意义。

编制《纲要》的目的，是在总结和分析推进内河船型标准化工作经验的基础上，以我国国民经济发展为基础，以航道和船闸等通航设施为条件，以内河航运和港口发展需求为依据，以 2020 年我国内河船型基本实现标准化为目标，确定全国内河船型标准化的指导思想与原则，提出在全国主要内河和通航水域实现船型标准化的分阶段目标，制定相关政策与措施。

其他解释性说明：

标准船型：以标准形式公布的船型为标准船型。

船型标准化率：标准船型的艘数与船舶总艘数之百分比。

船舶平均吨位：船舶总运力（总吨、载重吨、客位、箱位）与船舶总艘数之比。

船龄：船舶自建造检验完成日到目前的年数。

航道与船闸等通航设施利用率：是指实际通过量与设计通过能力之比。

目　录

7. 保障措施

7.1 组织保障

7.2 制度保障

7.3 经济鼓励措施

7.4 资金保障

7.5 配套措施

7.6 宣传与推介

1. 内河航运与区域经济

内河航运是我国综合运输的重要组成部分，对我国国民经济的快速增长、国家重点物资的运输以及区域经济的繁荣发展做出了重要贡献。随着我国经济的进一步发展和可持续发展战略的实施，运能大、占地面积小、能耗低、污染少的内河航运必将发挥出更大的作用。

1.1 航道现状及规划

1.1.1 我国内河航道现状

我国内河航运资源丰富，流域面积在100平方公里以上的河流有5万多条，河流总长43万公里。主要的水系有长江、黄河、珠江、淮河、海河、辽河、黑龙江等。建国以来，我国十分重视内河航运的发展，先后整治了一批具有重大经济意义的内河航道，改善了内河航运条件，促进了内河水运事业的发展。截至2003年底，全国内河航道通航里程123964公里，比上年末增加了2407公里。其中等级航道60865公里，占通航总里程的49.1%；三级及三级以上航道8053公里，占通航总里程的6.5%；五级及五级以上航道22840公里，占总里程的18.4%。各等级内河航道通航里程分别为：一级航道1346公里、二级航道2512公里、三级航道4195公里、四级航道7003公里、五级航道7784公里、六级航道19228公里、七级航道18797公里。全国内河航道通航里程超过万公里的省（市、区）有四个，分别是江苏（2.48万公里）、广东（1.18万公里）、湖南（1.16万公里）、四川（1.07万公里）。2003年，全国通航河流上共有船闸821座,升船机43个,碍航闸坝1813个。

1.1.2 内河主要航道规划情况

根据《全国内河航道与港口布局规划》总目标,我国将合理开发利用水运资源,充分发挥内河水运优势,致力于构筑布局合理、分工协作、有效衔接的综合运输体系;用20年左右时间,建成层次分明的内河航道和港口体系,提供安全、便捷、高效和有竞争力的运输服务,基本实现内河水运现代化,有力促进沿江河产业带形成和资源开发,保障经济社会全面、协调、可持续发展。

长江干线:

根据《长江干线航道发展规划》,2020年前将完成长江干线航道全面、系统的治理,进一步提高航道通过能力和抵御自然灾害的能力。航道生产设施和管理手段充分应用先进技术,实现航道设施智能化,管理数字化,维护手段现代化,并始终保持与社会和科技进步同步发展,将长江干线建成完全畅通、环境优美的现代化水运通道。长江干线航道规划建设标准为:水富至宜宾河段,将由目前的1.8米水深提升到2.7米,全年可通航由1000吨级驳船组成的船队;城陵矶至武汉河段,提升到3.7米,可通航由3500吨油驳组成的万吨级船队,可利用航道自然水深通航3000吨级海船;武汉至铜陵河段,通航由2000~5000吨级驳船组成的2~4万吨级船队,可利用航道自然水深通航5000吨级海船;铜陵至南京河段,提升到6米,可通航5000吨级海轮;南京至浏河口河段,可通航5万吨级以上海轮。浏河口至长江口河段:可通航第五代以上超大型集装箱船及10万吨级以上大型散货船。

长江主要支流:

(1)嘉陵江

嘉陵江干流梯级开发以发电、航运为主,兼顾灌溉及其他。规划建设水东坝、亭子口、仓溪、金银台、利泽、合川井口等17个梯级,其中利泽、合川、井口三个枢纽在重庆市境内。待全线梯级渠化后,对促进流域资源开发和经济发展将发挥非常重要的作用。航道规划总里程为743公里,至2020年,广元至利泽枢纽606公里将达到四级航道标准,利泽枢纽至重庆朝天门137公里将达到三级标准。

(2)湘江

湘江作为湖南省水运通江达海的主通道,在湖南省水运发展中有着重要的作用。据相关规划,湘江至2020年,斗牛岭至苹岛将建成六级航道,苹岛至衡阳为四级航道,衡阳至株洲为三级航道,株洲至城陵矶为二级航道,总规划里程为773公里。

(3)汉江

汉江是长江中游最大的支流,是湖北省境内第二大水运动脉,国家水运主通道。湖北省水运发展规划之一就是以长江、汉江为骨干,形成江汉平原地区的水运航道网,规划至2020年,安康至丹江口段将建成四级航道,丹江口至汉口河段达到三级航道标准。

(4)赣江

赣江是江西第一大川,长江第二大支流。赣江航道的规划要结合赣江的梯级开发,辅以航道整治措施,使吴城至赣州航道2020年达到通航1000吨级船型标准,航道等级达到三级航道标准,规划里程为526.4公里,赣州至于都段达到五级航道标准,于都至会昌达到六级航道标准。

京杭运河:

京杭运河黄河以北至北京720公里(含跨黄河段2公里)规划结合南水北调东线工程建成三级航道。黄河以南至谏壁江口739公里(含跨长江段13公里)规划为二级航道。谏壁江口至杭州三堡船闸308公里规划为三级航道。

珠江干线:

珠江干线航道规划总目标是:至2010年建成珠江三角洲高等级航道网;提高西江航运干线通航标准;红水河全线复航;右江形成通道;柳黔江柳州至桂平达到三级航道标准。逐步提高北江、东江通航标准。至2020年西江航运干线实现航道现代化;按照规划标准,建成三个通向云贵的西南水运出海通道,即北盘江百层以下至红水河来宾达四级航道标准,红水河来宾以下达三级航道标准;

右江百色以下达三级航道标准。

黑龙江水系:

根据《黑龙江省2004~2020年水运发展规划》,在未来的16年中,完成松花江梯级渠化工程,建成涝洲、大顶子山、洪太、依兰、民主、康家围子和悦来等7座航电枢纽;使松花江-黑龙江主通道全部达到规划等级标准,提高嫩江、乌苏里江等主要支流航道等级。新增二级航道973公里、三级航道691公里、四级航道353公里。

1.2 运输船舶现状

截至2003年,全国拥有各类内河机动船舶15.4万艘,驳船4.0万艘,轮驳船总计19.4万艘,载客量86.29万客位,集装箱箱位2.79万TEU,净载重量3034.78万吨,其中货船平均吨位179吨。在机动船舶中,货船艘数占84.6%,共13.03万艘/2056.1万载重吨;客船艘数占11.42%,74.1万客位,其余为客货船和拖船,所占比例不到5%。

从地区分布来看,全国有8个省的内河运力突破100万载重吨,排在前三位的依次为江苏846.9万吨、安徽729.3万吨、浙江254.9万吨。这三个省的内河船舶运力占全国总数的60%。

从船龄结构来看,长江干线平均船龄14年;珠江干线平均船龄10.6年;黑龙江水系平均船龄20年;京杭运河平均船龄10年。全国内河船舶总体平均船龄11.5年。1999年到2003年,内河船舶平均船龄呈下降趋势。

全国内河运输船舶1999年与2003年平均船龄比较

年 份	1999年	2003年	变 化
平均船龄(年)	16.7	11.5	-5.2

从平均吨位的变化来看,1999年至2003年期间全国内河船舶平均吨位提高了82.7%,年均增长16.3%。

全国内河运输船舶1999~2003年平均吨位变化情况

年 份	1999年	2000年	2001年	2002年	2003年	年均增长率
平均吨位(载重吨/艘)	98	104	121	142	179	16.3%

长江干线：

2003 年长江干线共有各类运输船舶 6.8 万余艘、1633 万总吨，平均船龄 14 年，其中机动船舶 4.6 万余艘、1075 万总吨；驳船 2.2 万余艘、558 万总吨。机动货船平均载重吨为 320 吨，驳船平均载重吨为 360 吨。

运输船舶中干散货船居主导地位，约占总吨的 70% 强。分节驳顶推船队是大宗散货运输的主力船队，江海直达多用途货船、集装箱船、成品油船和特种货物运输船将是今后的主要发展方向。

京杭运河：

2002 年，京杭运河有各类运输船舶 11.4 万艘，1462 万载重吨，其中驳船 1.98 万艘，224 万载重吨。机动货船占总运力的 85%，非机动货船占 15%。京杭运河现有船舶平均船龄 10 年，平均吨位 128 吨。

京杭运河山东段主要采用吊拖船队进行运输；苏北段目前的运输方式是拖带、顶推及自航并举，其中拖带船队最多；苏南段以自航船为主。近些年，分节驳顶推船队发展迅速，而且朝着大型化、系列化的方向发展。

珠江干线：

珠江干线共有运输船舶 1.66 万艘，其中货运船舶约 1.64 万艘，占总数的 99%。货运船舶平均船龄 10.6 年，平均吨位为 244 吨。

货运船舶中以机动货船为主，500 吨以上船舶船型、机型相对集中、简统，300 吨以下船舶船型杂乱。船型结构布置为单甲板，有单机单桨，双机双桨双舵，或单头双尾低阻力船体线型。集装箱船宽吃水比大，长宽比较小，方形系数较大。

黑龙江水系：

2003 年拥有内河运输船舶 1420 艘，其中推（拖）船 220 艘，驳船 397 艘。船舶平均船龄 20 年，平均吨位 308 吨。

1000 吨和 600 吨货驳大部分为甲板式顶推分节驳，分别与 735 千瓦、485 千瓦和 272 千瓦推船组成主力分节驳顶推船队，此外还有少量槽型货驳。江海两用杂货船运力发展迅速。

1.3 内河运输量现状

2003年，全国内河货物运输量8.15亿吨，货物周转量1708.8亿吨公里，分别占全社会水路货运量、货物周转量的51.6%和6.0%。其中长江水系完成货运量3.20亿吨，货物周转量922.2亿吨公里，分别占全国内河货运量和货物周转量的39.3%和54.0%；京杭运河完成货运量1.66亿吨，货物周转量331.5亿吨公里，分别占20.3%和19.4%；珠江水系完成货运量1.19亿吨，货物周转量193.5亿吨公里，分别占14.6%和11.3%；黑龙江水系完成货运量0.10亿吨，货物周转量7.2亿吨公里，分别占1.2%和0.4%。

1999~2003年期间，全国主要内河水系船舶货运量年均增长5.06%，货物周转量年均增长4.75%。

2003年，全国内河港口货物吞吐量12.3亿吨，其中外贸部分8707万吨，旅客吞吐量1.19亿人次。在货物吞吐量中，以矿建材料、煤炭、石油和金属矿石等大宗散货为主，占总量的60%。

1.4 内河航运对区域经济发展的贡献

1.4.1 内河航运的优势

内河航运这种既古老又年轻的运输方式，随着人类文明社会的进步与发展，其潜力与优势逐步被进一步认识与开发。从近百年的航运发展史来看，无论是发达国家还是发展中国家，与铁路、公路及航空等其他运输方式比较，内河航运适合于大宗货物和大件货物运输，显示出船舶运载能力大，运输成本低，能源消耗低，占用土地面积少，对环境和生态的影响小，具有可持续发展等优势。

1.4.2 内河航运发展及对区域经济发展的贡献

我国是河流大国，众多的河流湖泽为内河航运的发展奠定了良好的基础，在综合运输框架中，内河航运占有重要地位。截止到2003年底，全国内河货物运输量8.15亿吨，货物周转量1708.8亿吨公里，分别占全社会水路货运量、货物周转量的51.6%和6.0%；全国内河航道里程达12.4万公里，内河水运主通道达标率已由1990年的26.8%增至近50%,全国四级以上航道里程超过1.4万多公里;全国内河运输船舶达19.4万艘、3035万载重吨,内河货运船舶平均吨位从1990年的50吨提高到2003年的179吨;全国内河港口生产性码头泊位近3万个,其中万吨级泊位151个,内河港口完成的货物吞吐量为12.3亿吨。内河航运对我国国民经济、对外贸易、促进经济可持续发展等方面做出了贡献。

长江贯通东西、连接南北,具有得天独厚的区位优势,其出海口贴近国际主要环球航线,是世界上集"黄金水道"和"黄金海岸"于一身的为数不多的双优区位之一。珠江干线上接大西南,下连粤港澳,是沟通西南和珠江三角洲经济区的水运通道。由松花江、嫩江、黑龙江、乌苏里江、松阿察河及中俄两国界河兴凯湖等构成的黑龙江水系,是我国东北地区交通运输网不可缺少的重要组成部分。京杭运河是"南粮北运"、"北煤南运"和贯通山东、江苏、浙江、上海经济发达省市的交通动脉。这三横一纵的内河航运主通道,在加强地区间物资、经济、技术、信息交流,促进流域社会经济协调发展,满足工农业生产和对外贸易运输需求,缩小地区差距,提高沿江地区在全国中的地位和作用,促进产业结构优化和升级,提高区域经济在国内、国际市场的竞争力方面具有不可替代的作用。

1.4.3 内河航运对重点物资运输保障的贡献

2003年,我国内河港口完成吞吐量12.3亿吨,其中煤炭、石油、矿石、钢材、建筑材料、粮食、农用化肥等国家重点物资占总吞吐量的70%以上。与此同时,长江水系中石化、冶金、能源、机械等大宗原材料运输的80%是由水路运输承担的,而珠江干线的矿建材料、煤炭、石油、天然气及制品等运输80%也是通过水路完成的,黑龙江水系更是沿江地区大宗货物运输的主要通道。内河航运在加强国防力量、支援国家重点建设、保障国家重点战略物资运输、抢险救灾,促进西部大开发、节约土地和能源等方面具有极其重要和不可替代的贡献。

1.4.4 内河航运对当地就业的贡献

根据2002年《全国交通统计资料汇编》估算,我国内河航运业直接从业人数约220万人。内河航运不仅直接吸纳了从业人员,同时也带动了相关行业的发展,间接创造了更多的就业机会;为顺利实施产业结构调整、减轻就业压力做出了贡献,已经成为吸收就业的重要渠道之一。例如,珠江干线经过国家重点工程项目的建设,基本建成了西江航运干线三级航道,奠定了内河航运可持续发展的优势地位,航运事业的发展,促进地方就业率的提高,共吸纳了35万人从事内河航运事业。带动了诸如贵港的水泥、矿建材料产业带、佛山陶瓷制品产业带及与水运相关行业的形成和沿江城镇建设蓬勃发展。长江干线25个原双重领导港口从业人员达4.1万人,直接从事生产的人员近3万人。仅湖北省专业水运企业从业人员数达到2.5万人,港口服务及其他辅助性业务的从业人数近6万人。

1.4.5 对"反贫穷"贡献

全国经国务院审核确定,列入国家级的贫困县有592个,分布在我国27个省、自治区、直辖市。贫困县数量较多的省区有:云南(73个)、陕西(50个)、贵州(50个)、甘肃(43个)、河北(39个)、四川(36个)、山西(35个)等。

长江流域的贫困地区主要分布在长江上游的四川、贵州等省份,加上重庆市下属的14个贫困县,长江上游共有贫困县100个,贫困人口近2000万人。其中三峡库区是中国少有的连片贫困区之一,三峡库区的形成为区域经济的发展带来了前所未有的机遇,航运条件的改善成功突破了三峡区域经济发展的瓶颈,使三峡地区东临武汉西接重庆的区域优势得以发挥。这不仅改变了三峡库区落后的交通、生活条件,也全面调整了库区落后的工农业结构,为库区百姓脱贫致富,早日实现小康目标创造了条件。

珠江水系中上游地区是全国最大的连片贫困少数民族聚居区之一,聚居着壮、布依、回、彝、苗、瑶、白、水等少数民族,有92个贫困县,贫困人口约730万人。实施西部大开发战略,加快西南水运出海通道建设,改善交通运输结构,可以促进西南地区资源开发,物资、资金和人员等交流，加快少数民族地区经济发展和社会进步，促进贫困地区脱贫致富。

黑龙江流域覆盖的黑龙江省和吉林省，有贫困县39个，贫困人口约300万。特别是界河黑龙江流经的边境地区经济欠发达，交通落后，绝大多数县、市不通铁路，边防公路等级低，水运是沿江地区大宗货物运输的主要方式。发展水运业对促进沿江地区经济发展、增加贫困人口收入、提高人民生活水平和改变贫困落后的面貌具有重要作用。

1.5 内河船型标准化现状、发展阶段和存在的主要问题

1.5.1 内河船型标准化的发展历程

回顾全国内河船型标准化的发展历程，大致可分为起步、发展和全面推进三个阶段。

起步阶段(1975～1980年)：这一时期船型标准化的工作重点主要是简型和选型。从70年代中期，我国船型标准化工作开始起步，并成立了船型标准化委员会，随后，交通部组织力量，重点对船型、机型的简统选优和生产等问题进行了较为全面系统的研究，取得了积极成果，颁布了海运船舶、内河船舶、港作船舶和工程船舶等船舶修制造标准，作为组织批量生产、研制新船型和标准化等工作的基础，为推进我国船型标准化工作进程，发挥了积极作用。

发展阶段(1980～2000年)：这一时期船型标准化工作的特点是船型简统选优和制订船型标准同步进行。为促进内河运输船舶技术进步，交通部先后组织进行了三次内河船舶简统选优工作，从2000多种内河运输船舶中，通过技术经济分析和专家审定，选定了200多艘不同地区的优良代表船型，作为简统选优船型，向全国及各不同地区进行推荐。船型简统选优对推进全国内河船舶技术进步和标准化进程起到了积极的促进作用，推动了船型标准化工作向规范化方向发展。

70年代末80年代初，我国较大规模地开展了分节驳顶推船队运输方式的系统研究、研制和推广工作，并取得了显著的经济效益，使我国内河运输上了一个新台阶，颁布了“长江水系分节驳船

型尺度系列"国家标准。另外,还相继制定和颁布了一些行业标准,如"长江水系机动驳船系列","长江中、下游推船船型系列","长江下游水网货驳船型系列","珠江水系自航驳顶推船队尺度系列","江海直达货船船型系列"等。

2000 年,交通部组织了《内河运输船舶船型主尺度系列》标准研究,按 7 种航道等级要求研究制定了不同船型主尺度系列标准。"内河通航标准"已进行相应研究并已修订。上述研究覆盖面广,对于内河运输船型标准化工作的进一步开展、充分发挥航道通过能力、优化运力结构、提高我国内河运输现代化水平具有重要意义,为进一步开展内河船型标准化研究和标准船型开发工作奠定了基础。

全面推进阶段(2001 年至今):2001 年交通部印发了公路水路交通发展三阶段目标,要求在长江、珠江三角洲及其干流全面推进船型标准化、系列化。之后,又颁布了《内河运输船型标准化管理规定》(交通部令 2001 年第 8 号),要求"任何组织和个人不得新建、改建水泥质船舶、总长 5 米以上的木质船舶从事内河运输。任何组织和个人不得新建、改建总长 20 米以上的挂桨机船舶从事内河运输,不得新建、改建挂桨机船舶在长江干线、珠江干线、黑龙江干线、京杭运河及太湖水域从事内河运输。新建、改建内河运输船舶,其总长、总宽和吃水应当符合交通部制定的内河货运船舶船型主尺度系列标准。"

2003 年,交通部在京杭运河实施船型标准化示范工程,组织开发了京杭运河 13 个系列 25 种标准船型,颁布了《关于公布京杭运河标准船型的公告》及《京杭运河运输船舶标准船型主尺度系列》。并规定 2004 年 1 月 1 日以后建造的船舶进入示范工程规划范围航行的,均应当按照交通部公布的主尺度系列或标准船型图纸建造。京杭运河船型标准化示范工程是交通部第一次采取行政、法律和经济等多种手段推进船型标准化工作,具有划时代的意义,为开展内河船型标准化工作积累了丰富的经验,对全国范围内推行船型标准化具有重要的借鉴作用。

同时，交通部积极推进川江及三峡库区内河船型标准化。三峡成库后，航行条件发生极大变化，为了促进川江和三峡库区船舶技术进步和航运结构调整，保障人命财产安全，保护三峡库区水资源环境，提高三峡永久船闸利用率和通过能力。2003 年 7 月，交通部正式启动川江及三峡库区船型标准化工程，加速标准船型的研发工作，公布了川江载货汽车滚装船、集装箱船、区间客船、客渡船、油船、化学品船和干散货船标准船型技术方案和《川江及三峡库区运输船舶标准船型主尺度系列》。

此外，交通部还发布了《研究开发内河标准船型指导意见》，对规范全国内河标准船型的研究开发具有重要的指导意义。

上述工作大力推动了内河运输船型标准化进程、对于充分发挥内河航道通过能力、优化运力结构、提高我国内河运输现代化水平具有重要意义，使我国内河船型标准化工作进入一个新的时期。

1.5.2　内河船型标准化推进工作过程中存在的主要问题

(1)对标准船型认识上的差异。市场对标准船型的接受度与政府的推广工作存在差异，船东对船型标准化认识不足，导致标准船型需求不强。

(2)标准船型开发机制不健全。标准船型的开发滞后于市场的需求，使船东用户无法得到想要的标准船型，未形成超前开发。

(3)标准船型尚未系列化。标准船型覆盖面不广，未形成系列化，许多船型还属空白地带。

(4)政策、法规不完善。标准船型从开发到推广，是一项复杂的系统工作，需要许多政策和法规来做指导，目前将全国内河船型标准化作为一项长期行业政策的法规尚未颁布。

(5)配套措施不到位。推进船型标准化工作，必须要有相应配套的措施和有效的手段，如行政措施、经济措施以及贷款造船优惠政策等。多年来，由于缺乏有力的配套措施，船型标准化工作推进难度大。

(6)监控力度不够。船型标准化工作的推进，在很大程度上还取决于监控力度。目前，虽然制订和颁布了不少船型标准，但在实施过程中,缺乏有力的监控手段,使得船型标准工作很难推广。

1.6 内河船型发展面临的问题

经过近30年的摸索和努力,我国的船型标准化工作积累了丰富的经验,也取得了一定的成绩,但随着经济社会的快速发展以及外部环境的不断变化,我国目前的船型标准化现状依然落后于时代发展的需要,与旺盛的内河航运需求不相适应。内河航运面临不少问题,其中与船型标准化有关的问题主要体现在以下几个方面:

(1)船型杂乱,影响航道船闸等基础设施利用率

现有内河船舶船型杂乱,机型复杂,不利于提高航道、船闸等基础设施的利用率,从而影响内河航道效益的发挥,成为内河航运竞争力提高的瓶颈之一。

(2)部分船舶技术状况落后,存在安全隐患

内河船舶总体技术水平不高,部分地区还存在水泥质船、木质船和挂桨机船等落后船型,船龄大,操作性能差,航运安全存在隐患。内河船舶平均吨位较小,能耗高,营运效率低。

(3)落后船型对环境存在污染

随着国家对水资源环境保护的重视,社会各界对船舶的环保要求也越来越高,尤其是在库区、湖泊等特殊水域。而现存的某些落后船型,对油污水和生活污水没有专门的回收或储存装置,肆意排放,严重污染水质。另外一些船舶,如挂桨机船,噪音污染严重,极大影响沿岸居民和船民自身的日常生活和人身健康。

(4)航运结构性矛盾突出

在客运中,普通客船运力过剩,而市场需求较大的中高档旅游船运力不足;在货运中,船舶吨位小,专业化、大型运输船不足,新型的集装箱船、汽车滚装船运力有待发展。

2. 指导思想与原则

2.1 指导思想

树立和落实科学发展观,坚持以人为本,保障内河运输航行安全。坚持内河航运可持续发展的原则,充分利用航运资源和通航

设施,保护周边环境和水资源。正确把握船型发展的总体趋势,提高内河水上运输工具的技术水平,促进内河航运结构调整。

2.2 原则

适应性原则:坚持船型标准化与流域社会经济发展和内河运输市场的需求相适应;与安全、环保的需求相适应;与通航设施相适应;与航道、港口发展相适应。

系列化原则:坚持船型标准系列化,坚持标准船型形式多样化。从船东和经营者的利益出发,满足不同的市场需求,满足船型个性化和共性化的需求。

先进性和经济性相结合的原则:坚持科技兴航,积极采用先进技术,并兼顾经济发展与市场承受能力,使技术进步和市场经济发展紧密地结合起来。

循序渐进原则:坚持远近结合,突出重点,先易后难,整体推进,分步实施。

引导与强制相结合原则:对重点航区、重点船型和影响公共安全、环境的内河运输船舶船型标准化实施强制推进;其他内河运输船舶船型标准化实施市场调节、引导为主。

3. 内河船型标准化的规划期间与范围

3.1 规划期间

2004~2020 年。基础水平年为 2004 年,规划目标年为 2010、2015、2020 年。

3.2 规划范围

京杭运河及长江三角洲水网主要航道;

长江干线及主要支流,包括嘉陵江、湘江、汉江、赣江等;

珠江干线;

黑龙江水系主要河流包括松花江干流及黑龙江国内段。

3.3 《纲要》实施的对象

全国内河客货运输船舶,包括普通客船(高速客船)、普通货船、集装箱船、化学品船、油船、LPG 船、货滚船、客滚船、推(拖)船、驳船等。江海通航船及工程船、航运支持系统船舶等非运输船舶不属于实施对象。

4. 船型标准化发展目标

交通新的跨越式发展目标提出:到 2010 年使公路水运交通对国民经济的制约状况得到全面改善,到 2020 年基本适应国民经济和社会发展的需要。树立可持续的科学发展观,实现交通质量型、效益型、功能型和可持续的跨越式发展。构筑起客运快速化、货运物流化、运营智能化、安全与环境最优化的综合交通运输体系。

4.1 总体目标

全国内河船型标准化总体目标:到 2010 年川江及三峡库区、京杭运河、长江、珠江三角洲及其干流基本实现船型标准化、系列化,平均吨位较 2004 年提高 1 倍,通航设施利用率较 2004 年提高 15%,船舶安全技术性能得到进一步提高,对水环境的污染得到基本改善;到 2020 年,内河船舶实现标准化和系列化,平均吨位较 2004 年提高 2 倍,通航设施利用率较 2004 年提高 30%,船舶安全技术性能向国际先进水平靠拢,对水环境的污染得到根本改善,运输成本明显降低。

4.2 分阶段目标

1)长江干线及主要支流

长江干线上游(川江及三峡库区):

三峡成库后,其通航条件发生极大变化,对船舶安全技术性能及环保性能要求提高,提高三峡五级永久船闸和葛洲坝船闸利用率对整个长江航运的发展具有重大影响。因此,在该水域推行船型标准化的紧迫性和重要性非常高。长江上游干线(川江及三峡库区)船型标准化的总体目标是:2010 年,船型标准化率达到 75%,船舶平均吨位达到 1000 载重吨;2015 年,船型标准化率达到 85%,船舶平均吨位达到 1200 载重吨;2020 年,船型标准化率达到 95%,船舶平均吨位达到 1500 载重吨。

长江干线中下游航道,主要由船东根据市场需求选择船型,政府可采取引导、推荐的方式促进当地船型技术进步。

长江主要支流:

嘉陵江:梯级渠化程度高,推进船型标准化对促进流域资源开发和经济发展起到非常重要的作用。总体目标是:2010 年,船型标准化率达到 75%,平均吨位达到 300 载重吨;2015 年,船型标准化率达到 85%,平均吨位达到 400 载重吨;2020 年,船型标准化率达到 95%,平均吨位达到 500 载重吨。

湘江:2010 年,船型标准化率达到 85%,平均吨位达到 120 载重吨;2015 年,船型标准化率达到 90%,平均吨位达到 180 载重吨;2020 年,船型标准化率达到 95%,平均吨位达到 240 载重吨。

汉江:属于梯级河道,等级多,目前船型种类多,吨位小,船龄大,船型标准化意义重大。总体目标是:2010 年,船型标准化率达到 73%,平均吨位达到 400 载重吨;2015 年,船型标准化率达到 77%,平均吨位达到 500 载重吨;2020 年,船型标准化率达到 81%,平均吨位达到 600 载重吨。

赣江:上游河道狭窄,多急流险滩,有两处碍航闸坝;中下游河面逐渐拓宽,目前最高等级为四级航道,适宜推进船型标准化。总体目标是:2010 年,船型标准化率达到 50%,平均吨位达到 300 载重吨;2015 年,船型标准化率达到 65%,平均吨位达到 400 载重吨;2020 年,船型标准化率达到 80%,平均吨位达到 500 载重吨。

2)京杭运河及长江三角洲水网主要航道

京杭运河及长江三角洲水网主要航道渠化程度高,货流密度大,碍航闸坝多,是标准船型重点推广水域。到 2010 年,船型标准化率将达到 80%,平均吨位达到 200 载重吨;2015 年,船型标准化率达到 90%,平均吨位达到 300 载重吨;2020 年,船型标准化率达到 100%,平均吨位达到 500 载重吨。

3)珠江干线

珠江干线上游地区经济欠发达,技术水平落后,推广船型标准化有利于促进当地船舶技术进步;珠江干线中下游及三角洲航道网航道条件良好,经济发达,政府可采取引导、推荐的方式促进船型技术进步。总体目标是:2010 年,船型标准化率达到 60%,船舶平均吨位达到 400 载重吨;2015 年,船型标准化率达到 70%,平均吨位达到600载重吨;2020年,船型标准化率达到80%,平均吨位达到800载重吨。

4)黑龙江水系主要河流包括松花江干流及黑龙江国内段

推进船型标准化与航道梯级渠化发展相适应,宜采取引导与强制相结合,以引导为主的手段推进当地船型标准化。总体目标是:2010年,船型标准化率达到50%,平均吨位达到630载重吨;2015年,船型标准化率达到55%,平均吨位达到660载重吨;2020年,船型标准化率达到60%,平均吨位达到700载重吨。

4.3 淘汰落后船型的时间表

川江及三峡库区:

自2003年10月1日起,全面禁止挂桨机船、水泥质船和木质船进入川江及三峡库区;

自2004年1月1日起,禁止100总吨以下商船(载运鲜活货物的除外,下同)通过三峡船闸;

自2005年1月1日起,禁止200总吨以下商船通过三峡船闸;

禁止2003年10月1日后开工建造或者改建的非标准客船、油船、化学品船、载货汽车滚装船、集装箱船、干散货船进入川江及三峡库区;

自2005年6月1日起,禁止无生活污水处理装置的省际客船、无生活污水处理装置或生活污水储存舱(柜)的短途客船(含客渡船)进入川江及三峡库区航运市场;

自2006年1月1日起,禁止非双层底的油船、化学品船进入川江及三峡库区;

自2007年7月1日起,禁止非标准载货汽车滚装船进入川江及三峡库区。

长江干线:

自2010年1月1日起,禁止挂桨机船、水泥船和木质船进入水富至长江口航道;

自2015年1月1日起,禁止其他限制淘汰型船舶进入长江干

线航道;

京杭运河:

自2005年1月1日起,禁止挂桨机船进入上海市内河主干航道;

自2005年7月1日起,禁止挂桨机船进入京杭运河浙江段、杭申线和长湖申线航道;

自2006年1月1日起,禁止挂桨机船进入京杭运河苏南段、苏申外港线航道和苏申内港线航道;

自2007年1月1日起,禁止挂桨机船进入京杭运河苏北段和山东段航道;全面禁止挂桨机船进入京杭运河流域内的浙江省水域。

珠江干线:

2006年1月1日起,禁止木质船、挂桨机船进入西江航运干线及珠江三角洲主航道;

2008年12月31日前水泥船、木质船、挂桨机船基本退出市场,2010年全部退出市场。

(珠江运海水、海鲜的专用水泥船舶可作为特种船型处理,另论)

鼓励300吨以下、18年以上的船舶提前退出航运市场。

黑龙江水系:

自2008年4月,禁止挂桨机船进入黑龙江;

自2010年4月,禁止挂桨机船进入松花江。

5. 标准船型研究开发与认可公布

5.1 标准船型形式

根据航道条件要求、水域环境和不同阶段,标准船型的形式可采用不同的形式,主要有"主尺度系列标准"、"标准船型技术方案"、"标准船型送审图纸"三种形式。

"主尺度系列标准"形式,是标准船型的主要形式及标准船型开发的技术基础。该形式依据最大利用内河通航设施的原则,规定了船舶的总长、总宽和设计吃水等主要要素,它的最大特点是不仅能满足船型标准化的共性要求,而且还能满足船东对船型标准化的个性要求。与其他形式相比更贴近市场的需求,更具开发时间短、投入开发资金少等特点。

"标准船型技术方案"形式,是船型标准化的倡导形式。该形式在"主尺度系列标准"的基础上对船舶的型线、基本结构、主要设备配置等方面都做出了明确的规定。该形式较好地结合了个性化和共性化需求,能够引导市场发展技术先进、经济实用、符合船舶技术规范的船型。

"标准船型送审图纸"形式,是将研究开发的标准船型全套技术图纸,经审图中心审验合格后,提交给船东的图纸文本形式。它的最大特点是,船东获得送审图纸后,可直接找厂家造船。但难以满足船东对船型的个性化要求。

5.2 标准船型形式的选择

对适宜推行标准化船型的航道或通航水域,推行标准化船型的形式可以不同,可以采用"送审图纸"、"技术方案"或"船舶主尺度系列"等形式。

通航河流中,限制性因素必然会对运输船舶产生限制,船闸、升船机对船舶尺度进行限制、桥梁跨度和净空高度对船舶尺度和上层建筑进行限制、航道的宽度、水深和转弯半径对船舶尺度进行限制、水流速度和航道坡度对船舶尺度和船型进行限制、库区和湖泊航道对船舶环保的产生要求等。因此,具有上述限制性因素的航道必须推行船型标准化。

对于无上述限制性因素的航道和通航水域,应引导推广标准化船型,政府主管部门主要从满足安全、环保和促进船舶技术进步等方面对船型发展提出目标和发展方向,采取措施积极引导船型标准化。

考虑各地区、各水系航道条件、船舶技术状况以及船舶特点等之间的差异,标准船型的形式应与上述条件紧密结合。标准船型的形式按水系划分,各有所不同,具体形式如下:

长江水系:

长江干线航道里程较长,上中下游航道变化较大,船型结构较为复杂;同时水系流经区域较广,干支直达运输普遍,船型差异较大,为此将长江水系分成几段考虑。

长江上游川江及三峡库区:三峡大坝与库区的建成,使得川江及三峡库区的船型较原有船型变化较大,对新船型有大量迫切需求。川江及三峡库区船型标准化的研发工作,采取以"船舶主尺度系列"为主导,与船型"技术方案"相结合的形式。

长江干流中下游流经湖南、湖北、江西、安徽、江苏、浙江、上海等省市,中下游干流水面宽阔,无船闸等通航设施,水域通航条件较好,对内河船舶尺度等的限制较少,船型标准化的形式较为宽泛。但鉴于长江水系船型杂乱,船舶技术水准不高,可归纳、研发、推荐一批优秀船型,引导船舶向标准化方向发展。

长江水系主要支流包括嘉陵江、湘江、汉江、赣江等几大河流。长江支流众多,各支流流经区域的经济状况、货源情况、航道条件差异较大,各支流采用的船型标准化形式应与支流流域的具体条件结合起来。可采用"船舶主尺度系列"为主导与船型"技术方案"相结合的形式。对于西部经济欠发达地区,适宜采用在"船舶主尺度系列"指导下与"送审图纸"和"技术方案"相结合的形式。

京杭运河及长江三角洲水网地区。京杭运河经过整治,大部分水域已达到三级航道标准,部分航道达到了二级,是我国等级最高、渠化程度最好、船闸设施最为完善的人工航道。运河及水网地区覆盖了浙江、江苏、上海、山东等经济发达省市,内河运输船舶必须适应沿线省市经济社会的发展水平。京杭运河船型标准化工作以挂桨机船退出市场和标准船型推广为重点,标准船型推进形式以"船舶主尺度系列"为主导,辅以船型"技术方案"和"送审图纸"。

珠江水系:

珠江干线下游,由于地区经济较为发达,采用以"船舶主尺度系列"、"技术方案"为主,"送审图纸"方案为辅的形式;而干线中上游地区航运发展相对较慢,经济收入、船舶设计及建造能力、企业更新船舶的能力均较弱，为了降低船舶建造或更新的成本，提高船舶整体的技术、安全水平和建造质量，中上游宜在“船舶主尺度系列”指导下结合“技术方案”和“送审图纸”的方式开展内河船型标准化。

黑龙江水系：

规划范围内的松花江干流和黑龙江部分区域，航道等级差别不大，大部分船舶均可在整个规划范围内航行，因此，标准船型形式的选择按船舶种类来划分。对社会需求量大、技术成熟的1000吨、600吨驳船和485千瓦推船及目前急需的500吨油船选取“送审图纸”的形式；对于个性化要求高的客船、滚装船及部分新研制的船型选取“船舶主尺度系列”的形式；其余的船型在“船舶主尺度系列”指导下结合“技术方案”形式。

5.3 标准船型研究开发程序

全国内河主通道标准船型的研究开发由交通部组织，其他通航水域的标准船型研究开发由省交通厅或授权单位组织（简称组织者）。组织者在市场调研的基础上，充分听取船东和航运业者的意见，提出标准船型的系列和品种，具体船型的开发可由航运业者委托有关技术单位或由政府组织力量研究开发，经按照程序评审后向社会公布，同时报交通部备案。根据市场的发展情况，若需完善或补充的品种，可按标准船型开发程序办理。

标准船型开发经费由中央政府补贴、地方政府补贴和开发申请者自筹三部分组成。

5.4 标准船型的认可及公布程序

标准船型在完成开发项目验收、评审后，应按照行业标准申报程序提出标准申报，有关部门进行审查，审查合格，正式对社会公布该船型为标准船型。

5.5 对现有船型的认定

5.5.1 认定范围

自本《纲要》实施之日前，经交通主管部门批准营运的运输船舶（含在建造的船舶）均属认定范围。

5.5.2 认定分类

“标准船型”:凡符合已公布标准船型条件的现有船舶,均属标准船型。该类船舶可继续使用,继续建造,继续完善。

“自然过渡型”:在安全、环保满足标准船型的条件下,允许该类船舶自然过渡,使用至船舶强制报废船龄,但不允许继续建造。

“改造过渡型”:允许该类船舶结合船舶修理,按标准船型进行改造后符合标准船型的要求,使用至船舶强制报废船龄,但不允许继续建造。

“限制淘汰型”:根据不同的船龄和载重吨位,按淘汰时间表限期淘汰,对淘汰船型实施航区限定。鼓励船东和船舶经营者,将此类船舶提前报废,退出航运市场。

5.5.3 认定标准

由交通部和省级交通主管部门组织有关科研机构、行业管理部门等单位,制定《现有船型标准化认定工作指南》(以下简称《指南》),并成立认定工作组,确定对现有船舶认定的各项指标。主要包含:主尺度、安全性能、环保性能、技术状态、经济情况等项评价指标。

5.5.4 认定程序

认定申请:船舶所有人应在规定时间内向所在地的交通主管部门提出认定申请。交通主管部门接到申请后,根据《指南》组织认定工作组,对该船舶进行认定,并得出认定结论。

认定公布:各地交通主管部门收到认定工作组的认定结论后,进行公示,公示期为一个月。结果无疑议,正式报主管部门核准,核准通过后,正式对社会公布。

6. 标准船型与技术进步

6.1 推进船型标准化与技术进步的关系

标准船型的研究开发要以先进实用技术为基本手段,充分考虑船舶的安全性、节能性、经济性和环保性。技术进步是提高标准船型先进性、经济性和竞争优势的主要保证。技术进步对于提高船闸和航道等通航设施利用率、减少水上交通堵塞和交通事故具有重要作用;先进技术是降低船舶噪音和水污染的需要,对保护内河水域及周边环境具有重要意义。

船型标准化促进了航运技术进步,降低了航运成本,提高了航运效率和航运企业效益。标准船型的研发必须以先进性与经济性作为基本原则,并把二者有机结合,标准船型的推进应以技术进步为基础,不断对已颁布的标准船型进行优化和完善,才能成为先进生产力的代表,为市场所接受。

6.2 标准船型的关键与重点技术

各地区、各水系航道条件、船舶技术状况以及船舶特点等之间的差异,包括标准化的目标不同等,使得各水系标准船型关键与重点技术也有所不同。总体说来,主要有以下方面的关键技术:提高船舶技术性能的重点技术,包括船舶尺度系列研究、船舶推进性能研究、船体线型研究等;改进船舶技术装备的关键技术,包括节能设备、升降驾驶台、轻型舱口盖、船队(组)的连接装置及助推装置等的研制与应用;船舶防污染、环保等方面有关的技术研究,包括防油污装置的研制、水润滑技术和生活污水处理等重点技术研究;船舶安全技术研究,包括内河船用通讯、导航设备、船用防火材料等;船用柴油机掺烧重质燃料油等船舶节能技术的研究;改善船员居住条件的船舶布置等方面的研究等。

6.3 标准化船舶研究开发与船舶规范的衔接及其解决

标准船型必须满足船舶技术规则和规范的要求,以保证其安全性、环保性;基于技术的不断进步,船舶技术规则和规范应结合标准船型的研究开发和推进不断修订。

7. 保障措施

7.1 组织保障

长江、珠江航务管理局;四川、湖南、湖北、江西、河南、安徽、浙江、江苏、山东、云南、贵州、甘肃、陕西、黑龙江、广东、广西省(区)交通厅;重庆市交通委员会;上海市港口管理局是本《纲要》的实施主体,要按照统一政策,全线联动的工作方针,确保本《纲要》各项措施和规定的贯彻落实。

各有关交通主管部门要加强对内河船型标准化工作的组织领导和协调；要成立相应的领导机构和工作机构，负责本《纲要》的实施，保证必要的人力、物力投入。

在各有关省市登记注册的船舶，如需改变船籍港或者注册地，应当向原注册地的航运管理部门办理注销手续，凭注销证明等文件向新注册地的相关管理部门办理船舶登记和相关手续。

为了及时掌握了解工作进展情况，发现和总结船型标准化推进工作的经验与问题，在《纲要》实施期间，各有关省（区、市）交通主管部门每年要依据本《纲要》编制本省（区、市）实施评估报告，交通部每年组织一次对《纲要》执行效果的检查评估，由交通部水运科学研究院编写《纲要》实施评估报告。

明确有关部门的责任，各施其责。自《纲要》实施之日起，各有关船舶检验机构不得受理新建非标准船型船舶的检验；海事和航运管理部门，不得为新建非标准船型船舶签发有关船舶证书。各有关航运、海事和航道管理部门要严格把关，依照本《纲要》明确的分阶段行动计划，对限制淘汰的各类船舶，不予装货配载，不予签证放行。

7.2 制度保障

交通部要加快船型标准化相关法律法规建设，建立健全工作制度，保障船型标准化的顺利进行。

修改和完善现有相关技术法规及规范，做好船型标准化与相关技术法规和规范的衔接工作。

按《研究开发内河标准船型指导意见》的要求执行内河标准船型的研发机制，充分运用市场机制，动员社会各方面力量广泛参与标准船型研究与开发，加强协作，联合攻关。逐步形成政府引导和宏观管理、社会中介组织、科研单位研发、运输业户经办运作、船民自主经营的管理体制。

建立健全工作制度。建立相关管理部门定期会议制度和重点航运企业联系制度；探索和建立运输市场联合稽查制度；完善和落实公示、投诉、举报监督制度；完善相关管理部门之间信息定期通报、发布制度。

各有关省市应制定本地区内河标准船型的研究开发、认可公布以及相关的管理办法和规定。

7.3 经济鼓励措施

通过建立科学合理的补贴(补偿)机制,明确补贴资金渠道、补贴标准和补贴对象,保证补贴基金专用账户,专款专用。

实行差别规费、优先过闸等措施,通过行政手段和经济措施鼓励和推广标准船型,加快淘汰非标准船型。

研究符合地方实际情况的新造船贷款融资政策,积极发挥地方政府的协调作用,为航运业者贷款建造标准船型提供便利条件。

7.4 资金保障

中央政府和地方政府对推进内河船型标准化工作和标准船型的研究开发给予资金支持;地方政府对落后船型的淘汰和退出市场工作给予资金支持。

交通部组织研发的标准船型,由交通部安排研发资金补贴;航运业者与地方政府共同组织研发的标准船型,主要由地方政府、交通主管部门安排研发资金补贴;鼓励航运业者自筹资金,按交通部颁布的《研究开发内河标准船型指导意见》进行标准船型的研发。

在标准船型科研攻关、融资、配套设备进口等方面争取国家提供政策优惠和扶持。

多渠道吸收科研基金,积极吸收国内外政府、企业和社会团体的项目基金投资。

7.5 配套措施

鼓励支持航运业者能方便、无障碍地获得标准船型技术方案和技术图纸,对其提出的有关船舶结构、设备等设计的改进意见,应予重视,并按交通部有关规定办理。

在严格控制非标船型进入市场的同时,应为船舶技术进步留下发展的空间。允许某些适应水运市场需求的特殊船型出现和存在,通过运营实践以定取舍,以利于先进船型的发展。此类船舶必须经过标准船型推进部门严格审查把关。

对已经颁布的标准船型，应进行跟踪并及时维护，保持标准船型的先进性与适用性。

加强对船舶设计和修造市场的管理，进一步规范市场秩序。

扩大交流与合作。增进国内、国际航运业间的技术交流，建立与周边地区的区域性合作；了解掌握新船型、新技术发展动态，学习掌握先进技术，吸取先进经验，并将之最大限度地应用到船型标准化工作中，保持船舶技术先进性和新船型发展性。

船舶废弃物回收设施的建设、管理和营运，依照国务院有关规定执行。禁止船舶在库区违规排放或弃置废弃物。

7.6 宣传与推介

各地要结合本地实际，利用报纸、杂志、广播、电视、网络等媒体，或采取座谈会、宣讲会、挂图等形式，切实做好内河船型标准化的宣传工作，要让广大人民群众特别是船民熟悉了解船型标准化的意义、分阶段行动计划和具体措施，使内河船型标准化工作得到广大船民的配合与支持。要加强对航运业经营者和船员环保意识的宣传教育。

关于推进京杭运河船型标准化示范工程工作的通知

（交通部　交水发〔2006〕61号　2006.02.17）

山东、江苏、浙江、河南、安徽省交通厅，上海市港口管理局，中国船级社：

京杭运河船型标准化示范工程自2004年1月1日实施以来，按照《京杭运河船型标准化示范工程行动方案》（以下简称《行动方案》）的部署，在五省一市（山东、江苏、浙江、河南、安徽、上海）交通主管部门的共同努力下，工程总体进展顺利，已取得阶段性成果。目前，全线禁航水泥质船的目标已基本实现；挂桨机船拆解改造任务已完成过半，部分航道已成功禁航挂桨机船，实现了阶段性目标；标准船型的推广工作也已起步；实施示范工程的综合效果已经显现。为更好地推进示范工程的开展，确保实现《行动方案》提出的2010年基本实现京杭运河船型标准化目标，经研究，现就推进示范工程有关工作通知如下：

一、继续做好挂桨机船的拆解改造工作，确保2007年全线禁航挂桨机船目标的顺利平稳实现

挂桨机船拆解改造工作是示范工程的重点和难点，五省一市交通主管部门克服种种困难，开展了扎实有效的工作，取得了较大进展，但各地工作进度不平衡，个别省份进展缓慢。为确保2007年1月1日示范工程实施范围内全线禁航挂桨机船目标的顺利实现，五省一市特别是目前拆解改造进度较慢的省份，要加强组织领导，加大工作力度，积极推进挂桨机船拆解改造工作。

挂桨机船拆解改造工作与船民切身利益息息相关。在前一阶段工作中，各地都采取了大量方便船民的服务措施，得到了船民的好评。今后，有关各级交通主管部门要进一步增强服务意识，确保有关政府补贴资金足额、及时、准确地发放到船民手中。

二、对前一阶段实施示范工程取得的效果进行综合评估

示范工程实施两年多来取得了较大的进展，通航秩序得到了较大的改观，事故率明显下降，航道、船闸的通过效率大幅度提高，船舶的运营效率也得到了较大的改善。同时，随着大量的挂桨机船退出市场，原来存在的挂桨机船噪音、空气、水污染也得到了很大程度的改善。为全面总结实施示范工程两年多来所取得的各项经济效益和社会效益，便于下一阶段工作的开展和为全国其他区域实施船型标准化工程提供决策参考，请示范工程实施航道范围内的山东、江苏、浙江、上海等省市交通主管部门就此进行专题研究和全面的定量、定性分析，于2006年6月底前形成书面阶段总结报告报部。

五省一市交通主管部门还要加大对示范工程已取得成果的宣传力度，动员广大船民更加主动地投入到示范工程的行动中来，积极争取社会各界对示范工程的继续支持。

三、开展对示范工程推进工作先进单位和个人的表彰工作

实施示范工程两年多来所取得的成果离不开五省一市交通主管部门（特别是基层管理部门）的辛勤努力和创造性工作。我部将对在推进工作中成绩突出的先进单位和先进个人给予表彰，请五省一市交通主管部门在2006年3月底前将有关表彰人选的建议以书面形式报部（有关各省的表彰名额分配及推荐表见附件）。

四、对纳入拆解改造范围内的挂桨机船统计信息进行修正

示范工程正式实施前，我部曾要求各省市对纳入拆解改造范围内的挂桨机船进行了登记造册，这对摸清情况，规范政府补贴资金的发放起到了极大的作用。但由于时间紧迫等客观原因，目前，各省市均反映对该统计信息应根据实际情况进行修正。

为更好地推进示范工程，确保符合政府补贴政策的船民的利益不受损失，本着实事求是的原则，部同意五省一市交通主管部门对该统计信息进行修正。对符合交通部、财政部《京杭运河船型标准化示范工程挂桨机船拆解改造政府补贴资金管理办法》(交水发〔2003〕552 号)规定,而未纳入原统计信息的挂桨机船,允许补充纳入,对实施中发现因各种原因已自然淘汰的原在统计范围内的挂桨机船,允许予以剔除,不再记入各省市的考核目标。请五省一市交通主管部门于 2006 年 6 月 30 日前,将调整后的数据信息报我部认可。有关新纳入及剔除的挂桨机船应明确具体的数量、吨位及船名。

五、采取各项措施加快标准船型的推广

(一)五省一市交通主管部门及有关船舶检验机构要严格遵守有关规定,严禁异地检验发证。对不符合规范要求的低质量船不得发证。对于符合我部《京杭运河运输船舶标准船型主尺度系列》及各省市确定的标准船型强制性指标的新建船舶应在适航证书上注明为京杭运河标准船型。航运管理机构为新建船舶办理船舶营运手续时应核对适航证书的记载,未标注京杭运河标准船型的,应在船舶营运证中明确该船经营范围不包括京杭运河船型标准化示范工程区域。

(二)有关五省一市交通主管部门应按照《关于调整京杭运河船型标准化示范工程标准船型有关政策并公布京杭运河运输船舶标准船型主尺度系列的公告》(交通部公告 2005 年第 7 号)的要求,尽快建立推广标准船型的"三级网络体系",确定各省市的标准船型强制性指标,并组织有关单位研究开发推荐性的标准船型图纸供船东选用。我部将对有关标准船型研发工作继续给予支持。在相关推荐性标准船型图纸尚未开发完毕前,各省市可选取符合主尺度系列要求的现有优秀船型的图纸作为过渡性图纸使用。有关图纸应直接下发相关船舶建造厂,有关交通主管部门和船舶检验机构要积极做好该推荐性图纸的宣传工作,并为船厂及船东取得图纸提供便利。有关标准船型强制性指标的制定及推荐性图纸的下发工作应在 2006 年 6 月底前完成,请五省一市交通主管部门于 2006 年 7 月 15 日前将完成情况形成书面材料报部。

(三)研究统一规费征收的计量标准。

目前各地较为普遍存在的“大船小证”、超载运输等现象，不仅严重危及航行安全，造成规费流失，而且导致“标准船”与“非标准船”的不公平竞争。相关管理部门征收规费的计量标准不统一，是导致“大船小证”、超载运输的制度性原因之一。因此，为加快标准船型的推广，有必要采取措施，规范管理，统一航道养护费、过闸费、水路运输管理费等交通规费征收的计量标准。

请五省一市交通主管部门开展统一规费征收计量标准的研究和前期准备工作。条件成熟时，将现按照船舶载重吨计收的相关规费统一调整为按船舶总吨收取。

（四）建立标准船型比例考核指标，确保2010年航行于京杭运河航道的标准船型船舶达到80%以上，基本实现京杭运河船型标准化目标的实现。

请五省一市交通主管部门于2006年6月30日前，按照《京杭运河运输船舶标准船型主尺度系列》的要求，对现有的船舶进行核对，确定符合该主尺度系列要求的现有船舶的比例，并将有关结果报部。

各省市要按照2010年标准船型比例目标，建立标准船型比例考核指标，逐年提高标准船型的比例。

（五）请中国船级社对京杭运河船舶建造规范及《主尺度系列》进行跟踪研究。

附件：1. 京杭运河船型标准化示范工程推进工作先进单位及先进个人推荐名额分配表（略）

2. 京杭运河船型标准化示范工程推进工作先进单位推荐表（略）

3. 京杭运河船型标准化示范工程推进工作先进个人推荐表（略）

关于川江载货汽车滚装船单车承载能力有关问题的补充通知

（交通部　交水发〔2006〕62 号　2006.02.17）

湖北省交通厅、重庆市交通委员会、长江航务管理局、长江海事局、中国船级社：

为进一步加强川江载货汽车滚装运输市场的管理，我部印发《关于进一步加强川江及三峡库区载货汽车滚装运输市场管理的通知》（交水发〔2005〕500 号，以下简称 500 号文）。根据该通知要求，从 2006 年 1 月 1 日起从事川江载货汽车滚装运输的码头必须安装地秤，对上船车辆进行称重，凡超过《船舶检验证书》核定的载运单车总重量的车辆不得安排上船，同时，允许船公司向船检机构申请重新复核载运最大单车总重量和车辆单轴最大负荷量。为做好上述两项工作的衔接，经研究，现就有关事宜通知如下：

一、有关从事川江载货汽车滚装运输的码头经营人必须严格按照 500 号文的要求，对上船车辆进行称重，做好记录，并及时提交海事签证机构。无称重记录的，海事部门不得签证放行。

二、现有地秤总称重能力不足的，应在今年 6 月 30 日前更换能满足称重吨位计量要求的地秤。请重庆市、湖北省港口行政管理部门做好督促和检查工作。

三、考虑到船舶单车承载能力复核工作正在进行之中，目前对尚未完成重新核定的船舶，若装载车辆经称重超过目前证书核定重量的，在船舶经营人作出书面安全保障承诺并采取有效措施的前提下，暂允许这部分车辆继续上船。但经称重超过公路治理超限超载运输标准的车辆从即日起不得安排上船。

请重庆市、湖北省交通主管部门通知并组织有关船舶经营人应在今年6月30日前完成有关船舶单车承载能力的重新复核工作;中国船级社要加快有关船舶单车承载能力的复核工作。长江航务管理局要做好组织协调工作。

请重庆市、湖北省交通主管部门结合公路治理车辆超限超载运输工作,从源头防止超限超载车辆进入滚装码头上船。

四、从2006年7月1日起,对超过船舶检验证书核定的承载能力的车辆,无论该船是否进行过承载能力的重新复核,一律不得再配载上船。对载运超重车辆的船舶,海事部门不得签证放行。

关于进一步加强国内船舶运输经营资质管理的通知

（交通部　交水发〔2006〕91号　2006.03.08）

各省、自治区、直辖市交通厅（委），上海市港口管理局，长江、珠江航务管理局，中远、中海、长航、中外运集团，部直属各打捞局：

为加强国内水路运输市场准入管理，提高国内航运业发展水平，保障运输安全，我部于2001年颁布实施了《国内船舶运输经营资质管理规定》（交通部令2001年第1号，以下简称"1号令"）。针对1号令实施以来的新情况，现就进一步加强国内船舶运输经营资质管理通知如下：

一、建立航运企业经营资质动态管理制度

1号令规定的国内船舶运输经营资质条件，不仅是取得国内船舶运输经营资格的准入条件，而且也是经营人在日常运输生产经营活动中必须具备的条件。为加强企业经营资质管理，部决定从以下两方面建立企业经营资质动态管理制度。

（一）建立企业主要管理人员动态报备制度。

根据1号令的要求，从事国内船舶运输企业的有关从业人员，特别是主要管理人员应符合一定的条件，这对于提高企业管理水平，保障运输安全起到了十分重要的作用。为进一步完善对企业主要管理人员的管理，我部将结合2006年年度核查，建立水运企业主要管理人员档案，实行动态管理。

从本文发布之日起，当1号令规定的企业海务、机务主管人员及液货危险品运输和客运企业的最高管理层持证人员发生变化时，企业应在1个月内填写《企业主要管理人员变动情况备案表》（见附件），并持相应资料（变更后管理人员的身份证、适任证书、任职文件及劳动合同)的原件及复印件,向所在地交通主管部门备案。企业所在地交通主管部门查验相应资料原件后,将备案表和相关资料的复印件(加盖与原件一致章)逐级转报原审批部门。运输管理部门发现上述人员实际情况与水运管理信息系统内档案不一致,而企业又未按期履行备案手续的,则视为该企业达不到1号令要求的资质条件,并按有关规定进行处理。

(二)建立经营资质动态检查制度。

各级交通主管部门要加大对经营人市场准入后的监管力度,建立经营资质动态检查制度。除每年上半年统一进行年度核查外,对跨省运输的企业还应在每年下半年组织一次上门现场抽查。抽查的重点是公司安全管理制度、安全生产责任制的落实情况和相关管理人员配备等情况。对从事液货危险品运输和旅客运输的企业原则上应全部抽查,但对连续3年年度核查记录良好的企业可酌情免于抽查。对普通货物运输企业的抽查率不得低于30%。对管理制度不落实、专职管理人员不到位的,要求其整改。经整改仍不合格的,报相应的管理部门取消其经营资格。抽查的具体时间由省级交通主管部门确定,并于年底前将抽查结果书面报部(长江、珠江水系跨省运输的情况同时抄报长江、珠江航务管理局)。

二、严禁船舶运输经营人接受船舶挂靠

船舶挂靠严重扰乱运输市场秩序,影响运输安全。我部曾于2001年对此进行过专项整治,取得了一定的效果。近期船舶挂靠经营现象又有反弹现象。为此,部重申严禁船舶运输经营人出让其经营资格,接受船舶挂靠。无经营资格的船舶所有人应按照我部《关于整顿和规范个体运输船舶经营管理的通知》(交水发〔2001〕360号)确定的企业化经营方式,将其船舶的经营管理及安全责任纳入相应企业。各级交通主管部门要加大监督检查力度,对未落实安全管理责任、“挂而不管”的船舶管理企业依法进行处罚。各级交通主管部门要加强政策法规的宣传,向船舶运输经营人讲明接受船舶挂靠的危害和相关法律责任,增强船舶运输经营人杜绝挂靠的自觉性。

三、加强企业申报材料的审核，确保材料的真实性

近来，我部多次发现经有关省（自治区、直辖市）交通主管部门转报的企业申请材料中存在虚假材料，其中多数是企业提供虚假的管理人员情况。根据《中华人民共和国行政许可法》的有关规定，我部已对这些申请作出不予受理的答复。为切实加强企业经营资质管理，维护良好的市场竞争秩序，各地交通主管部门要进一步增强责任感，加强对企业申报材料的审核，按照 1 号令的要求提交相关材料，并确保报部材料的真实性。今后对转报虚假材料的省级交通主管部门我部将给予通报批评。

附件：企业主要管理人员变动情况备案表（略）

京杭运河排堵保畅应急预案

（交通部　交水发〔2006〕291 号　2006.06.20）

1　总则

1.1　目的

为保障京杭运河水上交通畅通，预防预警和快速应对京杭运河水上交通堵航事件，建立京杭运河排堵保畅应急预案。

1.2　适用范围

本预案适用于京杭运河及其分流航道下列航段：

山东段：京杭运河山东段 171 公里及西线航段；

江苏段：苏北运河 404 公里、苏南运河 208.2 公里及长湖申线、苏申内港线、苏申外港线；

浙江段：京杭运河浙境段 100 公里及杭申线、长湖申线；

上海段：苏申内港线、苏申外港线、太浦河、杭申线。

1.3　京杭运河堵航事件级别的划分

京杭运河堵航事件按照其性质、严重程度、可控性和影响范围等因素分为四级：特别严重（Ⅰ级）堵航事件、严重（Ⅱ级）堵航事件、较重（Ⅲ级）堵航事件和一般（Ⅳ级）堵航事件。

1.3.1　特别严重（Ⅰ级）堵航事件

当预测或确定至少下列之一的堵航现象发生时，可定为特别严重堵航事件：

（1）因枯水、洪水造成某一航段或局部航段发生断航持续 15 天以上或其他原因引发局部航段发生断航 10 天以上；

（2）局部航段滞留船舶 1 万艘以上；

（3）船舶堵塞点上下游滞留船舶连续长度达到 50 公里以上。

1.3.2　严重（Ⅱ级）堵航事件

当预测或确定至少下列之一的堵航现象发生时,可定为严重堵航事件:

(1)因枯水、洪水造成某一航段或局部航段发生断航持续15天以下、6天以上或其他原因造成局部航段发生航道断航10天以下、6天以上;

(2)局部航段滞留船舶1万艘以下、5000艘以上;

(3)船舶堵塞点上下游滞留船舶连续长度达到50公里以下、25公里以上。

1.3.3 较重(Ⅲ级)堵航事件

当预测或确定至少下列之一的堵航现象发生时,可定为较重堵航事件:

(1)局部航段发生断航持续6天以下、8小时以上;

(2)局部航段滞留船舶5000艘以下、1000艘以上。

1.3.4 一般(Ⅳ级)堵航事件

当预测或确定至少下列之一的堵航现象发生时,可定为一般堵航事件:

(1)局部航段发生断航持续8小时以下;

(2)局部航段滞留船舶1000艘以下。

1.4 京杭运河排堵保畅应急预案体系

京杭运河排堵保畅应急预案体系包括:

(1)京杭运河排堵保畅应急预案(即本预案);

(2)京杭运河山东段排堵保畅应急预案(包括沿线各市排堵保畅应急预案);

(3)京杭运河江苏段排堵保畅应急预案(包括沿线各市排堵保畅应急预案);

(4)京杭运河浙江段排堵保畅应急预案(包括沿线各市排堵保畅应急预案);

(5)京杭运河上海段分流航道排堵保畅应急预案。

上述应急预案构成完整的京杭运河排堵保畅应急预案体系。根据实际情况,体系中各预案由制定单位不断补充、完善,及时修订。

2 应急组织机构及其职责

根据京杭运河水上交通现状和分级管理体制,按照条块结合、以块为主,属地发生堵航、属地负责排堵、区域协调联动的原则,应急组织体系由国家级(交通部)、省(直辖市)级、市(区)级和县(区)级的应急机构组成。

交通部京杭运河排堵保畅应急领导机构为交通部交通突发应急工作领导小组,下设的应急指挥机构为交通部水路交通应急指挥中心。交通部分管水路交通的部领导担任水路交通应急指挥中心总指挥,交通部水运司主要领导担任副总指挥,其他有关司局按照各自职责协助做好相关工作。

交通部交通突发事件领导工作小组水路交通应急指挥中心涉及京杭运河排堵保畅应急工作的主要职责如下:

(1)研究决定解决京杭运河排堵保畅问题的重大政策措施;

(2)协调解决京杭运河水资源综合利用中涉及通航的重大问题;

(3)研究部署京杭运河排堵保畅应急工作,指导山东、江苏、浙江、上海3省1市人民政府交通主管部门制定和组织实施排堵保畅应急预案;

(4)根据需要,在京杭运河发生特别严重堵航事件时,领导、组织和协调应急工作;

(5)向国务院报告京杭运河排堵保畅应急工作有关情况。

交通部交通突发事件领导工作小组办公室设在交通部办公厅,其总值班室负责水路交通突发事件和京杭运河排堵保畅等应急事件的日常接警值班工作。

交通部水路交通应急指挥中心办公室设在水运司,主要职责如下:

(1)研究提出解决京杭运河堵航问题的重大政策和措施建议,为应急领导机构研究决策提供依据;

(2)贯彻落实应急领导机构的指示和决策;

(3)检查各省、市京杭运河排堵保畅应急预案的制定和实施;

(4)负责应急工作的信息收集、报送等工作。

省级、地市级、县级交通主管部门可参照本预案,并根据各地的实际情况,在本级应急预案中明确相关机构和部门的职责。

3 预警级别和发布

一般情况下,预警信息首先应由堵航事件属地基层应急指挥机构立即向上级应急机构报告,并根据职责开展排堵应急工作。具体报告程序为:基层海事所、执勤点、航道站、闸管部门→县区交通主管部门(海事、航道机构)→市、直辖市的区交通主管部门→省、直辖市交通主管部门→交通部。

各级水路交通应急指挥机构接到京杭运河可能引发堵航或正在发生堵航的信息后,立即对信息进行整理、核实,根据堵航事件可能造成的危害程度、紧急程度和发展趋势与本预案第1.3款京杭运河堵航事件级别的划分方法进行对照,预测堵航事件的级别,并对可能发生或正在发生的堵航事件发布预警信息。

预警信息涉及航行通告、航行警告的,由京杭运河沿线地方各级海事机构依法发布。

预测的结果确定为可能或正在发生Ⅳ级堵航事件时可发布Ⅳ级预警信息;确定为可能或正在发生Ⅲ级堵航事件时可发布Ⅲ级预警信息;确定为可能或正在发生Ⅱ级堵航事件时可发布Ⅱ级预警信息;确定为可能或正在发生Ⅰ级堵航事件时可发布Ⅰ级预警信息。地方各级水路交通应急指挥机构在确定和发布各自管辖区域内堵航预警信息的同时,应立即向上一级应急主管机构报告。Ⅰ级、Ⅱ级预警必须报至交通部交通突发事件领导工作小组办公室和交通部水路交通应急指挥中心办公室;Ⅲ级预警必须报至省级水路交通应急指挥机构。

预警信息的主要内容包括:预警级别,信息来源,可能引发堵航的事件或堵航事件发生的时间、地点(水域名称、地理位置、陆地标志)、引发堵航的原因、当前投入的排堵应急力量、所采取的措施,断航持续时间及发展趋势,上下游滞留船舶的数量与堵塞段公里数,需要补充的排堵应急力量和打捞装备等。

预警信息的调整和解除由其发布机构负责。

4 应急处置

4.1 总体要求

京杭运河堵航事件发生后,属地水路交通应急指挥机构立即采取措施控制事态发展,组织开展应急排堵工作,主要体现在以下方面:

(1)启动现场应急指挥机构,组织、指挥排堵应急队伍的应急出动;

(2)排查堵航区,确定堵航源;

(3)实施对堵航现场的监控;

(4)对堵航区域、严重程度、影响范围、发展趋势随时评估;

(5)针对评估的结果对堵航事件提出排堵方案、措施并实施;

(6)分类、分级启动相应的应急预案。

因沉船、搁浅、碰撞等水上交通事故而引起的堵航,由属地地方海事机构负责组织沉船等碍航物的打捞工作,并及时向有关部门和受影响的船舶发布,避免堵航事件发生;迅速将事故及搁浅船舶拖离航道,恢复航道畅通。

由于航道整治、船闸维修、航道设施维护施工等原因有可能造成堵航发生时,属地航道部门应随时掌握施工的动态信息。

由自然灾害、洪水、枯水和输水引起的堵航问题,由属地交通主管部门负责与当地水务、水利及相关部门协商,迅速采取包括水位调节在内的相关措施。

针对堵航区域跨省或影响波及到临省的堵航事件,两省交通主管部门应组织相邻属地的应急指挥机构采取协调联动措施。

京杭运河堵航事件的处置以属地应急机构为主,当事件的可控性和影响范围超出属地的应急能力时,可请求上一级应急机构协调。

4.2 交通部应急响应

交通部水路交通应急指挥中心根据堵航事件的预警级别及省

级应急指挥机构的请求,应急响应内容如下:

(1)决定启动本预案;

(2)协调并紧急调用京杭运河相邻省的排堵保畅力量及装备支持;

(3)协调相关部门参加应急协作;

(4)根据需要,派出工作组或在现场设立指挥机构;

(5)根据事态的进展情况,决定降低事件级别或解除应急状态。

4.3 信息报告

对于堵航事件预警信息,省、直辖市交通主管部门的水路交通应急指挥机构在处置的同时,须及时向交通部交通突发事件领导工作小组办公室和交通部水路交通应急指挥中心办公室报送有关信息;对于 III 级以上堵航事件,省、直辖市交通主管部门水路交通应急指挥机构应立即向交通部报告。不得迟报、谎报、瞒报和漏报。

信息报告一般可采用表格形式传真或电子邮件上报。紧急情况可先采用电话方式报告,事后补充书面报告。

4.4 新闻发布

由实施应急处置的属地应急指挥机构负责向新闻单位和公众及时、准确、客观、全面地发布京杭运河堵航和排堵信息。

5 应急保障

5.1 应急队伍人力配备

以京杭运河沿线海事、航道管理人员为基础,加强应急队伍建设,一旦应急预案启动后,所有应急人员第一时间赶赴各自岗位,按照自身职责开展应急工作。

加强应急队伍的培训,在京杭运河不同航段上适当开展应急演习。

京杭运河全线排堵应急队伍人力配备参见附表(略)。

5.2 应急装备

地方交通主管部门负责本辖区内京杭运河排堵保畅应急装备

的配置工作，配置原则如下：

(1)市级交通主管部门在辖区易发生堵航航段及适当的区域范围配备多功能排档艇、打捞船等装备，以便在最短的时间内解决堵航事件。配置的应急装备应具备能够处置III级以上堵航事件的能力；

(2)省(直辖市)级交通主管部门全面掌握省(直辖市)内整体装备情况，在堵航事件发生时，统筹调度，资源共享，具备迅速处置II级以上堵航事件的能力；

(3)交通部掌握京杭运河全线排堵保畅应急装备的配备情况，统筹协调，使京杭运河全线具有迅速处置工I堵航事件的能力。

排堵打捞工作如需要使用社会船舶和装备，各级交通主管部门要与这些社会应急力量建立应急联系档案，必要时应签定应急保障合同，以保障打捞、排堵应急行动的需要。

京杭运河全线主要排堵打捞装备情况参见附表(略)。

5.3　技术储备

建立京杭运河排堵保畅应急信息系统，该系统包括京杭运河排堵保畅应急机构的组成，应急领导和指挥关系，预警信息流程，应急响应程序，京杭运河排堵保畅应急预案数据库，应急措施知识库等。

加强京杭运河排堵保畅工作的先进技术研究，确保应急反应的快速性，处置措施的有效性，决策的科学性。

5.4　资金保障

省、市交通部门要安排资金，用于应急机构确定的工作项目以及应急处置信息化建设、日常运作和保障、相关科研和成果转化、预案修订、预案培训、预案演习演练等。

6　制定与解释部门、生效时间

本预案由中华人民共和国交通部负责制定与解释，自发布之日起生效。

本预案联系电话：010—65292820，65292841(传真)；电子信箱：syshdc@ moc. gov. cn。

关于加强川江滚装码头车辆装载安全管理的通知

（交通部　交水发〔2006〕498号　2006.09.12）

湖北省交通厅、重庆市交通委员会，长江航务管理局，长江海事局，长江航运公安局，中国船级社：

为加强川江滚装码头车辆装载安全管理，落实滚装车辆在港口码头的安全管理责任，确保滚装运输安全，经研究，现就有关事项通知如下：

一、加强港口滚装码头停车场的管理

港口滚装码头经营人（以下简称港口经营人）负责港口滚装码头停车场的安全管理工作。港口经营人应设立必要的停车场地和设施。停车场的大小、区域划分以及设施的配置应满足滚装车辆查验和候船的需求；在港口滚装码头区域设立明显的交通通行标识标志，并对进入港口码头区域的滚装车辆实行严格的管制。

二、严格滚装车辆危险货物安全检查和称重检查

对滚装车辆一律实行登记填表，港口经营人负责敦促车辆驾驶员据实填报《车辆装载货物、重量、尺寸情况登记表》（附件1）和《车辆乘船承诺书》（附件2）的相关内容，并妥善保存。

港口经营人应配备必要的车辆危险货物安全检测设施和人员，对滚装车辆进行危险货物的安全检查，按照《车辆危险货物安全检查情况登记表》（附件3）要求，如实做好安全检查记录，由安检人员签字确认后妥善保存。对经检查发现装载或夹带危险货物的车辆，港口经营人不得安排该车辆进入候船停车区，更不得安排装船；同时应及时将相关情况通报港口行政管理部门和公安部门，并将装载或夹带危险货物车辆的有关信息通报其他相关港口经营人。

港口行政管理部门应会同公安部门设立车辆夹带危险货物举报电话,在港口码头、车场等显著位置张贴并通过有关媒体公布,港口经营人应予以配合。

对滚装车辆必须实行严格的称重制度。港口经营人应配备满足称重计量要求的地秤,对所有滚装车辆进行称重和尺寸丈量,按《车辆装载货物、重量、尺寸情况登记表》(附件1)的要求如实做好记录,并分别由过磅员和丈量员签字确认、存档保存。

三、规范船舶车辆的配载

经危险货物安全检查、称重后,符合装船条件的车辆,港口经营人应按船舶运输经营人提交的船舶《车辆安全装载手册》,向船舶承运人提交拟配载车辆清单及称重记录。

船舶承运人根据港口经营人提交的拟配载车辆清单及称重记录,合理编制船舶车辆积载图,提交港口经营人。

港口经营人应按照船舶制定的船舶车辆积载图,配合船舶承运人指挥滚装车辆上船。对无称重记录或称重重量超过船舶单车承载能力的车辆,不得安排进入候船停车区,更不得安排装船。

四、相关管理部门应加强现场监管

海事机构要根据船舶签证管理的有关规定和现场监管的相关要求,加强现场监督管理,对载有无称重记录或称重重量超过船舶单车承载能力的车辆以及未按规定留足消防通道的船舶,一律不得签证放行。

公安部门要加强港口治安管理,配合港口经营人加强危险货物的检查,维护港口正常生产秩序。

各港航管理部门要加强船舶承运人和港口经营人经营行为的监管,敦促经营人严格按有关规定做好相关工作,保障川江滚装车辆港口装卸和船舶运输安全。

附件 1.《车辆货物、重量、车辆尺寸情况登记表》(略)

2.《车辆乘船承诺书》(略)

3.《车辆危险货物安全检查情况登记表》(略)

关于加强国内水路客运液货危险品运输市场准入管理的通知

（交通部　交水发〔2006〕646号　2006.11.16）

各省、自治区、直辖市交通厅（委）、上海市港口管理局，长江、珠江航务管理局、中远、中海、长航、中外运集团：

为加强国内水路运输市场准入管理，提高国内航运业发展水平，保障运输安全，我部于2001年颁布实施了《国内船舶运输经营资质管理规定》（交通部令2001年第1号，以下简称“1号部令”）。其中对申请从事水路客运、液货危险品运输提出了明确的要求。针对1号部令实施以来出现的新情况，为加强国内跨省水路客运、液货危险品运输市场准入管理，现就有关事项通知如下：

一、进一步明确并提高客船、液货危险品船市场准入条件

根据1号部令的规定，对新设立客运、液货危险品运输企业要求其至少一名持股25%以上的股东（以下简称“以该方式出资的股东”）具有3年以上经营相应船舶种类的海船、河船运输经历。该规定作为水路客运、液货危险品运输企业的准入条件之一，其出发点在于将具有水路客运、液货危险品运输经营资质企业的经营管理经验特别是安全管理经验引进新设立的公司，促进新公司各项安全管理制度的建立和落实。该规定的实施对提高新公司的经营和安全管理水平发挥了积极作用。为加强管理，提高国内客船、液货危险品船运输企业的整体素质，部决定进一步明确并提高客船、液货危险品船市场准入条件。

（一）以该方式出资股东应具备的条件。

按照1号部令要求，以该方式出资的股东应具有与拟新设立公司经营船舶种类相一致的沿海、内河客船、液货危险品船运输经历。如果新设立公司拟经营海船的,该股东应具有3年以上相应船舶种类的海船运输经历;如果新设立公司拟经营河船的,该股东应具有3年以上相应船舶种类的河船运输经历。且上述股东过去3年无重大安全责任事故和违法违章经营记录。新设立公司所经营的船舶中,按国家有关规定要求建立安全管理体系的,该股东还应取得海事部门签发的、覆盖其经营船舶种类的客船、液货危险品船安全管理体系符合证明(DOC证书)。

(二)对以该方式出资股东的相关要求。

以该方式出资的股东应按规定足额对新设立公司注资,严禁以虚假入资方式为新设立公司取得经营资质;该股东在新设立公司的股份应保持相对稳定,在新公司取得经营资质后3年内持有股比均不得低于25%。该股东应指派专门管理人员参与新公司的筹建,并对新公司的经营和安全管理进行指导。为保障以该方式出资股东公司对新设立公司的安全管理指导到位,同一公司以该方式出资投资新公司的数量不得超过3家。

(三)以该方式出资股东应提供的相关证明材料和程序。

拟以该方式出资的股东向其所在地交通主管部门申请,由当地交通主管部门审核并出具该公司3年内无重大安全责任事故和违法违章经营记录及其以该方式出资的企业不超过3家的证明文件。拟新设立的公司将该证明文件和能证明该股东公司对本公司出资情况的工商登记记录(名称预先核准通知书)、验资报告等一并提交新设立公司所在地交通主管部门。

当地交通主管部门在对新设立不足3年的水路客运、液货危险品运输企业进行年度核查和日常抽查时,应重点核对这些公司的股东股比变动情况,保证以该方式出资的股东在新公司取得经营资质后3年内持有股比均不低于25%。

(四)严格执行客船、液货危险品船“先审批,后建造”的有关规定,船舶运输经营人未取得运力市场准入许可文件前,不得自行开工建造客船、液货危险品船。

二、调整客船、液货危险品船以委托经营方式从事国内水路运

输的相关规定

根据1号部令的规定，从事国内客船、液货危险品船运输必须取得企业法人资格。为解决原有个体客船、液货危险品船的历史遗留问题，我部《关于整顿和规范个体运输船舶经营管理的通知》(交水发〔2001〕360号)明确，个体运输船舶所有人和其他不具备经营资格的船舶所有人可按照平等自愿的原则与具有经营资格的船舶运输经营人签定船舶委托经营合同，由接受委托的船舶运输经营人负责委托船舶的经营和管理，并承担接受委托船舶的安全责任。在一定时期内，这一模式对于解决原有个体船舶的出路，促进社会资本投入水运业起到了积极的作用，但委托经营方式的种种弊端逐渐显现，主要表现在部分船舶存在"托而不管"的现象，委托经营的相关权力和责任没有得到很好的落实，存在一定的安全隐患。

为进一步规范管理，保障运输安全，部决定自2006年12月1日起，新投入营运(包括国内新建、国外进口和所有权转让、经营权变更的船舶)以及原有委托经营合同到期的客船、液货危险品船，不得再采用委托经营的方式。原委托经营合同未到期的客船、液货危险品船，应于2008年12月31日前，采用组建符合经营资质条件的新公司或光租给具有经营资格的公司等方式实现公司化经营。

三、加强航运企业经营资质的监管

各级航运主管部门要加强对企业经营资质的审查和监管，对以虚假入资方式骗取经营资质或不履行安全指导责任的公司，要按有关规定和程序取消其经营资格。对现采用委托经营方式的客船、液货危险品船，要指导并督促其在规定的时间内完成经营方式的转变。

请各有关省级交通主管部门在2006年年底前，将本省、自治区、直辖市内采用入股25%方式设立的客运、液货危险品运输企业的明细情况调查后报部。

本通知适用于国内跨省客运、液货危险品运输企业和船舶的管理，从通知之日起实施。

港口生产作业

关于加强港口码头靠泊能力核查管理工作的通知

（交通部　交水发〔2006〕81号　2006.03.01）

辽宁、河北、山东、江苏、浙江、福建、广东、海南、广西省（自治区）交通厅，港航管理局，天津市交委，上海市港口管理局，长江航务管理局：

近年来，为解决港口码头靠泊能力等级不高、大型专业化（集装箱、原油、矿石、煤炭等）泊位不足的矛盾，国内部分港口采取超过原设计船型靠泊能力的船舶在限定条件下减载靠离泊码头进行生产。该方式虽然在一定程度上缓解了当前港口基础设施能力不足与港口生产需要的矛盾，但对码头设施、船舶和港口生产均带来了不同程度的安全隐患。为规范对船舶超过原设计船型靠泊能力靠泊码头的管理，确保港口安全生产，促进港口健康、持续发展，我部决定对需靠泊超过原设计船型靠泊能力的码头进行靠泊能力核查工作，现将有关事项通知如下：

一、应对超过原设计船型靠泊能力的码头靠泊能力进行充分论证。

按照设计船型进行作业是船舶安全和港口生产安全的重要保证。需靠泊超过码头原设计船型的船舶，港口经营人必须委托设计单位对港口设施进行论证，制定详细的安全进出港航行靠泊方案和应急预案，采取切实可行的安全生产保障措施，论证可行并经交通主管部门同意后，方可靠泊作业。

二、超过码头原设计船型靠泊能力论证必须经过核准。

超过码头原设计船型靠泊能力的船舶靠泊码头，港口经营人应当将码头靠泊能力论证报告报交通主管部门核准，核准工作履行以下程序：

（一）港口经营人委托原设计单位或具有相应资质的设计单位编制超过原设计船型靠泊能力的码头靠泊能力论证报告。

（二）港口经营人向港口所在地港口行政管理部门报送论证报告后，港口所在地港口行政管理部门应组织当地海事、引航等有关单位和专家对论证报告进行审查，提出审查意见。

（三）港口所在地港口行政管理部门将对论证报告的审查意见报省级及省级以上交通主管部门核准。交通部颁布的主要港口的码头靠泊能力论证报告由交通部核准，其他港口的码头靠泊能力论证报告由省级交通主管部门核准。其中报交通部核准的应当同时抄送省级交通主管部门。

（四）港口所在地港口行政管理部门应当自收到符合要求的论证报告之日起 20 个工作日内完成审查工作，并上报审查意见。

（五）交通部认为必要时，直接组织有关单位和专家进行论证审查。

核准部门应当自收到审查意见之日起 10 个工作日内完成核准工作。

三、论证报告的主要内容。

（一）港口现状调查，包括码头设施、水域状况、导助航设施、自然条件、生产运营情况等。

（二）详细说明在限定条件下超过原设计船型靠泊码头的大吨位船舶的船型。

（三）航行条件对超过码头原设计船型的大吨位船舶航行靠泊的适应度论证，包括锚地、防波堤口门宽度、进出港航道、导助航设施、港池、码头前沿水深、码头前沿停泊水域尺度、回旋水域、对航行船舶航行和相邻泊位影响、船舶交通组织等因素的分析等。

（四）码头设施安全论证，根据规范和有关规定对泊位长度、码头结构、码头附属设施（系船柱、护舷）等进行安全核算。

（五）提出限定条件下大吨位船舶减载靠泊码头等级。

（六）进出港航行靠泊方案，根据港口设施条件状况及船舶技术状况、气象、潮汐潮流及航道、港池、停泊水域、拖轮等情况，制定科学严谨的船舶安全航行和靠离泊方案。

四、自 2006 年 7 月 1 日起，凡未经核准的，当地港口行政管理部门和海事管理机构应依据各自的职责，禁止在限定条件下超过码头原设计船型的大吨位船舶减载靠泊作业。

做好超过原设计能力的码头靠泊能力论证工作关系到港口建设和生产经营的健康发展。各有关单位要高度重视，牢固树立科学发展观，落实各项安全管理规定，严格按照核准的限定条件进行超过码头原设计船型的大吨位船舶减载靠离泊码头作业，加强管理，确保码头正常运营和通航安全。

交通部关于加强港口引航管理工作的若干意见

（交通部　交水发〔2006〕293 号　2006.06.20）

各有关省、自治区、直辖市交通厅（委，港口管理局），各有关市港口行政管理部门：

引航是港口运行中的一个重要环节，对港口安全生产和经营秩序具有重要保障作用。根据我国港口引航工作的现状和引航管理体制改革的要求，为加强对引航工作的规范和管理，提高我国港口服务水平，适应我国港口又快又好发展的要求，提出如下若干意见。

一、指导思想和目标

（一）指导思想。以党的十六大精神为指导，依据有关法律、法规，进一步理顺港口引航相关关系，加强引航队伍建设，保障船舶和港口安全，满足新时期港口生产的要求，促进港口和航运协调发展。

（二）总体目标。建立一个管理规范、安全引领、公平服务、高效廉洁的港口引航队伍，使引航服务的效率更高、质量更好、安全更有保障，适应我国港口发展的要求。

二、落实国务院文件精神，做好引航管理体制改革工作

（三）引航管理体制自深圳口岸体制改革试点开始以来，已经成功改革了 20 个港口。目前，还有 15 个引航机构隶属于港口企业。根据《国务院办公厅关于深化中央直属和双重领导港口管理体制改革意见的通知》（国办发〔2001〕91 号）要求，引航机构应从港口企业中分离出来，目前三年过渡期满后已过一年，不再推延，请相关省交通主管部门和港口行政管理部门按照国办发〔2001〕

91 号文件的要求，在地方人民政府领导下，结合本地实际，积极推进。

（四）各有关港口行政管理部门在制定引航管理体制改革具体实施方案时，既要坚持原则，理顺关系，也要根据本地港口的实际，制定具体的措施，积极推进。

（五）各有关港口行政管理部门在进行引航管理体制改革的同时，要切实保证港口引航工作的正常进行，确保港口的安全生产，维护港口的正常生产秩序。海事管理机构要加强对引航的安全监督管理力度，发现问题及时整改。引航机构要保证引航队伍的稳定，在改革过程中，认真做好每一艘船舶的引领工作。

三、加快建设一支高效、精干的引航队伍

（六）随着我国港口事业和船舶大型化发展，建立一支能适应各类船舶和复杂条件下实施引航作业、高效精干的引航队伍，是今后相当长时期内的一项迫切而重要的任务。各地港口行政管理部门和引航机构要把加强引航队伍建设放在十分重要的位置，坚持不懈地抓好引航队伍的思想建设、作风建设和业务建设。

（七）引航机构要加强组织建设。引航员的配置要充分考虑港口当前和长远发展的需要；引航员的聘用要严格按照公平、公开的原则和国家有关规定办理；其他人员要按照编制部门的规定和“精简、效能”的原则进行合理配置。

（八）引航机构的业务负责人要严格按照交通部《船舶引航管理规定》规定的要求，从具有丰富引航经验和良好管理能力的引航员中选拔。要加强对引航机构领导的业务培训，不断提高他们的管理能力和技术素养，确保引航机构领导班子的专业化水平。

（九）海事管理机构和港口行政管理部门要着力加快引航员的培养，拓宽渠道，形成有利于同业人员加入引航员队伍的良性机制，解决当前引航员不足的问题。

（十）引航机构要根据本地港口生产发展需要，制定引航队伍发展规划，当前应重点制定好“十一五”规划，促进引航队伍健康发展。

（十一）引航机构要研究建立科学合理的薪酬制度，以适应我国港口发展的要求。要结合港口实际，研究建立引航员劳动报酬同引航数量、质量、风险程度挂钩的激励制度，形成优胜劣汰的长效机制，充分发挥引航员的潜能和聪明才智，促进我国引航队伍素质的不断提高。

四、加强引航装备的现代化建设

（十二）引航的装备在引航工作中起着重要作用。各地港口行政管理部门和引航机构要高度重视引航装备建设，要制定中长期，特别是“十一五”时期引航装备发展规划，分阶段、有计划地进行引航设施设备的建设和更新改造，不断增加引航科技含量，逐步实现引航技术装备的现代化。

（十三）各地港口行政管理部门和引航机构要加快引航信息化建设步伐，利用现代通讯信息技术建立集引航调度指挥、引航员接送、引航服务和引航监管等有关内容为一体的引航服务监管系统，逐步实现引航服务信息化，适应航运信息化发展的要求。

（十四）引航机构应配备必要的交通设施设备，满足船舶在恶劣天气或紧急情况下对引航服务的需要。

（十五）引航机构要根据港口生产需要，合理布局引航作业基地，配备办公设施和生活设施，为引航员提供学习和休息环境，以确保引航的服务质量。

五、认真履行职责，提供优质的引航服务

（十六）当前及今后相当长的一个时期，我国港口生产任务繁重，对引航的需求大、要求高。各地港口行政管理部门、海事管理机构和引航机构必须认真履行职责，满足港口生产和安全对引航的需要。

（十七）各省、自治区、直辖市交通主管部门和港口行政管理部门要认真贯彻执行有关引航的法律、法规、规章和政策，切实履行职责，制订引航服务标准，加强对引航服务的监管，维护引航秩序；港口行政管理部门要支持引航机构依法独立承担港口引航服务，帮助引航机构协调解决工作中遇到的困难和问题，为引航机构创造良好的工作环境。

（十八）海事管理机构要做好引航的安全监督管理工作，要急港口生产之所急，满足港口对引航的需求；要严格按照有关规定做好引航员的培训、考试和发证工作，保证引航员具有良好的素质和技能。

（十九）各地港口行政管理部门与海事管理机构要建立引航信息相互通报制度，在工作上相互协调和配合，共同把引航的监督管理工作做好。

（二十）引航机构要认真履行有关法规及制度，做好引航调度计划和引航方案，及时安排和科学调度引航员；要严格遵守有关港口和船舶安全航行及作业规定，确保港口安全；要与有关企业、单位建立通畅的信息传递渠道，在引航申请和服务安排上相互配合，密切协作，使引航与港口生产紧密衔接，形成有机的港口生产服务链。除引航业务外，引航机构不得从事与引航业务相关的经营活动。

（二十一）引航员要严格遵守有关法律、法规和规章以及引航员职业规范，树立良好的服务意识，以高度的责任感和使命感，认真履行自身的职责和义务，以精湛的技术引领好每一艘船舶。

（二十二）对于特殊引航作业，港口行政管理部门、引航机构和海事管理机构应与港口企业共同召开船前会，在保证安全的条件下，满足港口生产对引航的要求。

六、严格财务管理制度，保证引航机构健康运转

（二十三）各地港口行政管理部门要结合当地情况，建立健全引航机构的财务管理制度，保证引航机构的健康运行。

（二十四）引航机构应按国家有关引航收费规定收取引航费，不得擅自提高收费标准。各地港口行政管理部门要加强对引航收费的监督管理。

（二十五）引航收入主要用于引航机构及其人员薪酬费用、设备购置、教育培训、运营管理等开支，如有结余应用于港口公用基础设施维护支出，不得挪作他用。

部将会同国家价格管理部门研究建立引航费率调整机制，按照规定程序对引航费率实施调整，使引航机构收支基本平衡。

（二十六）港口行政管理部门应加强对引航机构的财务管理和财务监督工作。引航机构应做好引航费的财务管理工作，每年应编制年度费用支出预算，报港口行政管理部门核批后实施，并接受财政、审计部门的年度审计和监督管理。

七、建立引航监督委员会，加强对引航服务的社会监督

（二十七）引航监督委员会是对引航服务进行社会监督的非常设协调机构。为了保证港口引航的效率和服务水平，各地要建立由交通主管部门、港口行政管理部门、海事管理机构、口岸有关单位、港航企业、中国引航协会等单位派代表组成的引航监督委员会，加强对引航的社会监督。

（二十八）引航监督委员会应当建立联席会议制度，定期或不定期地听取港航企业、船舶及代理公司等有关单位对引航服务的意见，加强对引航服务的社会监督，及时协调处理有关问题，使引航工作更好地为港口的生产和发展服务。

海 事 救 捞

中华人民共和国海事行政许可条件规定

（交通部令 2006 年第 1 号　2006.01.09）

第一章　总　则

第一条　为依法实施海事行政许可，维护海事行政许可各方当事人的合法权益，根据《中华人民共和国行政许可法》和有关海事管理的法律、行政法规以及中华人民共和国缔结或者加入的有关国际海事公约，制定本规定。

第二条　申请及审查、决定海事行政许可所依照的海事行政许可条件，应当遵守本规定。

本规定所称海事行政许可，是指依据有关水上交通安全、防污染等海事管理的法律、行政法规、国务院决定的设定，由海事管理机构实施或者由交通部实施、海事管理机构具体办理的行政许可。

第三条　海事管理机构在审查、决定海事行政许可时，不得擅自增加、减少或者变更海事行政许可条件。不符合本规定相应条件的，不得做出准予的海事行政许可决定。

第四条　海事行政许可条件应当按照《交通行政许可实施程序规定》予以公示。申请人要求对海事行政许可条件予以说明的，海事管理机构应当予以说明。

第五条　国家海事管理机构应当根据海事行政许可条件，统一明确申请人应当提交的材料。有关海事管理机构应当将材料目录予以公示。

申请人申请海事行政许可时，应当按照规定提交申请书和相关的材料，并对所提交材料的真实性和有效性负责。

申请变更海事行政许可、延续海事行政许可期限的，申请人可以仅就发生变更的事项或者情况提交相关的材料；已提交过的材料情况未发生变化的可以不再提交。

第二章　海事行政许可条件

第一节　通航管理

第六条　通航水域岸线安全使用许可的条件：

（一）涉及使用岸线的工程、作业、活动已完成可行性研究；

（二）已经岸线安全使用的技术评估，符合水上交通安全的技术规范和要求；

（三）对影响水上交通安全的因素，已制定足以消除影响的措施。

第七条　通航水域水上水下施工作业许可的条件：

（一）施工作业已依法办理了其他相关手续；

（二）施工作业的单位、人员、船舶、设施符合安全航行、停泊和作业的要求；

（三）已制定施工作业或者活动的方案，包括起止时间、地点和范围、进度安排等；

（四）对安全和防污染有重大影响的，已通过通航安全和环境影响技术评估；

（五）已建立安全、防污染的责任制，并已制定符合水上交通安全和防污染要求的保障措施和相应的应急预案。

第八条　在港口水域内进行采掘、爆破等活动的许可条件：

（一）已取得港口主管部门同意；

（二）已按照国家规定取得爆破作业许可；

（三）作业单位、人员、设施符合安全作业要求；

（四）已制定采掘、爆破作业方案，包括起止时间、地点和范围、进度安排等；

（五）已建立安全、防污染的责任制，并已制定符合水上交通安全和防污染要求的保障措施和相应的应急预案。

第九条 通航水域内沉船沉物打捞作业审批的条件：

（一）参与打捞的单位、人员具备相应的能力；

（二）已依法签订沉船沉物打捞协议；

（三）从事打捞作业的船舶、设施符合安全航行、停泊和作业的要求；

（四）已制定打捞作业计划和方案，包括打捞的起止时间、地点和范围、进度安排等；

（五）对安全和防污染有重大影响的，已通过通航安全和环境影响技术评估；

（六）已建立相应的安全和防污染责任制，并已制订符合水上交通安全和防污染要求的措施和应急预案。

第十条 通航水域禁航区、航道（路）、交通管制区、锚地和安全作业区划定审批的条件：

（一）就划定水域的需求，有明确的事实和必要的理由；

（二）符合附近军用或者重要民用目标的保护要求；

（三）对水上交通安全和防污染有重大影响的，已通过通航安全和环境影响技术评估；

（四）用于设置航道（路）和锚地的水域已进行勘测或者测量，水域的底质、水文、气象等要素满足通航安全的要求；

（五）符合水上交通安全与防污染要求，并已制定安全、防污染措施。

第十一条 船舶进入或者穿越禁航区许可的条件：

（一）有因人命安全、防污染、保安等特殊需要进入和穿越禁航区的明确事实和必要理由；

（二）禁航区的安全和防污染条件适合船舶进入或者穿越；

（三）船舶满足禁航区水上交通安全和防污染的特殊要求，并已制定保障安全、防治污染和保护禁航区的措施和应急预案；

（四）进入或者穿越军事禁航区的，已经军事主管部门同意。

第十二条 水上拖带大型设施和移动式平台许可的条件:

(一)确有拖带的需求和必要的理由;

(二)拖轮适航、适拖,船员适任;

(三)海上拖带已经拖航检验,在内河拖带超重、超长、超高、超宽、半潜物体的,已通过相应的安全技术评估;

(四)已制订拖带计划和方案,有明确的拖带预计起止时间和地点及航经的水域;

(五)满足水上交通安全和防污染要求,并已制定相应的保障措施和应急预案。

第十三条 外国籍船舶或飞机入境从事海上搜救审批的条件:

(一)入境是出于海上人命搜寻救助的目的;

(二)有明确的搜救计划、方案,包括时间、地点、范围以及投入搜救的船舶与飞机的基本情况;

(三)派遣的搜救飞机和船舶如为军用的,已经军事主管部门批准。

第十四条 航标管理机关以外的单位设置、撤除沿海航标审批的条件:

(一)拟设置、撤除的航标属于依法由公民、法人或者其他组织自行设置的专用航标;

(二)航标的设置、撤除符合航行安全、经济、便利等要求;

(三)航标及其配布符合国家有关技术规范和标准;

(四)航标设计、施工方案,已经专门的技术评估或者专家论证;

(五)申请设置航标的,已制定航标维护方案,方案中确定的维护单位已建立航标维护质量保证体系;

(六)申请设置航标的,拟设置航标类型属于已经公布的航标类别,并通过技术经济论证。

本条所称航标设置包括航标新设、位置移动和其他状况改变。

第二节　船舶管理

第十五条　外国籍船舶进入非对外开放水域许可的条件：

（一）外国籍船舶临时进入非对外开放水域已经当地口岸检查机关、军事主管部门、地方人民政府同意；

（二）拟临时对外开放水域适合外国籍船舶进入，具备船舶航行、停泊、作业的安全、防污染和保安条件；

（三）船舶状况满足拟进入水域的水上交通安全、防污染和保安要求；

（四）船舶已制定保障水上交通安全、防治污染和保安的措施以及应急预案。

第十六条　船舶进出港口许可的条件：

国际航行船舶进口岸审批的条件：

（一）船舶具有齐备、有效的证书、文书与资料；

（二）船舶配员符合最低安全配员的要求，船员具备适任资格；

（三）船舶状况符合航行、停泊、作业的安全、防污染和保安等要求，并已制定各项安全、防污染和保安措施与应急预案。需要护航的，已经向海事管理机构申请；

（四）船舶拟进入、通过的水域为对国际航行船舶开放水域，停靠的码头、泊位、港外装卸点满足安全、防污染和保安要求；

（五）载运货物的船舶，符合安全积载和系固的要求，并且没有国家禁止入境的货物或者物品；载运危险货物船舶按规定已办理船舶载运危险货物申报手续；

（六）核动力船舶或者其他特定的船舶，符合我国法律、行政法规、规章的相关规定。

国际航行船舶出口岸审批的条件：

（一）船舶具有齐备、有效的证书、文书与资料；

（二）船舶配员符合最低安全配员的要求，船员具备适任资格；

（三）船舶状况符合航行、停泊、作业的安全、防污染和保安等要求，并已制定各项安全、防污染和保安措施与应急预案，需要护航的，已经向海事管理机构申请；

（四）载运危险货物的船舶，已办妥适装许可，载运情况符合船舶载运危险货物的安全、防污染和保安管理要求；

（五）船舶船旗国或者港口国对船舶的安全检查情况和缺陷纠正情况符合规定的要求，对海事管理机构的警示，已经采取有效的措施；

（六）已依法缴纳税、费和其他应当在开航前交付的费用，或者已提供适当的担保；

（七）违反海事行政管理的行为已经依法予以处理；

（八）禁止船舶航行的司法或者行政强制措施已经依法解除；

（九）核动力船舶或者其他特定的船舶，符合我国法律、行政法规、规章的相关规定；

（十）已经其他口岸检查机关同意。

国内航行船舶进港签证的条件：

（一）船舶具有齐备、有效的证书、文书与资料；

（二）船舶配员符合最低安全配员的要求，船员具备适任资格；

（三）船舶状况符合航行、停泊、作业的安全和防污染等要求，并已制定各项安全和防污染措施与应急预案，需要护航的，已经向海事管理机构申请；

（四）船舶拟进入、通过的水域和停靠的码头、泊位均满足安全和防污染的要求；

（五）载运货物的船舶，符合安全积载和系固的要求，载运危险货物船舶按规定已办理船舶载运危险货物申报手续；

（六）核动力船舶或者其他特定种类的船舶，符合我国法律、行政法规、规章的相关规定。

国内航行船舶出港签证的条件：

（一）船舶具有齐备、有效的证书、文书与资料；

（二）船舶配员符合最低安全配员的要求，船员具备适任资格；

（三）船舶状况符合航行、停泊、作业的安全和防污染等要求，并已制定各项安全和防污染措施与应急预案，需要护航的，已经向海事管理机构申请；

（四）载运危险货物的船舶，已办妥适装许可，载运情况符合船舶载运危险货物的安全和防污染的管理要求；

（五）船舶的安全检查情况和缺陷纠正情况符合规定的要求，对海事管理机构的安全警示，已经采取有效的措施；

（六）已依法缴纳税、费和其他应当在开航前交付的费用，或者已提供适当的担保；

（七）违反海事行政管理的行为已经依法予以处理；

（八）禁止船舶航行的司法或者行政强制措施已经依法解除；

（九）核动力船舶或者其他特定种类的船舶，符合我国法律、行政法规、规章的相关规定。

第十七条 船舶国籍证书核发的条件：

船舶国籍证书签发的条件：

（一）船舶系中华人民共和国公民、法人、政府或者其他组织合法拥有或者经营、管理，企业法人拥有的船舶，中方的资本比例符合《船舶登记条例》的规定；

（二）船舶具备相应的适航技术条件，并经船舶检验机构检验合格；

（三）船舶不具有造成双重国籍或者两个及以上船籍港的情形；

（四）船舶已取得经海事管理机构核定的船名；

（五）船舶已依法办理船舶所有权登记；

（六）船舶国籍的登记人为船舶所有人。

船舶临时国籍证书签发的条件：

（一）申请签发临时国籍证书的船舶属于下列情形之一：

1. 向境外出售的船舶，或者由境外公民、法人、其他组织在中

华人民共和国境内订造的新船,属于境外到岸交船的;

2. 中华人民共和国公民、法人、政府或其他组织从境外购买或者订造的船舶,属于境外离岸交船的;

3. 中华人民共和国公民、法人、政府或者其他组织以光船条件租赁的境外登记的船舶;

4. 需要办理临时国籍登记的境内新造船舶。

(二)已取得船舶所有权或者签订了生效的光船租赁合同。

(三)船舶国籍的登记人为船舶所有人或者以光船租赁形式经营境外登记船舶的承租人。

(四)船舶具备相应的适航技术条件,并经船舶检验机构检验合格。

(五)船舶不具有造成双重国籍或者两个及以上船籍港的情形。

(六)船舶已取得经海事管理机构核定的船名。

第十八条 国际船舶保安证书核发的条件:

船舶保安计划批准的条件:

(一)船舶已通过船舶保安评估;

(二)船舶保安计划由船公司或者规定的保安组织编制;

(三)船舶保安计划符合相应的编制规范和船舶的保安要求;

(四)已对船舶保安评估发现的缺陷予以纠正或者作出妥善的安排。

国际船舶保安证书的条件:

(一)船舶具备有效的船舶国籍证书和《连续概要记录》;

(二)船舶按照规定标注了永久识别号,并按规定配备了满足《1974 年国际人命安全公约》要求的船舶保安报警系统;

(三)船舶按照规定配备了合格的船舶保安员;

(四)船舶具有经批准的《船舶保安计划》;

(五)船舶已通过保安核验。

临时国际船舶保安证书的条件:

（一）符合下列情形之一：

1. 船舶在交船时或者在投入营运、重新投入营运之前，尚未取得《国际船舶保安证书》；

2. 船舶的国籍从非中国籍变更为中国籍；

3. 船舶由以前未经营过这类船舶的公民、法人或者其他组织承担了经营责任。

（二）船舶已通过船舶保安评估。

（三）船上配有符合要求且已提交审核、报批并已付诸实施的《船舶保安计划》副本。

（四）船舶按照规定标注了永久识别号，并按规定配备了满足《1974 年国际人命安全公约》要求的船舶保安报警系统。

（五）公司保安员对船舶保安核验工作已作计划与安排，并承诺船舶将在 6 个月内通过保安核验。

（六）船舶已配备符合保安要求的船舶保安员。

（七）船长、船舶保安员和承担具体保安职责的其他船舶人员熟悉保安职责和责任、熟悉《船舶保安计划》的有关规定。

第十九条 船舶安全与防污染证书文书核发的条件：

高速客船操作安全证书签发的条件：

（一）船舶已在海事管理机构办理国籍登记；

（二）船舶航行的水域符合高速客船的安全航行要求；

（三）经认可的船舶检验机构检验，船舶具备高速客船安全与防污染的技术条件，并按规定具备相应的证书、文书与资料；

（四）船舶已制定了相应的安全、防污染保障措施和应急预案；航行国际或者境外港口的，符合船舶保安要求；

（五）船员已按照交通部的规定经高速客船特殊培训。

油污损害民事责任保险或其他财务保证证书签发的条件：

（一）其所持的油污保险或其他财务保证证书，为中华人民共和国海事局公布具有相应赔偿能力的金融机构或者互助性保险机构办理；

（二）保额满足其所承担的责任限额。

第三节 防治船舶污染和船载危险货物管理

第二十条 防止船舶污染港区水域作业许可的条件：

船舶、码头、设施使用化学消油剂的许可条件：

（一）申请使用的化学消油剂已经过专业机构的型式认可；

（二）符合规定的使用范围和规范的使用方法；

（三）申请使用的剂量与消油的数量相当，与防止水域环境污染的要求相符；

（四）有防止水域污染和保障安全的措施或应急预案。

船舶在沿海港口使用焚烧炉的许可条件：

（一）港口不具备相应污染物接收处理能力；

（二）船舶贮存设备不能满足下一航次的需要；

（三）焚烧炉已经专业机构的型式认可并检验合格；

（四）焚烧物为本船舶产生的船舶垃圾或残油；

（五）符合安全与防污染的有关要求；

（六）已制定防止水域污染和保障安全的措施或应急预案。

船舶在港区水域洗舱、清舱、驱气的许可条件：

（一）已制定符合安全与防污染要求的作业方案、保障措施和应急计划；

（二）使用的设备适用于相应用途并经检验合格；

（三）作业人员经过相应的安全和防污染培训；

（四）作业单位具有相应的能力；

（五）船舶驱气作业水域符合相应的水上交通安全、防污染条件；

（六）对作业产生的污染物处理方案符合防止水域污染的有关规定。

船舶在港区水域排放压载水、洗舱水、残油、含油污水的许可条件：

（一）排入接收船舶或接收设施的，接收船舶或接收设施具有相应的接收处理能力，从事污染危害物接收作业的人员已经过相

应培训;

(二)排入水域的,符合相应的排放标准;

(三)来自疫区的压载水、洗舱水已经过检验检疫部门的处理,不造成水域污染;

(四)已制定相应作业的安全、防污染措施和应急反应预案;

(五)对洗舱水、残油、油污水等污染危害物的处理方案符合防止水域污染的有关规定。

沿海港口船舶舷外拷铲及油漆作业的许可条件:

(一)已制定相应的安全与防污染措施;

(二)船舶未进行危险货物装卸作业;

(三)进行拷铲作业的船舶未装载危险货物。

冲洗沾有污染物、有毒有害物质的甲板的许可条件:

(一)甲板上沾有的污染物、有毒有害物质已进行充分回收处理;

(二)排放入水的冲洗物符合排放标准;

(三)排放的水域不是海事管理机构公布的保护水域或者禁止排放水域;

(四)已制订相应的防污染措施和应急预案。

船舶水上拆解、海上修造船舶作业的许可条件:

(一)拆船、修造船作业地点符合防止污染的有关规定,并通过专业机构的评估;

(二)作业方案及保障措施符合水上交通安全与防污染的要求;

(三)拆船、船舶修造单位已按规定制定溢油污染应急计划和配备相应的设备和器材;

(四)需要测爆的,持有有效的测爆证书;

(五)拆船申请人已依法办理废钢船的所有权登记;

(六)船舶残油、污油水、生活污水、垃圾、货物残余物、臭氧消耗型物质等可在拆船前清除的船舶污染物已清除完毕。

第二十一条 船舶载运危险货物的适装许可的条件:

（一）船舶持有齐备、有效的证书、文书与资料；

（二）申报的危险货物符合船舶的适装要求，且不属于国家规定禁止通过水路运输的货物；

（三）船舶的设施、装备满足载运危险货物的要求，船舶的装载符合载运危险货物安全、防止污染和保安的管理规定和技术规范；

（四）拟进行危险货物装卸作业的港口、码头、泊位，具备危险货物作业的法定资质，符合危险货物作业的安全和防污染要求；

（五）需要办理货物进出口手续的已按有关规定办理。

第二十二条 船舶液体危险货物水上过驳作业许可的条件：

（一）拟进行过驳作业的船舶或者浮动设施满足水上交通安全与防污染的要求；

（二）拟作业的货物适合过驳；

（三）参加过驳的人员经过相应的培训；

（四）作业水域及其底质和周边环境适宜过驳作业的正常进行；

（五）过驳作业对水域环境、资源以及附近的军事目标、重要民用目标不构成威胁；

（六）已制定过驳作业方案、保障措施和应急预案，并符合水上交通安全与防污染的要求。

第四节 船员管理

第二十三条 船员适任证书核发的条件：

船员服务簿签发的条件：

（一）满足规定的年龄要求；

（二）经体检符合交通部公布的船员体检标准；

（三）已完成规定的船员基本安全培训，并通过海事管理机构的考试或者考核；

船员专业、特殊培训合格证签发的条件：

（一）已按规定取得船员服务簿；

（二）经体检符合交通部公布的船员体检标准；

（三）具备规定的文化程度；

（四）已完成相应的专业、特殊培训，并按规定通过海事管理机构的考试、考核。

船员任职资格证书签发的条件：

（一）已按规定取得船员服务簿；

（二）满足规定的年龄要求，经体检符合交通部公布的船员体检标准；

（三）具备规定的专业学历（内河船员具备相应的文化程度）或者按照交通部的规定经过相应船员职务的适任培训；

（四）通过相应的专业、特殊培训；

（五）满足规定的服务资历，适任状况和安全记录良好；

（六）已通过规定的适任考试和评估，并已完成规定的船上培训或见（实）习。

船员特免证明签发的条件：

（一）当事船员所服务的船舶在中华人民共和国境外；

（二）当事船员拟任的职位，现任船员因病或者其他不可抗力不能继续履行职务；

（三）当事船员具备其拟任职位较低一级职位的任职资格，拟任船长职位的，为船上负责航行值班的船员中任职资格最高者；

（四）不属于专职无线电人员的职位；

（五）同一艘船舶持有特免证明的船员，不超过规定的比例。

海船船员内河航线行驶资格证明签发的条件：

（一）持有有效的海船船长或者驾驶员任职资格证书；

（二）在其所持海船船员任职资格证书对应等级的船舶航行申考航线上的见习资历不少于6个月或10个单航次；

（三）通过规定的适任考试和评估，船舶仅航行于适用海上航行规则的内河航区的，可以免予考试和评估。

第二十四条　外国籍船员在中国籍船舶上任职审批的条件：

（一）持有中国政府承认的、由《1978 年海员培训、发证和值班标准国际公约》缔约国签发的船员任职资格证书；

（二）符合《1978 年海员培训、发证和值班标准国际公约》和交通部有关船员适任资格和培训的要求；

（三）经体检符合交通部公布的船员体检标准；

（四）具备相应的专业学历或者按照交通部的规定经过相应的适任培训；

（五）服务资历、适任表现和安全记录符合交通部的规定；

（六）船员用人单位有明确的需求和必要的理由；

（七）符合交通部关于在中国籍船舶上任用外国籍船员的规定。

已经持有有效的中华人民共和国船员适任证书的外国籍船员拟在中国籍船上任职的，仅需符合本条第一款第（五）至（七）项规定的条件。

第二十五条 海员出入境证书核发的条件：

中华人民共和国海员证签发的条件：

（一）年满 18 周岁并享有中华人民共和国国籍的公民；

（二）已依法取得中华人民共和国船员服务簿；

（三）经体检符合交通部公布的船员体检标准；

（四）已取得国际航行船舶的船员适任资格；

（五）有确定的海员出境任务；

（六）无海员证管理规定中禁止或者限制办理海员证的情形；

（七）无法律、行政法规规定的禁止公民出境的情形。

海员出境证明签发的条件：

（一）已依法取得中华人民共和国海员证，并且证书的有效期距届满之日不少于 6 个月；

（二）已合法获得赴境外船舶担任船员职务的确定任务，具有船员所在单位的派遣文书、境外代理机构的担保文书或者其他相关证明。

第五节 其他海事行政管理

第二十六条 航运公司安全营运与防污染能力符合证明核发的条件：

公司《船舶安全营运与防污染管理体系符合证明》签发的条件：

（一）具有法人资格；

（二）已建立船舶安全营运与防污染管理体系；

（三）管理体系已在岸上和每一种类代表船上运行3个月；

（四）已通过专门机构对公司船舶安全营运与防污染能力和管理体系的评估；

（五）申请人如为拥有或者经营、管理外国籍船舶的中国法人，还应当满足下列条件：

1. 公司的主要营业所在中国大陆，或者其法定代表人及主要高级管理人员为中国公民；

2. 相关船舶满足交通部关于船龄限制的要求；

3. 海事管理机构已收到船旗国政府主管机关的委托。

公司《临时符合证明》签发的条件：

（一）具有法人资格；

（二）公司成立后尚未经营或者管理船舶，或者在公司持有的《船舶安全营运与防污染管理体系符合证明》上增加船舶种类；

（三）已建立船舶安全营运与防污染管理体系；

（四）公司已作出计划安排在6个月内实施运行船舶安全营运与防污染管理体系；

（五）已通过专门机构对公司的船舶安全营运与防污染能力和管理体系的评估。

船舶《安全管理证书》签发的条件：

（一）船舶已取得适用于该船舶种类的《船舶安全营运与防污染管理体系符合证明》副本；

（二）船舶已配备所属公司制定的适用于本船的船舶安全营

运与防污染管理体系文件;

(三)船舶安全营运与防污染管理体系已在本船运行至少3个月;

(四)已通过专门机构对船上安全营运与防污染管理能力的评估。

船舶《临时安全管理证书》签发的条件:

(一)当事船舶刚加入公司船舶安全营运与防污染管理体系;

(二)船舶已取得适用于该船舶种类的《船舶安全营运与防污染管理体系符合证明》的副本或者《临时符合证明》的副本;

(三)船舶已配备所属公司制定的适用于本船的船舶安全营运与防污染管理体系文件;

(四)已通过专门机构对船上安全营运与防污染能力的评估。

第二十七条 设立验船机构审批的条件:

(一)具有与拟从事的船舶检验业务相适应的检验场所、设备、仪器、资料;

(二)具备相应的验船能力和相应的责任能力;

(三)有与拟从事的船舶检验业务相适应的执业验船人员;

(四)具有相应的检验章程、检验工作制度和保证船舶检验质量的管理体系;

(五)拟从事的船舶检验业务范围符合交通部的规定;

(六)需要设立分支机构的,设置方案和管理制度符合船舶检验管理的要求。

第三章 附 则

第二十八条 按照规定需要由专门的机构或者人员办理海事行政许可申请手续的,办理申请手续的专门机构应当向海事管理机构备案,人员应当经过相应的培训。

第二十九条 海事管理机构及其工作人员违反本规定的,按照《行政许可法》和《交通行政许可监督检查及责任追究规定》追究相应法律责任。

第三十条 本规定自2006年4月1日起施行。交通部以前发布的有关海事行政许可条件的规定与本规定不一致的，自本规定生效之日起，按照本规定执行。

中华人民共和国高速客船安全管理规则

（交通部令 2006 年第 4 号 2006.02.24）

第一章 总 则

第一条 为加强对高速客船的安全监督管理，维护水上交通秩序，保障人命财产安全，依据《中华人民共和国海上交通安全法》、《中华人民共和国内河交通安全管理条例》等有关法律和行政法规，制定本规则。

第二条 本规则适用于在中华人民共和国通航水域航行、停泊和从事相关活动的高速客船及船舶所有人、经营人和相关人员。

第三条 中华人民共和国海事局是实施本规则的主管机关。

各海事管理机构负责在本辖区内实施本规则。

第二章 船 公 司

第四条 经营高速客船的船公司应满足《国内船舶运输经营资质管理规定》的要求，取得相应的经营资质。

第五条 船公司从境外购置或光租的二手外国籍高速客船应满足《老旧运输船舶管理规定》的要求。

第六条 船公司在高速客船开始营运前，应以手册形式编制下列资料和指南：

（一）航线运行手册；

（二）船舶操作手册；

（三）船舶维修及保养手册；

（四）培训手册。

上述各项手册所应包含的内容由主管机关确定。

第七条 经营高速客船的船公司应当建立适合高速客船营运特点的安全管理制度，包括为防止船员疲劳的船员休息制度。

第三章 船 舶

第八条 高速客船须经船舶检验合格，并办理船舶登记手续，持有有效的船舶证书。

第九条 高速客船投入营运前，应向主要营运地的海事管理机构申请办理《高速客船操作安全证书》。

申请办理《高速客船操作安全证书》，应提交下列资料：

（一）船舶检验证书；

（二）船舶所有权证书和船舶国籍证书；

（三）船员适任证书和特殊培训合格证；

（四）航线运行手册；

（五）船舶操作手册；

（六）船舶维修及保养手册；

（七）培训手册；

（八）法律、法规规定的其他资料。

海事管理机构对经审核符合要求的，予以签发《高速客船操作安全证书》。高速客船取得该证书后方可投入营运。

高速客船应随船携带最新的适合于本船的航线运行手册、船舶操作手册、船舶维修及保养手册和培训手册。

第十条 高速客船必须按规定要求配备号灯、号型、声响信号、无线电通信设备、消防设备、救生设备和应急设备等。高速客船上所有的设备和设施均应处于完好备用状态。

第四章　船　　员

第十一条　在高速客船任职的船员应符合下列要求：

（一）经主管机关认可的基本安全培训并取得培训合格证，其中船长、驾驶员、轮机长、轮机员以及被指定为负有安全操作和旅客安全职责的普通船员还必须通过主管机关认可的特殊培训并取得特殊培训合格证。

（二）船长、驾驶员、轮机长、轮机员按规定持有相应的职务适任证书。

（三）取得高速客船船员职务适任证书者，在正式任职前见习航行时间不少于10小时和20个单航次。

（四）男性船长、驾驶员的年龄不超过60周岁，女性船长、驾驶员的年龄不超过55周岁。

在非高速客船上任职的船员申请高速客船船长、大副、轮机长职务适任证书时的年龄不超过45周岁。

（五）船长、驾驶员的健康状况，尤其是视力、听力和口语表达能力应符合相应的要求。

第十二条　主管机关授权的海事管理机构负责高速客船船员的培训管理和考试、发证工作。有关培训、考试、发证的规定由主管机关颁布实施。

第十三条　高速客船应向办理船舶登记手续的海事管理机构申领最低安全配员证书。高速客船的最低配员标准应满足本规则附录的要求。

第十四条　高速客船驾驶人员连续驾驶值班时间不得超过两个小时，两次驾驶值班之间应有足够的间隔休息时间，具体由当地海事管理机构确定。

第五章　航 行 安 全

第十五条　高速客船航行时应使用安全航速，以防止发生碰撞和浪损。高速客船进出港口及航经特殊航段时,应遵守当地海事管理机构有关航速的规定。

高速客船在航时,须显示黄色闪光灯。

第十六条 高速客船在航时,值班船员必须在各自岗位上严格按职责要求做好安全航行工作。驾驶台负责瞭望的人员必须保持正规的瞭望。无关人员禁止进入驾驶台。

第十七条 高速客船在港口及内河通航水域航行时,应主动让清所有非高速船舶。高速客船在海上航行及高速客船与其他高速船舶之间避让时,应按避碰规则的规定采取措施。高速客船在特殊航段航行时,应遵守海事管理机构公布的特别航行规定。

第十八条 海事管理机构认为必要时可为高速客船推荐或指定航路。高速客船必须遵守海事管理机构有关航路的规定。

第十九条 遇有恶劣天气或能见度不良时,海事管理机构可建议高速客船停航。

第二十条 高速客船应按规定的乘客定额载客,禁止超载。高速客船禁止在未经批准的站、点上下旅客。

第六章 安全保障

第二十一条 高速客船应在专用的码头上下旅客,如需使用非专用码头时,应经海事管理机构审核同意。

第二十二条 高速客船应靠泊符合下列条件的码头:

(一)满足船舶安全靠泊的基本要求;

(二)高速客船靠泊时不易对他船造成浪损;

(三)避开港口通航密集区和狭窄航段;

(四)上下旅客设施符合安全条件;

(五)夜间有足够的照明;

(六)冬季有采取防冻防滑的安全保护措施。

第二十三条 高速客船对旅客携带物品应有尺度和数量限制,旅客的行李物品不得堵塞通道。严禁高速客船载运或旅客携带危险物品。

第二十四条 高速客船应每周进行一次应急消防演习和应急撤离演习,并做好演习记录;每次开航前,应向旅客讲解有关安全须知。

第二十五条 高速客船应建立开航前安全自查制度,制定开航前安全自查表并进行对照检查,海事管理机构可对开航前安全自查表进行监督抽查。

第二十六条 高速客船应按规定办理进出港口手续,并缴纳规费。国内航行的高速客船每天至少应办理一次船舶签证手续,国际航行的高速客船可申请不超过7天的定期进出口岸许可证。

高速客船不得夜航。但航行特殊水域的高速客船确需夜航的,应当向当地海事管理机构申请船舶进出港口许可,经批准后方可夜航。

第二十七条 高速客船发生交通事故、遇险或人员落水,应采取措施积极自救,并立即向就近海事管理机构报告。

第七章 法律责任

第二十八条 违反本规定的,由海事管理机构依照有关法律、行政法规以及交通部的有关规定进行处罚。

第二十九条 高速客船违反本规则经海事管理机构处罚仍不改正的,海事管理机构可责令其停航。

第三十条 海事管理机构工作人员违反规定,滥用职权,玩忽职守,给人民生命财产造成损失的,由所在单位或上级主管机关给予行政处分;构成犯罪的,依法追究其刑事责任。

第八章 附 则

第三十一条 本规则所述"高速客船"系指载客12人以上,最大航速(米/秒)等于或大于以下数值的船舶:$3.7\ \nabla^{0.1667}$,式中

"∇"系指对应设计水线的排水体积（$米^3$）。但不包括在非排水状态下船体由地效应产生的气动升力完全支承在水面上的船舶。

本规则所述"船公司"系指船舶所有人、经营人或者管理人以及其他已从船舶所有人处接受船舶的营运责任并承担船舶安全与防污染管理的所有义务和责任的组织。

第三十二条 外国籍高速客船不适用本规则第二、三、四章的规定，但应满足船旗国主管当局的要求。

第三十三条 本规则未尽事宜，按国家其他有关法规和我国加入的国际公约执行。

第三十四条 本规则由交通部负责解释。

第三十五条 本规则自 2006 年 6 月 1 日起施行。交通部 1996 年 12 月 24 日发布的《中华人民共和国高速客船安全管理规则》（交通部令 1996 年第 13 号）同时废止。

附录

高速客船最低安全配员

一、沿海及国际航线

安全配员	$P<200$ 人		$P\geqslant 200$ 人	
$T<2h$	船长 1 人 驾驶员 1 人 普通船员 1 人	轮机长 1 人 轮机员 1 人	船长 1 人 驾驶员 1 人 普通船员 2 人	轮机长 1 人 轮机员 1 人
$2h\leqslant T<4h$	船长 1 人 驾驶员 1 人 普通船员 2 人	轮机长 1 人 轮机员 1 人	船长 1 人 驾驶员 1 人 普通船员 3 人	轮机长 1 人 轮机员 1 人
$T\geqslant 4h$	船长 1 人 驾驶员 2 人 普通船员 2 人	轮机长 1 人 轮机员 1 人	船长 1 人 驾驶员 2 人 普通船员 3 人	轮机长 1 人 轮机员 1 人

注:1. 普通船员中应至少有 1 人为水手。

2. 客运部和无线电人员的配员参照《中华人民共和国船舶最低安全配员规则》的海船最低安全配员表进行核定。

3. T——单航次航行时间;P——载客定额。

二、内河航线

安全配员	$P<100$ 人		$P\geqslant 100$ 人	
$T<2h$	船长 1 人 驾驶员 1 人	轮机员 1 人	船长 1 人 驾驶员 1 人	轮机长 1 人 普通船员 1 人
$2h\leqslant T<4h$	船长 1 人 驾驶员 1 人	轮机长 1 人 普通船员 1 人	船长 1 人 驾驶员 1 人	轮机长 1 人 普通船员 2 人
$T\geqslant 4h$	船长 1 人 驾驶员 1 人 普通船员 2 人	轮机长 1 人 轮机员 1 人	船长 1 人 驾驶员 2 人 普通船员 2 人	轮机长 1 人 轮机员 1 人

注:1. 普通船员中应至少有 1 人为水手。

2. 客运部人员的配员参照《中华人民共和国船舶最低安全配员规则》的内河船舶最低安全配员表进行核定。

3. T——单航次航行时间;P——载客定额。

中华人民共和国内河交通事故调查处理规定

（交通部令2006年第12号　2006.12.04）

第一章　总　则

第一条　为加强内河交通安全管理,规范内河交通事故调查处理行为,根据《中华人民共和国内河交通安全管理条例》,制定本规定。

第二条　本规定适用于船舶、浮动设施在中华人民共和国内河通航水域内发生的交通事故的调查处理。但是渔船之间、军事船舶之间发生的交通事故以及渔船、军事船舶单方交通事故的调查处理不适用本规定。

第三条　本规定所称内河交通事故是指船舶、浮动设施在内河通航水域内航行、停泊、作业过程中发生的下列事件：

（一）碰撞、触碰或者浪损；

（二）触礁或者搁浅；

（三）火灾或者爆炸；

（四）沉没（包括自沉）；

（五）影响适航性能的机件或者重要属具的损坏或者灭失；

（六）其他引起财产损失或者人身伤亡的交通事件。

第四条　内河交通事故的调查处理由各级海事管理机构负责实施。

第五条　内河交通事故按照人员伤亡和直接经济损失情况,分为小事故、一般事故、大事故、重大事故和特大事故。小事故、一般事故、大事故、重大事故的具体标准按照交通部颁布的《水上交通事故统计办法》的有关规定执行。

第六条 内河交通事故的调查处理,应当遵守相关法律、行政法规的规定。特大事故的具体标准和调查处理按照国务院有关规定执行。

第二章 报 告

第七条 船舶、浮动设施发生内河交通事故,必须立即采取一切有效手段向事故发生地的海事管理机构报告。报告的主要内容包括:船舶、浮动设施的名称,事故发生的时间和地点,事故发生时水域的水文、气象、通航环境情况,船舶、浮动设施的损害情况,船员、旅客的伤亡情况,水域环境的污染情况以及事故简要经过等内容。

海事管理机构接到事故报告后,应当做好记录。接到事故报告的海事管理机构不是事故发生地的,应当及时通知事故发生地的海事管理机构,并告知当事人。

第八条 船舶、浮动设施发生内河交通事故,除应当按第七条规定进行报告外,还必须在事故发生后 24 小时内向事故发生地的海事管理机构提交《内河交通事故报告书》和必要的证书、文书资料。

引航员在引领船舶的过程中发生内河交通事故的,引航员也必须按前款规定提交有关材料。

特殊情况下,不能按上述规定的时间提交材料的,经海事管理机构同意,可以适当延迟。

第九条 《内河交通事故报告书》应当包括下列内容:

(一)船舶、浮动设施概况(包括其名称、主要技术数据、证书、船员及所载旅客、货物等);

(二)船舶、浮动设施所属公司情况(包括其所有人、经营人或者管理人的名称、地址、联系电话等);

（三）事故发生的时间和地点；

（四）事故发生时水域的水文、气象、通航环境情况；

（五）船舶、浮动设施的损害情况；

（六）船员、旅客的伤亡情况；

（七）水域环境的污染情况；

（八）事故发生的详细经过（碰撞事故应当附相对运动示意图）；

（九）船舶、浮动设施沉没的，其沉没概位；

（十）与事故有关的其他情况。

第十条 《内河交通事故报告书》内容必须真实，不得隐瞒事实或者提供虚假情况。

第三章 管 辖

第十一条 内河交通事故由事故发生地的海事管理机构负责调查处理。

船舶、浮动设施发生事故后驶往事故发生地以外水域的，该水域海事管理机构应当协助事故发生地海事管理机构进行调查处理。

不影响船舶适航性能的小事故，经事故发生地的海事管理机构同意，可由船舶第一到达地的海事管理机构进行调查处理。

第十二条 内河交通事故管辖权限不明的，由最先接到事故报告的海事管理机构负责调查处理，并在管辖权限确定后向有管辖权的海事管理机构移送，同时通知当事人。

第十三条 对内河交通事故管辖权有争议的，由各方共同的上级海事管理机构指定管辖。

第十四条 一次死亡和失踪10人及以上的内河交通事故由中华人民共和国海事局负责组织调查处理。其他内河交通事故的调查权限由各直属海事管理机构或者省级地方海事管理机构确定，报中华人民共和国海事局备案。

根据调查的需要,上级海事管理机构可以直接调查处理由下级海事管理机构管辖的事故。

第四章　调　　查

第十五条　船舶、浮动设施发生内河交通事故,有关船舶、浮动设施、单位和人员必须严格保护事故现场。除因抢险等紧急原因外,未经海事管理机构调查人员的现场勘查,任何人不得移动现场物件。

第十六条　海事管理机构接到内河交通事故报告后,应当立即派员前往现场调查、取证,并对事故进行审查,认为确属内河交通事故的,应当立案。

对于经审查尚不能确定是否属于内河交通事故的,海事管理机构应当先予立案调查。经调查确认不属于内河交通事故的,应当予以撤销。

第十七条　调查人员执行调查任务时,应当出示证明其身份的行政执法证件。

执行调查任务的人员不得少于两人。

第十八条　海事管理机构进行调查和取证,应当全面、客观、公正。

当事人有权依法申请与本次交通事故有利害关系或者有其他关系、可能影响事故调查处理客观、公正的调查人员回避。

第十九条　发生内河交通事故的船舶、浮动设施及相关单位和人员应当接受和配合海事管理机构的调查、取证。有关人员应当如实陈述事故的有关情况和提供有关证据,不得谎报情况或者隐匿、毁灭证据。

其他知道事故情况的人也应当主动向海事管理机构提供有关情况和证据。

调查和取证工作需要其他海事管理机构协助、配合的,有关海事管理机构应当予以协助、配合。

第二十条 根据事故调查的需要,海事管理机构可以责令事故所涉及的船舶到指定地点接受调查。当事船舶在不危及自身安全的情况下,未经海事管理机构批准,不得驶离指定地点。

海事管理机构应当尽量避免对船舶造成不适当延误。船舶到指定地点接受调查的期限自船舶到达指定地点后起算,不得超过72 小时;因特殊情况,期限届满不能结束调查的,经上一级海事管理机构批准可以适当延期,但延期不得超过 72 小时。

第二十一条 根据调查工作的需要,海事管理机构可以行使下列权力:

(一)勘查事故现场,搜集有关证据;

(二)询问当事人及其他有关人员并要求其提供书面材料和证明;

(三)要求当事人提供各种原始文书、航行资料、技术资料或者其影印件;

(四)检查船舶、浮动设施及有关设备、人员的证书,核实事故发生前船舶的适航状况、浮动设施及有关设备的技术状态、船舶的配员情况以及船员的适任状况等;

(五)扣留或者封存事故当事船舶、浮动设施、有关设备以及人员的各类证书、文书、日志、记录簿等,但要在航行(海)日志上注明,并向当事方出具注有明确收存日期的收存清单;

(六)核查事故所导致的财产损失和人身伤亡情况。

海事管理机构在进行调查取证时,可以采用录音、录像、照相等法律、法规允许的调查手段。

第二十二条 调查人员勘查事故现场,应当制作现场勘查笔录。

勘查笔录制作完毕,应当由当事人在勘查笔录上签名。

当事人不在现场或者无能力签名的,应当由见证人签名。

无见证人或者当事人、见证人拒绝签名的,调查人员应当在勘查笔录上注明。

第二十三条 调查人员进行询问调查时,应当如实记录询问人的问话和被询问人的陈述。询问笔录上所列项目，应当按规定填写齐全。

询问笔录制作完毕，应当由被询问人核对或者向其宣读，如记录有差错或者遗漏，应当允许被询问人更正或者补充。

询问笔录经被询问人核对无误后，应当由其签名，拒绝签名的，调查人员应当在询问笔录上注明。

调查人员、翻译人员应当在询问笔录上签名。

第二十四条 调查人员进行询问调查，有权禁止他人旁听。

第二十五条 海事管理机构根据调查工作需要，可依法对事故当事船舶、浮动设施及有关设备进行检验、鉴定或者对有关人员进行测试，并取得书面检验、鉴定或者测试报告作为调查取得的证据。

对事故当事船舶、浮动设施及有关设备进行过检验或者鉴定的人员，不得在本次事故中作为检验、鉴定人员予以聘用。

第二十六条 有关单位、人员对事故所导致的财产损失应当如实向海事管理机构备案登记。

海事管理机构认为损失结果可能失实的，可以聘请有关专业机构进行认定。

第二十七条 海事管理机构应当在立案之日起3个月内完成事故调查、取证；期限届满不能完成的，经上一级海事管理机构批准可以延长3个月。事故调查必须经过沉船、沉物打捞、探摸，或者需要等待有关当事人员核实情况的，应当从有关工作完成之日起3个月内完成事故调查、取证。

第二十八条 事故调查、取证结束，应当通知当事人，并及时返还或者启封所扣留、封存的各类证书、文书、日志、记录簿等。

第二十九条 事故调查、取证结束后，海事管理机构应当制作《内河交通事故调查报告》。

《内河交通事故调查报告》应当包括下列内容：

（一）船舶、浮动设施概况（包括其名称、主要技术数据、证书、船员及所载旅客、货物等）；

（二）船舶、浮动设施所属公司情况（包括其所有人、经营人或者管理人的名称、地址等）；

（三）事故发生的时间和地点；

（四）事故发生时水域的水文、气象、通航环境情况；

（五）事故搜救情况；

（六）事故损失情况；

（七）事故经过；

（八）事故原因分析；

（九）事故当事人责任认定；

（十）安全管理建议；

（十一）其他有关情况。

经海事管理机构认定的案情简单、事实清楚、因果关系明确的小事故，海事管理机构可以简化调查程序。简化调查程序的具体规定由中华人民共和国海事局另行制定。

第三十条 为使有关各方吸取事故教训，避免类似事故的再次发生，海事管理机构应当依照规定的程序将查明的事故情况和原因向社会公开。

第三十一条 任何与事故有关的新证据被提出或者发现时，海事管理机构应当予以充分评估。该证据可能对事故原因和结论产生实质性影响的，应当对事故进行重新调查。

上级海事管理机构有权对原因不清、责任不明的已结案事故要求原调查的海事管理机构重新调查。重新调查适用本章规定的有关程序。

第三十二条 任何单位和个人不得干涉、阻挠海事管理机构依法对内河交通事故进行调查。

第五章　处　　理

第三十三条 海事管理机构应当在内河交通事故调查、取证结束后30日内作出《事故调查结论》，并书面告知当事船舶、浮动设施的所有人或者经营人。

第三十四条 《事故调查结论》应当包括以下内容:

(一)事故概况(包括事故简要经过、损失情况等);

(二)事故原因(事实与分析);

(三)事故当事人责任认定;

(四)安全管理建议;

(五)其他有关情况。

第三十五条 对内河交通事故发生负有责任的单位和人员,有关主管机关应当依据有关法律、法规和规章给予行政处罚。涉嫌构成犯罪的,移送司法机关处理。

行政处罚涉及外国籍船员的,应当将其违法行为通报外国有关主管机关。

第三十六条 根据内河交通事故发生的原因,海事管理机构可责令有关船舶、浮动设施的所有人、经营人或者管理人对其所属船舶、浮动设施加强安全管理。有关船舶、浮动设施的所有人、经营人或者管理人应当积极配合,认真落实。对拒不加强管理或者在期限内达不到安全要求的,海事管理机构有权采取责令其停航、停止作业等强制措施。

第三十七条 海事管理机构工作人员违反本规定,玩忽职守、滥用职权、徇私舞弊的,由其所在单位依法给予行政处分;构成犯罪的,由司法机关依法追究刑事责任。

第六章 附 则

第三十八条 因内河交通事故造成水域环境污染事故的,对水域环境污染事故的调查、处理按照我国有关环境保护的法律、法规和有关规定执行。

第三十九条 本规定自 2007 年 1 月 1 日起施行。交通部 1993 年 3 月 24 日发布的《中华人民共和国内河交通事故调查处理规则》(交通部令 1993 年第 1 号)同时废止。

关于进一步加强水上交通安全工作的通知

（交通部　交海发〔2006〕125号　2006.03.30）

各省、自治区、直辖市交通厅（委）港口行政管理部门，新疆生产建设兵团交通局，部属各海事局，各有关港航企业：

近年来，为加强水上交通安全工作，部及各地区、各单位采取了一系列行之有效的措施，取得了明显成效。但是，由于种种原因，水上交通安全工作仍然存在一些薄弱环节。2006年3月15日，四川岳池发生重大沉船事故；此前，埃及客滚船"萨拉姆98"轮在红海沉没，造成重大人员伤亡。

为认真吸取国内外的事故教训，进一步加强水上交通安全工作，现就有关事项通知如下：

一、进一步落实企业安全生产主体责任

各航运企业和港口企业必须认真贯彻执行"安全第一、预防为主、综合治理"的方针和国家有关安全生产的法律法规、标准等，真正落实安全生产的主体责任，把安全生产作为一项长期的任务，做到警钟长鸣，常抓不懈。各企业的主要负责人是企业安全生产的第一责任人，要全面负起责任，认真履行职责，加强对安全生产工作的领导，经常检查本单位的安全生产情况，研究解决安全生产中的重大问题，组织建立并落实各级安全生产责任制。各企业要按照《中华人民共和国安全生产法》等法律法规的要求不断完善安全生产的各项规章制度、作业标准和岗位技术操作规程，加强和改进安全管理，确保各项安全措施的落实；要积极探索建立安全生产的长效机制，依法保证和加大安全投入，更新老旧船舶和安全设施、设备，不断改善安全生产条件；要按照有关规定，逐级建立安全生产责任制，加强企业内部安全生产监管工作，建立健全各级安全生产监管机构，配备必要的安全生产专职监管人员。

二、深入贯彻实施《国内航行海船法定检验技术规则》(2006年修改通报)

《国内航行海船法定检验技术规则》(2006年修改通报)已经颁布实行。所有新是造海船必须满足本规则相关要求。按此规则对现有船舶的追溯事宜，部将另行发文明确。目前，还有多艘老旧客滚船舶和经改建的客滚船在渤海湾水域运营。各相关单位要结合对现有船舶的追溯，加快运力更新，提前淘汰不具备改造价值的老旧客滚船。

三、加强对航运公司的年度核查工作

部于2005年印发了《关于开展2006年国内水路运输业及水路运输服务业核查工作的通知》(交水发〔2005D631号〕，对今年国内水路运输企业的年度核查工作作出了明确的要求。本次核查工作从内容和形式等各方面都提出了更高的要求，各省(自治区、直辖市)交通主管部门要按照该通知的要求，周密组织，合理安排，务求实效，认真做好年度核查工作。

今后，在对航运公司进行年度核查时，要加强对航运公司安全资质的审核。对建立了安全管理体系的公司，可结合安全管理体系审核安全管理工作情况。对建立了安全管理体系的航运公司进行年审时，当地交通主管部门要与当地海事机构联合实施。

四、加强旅游船舶安全管理

一是要明确旅游船舶安全主管部门。在地方人大或地方政府通过法规、文件等已经明确旅游船舶安全主管部门的地区，相关部门要按照职责分工，抓好旅游船舶安全管理工作。未明确旅游船舶安全主管部门的地区，交通主管部门要主动与地方政府协调，明确旅游船舶安全管理职责分工。

二是要加强旅游船舶检验、登记工作。各海事机构要督促旅游船舶经营人申请船舶检验，所有旅游船舶，必须取得船舶检验证书，并按照有关规定办理有关手续后方可投入营运。各船检机构要按照规范要求对船舶进行严格检验，不得以任何理由拒绝船舶经营人的检验申请。

三是要加强对旅游船舶的日常安全监督管理工作。各海事机构和有关部门要按照职责分工,加强对旅游船舶的日常安全监管工作。对于无合法证书的船舶从事载客旅游的,要坚决予以打击,按照《海上交通安全法》、《安全生产法》、《水路运输管理条例》、《内河交通安全管理条例》等法律法规和规章的规定,该清出市场的,坚决清出市场;该没收的,坚决没收;该拆解的,坚决拆解。工作中遇到困难和阻力,要及时报告地方政府,请求政府牵头解决或予以支持。要坚决查处旅游船舶超载违章行为,特别是在节假日等旅游高峰时段,要派专人现场监管,防止发生恶性超载事件。

五、吸取教训,进一步加强客滚船安全管理

一是要加大查堵工作力度,杜绝夹带危险品和“三超”车辆上船。客滚码头经营、管理和港口公安部门要按照部规定加大对上船车辆的抽检力度,坚决杜绝装载危险品的车辆上船。渤海湾地区等安装大型检测设备的客滚码头经营企业必须对所有上船车辆进行安全检查,对符合安全运输要求的车辆出具安全检查单证。客滚码头要按照部规定配备衡重设备,对所有载货车辆进行衡重,并出具衡重单证。客滚船公司要指定专人认真检查安全检查单证和衡重单证,对不符合安全运输要求的以及无有效安全检查单证和衡重单证的车辆,禁止装船运输。对于未报备安全检查单证和衡重单证的客滚船,海事机构不予办理签证。渤海湾地区客滚码头经营企业所在地的地(市)以上地方交通主管部门可以根据实际情况确定必须接受安检系统检测的车辆范围,并对社会公布。要尽量使用安检系统进行检测。未经安检系统检测的车辆和货物必须经过人工检查。

辽宁、山东省交通厅要做好大型车辆安检系统运行工作总结,于2006年4月底前报部水运司。

二是要建立渤海湾滚装车辆夹带危险品举报奖励制度。辽宁、山东省交通厅要组织有关单位于2006年4月中旬前建立渤海湾滚装车辆夹带危险品举报奖励制度,落实专项资金,颁布举报奖励管理办法,向社会公布举报电话。对举报事项查证属实后,对举报单位或个人予以奖励。

三是要加强上船车辆的绑扎工作。各客滚船公司和客滚码头经营企业要加强上船车辆绑扎工作。各客滚船公司要与客滚船停靠的客滚码头经营企业协商,成立专业绑扎队伍,并对绑扎人员进行培训,提高车辆绑扎质量。绑扎完成后,各客滚船要对绑扎情况进行验收,不能麻痹和敷衍了事。海事机构在为客滚船办理签证时,要对车辆绑扎情况进行现场抽查。

四是加大客滚船日常安全监督管理力度。要加强客滚船运营中巡舱检查工作。滚装船舶航行过程中,要不间断巡舱检查,确保车辆舱随时处于被监控状态。船舶航行过程中巡舱检查情况要通过安装巡舱打卡机等方式记录备查。各相关海事机构要加强对滚装运输船舶巡舱情况的检查。结合船舶的日常安全监督检查,要重点检查船舶巡舱情况记录。对不能提供巡舱情况记录或巡舱不到位的船舶,要按有关规定进行处理。

要坚决执行安全适航风级规定。渤海湾地区要严格执行《海上滚装船舶安全监督管理规定》(交通部令 2002 年第 1 号)以及辽宁、山东省交通主管部门有关安全开航限制条件的相关规定,严禁超风级限制冒险开航。各海事机构要继续实行客滚船现场签证,超过安全适航风级,坚决不予签证。

2006 年 2 月,部部署开展了客滚船安全大检查。各相关交通主管部门、海事机构要对检查过程中发现的船舶缺陷督促企业限期进行整改。限期内未完成整改或整改后仍不符合要求的,海事机构要坚决依法予以滞留。各海事机构要对本辖区的客滚船船员的培训、持证、学历、实际操作能力、应急反应能力等情况进行普查,分析船员是否适任,并有针对性地加强日常监管。

五是要规范渤海湾客滚运输客(车)票代理市场。客滚船公司在加强自有售票点管理的同时,应与持有有效《水路运输服务许可证》的客(车)票代理企业签订代售票合同,不得将客(车)票代理业务委托给未经交通主管部门批准的代理单位。代理企业不得加收票价以外的服务费。各地交通主管部门要加强渤海湾客滚运输服务业市场准入管理，从严控制渤海湾客滚运输客（车）票代理企业数量。要结合2006年国内水路运输业及水路运输服务业核查工作，开展渤海湾客滚运输客（车）票代理市场清理整顿工作，重点加强对客（车）票代理企业的核查，审查其是否符合经营资质条件、有无违规经营的行为。对达不到经营资质条件的，责令其限期整改；经过整改仍达不到资质条件的，取消其经营资格。对存在严重违规行为，扰乱市场，造成不良影响的客（车）票代理企业，要坚决予以取缔。

辽宁、山东省交通厅要在2006年6月底前完成渤海湾客滚运输客（车）票代理市场清理整顿工作，于2006年7月底前将清理整顿工作总结报部水运司。

关于建立海(水)上搜救通信应急联动机制的通知

(交通部、信息产业部　交搜救发〔2006〕262号　2006.06.07)

近年来,随着我国经济的发展和海洋战略的实施,航行于我国沿海和内河水域的船舶不断增多,水上应急突发事件明显增加,为更好地维护国家和人民群众生命财产的安全,经交通部和信息产业部协商,决定充分发挥沿海及内河水域现代电信网络作用,在各海(水)上搜救、海事部门、通信管理部门、基础电信运营企业之间建立海(水)上搜救通信应急联动机制,以提高水上搜救能力。现就建立海(水)上搜救通信应急联动机制有关事宜通知如下:

一、海(水)上搜救工作是关系到国家和人民群众生命财产安全的大事,是全面落实科学发展观,构建社会主义和谐社会的重要内容。各海(水)上搜救中心或分中心、直属海事局、地方海事局,相关各省、自治区、直辖市通信管理局要根据海(水)上搜救的实际情况,立足当地电信网络条件和技术的发展,加强协作,共同做好海(水)上搜救工作。

二、各海(水)上搜救中心或分中心、直属海事局、地方海事局应主动与当地通信管理局联系,加强沟通,尽快建立多方参与的海(水)上搜救通信应急联动机制。

各海(水)上搜救中心或分中心、直属海事局、地方海事局必须加强值班工作,及时处理海(水)上遇险者发出的遇险信息。有需要时,及时向相关的基础电信运营企业提供相关遇险信息,并将有关情况报当地通信管理局。

三、各地通信管理局应根据当地海(水)上搜救中心或分中心、直属海事局、地方海事局的要求,协调和督促相关基础电信运营企业，充分发挥电信网络的作用，积极服务于海（水）上搜救工作。各相关基础电信运营企业要根据通信管理局的要求，积极配合当地海（水）上搜救中心或分中心、直属海事局、地方海事局展开的紧急救援工作，有条件的地区，可以向海（水）上搜救中心或分中心、直属海事局、地方海事局提供遇险船上公用通信设备位置信息作为搜救参考。

关于加强中小学生水上交通安全工作的通知

（交通部、教育部、安全监管总局　交海发〔2006〕281号　2006.06.15）

各省、自治区、直辖市、新疆生产建设兵团教育厅（局、委）、教育厅（教委）、安全生产监督管理局：

2006年3月28日，重庆河记船务有限公司所属"漯河"轮从丰都新县城1号码头载丰都县实验小学参加春游活动的师生843人（该轮核定乘客定额558人）驶往丰都旧县城途中，被海事部门制止，消除了一起重大事故隐患。2006年4月5日，广东省肇庆市一艘农用船在鼎湖区九坑水库非法搭载13名学生，因搭载人员过多和船体破烂进水导致船舶自沉，落水人员全部自救成功。

近年来，水上交通事故造成中小学生伤亡的情况时有发生。中小学生伤亡事故，直接影响学校正常教学秩序，造成不良的社会影响，对学生家庭带来极其严重的后果。为加强水上交通安全工作，防止发生学生群死群伤恶性事故，现就有关事宜通知如下：

一、各级交通、教育和安全监管部门要切实提高对中小学生水上交通安全重要性的认识。要以对青少年学生高度负责的精神，采取有力措施，完善安全管理制度，落实安全管理责任，切实加强安全监管，确保学生安全，确保社会稳定。

二、各级教育行政部门和学校要加大工作力度，高度重视安全教育工作并抓好落实。要把水上交通安全有关法律法规和注意事项等作为中小学生安全教育的一项重要内容，定期向学生宣讲，并形成制度。学校可请当地交通主管部门业务人员为学生进行辅导讲课。各级交通主管部门要积极支持，选派责任心强、业务精的人员定期到学校义务为中小学生宣讲水上交通安全知识。要通过教育,提高中小学生安全意识、自我保护意识和自防自救能力。

三、各级教育行政部门要加强对中小学生交通工作的组织领导。教育行政部门要掌握学校、学生经常使用的交通工具状况,要求学校在组织学生往返学校和旅游过程中,加强组织工作,确保租用或搭乘安全技术状况好并有客运资格的船舶,坚决杜绝超载。

四、各级交通主管部门及海事机构要加强对交通运输安全的管理和监督工作。要加大日常监督检查力度,发现不具备载客条件船舶私自载运中小学生的,要立即采取措施,滞留船舶,不得让其以任何理由继续营运;是“三无”船舶的,要严格按有关规定处理,必要时予以拆解销毁。

各级交通、安全监管部门要深入开展渡口渡船安全管理专项整治,要督促地方政府积极筹措资金,抓紧开展隐患整改。特别要加强学生渡口安全管理,优先投入资金,更新渡船,改造渡口设施。要通过整治,在确保实现渡口渡船达到预定达标率的基础上,实现学生渡口全部达标。

五、各级交通、教育和安全监管部门要建立沟通协调机制。教育部门要及时向交通、安全监管部门反映涉及中小学生的交通安全问题,交通、安全监管部门要及时予以研究解决。对于交通和安全监管部门无法解决的重大问题,要协调相关部门共同研究,及时向地方政府报告。

京杭运河通航管理办法(试行)

(交通部　交海发〔2006〕292 号　2006.06.20)

第一章　总　则

第一条　为维护京杭运河通航秩序,提高通航效率,保障航行安全,根据《中华人民共和国内河交通安全管理条例》等法规规定,制定本办法。

第二条　在京杭运河从事航行、停泊、作业以及其他与水上交通安全有关的活动,应当遵守本办法。

第三条　京杭运河沿线各级海事管理机构具体实施所辖航段通航监督管理。

第二章　特别规定

第四条　进入京杭运河的船舶,应当与航道的通航条件相适应。

第五条　进入四级航段的单船,其船舶总长不得大于 45 米,总宽不得大于 10.8 米。

进入三级航段的单船,其船舶总长不得大于 45 米,总宽不得大于 10.8 米。

进入二级航段的单船,其船舶总长不得大于 67.6 米,总宽不得大于 15.4 米。

船舶吃水应按照航道部门提供的航道实际水深控制。

第六条　进入京杭运河的船队,静水航速不得低于每小时 6

公里。

船队航行,应当采用单排一列式,且船队长度不得超过400米。

第七条 航行于京杭运河的机动船舶应当配备甚高频等通讯设备,其基本技术要求和安装应满足《内河船舶法定技术检验技术规则》等规范要求。

第三章 航行、停泊、作业

第八条 船舶进入京杭运河,应当尽可能沿本船右舷一侧航道航行。船舶对遇或接近对遇,除特殊情况外,应当互以左舷会船。

在三级及以下航道内,船舶不得追越正在追越的船舶。

京杭运河沿线的渡船渡运时应当避让过往船舶,不得抢航或者强行横越,在遇有洪水或者大风、大雾、大雪等恶劣天气时,渡船应当停止渡运。

第九条 船舶由高等级进入低等级京杭运河航段前,应当通过甚高频等有效通讯方式,向当地海事管理机构报告船名、主尺度、起讫港、编队方式等信息。

遇有洪水、枯水、水上交通事故等特殊情况,船舶应当采取减载、分批拖带等适当措施,以满足拟经航段通航条件。

第十条 船舶进入弯窄航段、船闸引航道、桥区等特殊水域时,禁止追越、偏缆拖带、并列行驶。

第十一条 在未设停泊标志的航段,船舶因自身紧急情况确需停泊时,不得影响他船正常航行、交会。

船舶由于雾、霾、雨、雪、堵航或其他原因不能正常航行时,应当选择适当水域或支流有序停泊。

载运危险货物船舶应当在划定的水域停泊;发生堵航时,应当选择符合安全要求的航段停泊,并顾及在附近航行、停泊、作业的其他船舶以及港口和近岸设施的安全。

第十二条 船舶在待闸、待港期间，船长与大副(驾驶员)、轮机长与大管轮(轮机员)不得同时离船，在船船员不得少于最低安全配员的三分之二。

第十三条 船舶在京杭运河航行、停泊、作业时，应当在规定的频道守听，并按规定的频道进行联络。

第十四条 在京杭运河修建码头、闸坝，架设桥梁，铺设、撤除跨河电缆或管道等水上水下施工作业的，应当按规定在作业前报海事管理机构批准、发布航行通告。

在京杭运河沿线新建码头、船舶修造厂应当进行通航安全论证，保证船舶进行装卸、停泊、掉头时不占用通航水域。

第四章 通航保障

第十五条 京杭运河沿线海事管理机构应当建立统一信息平台，及时发布与通航有关的安全信息。

第十六条 航道管理部门应当加强航道的日常养护，定期发布航道公报。在航道通航条件变化时，及时发布航道信息。

船闸管理部门应当合理安排船闸维修保养计划，科学、合理编制船舶过闸方案，保障船舶安全、快捷、有序过闸。

第十七条 京杭运河沿线应当规范设置内河交通安全标志和内河助航标志。

第十八条 海事管理机构在办理船舶进出港签证时，对不符合拟经京杭运河航段通航条件的船舶，应提出改进要求；在未达到通航条件前不予办理船舶签证。

第十九条 遇有恶劣天气、特殊水情、水上交通事故、交通堵塞或其他对航行安全畅通有较大影响的特殊情形，海事管理机构可以根据情况，采取限时航行、单向通行、封航等临时管制措施，并予以公告。

第二十条 海事管理机构应当在京杭运河沿线合理设置值勤点，落实巡航制度，加强现场监督，及时排堵保畅。

第二十一条 京杭运河沿线海事管理机构应当建立通航管理协调联动机制,制定京杭运河排堵保畅应急预案,及时交流信息,履行联动职责。

第二十二条 发生堵航险情时,海事管理机构视情启动京杭运河排堵保畅应急预案,并按规定上报。

发生重大堵航时,依据《中华人民共和国内河交通安全管理条例》的规定,由县以上人民政府负责对堵航工作的领导和协调,并调动各方力量抢险。

第二十三条 京杭运河水域因沉船、搁浅等原因发生断航险情时,海事管理机构可以采取强制打捞清除等措施。必要时,航道管理部门可以采取疏浚、改道等应急措施。上述经费由当事船舶所有人或经营人承担。

第五章 附 则

第二十四条 本办法所称京杭运河是指山东济宁至浙江杭州的京杭运河通航航段。

第二十五条 违反本办法规定的,海事管理机构依照国家有关法律、法规、规章规定进行处罚或采取强制措施。构成犯罪的,移交司法机关追究刑事责任。

第二十六条 与京杭运河相通的四级以上限制性航道可参照本办法执行。

第二十七条 本办法未及事项,依照有关法律,法规和规章执行。

第二十八条 本办法自2006年8月1日起施行。

关于加强暑期渤海海域港口船舶污染防治工作的通知

（交通部　交海发〔2006〕362号　2006.07.16）

辽宁、河北、天津、山东省（市）交通厅（委），辽宁、河北、天津、山东海事局，有关港口管理局，中远、中海集团：

渤海海域是港口装卸作业和海上运输的繁忙区域，也是污染事故的多发地区。在发展交通、支持国民经济快速发展的同时，切实保护海洋环境，是落实科学发展观和构建和谐社会的要求。为保证渤海海域各项生产活动的正常进行，保证人民群众顺利旅游度夏，现就有关事项通知如下，请遵照执行。

一、进一步提高对渤海海域环境保护重要性的认识

各单位要认真落实科学的发展观，强调和贯彻环境保护与交通发展相协调的指导思想，强化环境保护意识，建立起环境与交通发展的综合决策机制，从源头上控制由交通运输引发的渤海环境污染。

各级领导要进一步提高对渤海海域暑期环境保护工作的认识，一把手要亲自抓，负总责。各单位要将暑期海上防污染工作纳入重要日程，制定详细周密的工作计划。要运用科学的手段对本单位、本辖区的污染风险进行综合评估，确定风险源和高风险的区域，重点进行监控和治理。交通、港口、海事等管理部门和有关单位之间要建立协调机制，通力合作，信息共享，密切配合，形成合力，确保在各个环节中管理到位、监督有效、反应快速、措施有力。

二、认真排查整改港口污染事故隐患

港口行政管理部门要严格按照《港口法》的规定，对港口污染源实施监督检查，对危险品码头进行重点巡查；检查中发现安全隐患的,要立即责令被检查人排除。要对从事油类和散装有毒有害物质装卸作业的码头、装卸站点的装卸设施,输油管线及油灌区的安全状况进行重点隐患排查,防止在装卸作业过程中发生污染事故。此外,还应督促企业落实安全生产责任制,建立健全安全与防污染制度。

三、加强船舶流动污染源的监督检查

海事部门要加密海上巡逻,维护好通航秩序。充分利用VTS(船舶交通管理系统)、AIS(船舶自动识别系统)、CCTV(闭路电视监控系统)等监视手段,加强对进出港船舶动态的监控,及时处理险情。加强港口国监督和船舶安全检查工作,特别是把防污染检查作为检查重点。进一步落实和推进铅封制度,坚决打击非法排污的违法行为。要强化对包括港口供油船、污油接收船等在内的一切涉及海上油类作业的船舶监管,对有关单位和所属每条船舶实行台账管理。要加强对现场作业的检查,严格落实船岸检查表制度。要严格执行危险货物申报制度,对于瞒报、谎报的行为一经查出,要依法予以严肃处理。暑期禁止在渤海海域从事油类海上过驳作业活动。

四、船公司要进一步强化内部管理

有关船公司要牢固树立污染事故第一责任人的意识,加强对本单位航行渤海海域船舶的管理,认真组织开展船舶防污染自查,消除船舶发生污染事故的隐患。同时,加强对本单位船员的教育和培训工作,正确使用船舶防污设备并规范作业记录,提高船员的环保意识和处理突发事故的能力。

五、完善海上船舶污染应急计划(预案),加强应急力量部署

海事部门要对各级应急计划进行系统研究,查找薄弱环节,进一步完善应急计划。要加强与地方政府和有关部门的协调,努力争取地方政府的支持,建立快速、高效的应急机制。要加强对有关企业和应急设备库的检查,督促企业按照规定配备足够的应急设备,并做好管、用、养、修,保证应急设备随时待命,一旦发生险情,要能够立即出动。对于已经出现的污染,各单位要密切监控油污动态，采取有力的措施，坚决把污染造成的影响控制到最小程度。

六、加强对临时接靠外轮的非开放水域的监管

经我部批准的临时接靠外轮的非开放水域的码头和装卸站点，在不同程度上存在着应急机制不健全，应急能力薄弱的问题。辖区省级海事部门要组织专家对其污染防治能力进行综合评估，不符合要求的，提出整改要求，达不到条件的，报我部批准后暂停其外轮靠泊作业。

七、建立报告制度，确保信息及时报送

各单位要树立责任意识，建立健全事故统计报告制度。暑期期间，一旦发生港口或船舶污染事故险情，要及时上报我部，并通报给可能受到污染影响的有关单位和部门。隐瞒不报造成重大影响的，将按照规定追究有关单位和人员的责任。

暑期已经来临，各单位要按照本通知的要求，集中精力做好相关的环保工作，狠抓责任和措施的落实，加强管理，确保暑期渤海海域环境安全。

关于加强游艇管理的通知

（交通部　交海发〔2006〕438号　2006.08.22）

各省、自治区、直辖市交通厅（委），上海市港口管理局，各直属海事局：

为了加强对游艇的管理，保障水上交通安全，防治游艇污染水域环境，根据《海上交通安全法》、《海洋环境保护法》、《水污染防治法》和《内河交通安全管理条例》等法律、法规，现将有关事项通知如下：

一、按照游艇业的特点，依法管理游艇

（一）游艇的航行、停泊属于水上交通活动，应当依照国家有关水上交通安全和防治船舶污染的法律、法规和规章进行管理。同时，游艇活动属于高档消费行为，不同于生产经营性船舶，不能完全采取对生产经营性船舶的管理理念和方式，要结合游艇管理中的自身特点和规律，促进游艇业健康、有序发展。

（二）游艇管理应当遵循安全第一、方便有序、健康发展、有效监管的原则，实行业主自主管理、行业自律与交通主管部门（海事管理机构）依法监管相结合的管理制度，共同营造安全、清洁、有序、畅通的水上公共交通环境。

二、游艇管理的适用范围

（一）游艇是指符合交通部批准或者认可的游艇检验规范，由公民、法人或者其他组织拥有，并从事非营业性游览观光、休闲娱乐等活动的船舶，包括以整船租赁形式从事自娱自乐活动的游艇。

（二）从事经营性运输的旅游船等，适用客船的有关管理规定，须向规定的船舶检验机构、海事管理机构和交通主管部门申请办理检验、登记和营运手续。游艇改为从事经营性活动的，应按规定向海事管理机构申请注销游艇登记，重新办理船舶检验和登记，并按规定向交通主管部门申请办理船舶营运许可手续。

三、游艇的检验

（一）游艇应当符合交通部批准或者认可的游艇检验技术法规或者规范，经中华人民共和国海事局认可的船舶检验机构检验合格并取得相应的船舶检验证书。对同型号批量生产的游艇，经船舶检验机构的型式认可后签发相应的船舶检验证书。

（二）在境外购入的非营业性自用游艇，应当持有境外有关主管机关认可的游艇检验证书或者认可的组织签发的游艇合格证，并向经中华人民共和国海事局认可的船舶检验机构申请初次检验。

（三）使用中的游艇应当按照规定每 2 年向船舶检验机构申请定期检验，经检验合格方可继续使用。但游艇业主委托游艇俱乐部按照双方合同规定由俱乐部承担日常维护、保养和管理的游艇，可以每 5 年申请定期检验，该游艇俱乐部必须符合本通知的有关规定。

四、游艇的登记

（一）游艇的所有人应当按照《中华人民共和国船舶登记条例》的规定，向海事管理机构申请办理船舶登记，取得《船舶所有权证书》和《中华人民共和国船舶国籍证书》。未取得中华人民共和国或者其他国家、地区《船舶国籍证书》的游艇，不得在中华人民共和国沿海、内河及其他管辖水域航行、停泊。

（二）在港澳台地区办理了船舶登记的游艇，可以在不注销已办理船舶登记的条件下，向海事管理机构申请办理临时船舶国籍证书。

五、游艇驾驶人员的培训、考试和发证

（一）游艇驾驶人员应当经过专门的培训、考试，取得海事管理机构颁发的游艇驾驶人员适任证书。

（二）在游艇上服务的专职船员，应当符合交通部有关船员培训、考试、发证的规定，取得船员服务簿和相应的船员适任证书。

（三）从事游艇驾驶人员培训的机构，应当具备下列条件，并经中华人民共和国海事局备案和公布：

1. 具备相应的培训场地和训练水域，有可供实际操作训练的游艇等设施和设备；

2. 有足够数量的符合要求的培训教员；

3. 有相应的法规资料、教材和技术资料等；

4. 具有完整的内部管理规章制度、安全措施和应急预案，并建立培训质量控制体系。

（四）游艇驾驶人员培训机构开展游艇驾驶员培训时，应当将培训的具体时间和学员名单向海事管理机构备案，并统一为学员向海事管理机构办理考试、发证的申请。游艇驾驶人员培训机构应当实行学籍管理和考勤制度，保证每个学员的训练内容和训练时间，并保障培训质量和训练安全，接受海事管理机构的监督检查。

（五）游艇驾驶人员的考试（包括理论考试和实操考试），在其培训期内由海事管理机构负责实施。

（六）经考试合格的人员，符合规定的年龄和交通部发布的船员体检标准中有关视力、色觉、听力、口头表达、肢体健康等要求的，由有关海事管理机构签发中华人民共和国海事局颁发或者认可的游艇驾驶证书。未按照规定持有相应的船员适任证书、游艇驾驶证书的人员，不得驾驶游艇。

六、游艇的专用水域

（一）游艇航行、停泊的专用水域，由海事管理机构依法批准，专用水域属于港口水域的，应当符合有关港口规划；申请游艇专用的航行、停泊水域，应当按照《海事行政许可条件规定》和《交通行政许可程序规定》，向海事管理机构办理相应的航道（路）、安全作业水域许可。

（二）建立游艇专用码头、防波堤、系泊设施的，应当符合海事管理机构有关船舶安全系泊和防治船舶污染的规定以及方便人员安全登离的条件，并按照《海事行政许可条件规定》和《交通行政许可程序规定》,向海事管理机构申请办理相应的岸线安全使用许可。在港口水域内建立游艇停泊码头、防波堤、系泊设施的,还应当按照《港口法》、《港口经营管理规定》,向港口行政管理部门申请办理相应的港口经营许可。

七、游艇的航行、停泊活动

(一)游艇驾驶员驾驶游艇时,应当携带相应的船员适任证书、游艇驾驶证书。游艇在开航之前,游艇驾驶人员或者游艇俱乐部应当做好安全检查,确保游艇适航。

(二)游艇在航行时,除应当遵守避碰规则和当地海事管理机构发布的航行规定外,还应当遵守下列规定:

1. 避免在船舶定线制水域、主航道、锚地、渡口附近水域、交通密集区及其他交通管制水域航行,确需进入上述水域航行的,应当向海事管理机构报告,听从指挥,并不得超速航行;

2. 游艇应当在其船舶检验证书或者游艇合格证书所确定的适航范围或者海事管理机构核定的活动水域内航行,不得在禁航区、安全作业区航行;

3. 游艇不得超过安全适航抗风等级开航,避免在恶劣天气及危及航行安全的情况下航行,不得超过核定乘员航行;

4. 游艇在航行中的临时性停泊,可以在不妨碍其他船舶航行、停泊、作业的水域停泊,但是不得在船舶定线制区、主航道、锚地、渡口附近水域、交通管制区、禁航区、安全作业区以及海事管理机构公布的禁止停泊的水域内停泊。游艇的非临时性停泊,应当在海事管理机构批准、划定并公布的专用停泊水域或者停泊点停泊;在港口水域的,应当在港口行政管理部门批准的游艇码头停泊;

5. 游艇驾驶人员不得酒后驾驶和疲劳驾驶。

(三)游艇出海远航,游艇驾驶人员或者游艇俱乐部应当将航行计划、船员或者乘员的名单、应急联系方式等向海事管理机构备案。游艇前往其他国家、地区,应当按照国家有关船舶进出口岸的规定办理出入口岸许可手续。

（四）外国籍游艇从水上入境或者出境，应当按照《中华人民共和国船舶进出口岸管理办法》和《中华人民共和国对外国籍船舶管理规定》办理相应的手续。

（五）民间从事具有规模或者影响的游艇航海活动，中国航海学会应当给予相应的技术指导。民间产生的游艇航海记录，应当报经中国航海学会审核并认可。

八、防治游艇污染水域环境

（一）游艇应当配备必要的污油水、废水回收装置和垃圾储集容器，并正确使用。游艇不得违反有关防治船舶污染的法律、法规和规章的规定向水域排放油类物质、生活污水、船舶垃圾和其他污染性有毒有害物质。

（二）游艇产生的废油、废弃蓄电池、生活垃圾等废弃物应当送交岸上的接收单位接收、处理。

九、游艇的日常维护和管理

（一）游艇的日常维护保养和安全管理，由游艇的所有人、使用人自主管理，或者委托游艇俱乐部管理。游艇的所有人、使用人或者负责管理的游艇俱乐部应当确保游艇处于适航状态，并自觉遵守交通部有关游艇管理的规定。

（二）接受游艇安全管理的游艇俱乐部应具备以下条件，并向中华人民共和国海事局办理备案、公布：

1. 经合法注册，具备独立法人资格；

2. 建立游艇安全和防污染管理体系，配备相应的专职管理人员；

3. 有相应的游艇停泊水域、保障游艇安全的设施和通信设备；

4. 具有为游艇进行日常检修、维护、保养的设施和能力；

5. 具有回收游艇废弃物、残油和垃圾的设施和能力；

6. 具有安全和防污染的措施和应急预案，并具备相应的应急救助能力。

（三）游艇俱乐部应当按照水上交通安全管理和防治船舶污染环境的法律、法规、规章的规定和海事行政监督管理的要求，建立、健全相应的安全管理制度，加强对游艇的安全和防污染管理，落实游艇的管理责任，具体职责包括：

1. 与会员签订协议，明确双方在游艇安全和防污染方面的权利、义务和责任；

2. 开展游艇安全、防污染知识宣传、培训和教育；

3. 做好游艇的日常检修、维护、保养、管理和游艇出航前的安全检查，发现游艇有安全缺陷时，负责向船舶检验机构报告并申请临时检验；

4. 提供游艇航行所需的气象、水文情况等信息服务；遇有恶劣气候条件等不适合出航的情况或者海事管理机构禁止出航的警示时，应当制止游艇出航；

5. 督促游艇驾驶人员和乘员遵守水上交通安全和防污染管理规定，落实相应的措施；

6. 掌握游艇的每次出航和返航情况以及乘员情况并做好记录，保持与游艇、海事管理机构之间的通信畅通；

7. 定期组织游艇驾驶人员进行消防、搜救等应急反应演习，并做好记录。

（四）游艇的所有人或者其委托的游艇使用人、游艇俱乐部，应当按照国家的规定，交纳相应的船舶税收和规费。

十、应急管理

（一）游艇的船员、驾驶人员或者乘员，必须牢记国内公众通信水上搜救专用电话12395；配备或者携带具备水上安全通信设备的，还应当牢记当地海事管理机构公布的水上安全频道及其联系方法。

（二）游艇遇险或者发生水上交通事故、船舶污染事故，游艇上的人员、游艇俱乐部以及附近的船舶、人员应当立即向海事管理机构报告。游艇俱乐部应当立即启动应急预案。在救援到达之前，游艇上的人员应当尽力自救。在不危及游艇自身安全的情况下，游艇应当听从海事管理机构的统一指挥，尽力救助水上遇险的人员。

（三）游艇驾驶人员及其他乘员对在航行、停泊时发现的水上交通和污染事故、求救信息或者违法行为应当及时向海事管理机构报告；对需要救助的，在不严重危及自身安全的情况下给予救助。

（四）发生交通事故、污染事故的游艇，其所有人、使用人、游艇俱乐部应当接受海事管理机构对事故的依法调查、处理。

十一、游艇的监督管理

（一）海事管理机构应当依法对游艇实施安全和防污染监督管理。海事管理机构对在检查中发现的安全、污染问题或者隐患，应当责令游艇所有人、使用人或者游艇俱乐部立即消除或者限期消除。游艇所有人、使用人、游艇俱乐部应当接受海事管理机构的监督检查，对发现的安全问题、隐患，应当及时进行整改、消除。海事管理机构依法实施检查时，可以视情况采取责令临时停航、改航、驶向指定地点、禁止进出港等强制措施。

（二）海事管理机构应当加强对游艇俱乐部水上交通安全和防治船舶污染环境的指导和监督管理。发现游艇俱乐部不再具备条件的，海事管理机构应当责令其限期整改。对未按照要求整改或者情节严重的游艇俱乐部，海事管理机构可以将其从备案公布的游艇俱乐部名录中予以注销。

（三）海事管理机构应当对游艇驾驶人员培训机构的培训质量进行监督检查。发现存在培训质量问题的，海事管理机构应当责令培训机构限期整改；情节严重的，可以宣布培训无效，并可以将其从备案公布的游艇驾驶人员培训机构名录中予以注销。

（四）对违反海事行政管理秩序的游艇、游艇所有人或者使用人、游艇驾驶人员、游艇俱乐部，海事管理机构应当按照交通部发布的海事行政处罚规定中对船舶、船舶所有人（或者经营人、管理人）、船员的有关处罚规定予以处罚。

各级海事管理机构接到本通知后，应当对辖区内的游艇检验、登记、游艇驾驶人员的资格、游艇俱乐部的安全和防污染管理以及游艇航行、停泊等情况进行清理，并将情况逐级上报。同时，应当向游艇业主和游艇俱乐部宣传水上交通安全、防治船舶污染的政策和法规，逐步规范游艇业的行为，防治游艇业发展和相关活动中的违法现象，杜绝游艇活动中的“三无”船舶和无证驾驶行为。

关于加强重点时段水上交通安全监管工作的通知

（交通部　交海发〔2006〕499 号　2006.09.12）

各省、自治区、直辖市交通厅（委）、港口行政管理部门，部直属各海事局：

近年来，部加强对水上交通安全规律的研究，确定了渤海湾水域、琼州海峡、舟山水域、西南山区河流和长江干线等“四区一线”重点监管水域和客滚船、客（渡）船、高速客船、旅游船和危险化学品运输船等“四客一危”重点监管船舶，落实重点监管措施，确保了水上交通安全形势的基本稳定。

为进一步加强水上交通安全工作，针对不同季节特点，水上安全应加强“四季三节”重点时段的监管工作，即加强春季防雾、夏季防台、秋季防火、冬季防风，“黄金周”防止发生群死群伤事故的相关工作。

一、春季要切实加强防雾工作的监督管理

雾季水上交通安全监管重点是防止船舶发生碰撞事故。重点抓好以下工作：

（一）加大对船舶和船员监督检查力度，督促船舶落实各项雾航安全措施。

（二）利用交通管理中心（VTS）对航行船舶、进出港船舶进行全天候、全方位监控，及时播报有关安全信息，并重点监控引航员引领船舶过程中提前离船和不在规定登乘点登船的行为。

（三）加强对雾季水上交通安全管理规律的研究，特别是要加强对团雾、平流雾等特点研究，针对辖区水域特点，建立完善的大雾天气预警、预报、监控机制和应急预案，提高防范大雾恶劣天气的能力。

（四）加强气象信息的接收与分析，出现影响航行安全的大雾天气，及时采取限制航行、封航等交通管制措施，对重点船舶要采取重点监控措施，加强护航、监护工作。

（五）加强雾季通航环境和通航秩序的监管。加大港区巡查力度，增加巡航频次，做好海上船舶交通疏导和动态控制。加大进出港船舶和在港施工船舶现场监管力度，加强对施工船舶航行秩序和锚泊秩序检查，防止施工船舶影响航行安全。要充分利用 GPS 定位监控等先进手段，维护好雾天通航秩序。

二、夏季要切实加强防台工作的监督管理

台风季节水上交通安全监管重点是加强客船、客滚船、客渡船、旅游船、危险品船、特种船舶、无动力船舶以及沿海小型船舶等监督管理。重点抓好以下工作：

（一）制订完善防台应急预案和实施细则，并认真落实各项防、抗台风安全措施。

（二）接到权威部门发布的台风消息后，要迅速以有效方式通知相关航运单位和辖区水域内船舶。

（三）积极与气象部门联系，跟踪、掌握台风的最新动态，利用广播、海岸电台、高频电话等多种途径发布台风预警预报，为水上航行船舶提供助航信息服务。

（四）台风来临前，对船舶防、抗台风措施落实情况进行检查，掌握辖区内搜救力量和拖轮停泊位置，核实辖区内各锚地锚泊船舶，必要时通知引航机构派引航员到锚泊的外国籍船舶上值班。

（五）加强重点水域巡航和 VTS 管理，强化对重点通航水域船舶的动态监控，维护船舶在防、抗台风水域的航行、锚泊秩序，清理违规锚泊船舶，保障船舶进出防台水域和担负抢险救灾任务的船舶快速、安全通行。必要时，可实施交通管制。

（六）充分运用 VTS 和 AIS 系统对航行和避风船舶进行动态管理，密切监视在港避风船舶、施工作业船舶和过驳作业船舶动态，做好指导、协调工作。督促在码头作业船舶落实防台各项措施。专业救助船舶要做好应急值班待命工作，发生险情及时实施救助。

（七）台风警报解除后，要积极组织恢复水上交通运输生产各项工作。交通管理中心（VTS）和现场巡逻艇要积极指挥、协调在码头、锚地或者航道上避风的船舶有序疏散，避免发生水上交通事故。各类施工船舶在进入施工区域之前应了解施工水域的气象和涌浪等情况，谨慎进入。

三、秋季要切实加强防火工作的监督管理

秋季水上交通安全监管重点是加强油轮、危险品运输船舶、危险品仓库、堆场等监督管理。重点抓好以下工作：

（一）加强船舶消防设备和船舶机舱的安全检查，督促船舶加强机舱值班，防止机舱发生火灾。

（二）督促散化船、油轮、液化气船和油码头、危险货物码头等严格执行各项防污规定和安全操作规程，严防燃、爆、溢油、泄漏等事故发生。

（三）加强对水运危险货物相关环节的监督，从船舶适装和货物适运两方面严把船舶载运危险货物进出港许可关。坚决打击瞒报谎报危险货物、危险货物未按规定进行积载隔离和装箱质量不符合要求的违法行为，保障船舶载运危险货物安全。

（四）加大对载运危险货物船舶和危险货物装箱作业现场的监督检查。对载运爆炸品、感染性物质和放射性物质等高风险性危险货物集装箱船舶和集装箱装箱质量要重点进行检查。对船载集装箱按一定比例进行开箱检查，对查出有瞒报危险货物情况的单位和个人依法严惩。

（五）加强对客滚船、陆岛运输船非法载运危险货物的查堵，督促船舶及船公司和港口有关部门落实安全生产责任，严禁违规载运危险货物的车辆上船。

（六）要督促港口企业落实仓库、堆场等关键部位的防火措施，加强值班工作，增加巡查频次，及时发现并消除火灾隐患。

四、冬季要切实加强防风工作的监督管理

冬季寒潮大风期间水上交通安全监管重点是加强客滚船和沿海航行船舶安全监督管理。重点抓好以下工作：

（一）提前部署，做好防寒潮大风、防冻、防滑、防火等相关工作。

（二）在寒潮大风来临之前，对重点水域、重点船舶、重点设施集中开展一次全面、深入、彻底的安全大检查。尤其要重点检查“四区一线”水域和“四客一危”船舶。检查重点是船舶在冬季寒潮大风季节安全适航状况的检查，包括各类应急表、应急计划，航行、操纵、信号及无线电设备，救生、消防及管系设备等，确保处于完好可用状态。发现存在事故隐患的，要坚决督促整改。

（三）加强对客滚船、客（渡）船、高速客船、旅游船以及危险品船等重点船舶的现场监督检查，确保船舶技术状况良好，严禁带病营运。加强对驾、引人员资质检查，确保适任。

（四）加强船舶签证管理。现场加强对船舶载客量、船舶所载汽车和货物的系固和绑扎等情况的监督检查，严禁“三超”车辆上船。严格执行关于客滚船开航风级的有关规定，当风力超过船舶的安全适航风级时，一律不得为其办理出港签证手续，并积极劝阻船舶冒险开航。

五、“黄金周”期间要严防发生群死群伤水上交通安全事故

“黄金周”期间水上交通安全监管重点是水上客运和旅游船舶监督管理。重点抓好以下工作：

（一）在“黄金周”前，开展一次有针对性的隐患排查和安全大检查。要全面排查辖区内各种事故隐患、监督管理的薄弱环节，重点排查客运、渡运和水上旅游站点，排查“三无”船舶和非法载客的渔船、农用船舶，对排查出的事故隐患和监督管理薄弱环节要逐一登记，落实责任人，限期进行整改。要检查辖区船舶安全技术状况，对查出的船舶缺陷和问题要提出整改意见并督促整改，隐患未整改的，不得开展“黄金周”期间水上运输业务。

（二）充实现场执法力量，加大现场监管力度，确保监管到位。

对重点船舶坚持现场签证以及开航前检查等一系列管理措施，对旅客客运量大的地点必要时派专人、专艇进行现场监管，严防客运船舶超客行为发生。要严厉打击非客运船舶非法载客行为。

（三）加大巡航力度，维护良好的通航环境和通航秩序。充分发挥VTS、AIS、CCTV等手段的交通组织和信息服务功能，加强对重点水域、重点工程、重点船舶的动态管理，特别是要加强对通航密集区、旅游水域、比赛水域等巡查，严厉查处扰乱航行秩序等违法违章行为。

（四）加大对载运危险货物船舶的监督检查力度，严把危险货物申报、许可关，严格作业许可手续，确保危险品船舶作业安全，不发生有重大社会影响的恶性事故。

（五）加强值班和应急待命工作，准确、及时上报有关信息。要坚决实行领导带班制度，保证政令和信息畅通。特别是发生事故和重大险情后，在进行有效应急反应的同时，要及时上报信息。

各地区、各单位要结合本地区、本辖区实际情况，制订有针对性的重点监管措施，并抓好落实。此外，在抓好重点时段重点监管工作的同时，要加强日常其他监管工作，全面提高水上交通安全监管水平，确保水上交通安全形势稳定。

交通部关于全面加强交通应急管理工作的指导意见

（交通部　交搜救发〔2006〕512 号　2006.09.20）

各省、自治区、直辖市交通厅（委），海上搜救中心，上海市港口管理局，长江航务管理局，各直属单位：

加强交通应急管理，是关系到交通事业以人为本、好中求快、协调发展、可持续发展的大事，是全面落实科学发展观、构建社会主义和谐社会的重要内容，是做负责任政府、负责任行业和打造平安交通的重要体现。当前，公路、水路交通进入快速发展时期，各种涉海用海活动不断增加，困难山区和重丘区工程建设难度增大，由此引发的各类交通突发事件时有发生；频繁的自然和地质灾害造成公路损毁严重；电煤、原油、矿石运力紧张的局面还没有得到缓解，交通应急的任务十分繁重。但是，我国交通应急管理工作的基础仍然比较薄弱，体制、机制、法制尚不完善，预防和处置交通突发公共事件的能力有待提高。为深入贯彻全国应急管理工作会议精神和《国务院关于全面加强应急管理工作意见》，落实《国家海上搜救应急预案》和《公路交通突发公共事件应急预案》、《水路交通突发公共事件应急预案》，全面加强交通应急管理工作，现就有关事项提出如下意见：

一、交通应急工作的指导思想和工作目标

（一）指导思想：以邓小平理论和“三个代表”重要思想为指导，落实以人为本，全面协调可持续的科学发展观，贯彻安全第一、预防为主、综合治理的方针，不断加强和完善交通应急管理体制、机制、法制建设，着力交通应急技术创新，强化社会参与，全面提高交通行业应急反应和事故处置能力，促进交通可持续发展和社会主义和谐社会建设。

（二）工作目标："十一五"末，初步实现监视监测能力现代化、应急管理与决策科学化，突发公共事件预警预防与应急反应和处置快速化，应急装备和资源配置现代化和配备合理化，形成统一指挥、分级负责、反应灵敏、运转高效、保障有力的交通突发公共事件应急体系。

二、加强交通应急管理规划和建设

（一）编制并实施交通突发公共事件应急体系建设规划。抓紧编制并实施本行业、本地区交通突发公共事件应急体系建设规划。从交通运输和交通建设两方面入手，重点包括公路、水路、海（水）上搜救和抢险打捞、船舶污染、船载危险货物的监测预警系统、信息与应急指挥系统、应急队伍、物资保障能力、紧急运输保障能力、疏通保畅能力、通信保障能力、恢复重建能力、科技支撑能力、培训和演练体系、应急管理示范项目建设。按照"围绕大局、突出重点、量力而行、厉行节约"的原则，统筹安排、合理布局，确保应对交通突发公共事件所必需的基础设施建设与《"十一五"期间国家突发公共事件应急体系建设规划》和《交通公路、水路"十一五"发展规划》、《国家水上交通安全和救助系统建设规划》相对应和相衔接，夯实交通应急管理的各项基础。

（二）加强交通应急管理法制建设。根据预防和处置交通公路、水路、海上搜救、船舶污染、船载危险货物突发公共事件的需要，抓紧做好《海上交通安全法》、《海上搜救条例》、《防治船舶污染海洋环境管理条例》、《公路保护条例》等有关法律、法规、标准的修改完善、草案的起草和上报工作。各地区要依据有关法律、行政法规，结合实际制定并完善交通应急管理的地方性法规和规章。

（三）加强交通应急预案体系建设和管理。抓紧编制修订本地区公路、水路、海上搜救、船舶污染、船载危险货物交通突发公共事件各类应急预案，在人流比较集中的地方如港口、码头、客运车站的经营者要制定、完善突发事件应急预案；进一步制定和完善《防抗台风应急预案》、《港口危险化学品重大灾害事故应急预案》、《船载危险货物重大灾害事故应急预案》、《交通建设工程重大生产安全事故应急预案》、《国家专业救助打捞队伍应对海上突发事件应急预案》等各类分预案，并做好与《国家海上搜救应急预案》和《公路交通突发公共事件应急预案》、《水路交通突发公共事件应急预案》的衔接工作，形成种类齐全、覆盖全面，具有较强针对性、操作性、实用性的预案体系。通过开展预案演练，特别是开展实战性强、群众广泛参与的跨部门、跨地区的综合演练和专业演练，发现问题，积累经验，不断完善预案，促进与其他单位的协调配合和责任落实。

（四）加强交通应急管理体制和机制建设。充实交通应急管理机构，进一步明确应急管理的指挥机构、办事机构及职责，加强与其他部门和行业应急管理协调联动，积极推进资源整合和信息共享。形成分级响应、属地管理的纵向网络体系和信息共享、分工协作的横向职能体系。加快交通突发公共事件预测预警、信息报告、应急响应、恢复重建及调查评估等机制建设。抓紧建立海上搜救补偿奖励机制和公路应急运输补偿机制，研究建立保险、社会捐赠等方面参与交通应急管理工作机制，为交通应急提供支持保障。

三、做好各类交通突发公共事件的防范工作

（一）开展对各类交通突发公共事件风险隐患的普查和控制。各地区交通部门要按照分级管理、重点突出、全面推进的原则，认真开展交通风险隐患普查工作，全面掌握本区域内务类交通风险情况，建立分级、分类制度，加强统计分析，建立交通风险隐患数据库，利用大比例尺地图、基础地理信息系统等绘制出直观可视的主要公路、水路、海上搜救等风险隐患分布图，于 2007 年 10 月底以前报交通部。要落实风险隐患综合防范和处置措施，实行动态管理和监控。对重大的风险隐患，加强实时监控，对可能引发突发公共事件的隐患，组织力量限期治理，尽快消除隐患。要积极探索建立风险隐患普查、控制、治理的长效机制。

（二）加强交通突发公共事件的信息报告和预警工作。交通突发公共事件发生后，事发当地交通主管部门、海事部门要按规定时限要求及时向上一级主管部门报告。要进一步建立健全信息报告制度，明确信息报告责任主体，对迟报、漏报甚至瞒报、谎报行为要依法追究责任。建设交通突发事件预警系统，建立预警信息通报和发布制度，充分利用公众媒体和各种专业手段发布预警信息。对适宜向社会公布的隐患，要及时通过新闻媒体让群众周知，动员群众参与隐患排查和监管工作。

（三）积极开展应急管理培训。各地区交通主管部门、海事部门要组织开展交通应急管理知识培训，加强对交通党政干部、应急管理干部、新闻发言人、基层干部、企业负责人、应急救援队伍应急知识的培训，切实提高交通突发事件发生后应对处置的能力。培训要做到有规划、有大纲、有教材、有考核、有实效。

四、加强交通应急装备和队伍建设

（一）推进交通应急平台建设。按照信息共享、节约资源、有效管理的原则，统筹规划建设具备监测监控、预测预警、信息报告、辅助决策、调度指挥和总结评估等功能的交通应急平台。应急平台的建设应综合考虑与政府和其他行业的接口问题。对已建和新建系统要统一完善基本功能，实现多系统互联互通和信息共享，通过科学预测、快速预警和决策指挥，实现科学化的交通应急。各地区交通部门、海上搜救中心要加快交通应急指挥场所、基础支撑系统、综合应用系统建设和信息资源整合，实现与交通部应急平台的互通互联、信息共享，以及视频会议和指挥协调等功能。国务院对应急平台建设已提出明确要求，并将于近期对建设周期作出具体规定，请遵照执行。

（二）加强交通应急救援队伍建设。加强交通海事、救捞、公路应急救援队伍建设，重点是加强管理人才、专业人才和技能人才队伍建设，创新人才的选拔和培训机制。要充分发挥军队及社会力量在交通突发事件应急救援中的作用，形成“专群结合、军地结合”的交通应急救援体系。要开展应急技术研究，改善技术装备；

加强培训和演练,组织多部门、多科目的综合演习,提高应急救援能力和实战水平;建立应急救援专家队伍,充分发挥专家学者的专业特长和技术优势,逐步建立社会化的应急救援机制。鼓励和招募志愿者参与交通应急救援,并加强培训工作。

(三)加强交通应急资源的管理。在对现有交通应急资源进行普查和整合的情况下,统筹规划交通应急物资储备和紧急运输保障能力建设,在充分利用国家应急物资储备库资源的前提下,加强地方交通应急物资储备,尤其是专业应急物资和装备的储备,提高应急资源的科技含量,发挥社会各方面在应急物资生产和储备方面的作用,实现社会储备和专业储备的有机结合。加强交通应急管理基础数据库建设和对有关技术资料、历史资料的收集管理,为妥善应对交通突发公共事件提供可靠的基础数据。

(四)做好应急处置和善后工作。交通公共突发事件发生后,要及时掌握、准确判断突发公共事件发展趋势,第一时间作出反应,按照预案规定及时采取相应的应急响应措施,及时向有关部门通报相关信息,组织调动应急资源和力量,共同应对,力争在最短的时间内控制事态发展。并采取必要措施,防止次生、衍生灾害事件。应急处置结束后,会同其他部门做好恢复正常生产、生活等善后工作。

五、加强交通应急管理的领导和宣传工作

(一)加强对交通应急管理工作的领导。抓好应急管理工作,领导是关键。各级交通部门、海事部门要把应急管理工作摆在更加重要的位置,主要领导亲自抓,分管领导具体抓,建立和完善交通突发事件应急处置工作责任制,要强化对企业安全生产责任的监管,加大执法力度和责任追究力度,做到监测和预报到位,组织和指挥到位,资金和物资到位,培训和演练到位。

(二)加强交通应急宣传教育。加强对交通各级应急预案和应急救助知识的宣传教育。深入宣传开展应急工作的重要意义,宣传本地区、本部门交通应急工作的成效,宣传应急预案的主要内容,以及应急处置的相关程序;宣传和普及预防、避险、自救、互救、减灾等知识,在公共和重要场所宣传交通避险的有关知识,提高公众应对交通突发事件的综合素质。要通过编制预案简本、科普读本、影像资料、知识讲座、典型案例分析等形式,利用广播、电视、报刊、网络等媒体,开展宣传教育,形成全民动员、预防为主、全社会支持和参与的交通应急的良好局面。

关于切实加强水上交通安全工作的紧急通知

（交通部、安全监管总局　交安委明电〔2006〕3号　2006.03.16）

各省、自治区、直辖市、新疆生产建设兵团交通厅（局、委），上海市港口管理局，各省、自治区、直辖市、新疆生产建设兵团安全监管局，长江、珠江航务管理局，交通部各直属海事局：

今年以来，全国水上交通安全形势总体稳定。1～2月份，全国共发生运输船舶水上交通事故41件，死亡26人，分别比2005年同期下降46.1%、72.6%。但是，农用船等非运输船舶非法载客现象比较严重，已造成多起重特大沉船事故。

1月13日，河南省南阳市新野县新甸镇魏湾村一艘农用船非法载人，在白河与溧河交叉处翻沉，造成12人死亡。

3月15日，四川省广安市岳池县一艘农用船非法载人，在嘉陵江支流西溪河（非通航水域）翻沉，造成28人死亡。

上述两起农用船非法载人引起的重、特大沉船事故，造成了严重的人民生命和财产损失。国务院领导针对四川广安沉船事故要求当地政府和有关部门做好救援、善后工作，查明事故原因，吸取事故教训，进一步加强水上交通安全监管工作。为落实国务院领导的指示精神，加强水上交通安全监管工作，现就有关事项紧急通知如下：

一、认真贯彻落实国务院领导的重要批示精神，督促地方政府落实水上交通安全管理责任

各级领导，特别是各单位的主要领导，要增强政治责任感，以对国家和广大人民群众生命财产安全高度负责的精神，认真贯彻国务院领导的批示精神，切实吸取事故教训，举一反三，全面加强水上交通安全管理工作,确保水上交通安全形势稳定。安全工作涉及面广,关键在地方政府的领导。地方政府责任落实与否,关系到水上交通安全工作能否取得实效,关系到水上安全形势能否持续稳定。各级交通部门、海事机构和安全监管部门要进一步督促地方政府按照有关法律法规规定,落实水上交通安全管理责任,切实协调、解决水上交通安全工作中的重大问题。

二、严厉查处非法载客行为,切实加强乡镇船舶安全管理

要按照中央机构编制委员会办公室《关于进一步明确水上交通安全监管职责分工有关问题的通知》(中央编办发〔2005〕9号)的要求,督促县乡政府参照乡镇运输船舶安全监管的有关规定,落实乡镇非运输船舶的监管责任。地方政府对水上交通安全监管职责分工有明确规定的,要督促各有关部门按照规定履行水上监管职责。对无证无照船舶和农用船、渔船等非法载客行为,要按照《海上交通安全法》、《安全生产法》、《内河交通安全管理条例》等法律法规的规定进行严厉打击,该没收的坚决没收,该拆解的坚决拆解。工作中遇到困难和阻力,要及时报告地方政府,请求政府牵头解决或予以支持。各级海事机构要根据中央编办发〔2005〕9号文件精神,要求农用船和渔船管理部门积极配合做好现场查处工作,必要时可进行联合专项整治。对非通航水域存在的事故隐患,要及时通报地方政府采取措施予以整改。

各地区要高度重视乡镇运输船舶安全管理工作,认真落实乡镇运输船舶安全管理责任制。各级交通主管部门要切实负起行业安全管理的责任,提请政府协调解决乡镇运输船舶安全管理工作中存在的突出问题;各级海事机构要加强对乡镇运输船舶的监督管理,为政府管理乡镇运输船舶出谋划策。对不具备安全航行条件的乡镇运输船舶,海事机构要提请政府协调相关部门共同实施强制停航措施,确保安全。

三、深入开展渡口渡船安全管理专项整治

为切实解决渡口渡船存在的事故隐患,经国务院同意,交通部、安全监管总局联合开展了为期两年的渡口渡船安全管理专项整治。当前，专项整治进行整改隐患阶段。各地区要充分利用开展本次整治活动的有利时机，采取积极措施，切实提高渡口渡船安全技术水平，确保渡运安全。各交通主管部门和安全监管部门在开展整治工作中，要积极作为，主动向地方政府汇报工作进展情况，提请政府协调解决整治过程中的重大问题。特别是要抓紧筹集资金，改造更新渡口设施和老旧渡船。对存在事故隐患的渡口(渡船)，要提请当地政府坚决予以取缔。要充实现场管理力量，必要时要对渡口实行严密“盯防”，严防渡船超载，避免发生群死群伤事故。

四、加强客滚船安全管理

各相关单位要认真汲取“萨拉姆98”轮事故教训，按照部统一部署，采取切实措施，加强我国客滚船安全工作。要坚决执行安全适航风级规定，坚决不超风级开航。要做好对上船车辆的加固绑扎工作，航行过程中要按照部海事局文件要求，加强巡舱检查，确保车辆舱随时处于监控范围。要继续加大对车辆的抽检力度，杜绝装载危险品的车辆和“三超”车辆上船。要督促客运部门严格按规定数量出售客票，确保船舶不超载运输旅客。辽宁、山东省交通厅要尽快建立上客滚船的车辆夹带、瞒报危险品举报奖励制度。各海事机构要加强对客滚船安全检查，特别是对船员实操和应急能力进行抽查，提高船员应急能力，对安全检查中发现的问题要立即督促整改，对不适航的船舶，要坚决予以滞留。

五、加强水上水下施工安全管理

当前，沿海水上水下大型施工项目较多。各海事机构要加大对各类水工作业的安全监管力度。要督促施工单位按照规定采取安全和防污染措施，特别是使用符合安全条件的船舶进行施工。要加大对施工现场的监督检查力度，从严监管施工船舶，要坚决查处无合法证书而在沿海参与施工的内河船舶。

六、加强事故调查工作

各相关单位要加强事故调查工作，依法对水上交通事故进行调查，按“四不放过”的原则，彻底调查分析事故原因，严肃处理相关责任人，并举一反三，提出切实可行的解决措施，减少和预防发生水上重特大事故。

地方人大或地方人民政府出台的法规、规章或文件等明确了农用船安全主管部门的地区，当地省级交通主管部门要将本通知转送到有关部门。未明确农用船安全主管部门的，当地交通主管部门要主动与有关县乡地方政府联系，加强对农用船的管理。

关于切实加强农用船安全监管的通知

（安全监管总局、交通部　安监总明电〔2006〕5号　2006.09.26）

各省、自治区、直辖市、新疆生产建设兵团安全生产监督管理局、交通厅（局、委），上海市港口管理局，交通部各直属海事局：

今年以来，农用船等非营运船舶非法载客造成多起重特大伤亡事故。

1月13日，河南省南阳市新野县新甸镇魏湾村一艘农用船非法载人，在白河与溧河交叉处翻沉，造成12人死亡。

3月15日，四川省广安市岳池县一艘农用船非法载人，在嘉陵江支流西溪河（非通航水域）翻沉，造成28人死亡。5月26日，广东省河源市一艘农用船非法载人，在枫树坝水库因夜航迷路、船上人员慌乱导致船舶翻沉，造成7人死亡。

9月22日，湖南省耒阳市一艘农用船非法载37人，在常宁市周家山码头水域与一艘运砂船发生碰撞后翻沉，造成3人死亡，3人失踪。类似事故多次重复发生，反映出一些地方没有认真吸取事故教训，还存在农用船舶安全管理措施不落实，执法不严，监管不到位等问题。农闲季节即将来临，农村赶集、庙会增多，此类事故易发。为切实加强农用船安全管理，严防非营运船舶非法载客，现就有关事项通知如下：

一、督促地方政府切实落实水上交通安全管理责任

各级领导，特别是各单位的主要领导，要增强政治责任感，以对国家和广大人民群众生命财产安全高度负责的精神，切实吸取事故教训，举一反三，全面加强水上交通安全管理工作。各级安全监管部门、交通部门和海事机构要按照中央机构编制委员会办公室《关于进一步明确水上交通安全监管职责分工有关问题的通知》(中央编办发〔2005〕9号)的规定,督促县乡政府参照乡镇运输船舶安全监管的有关规定,明确农用船管理部门,落实乡镇非运输船舶的监管责任。

二、严厉查处非法载客行为,切实加强农用船安全管理

地方政府对水上交通安全监管职责分工有明确规定的,各级安全监管、交通部门和海事机构要督促各有关部门按照规定履行水上监管职责。对无证无照船舶和农用船、渔船等非法载客行为,各相关部门要按照《海上交通安全法》、《安全生产法》、《内河交通安全管理条例》等法律法规的规定进行严厉打击,该没收的坚决没收,该拆解的坚决拆解。工作中遇到困难和阻力,要及时报告地方政府,请求政府牵头解决或予以支持。各级海事机构要根据中央编办发〔2005〕9号文件精神,要求农用船和渔船管理部门积极配合做好现场查处工作,必要时进行联合专项整治。对非通航水域存在的事故隐患,要及时通报地方政府采取措施予以整改。各地区要高度重视乡镇运输船舶安全管理工作,认真落实乡镇运输船舶安全管理责任制。各级交通主管部门要切实负起行业安全管理的责任,提请政府协调解决乡镇运输船舶安全管理工作中存在的突出问题;各级海事机构要加强对乡镇运输船舶的监督管理,为政府管理乡镇运输船舶出谋划策。对不具备安全航行条件的乡镇运输船舶,海事机构要提请政府协调相关部门共同实施强制停航措施,确保安全。

三、深入开展渡口渡船安全管理专项整治

为切实解决渡口渡船存在的事故隐患,经国务院同意,交通部、安全监管总局联合开展了自2005年9月起为期两年的渡口渡船安全管理专项整治。各地区要充分利用开展本次整治活动的有利时机,采取积极措施,切实提高渡口渡船安全技术水平,确保渡运安全。各交通主管部门和安全监管部门在开展整治工作中,要积极作为,主动向地方政府汇报工作进展情况,提请政府协调解决整治过程中的重大问题。特别是要抓紧筹集资金,改造更新渡口设施和老旧渡船,确保按期完成专项整治目标。对存在事故隐患的渡口(渡船),要提请当地政府坚决予以取缔。要充实现场管理力量,必要时要对渡口实行严密“盯防”,严防渡船超载,避免发生群死群伤事故。

四、加强事故调查工作

各相关单位要加强事故调查工作,依法对水上交通事故进行调查,按“四不放过”的原则,彻底调查分析事故原因,严肃处理相关责任人,并举一反三,提出切实可行的解决措施,减少和预防发生水上重特大事故。

人事劳动

注册验船师制度暂行规定

（人事部、交通部、农业部　国人部发〔2006〕8号　2006.01.26）

第一章　总　　则

第一条　为了加强船舶检验专业技术人员管理，提高船舶检验专业技术人员素质，保证船舶检验质量，防止水域环境污染，根据《中华人民共和国船舶和海上设施检验条例》、《中华人民共和国渔业船舶检验条例》和国家职业资格证书制度有关规定，制定本规定。

第二条　本规定适用于在经批准设立的船舶检验机构中从事船舶检验工作的专业技术人员。

船舶检验工作包括：船舶和海上设施（含船运货物集装箱）检验，渔业船舶检验，相关设计图纸、技术文件审查。

第三条　国家对从事船舶检验工作的专业技术人员，实行职业准入制度，纳入全国专业技术人员职业资格证书制度统一规划。

第四条　本规定所称注册验船师，是指经考试取得《中华人民共和国注册验船师资格证书》（以下均简称资格证书），并依法注册后从事船舶检验工作的专业技术人员。

第五条　人事部、交通部、农业部按职责分工共同负责注册验船师制度实施工作，并按职责分工对该制度的实施进行指导、监督和检查。

各级省级人民政府人事行政部门对本行政区域内注册验船师资格考试、注册进行监督、检查。

第二章 考　　试

第六条 注册验船师资格实行全国统一大纲、统一命题的考试制度，原则上每年举行一次。

第七条 注册验船师资格考试设船舶和海上设施、渔业船舶两个类别，每个类别分4个级别。专业技术人员可根据实际工作需要，报名参加相应类别、级别的考试。

级别＼类别	船舶和海上设施	渔业船舶
A	国际航行船舶、海上设施、国际航行的渔业辅助船舶	远洋渔业船舶
B	国内海上船舶	国内海上渔业船舶
C	内河船舶	国内海上小型渔业船舶、内河渔业船舶
D	内河小船	内河小型渔业船舶

第八条 交通部、农业部分别组织成立相应类别考试专家委员会，负责拟定考试科目、编写考试大纲、建立考试试题库，组织考试命题，并对相关类别考试提出合格标准的建议。

第九条 人事部分别会同交通部、农业部审定相应类别考试科目、考试大纲、考试试题，对考试工作进行检查、监督、指导和确定合格标准。

第十条 凡中华人民共和国公民，遵守国家法律、法规，恪守职业道德，身体健康，并符合相应考试报名条件的人员，均可申请参加相应类别、级别的考试。考试实施办法由人事部分别会同交通部、农业部另行制定。

第十一条 考试合格者，颁发人事部统一印制，人事部分别与交通部、农业部用印的相应类别、级别资格证书。该证书在全国范围内有效。

第十二条 凡以不正当手段取得注册验船师资格证书的,由发证机关收回资格证书,3 年内不得再次参加注册验船师资格考试。

第三章 注 册

第十三条 注册验船师资格实行注册管理制度,取得资格证书的人员,必须经过注册,方可从事注册规定范围的船舶检验工作。

第十四条 交通部、农业部分别为相应类别注册验船师资格的注册审批机构。交通部直属的具有船舶检验管理职能的海事局为注册验船师(船舶和海上设施类)资格的注册审查机构;各省、自治区、直辖市渔业行政主管部门为注册验船师(渔业船舶类)资格的注册审查机构。

第十五条 取得资格证书并申请注册的人员,应受聘于一个具有船舶检验资质的检验机构,并通过聘用单位向相应类别注册审查机构提出注册申请。

第十六条 注册审查机构在收到申请人的申请材料后,对申请材料不齐全或者不符合法定形式的,应当当场或在 5 个工作日内,一次告知申请人需要补正的全部内容,逾期不告知的,自收到申请材料之日起即视为受理。

对受理或者不予受理的注册申请,均应出具加盖注册审查机构专用印章和注明日期的书面凭证。

第十七条 注册审查机构自受理之日起 20 个工作日内,按规定条件和程序完成申报材料的审查工作,并将申报材料和审查意见报相应注册审批机构审批。

注册审批机构自受理申报人员材料之日起 20 个工作日内作出批准决定。对作出不予批准决定的,应当书面说明理由,并告知申请人享有依法申请行政复议或提起行政诉讼的权利。在规定的期限内不能作出批准决定的,应将延长期限的理由告知申请人。

注册审批机构应自作出批准决定之日起10个工作日内,将批准决定送达经批准注册的申请人,并核发相应类别、级别《中华人民共和国注册验船师注册证》(以下简称《注册证》)。

第十八条 《注册证》每一注册有效期为3年。注册在有效期限内是注册验船师的执业凭证。

第十九条 申请注册人员应同时提交下列材料:

(一)《中华人民共和国注册验船师注册申请表》;

(二)相应类别、级别的《资格证书》;

(三)聘用单位对业务培训、工作经历和检验能力考核合格的证明;

(四)与聘用单位签订的劳动或聘用合同;

(五)注册审批机构规定的其他条件。

第二十条 初始注册者,可自取得《资格证书》之日起1年内提出注册申请。逾期未申请者,在申请初始注册时,须符合本规定继续教育要求。

第二十一条 注册有效期届满需继续执业的,应在届满前30个工作日内,按照本规定第十五条规定的程序申请延续注册。注册审批机构应当根据申请人的申请,在规定的时限内作出准予延续注册的决定;逾期未作出决定的,视为准予延续。

延续注册需要提交下列材料:

(一)延续注册的《中华人民共和国注册验船师注册申请表》;

(二)相应类别、级别的资格证书;

(三)与聘用单位签订的劳动或聘用合同;

(四)注册期内聘用单位考核合格和完成继续教育的证明材料。

第二十二条 在注册有效期内,注册验船师变更执业单位,应与原聘用单位解除劳动或聘用关系,并按本规定第十五条规定的程序办理变更注册手续。变更注册后,其注册证书在原注册有效期内继续有效。

变更注册需要提交下列材料：

（一）变更注册的《中华人民共和国注册验船师注册申请表》；

（二）相应类别、级别的《资格证书》；

（三）与新聘用单位签订的劳动或聘用合同；

（四）工作调动证明，或与原聘用单位解除劳动或聘用关系的相应证明，或退休证明。

第二十三条 注册验船师因丧失行为能力、死亡或被宣告失踪的，其注册证书失效。

第二十四条 注册验船师有下列情形之一的，应由注册验船师本人或聘用单位及时向相应注册审查机构提出申请，由相应注册审批机构审核批准后，办理注销手续，收回《注册证》。

（一）不具有完全民事行为能力的；

（二）申请注销注册的；

（三）聘用单位被吊销营业执照的；

（四）聘用单位被吊销船舶检验资质证书的；

（五）与聘用单位解除劳动或聘用关系的；

（六）注册有效期满且未延续注册的；

（七）同时受聘于 2 个及以上船舶检验机构的；

（八）被依法撤销注册的；

（九）受到刑事处罚的；

（十）应当注销注册的其他情形。

第二十五条 有下列情形的，不予注册：

（一）不具有完全民事行为能力的；

（二）刑事处罚尚未执行完毕的；

（三）因在船舶检验工作中有违法违纪行为受到刑事处罚，自刑事处罚执行完毕之日起至申请注册之日止不满 2 年的；

（四）法律、法规规定不予注册的其他情形。

第二十六条 注册申请人以不正当手段取得注册的，应予以撤销，并由注册审批机构依法给予行政处罚，当事人在 3 年内不得再次申请注册;构成犯罪的,依法追究刑事责任。

第二十七条 对被注销注册或不予注册的人员,在重新具备初始注册条件,并符合本规定继续教育要求的,可按本规定第十五条规定的程序申请注册。

第二十八条 注册审批机构应定期公布注册验船师注册有关情况。当事人对注销注册或不予注册有异议的,可依法申请行政复议或提起行政诉讼。

第二十九条 继续教育是注册验船师延续注册、重新申请注册和逾期初始注册的必备条件。在每个注册期内,注册验船师应按规定完成本专业的继续教育。

注册验船师继续教育,分必修课和选修课,必修课和选修课总学时不少于120学时。

第四章 执 业

第三十条 注册验船师应在一个具有船舶检验资质的单位,进行船舶检验执业活动。

第三十一条 注册验船师的执业范围按照国家船舶检验相关法律、法规及规章进行。

第三十二条 在船舶检验工作中形成的检验报告,必须由注册验船师签字盖章后方可生效,并承担相关法律责任。

第三十三条 注册验船师从事相关检验活动,由其所在单位接受检验申请并统一收费。

因注册验船师检验质量事故或相关检验结果不符合国家有关法律、法规和标准造成的经济损失,接受检验申请单位和执行检验任务的注册验船师应依法承担相应责任。

第五章 权利和义务

第三十四条 注册验船师享有下列权利:

（一）使用注册验船师称谓；

（二）依据国家船舶检验相关法律、法规和规章，在规定范围内从事船舶检验活动，履行相应的岗位职责；

（三）接受继续教育；

（四）获得与执业责任相应的劳动报酬；

（五）对不符合规定的检验、发证行为提出异议，并向上级检验机构或注册审批机构报告；

（六）对侵犯本人权利的行为进行申诉。

第三十五条 注册验船师应当履行下列义务：

（一）遵守法律、法规和有关管理规定；

（二）执行检验法律、法规、规章和标准；

（三）保证检验工作质量，并承担相应责任；

（四）在本人检验活动中完成的相应文件上签字；

（五）不得准许他人以本人名义执业；

（六）接受继续教育，提高检验水准；

（七）保守在检验活动中知悉的国家秘密和他人的商业、技术秘密；

（八）完成船舶检验机构交给的相关工作。

第六章 附 则

第三十六条 在本规定下发之日前，对长期从事船舶检验工作，已通过交通部、农业部组织的相应考试，取得相应适任证书、船舶专业技术资格证书，并符合考核认定条件的人员，可通过考试认定办法取得相应类别级别注册验船师资格证书。考试认定办法由人事部分别会同交通部、农业部另行制定。

第三十七条 取得相应类别、级别资格证书，并符合《工程技术人员职务试行条例》中工程师、助理工程师、工程技术员专业职务任职条件的人员，用人单位可根据工作需要择优聘任相应专业技术职务。其中，取得 A 级资格证书可聘任工程师职务；取得 B

级资格证书可聘任工程师或助理工程师职务；取得 C 级资格证书可聘任助理工程师职务；取得 D 级资格证书可聘任助理工程师或工程技术员职务。

第三十八条 符合考试报名条件的香港、澳门居民，可申请参加注册验船师资格考试。申请人在报名时应提交本人身份证明、国务院教育行政部门认可的相应专业学历或学位证书、从事检验经历的证明。台湾地区专业人员参加考试的办法另行规定。

外籍专业人员申请参加注册验船师资格考试、申请注册和执业等管理办法另行制定。

第三十九条 需注册验船师签字盖章的检验文件种类和办法，从事船舶检验工作的单位配备注册验船师数量，注册管理和继续教育等具体办法，均由交通部、农业部分别制定。

第四十条 在实施注册验船师制度过程中，相关行政主管部门及其相关机构因工作失误，使专业技术人员合法权益受到损害的，应依据《中华人民共和国国家赔偿法》给予相应赔偿，并可向有关责任人追偿。

第四十一条 相关行政主管部门或相关机构的工作人员，有不履行工作职责，监督不力，或者谋取私利等违纪违规行为，并造成不良影响或严重后果的，分别由其行政主管部门责令改正，对直接负责的主管人员和其他直接责任人员依法给予行政处分；构成犯罪的，依法追究刑事责任。

第四十二条 从事军用舰艇、公安船艇和体育运动船艇检验工作的人员按照国家有关规定执行。

第四十三条 本规定自 2006 年 3 月 1 日起施行。

机动车检测维修专业技术人员职业水平评价暂行规定

（人事部、交通部　国人部发〔2006〕51号　2006.05.19）

第一章　总　则

第一条　为规范机动车检测维修行业管理，提高机动车检测维修专业技术人员素质，确保机动车检测维修质量和车辆安全运行，根据《中华人民共和国道路运输条例》和国家职业资格证书制度有关规定，制定本规定。

第二条　本规定适用于从事机动车维修、检测、评估、运用等相关业务的专业技术人员。

第三条　国家对机动车检测维修专业技术人员实行职业水平评价制度，纳入全国专业技术人员职业资格证书制度统一规划。

第四条　各类机动车检测维修专业技术人员职业水平评价分为机动车检测维修士、机动车检测维修工程师和机动车检测维修高级工程师三个级别。机动车检测维修高级工程师职业水平评价办法另行制定。

机动车检测维修士、机动车检测维修工程师的英文分别译为：

Motor Vehicle Test and Maintenance Technician

Motor Vehicle Test and Maintenance Engineer

第五条　通过职业水平评价，取得机动车检测维修士或机动车检测维修工程师职业水平证书的人员，表明其已具备相应专业技术岗位工作水平和能力。

第六条　人事部、交通部共同负责机动车检测维修专业技术人员职业水平评价工作，并按职责分工对各省、自治区、直辖市实施机动车检测维修专业技术人员职业水平考试进行指导、监督和检查。

第二章　考　　试

第七条　机动车检测维修专业技术人员职业水平评价实行全国统一大纲、统一命题的考试制度，原则上每年举行一次。

第八条　交通部负责拟定考试科目、考试大纲，组织命题，研究建立考试试题库，提出考试合格标准建议。机动车检测维修专业技术人员职业水平考试的组织实施，由交通部职业资格管理机构具体负责。

第九条　人事部组织专家审定考试科目、考试大纲和试题，会同交通部确定合格标准，并对考试考务工作进行监督、检查和指导。

第十条　报名参加机动车检测维修专业技术人员职业水平考试的人员，必须遵守《中华人民共和国宪法》、《中华人民共和国道路运输条例》和国家有关道路交通的规章制度，恪守职业道德。

第十一条　报名参加机动车检测维修士考试的人员，除符合第十条所列基本条件外，还应符合下列条件之一：

（一）取得中等教育及以上学历或学位；

（二）高等院校交通运输专业应届毕业生。

第十二条　报名参加机动车检测维修工程师考试的人员，除符合第十条所列基本条件外，还应符合下列条件之一：

（一）取得机动车检测维修士证书后，从事机动车检测维修工作满 6 年；

（二）取得交通运输专业大专学历，从事机动车检测维修工作满 5 年；

（三）取得交通运输专业大学本科学历，从事机动车检测维修工作满 4 年；

（四）取得交通运输专业双学士学位或研究生班毕业，从事机动车检测维修工作满 2 年；

（五）取得交通运输专业硕士学位，从事机动车检测维修工作满 1 年；

（六）取得交通运输专业博士学位；

（七）取得其他工学类专业上述学历或学位，其从事机动车检测维修工作年限相应增加 2 年。

第十三条 机动车检测维修专业技术人员职业水平考试合格，颁发人事部统一印制，人事部、交通部共同用印的《中华人民共和国机动车检测维修专业技术人员职业水平证书》。该证书在全国范围内有效。

第十四条 凡以不正当手段取得机动车检测维修专业技术人员职业水平证书的，由发证机关收回证书，2 年内不得再次参加机动车检测维修专业职业水平考试。

第三章 义务与职业能力

第十五条 取得机动车检测维修专业技术人员职业水平证书的人员，应当恪守职业道德，接受继续教育，更新知识，不断提高职业素质和本专业工作能力。

第十六条 在进行机动车检测维修工作时，应当严格执行相关法律、法规、规章和标准，保证检测维修工作质量，并承担相应责任。

第十七条 取得机动车检测维修士水平证书的人员，应当具备相应岗位的以下职业能力：

（一）了解国家机动车检测维修管理方面的法律、法规和与机动车检测维修相关行业管理规定；

（二）具有一定的交通运输专业知识和工作经验，掌握机动车检测维修一般操作技术，能够解决机动车检测维修工作中较常见的技术问题。

第十八条 取得机动车检测维修工程师水平证书的人员，应当具备相应岗位的以下职业能力：

(一)熟悉国家交通运输方面的法律、法规和与机动车检测维修相关行业管理规定，有较丰富的机动车检测维修专业工作经验；

(二)具有较强的机动车检测维修专业能力，熟练掌握机动车检测维修操作技术，能够准确判断机动车故障并提出解决方案；

(三)能够独立处理机动车检测维修过程中较复杂的技术问题，指导机动车检测维修人员工作，具有处理与本专业相关技术问题的能力；

(四)了解国内外机动车检测维修专业的发展趋势，有较强的技术创新精神；

(五)具有一定的外语水平。

第四章 登 记

第十九条 机动车检测维修各级别职业水平证书，实行登记服务制度，具体工作由交通部职业资格管理机构负责。

第二十条 交通部职业资格管理机构定期向社会公布机动车检测维修专业技术人员职业水平证书登记情况，并为用人单位提供查询取得机动车检测维修专业职业水平证书人员的信息服务。

第二十一条 在机动车检测维修活动中，因违反有关法律、法规、规章制度或职业道德，对机动车检测维修工作产生重大影响或者造成一定损失的，由交通部职业资格管理机构取消登记，并由发证机关收回相应级别职业水平证书。

第五章 附 则

第二十二条 取得机动车检测维修专业技术人员职业水平证书，并符合《工程技术人员职务试行条例》中工程师、助理工程师、工程技术员专业职务任职条件的人员，用人单位可根据工作需要择优聘任相应专业技术职务。

取得机动车检测维修士职业水平证书,可聘任技术员或者助理工程师职务;取得机动车检测维修工程师职业水平证书,可聘任工程师职务。

第二十三条 机动车检测维修专业技术人员职业水平考试统一在全国范围实施后,各地区、各部门不再进行工程系列机动车检测维修专业相应级别职务任职资格的评审工作。

第二十四条 香港、澳门地区居民申请参加机动车检测维修专业人员职业水平考试的,在报名时应提交本人身份证明、国务院教育行政部门认可的专业学历或学位证书、从事本专业工作实践证明。台湾地区的专业技术人员参加考试的办法另行规定。

外籍专业技术人员申请参加机动车检测维修职业水平考试的具体办法另行规定。

第二十五条 机动车检测维修专业技术人员职业水平评价等机构,在开展机动车检测维修专业人员职业水平评价等工作中,因工作失误,使专业技术人员合法权益受到损害的,应依据国家有关规定给予相应赔偿,并可向有关责任人追偿。

第二十六条 机动车检测维修专业技术人员职业水平评价等机构的工作人员,不履行工作职责,监督不力、借机为自己或他人谋取利益,以及有其他违规违纪行为的,由其主管部门责令改正;造成不良影响或者严重后果,或者拒不改正的,对直接负责的主管人员和直接责任人员给予相应处分;构成犯罪的,依法追究刑事责任。

第二十七条 本规定自 2006 年 6 月 1 日起施行。

机动车检测维修专业技术人员职业水平考试实施办法

（人事部、交通部　国人部发〔2006〕51 号　2006.05.19）

第一条　机动车检测维修专业技术人员职业水平考试在人事部、交通部的统一指导下进行。两部门共同成立机动车检测维修职业水平考试办公室（设在交通部），负责研究机动车检测维修专业技术人员职业水平评价相关政策。

第二条　交通部组织成立机动车检测维修专业技术人员职业水平考试专家委员会，负责编写考试大纲、命题，研究建立考试题库。

第三条　人事部、交通部委托交通部交通专业人员资格评价中心，承担机动车检测维修专业技术人员职业水平考试的考务工作。

各省、自治区、直辖市的考试工作，由当地交通行政部门会同人事行政部门共同负责，具体职责分工由各地协商确定。

第四条　机动车检测维修士考试设：《机动车检测维修法规与技术》和《机动车检测维修实务》2 个科目。其中，《机动车检测维修法规与技术》科目考试时间为 3 小时，采用纸笔作答方式进行；《机动车检测维修实务》科目考试时间为 2 小时，采用现场实际操作的方式进行。

参加机动车检测维修士考试的人员，须在一个考试年度内，通过上述 2 个科目的考试，方可获得机动车检测维修士职业水平证书。

第五条　机动车检测维修工程师考试设：《机动车检测维修法规与技术》、《机动车检测维修实务》和《机动车检测维修案例分析》3 个科目。其中,《机动车检测维修法规与技术》和《机动车检测维修案例分析》科目考试时间均为 3 小时,均采用纸笔作答方式进行;《机动车检测维修实务》科目考试时间为 2 小时,采用现场实际操作的方式进行。

机动车检测维修工程师考试成绩实行 2 年为一个周期的管理办法,参加上述 3 个科目考试的人员,必须在连续 2 个考试年度内通过全部科目考试,方可获得机动车检测维修工程师职业水平证书。

第六条 2005 年 12 月 31 日前,按照国家有关规定评聘为机动车检测维修专业助理工程师或工程师职务的人员,可免试本级别《机动车检测维修实务》科目。

评聘为助理工程师职务的人员,只需参加机动车检测维修士《机动车检测维修法规与技术》1 个科目的考试;评聘为工程师职务的人员,只需参加机动车检测维修工程师《机动车检测维修法规与技术》和《机动车检测维修案例分析》2 个科目的考试。

免试部分科目的人员必须在一个考试年度内通过应试科目,方可取得相应级别职业水平证书。

第七条 报名参加各级别职业水平考试的人员,应当符合《机动车检测维修专业技术人员职业水平评价暂行规定》规定的报名条件。由本人提出申请,按规定携带有关证明材料,到指定的考试管理机构报名。经考试管理机构审核合格后,向申请人核发准考证,申请人凭准考证及有关证明,在指定的时间、地点参加考试。

国务院各部门所属单位和中央管理企业的专业技术人员,按属地原则报名参加考试。

第八条 参加机动车检测维修士考试的高等院校应届毕业生,在报名时应提交能够证明其在考试年度可毕业的有效证件(如学生证等)和所在学校出具的应届毕业生证明。

第九条 机动车检测维修专业技术人员职业水平考试日期定为每年 10 月。考点原则上设在直辖市和省会城市的大、中专院校或高考定点学校。如确需在其他城市设置考点,须经人事部、交通部批准。

机动车检测维修实际操作考试的考点,必须符合考试所需的场地、仪器、设备等相关条件,实际操作考试考点确定的具体办法,由交通部交通专业人员资格评价中心另行规定。

第十条 机动车检测维修专业技术人员职业水平考试有关项目的收费标准,须经当地价格行政部门核准,并向社会公布,接受公众监督。

第十一条 坚持考试与业务培训分开的原则。凡参与考试工作(包括命题与组织管理等)的人员,不得参加考试和举办与考试内容有关的培训工作。应考人员参加相关培训坚持自愿的原则。

第十二条 考试考务工作要严格执行考试工作的有关规章制度,切实做好试卷命制、印刷、发送和保管过程中的保密工作,严格遵守国家保密法及相关规章制度,严防泄密。

第十三条 考试工作人员要严格遵守考试工作纪律,认真执行考试回避制度。对违反考试纪律和有关规定的,按照《专业技术人员资格考试违纪违规行为处理规定》(人事部2004年第3号令)处理。

税 费 财 务

国务院办公厅关于在燃油税正式实施前切实加强和规范公路养路费征收管理工作的通知

（国务院办公厅　国办发〔2006〕103 号　2006.12.22）

各省、自治区、直辖市人民政府，国务院各部委、各直属机构：

公路养路费是公路建设和养护的主要资金来源。为深化和完善财税体制改革，从源头上遏制乱收费，鼓励节约能源，以及建立稳定的公路发展资金渠道，国家在 1999 年进行了交通与车辆税费改革。1999 年 10 月修订的《中华人民共和国公路法》规定，国家采用依法征税的办法筹集公路养护资金，具体实施办法和步骤由国务院规定。随后，《国务院批转财政部、国家计委等部门〈交通和车辆税费改革实施方案〉的通知》（国发〔2000〕34 号）明确指出，先行出台车辆购置税，考虑到国际市场原油价格较高，为稳定国内油品市场，燃油税的出台时间将根据国际市场原油价格变动情况，由国务院另行通知。同时要求，在燃油税正式实施前，要继续做好公路养路费等规费的征收管理工作，确保足额征缴。

几年来，有关部门一直密切关注国际国内市场油价变动情况，不断修改完善燃油税实施方案，进一步落实改革配套措施，积极为实施燃油税改革创造条件。交通部门认真贯彻《中华人民共和国公路法》和国务院的要求，在燃油税实施前，积极做好公路养路费的征收管理工作，财政、发展改革、公安等部门以及地方各级人民政府大力支持协助，广大车主密切配合，养路费征收管理工作取得了显著成绩。但也要看到，目前在养路费征收管理工作中还存在一些问题，主要是：少数车主对征收养路费的法律法规和政策存有模糊认识，逃缴、漏缴养路费；为争抢费源，部分地区随意降低征收标准,吸引外地车辆改挂本地牌照;征收环境亟待改善,暴力抗费事件时有发生等,造成国家规费大量流失,不利于公路建设和养护的顺利进行。目前,国际油价仍在波动,实施燃油税改革的时机还需进一步观察。因此,在燃油税正式实施前,各地区、各有关部门要按规定继续做好养路费的征收管理工作,保障公路建设和养护的资金需求。经国务院同意,现就在燃油税正式实施前进一步加强和规范公路养路费征收管理工作通知如下:

一、提高思想认识,继续做好养路费征收管理工作

(一)高度重视做好养路费征收管理工作。近几年来,我国公路事业迅速发展,公路总量和客货运量不断增加,养护任务日益繁重,建设、养护所需资金快速增长。在燃油税出台前,加强和规范养路费征收管理工作,是保障公路建设顺利进行、提高公路养护质量的迫切需要。同时,建立良好的养路费征收秩序,可以为完善燃油税实施方案,顺利出台燃油税创造有利条件。各地区、各有关部门要提高认识,加强组织领导,依法做好养路费的征收管理工作,确保养路费及时、足额、有序征收。要加强养路费资金使用的管理和监督,确保专款专用。加快公路养护运行机制改革,降低人员经费支出,提高养路费使用效益。

(二)养路费征收管理要坚持地方政府统一领导、交通部门具体负责、各有关部门密切配合的工作机制。地方各级人民政府要及时采取有效措施解决存在的矛盾和问题,积极为养路费征收管理创造良好的条件。公安、财政、税务、工商、物价、农机、宣传等有关部门要支持和协助交通部门做好养路费征收稽查工作。

(三)增强车主的自觉缴费意识。要加大宣传工作力度,通过多种形式广泛宣传征收养路费的意义,使广大车主充分认识养路费的性质、用途和作用,充分了解养路费征收管理的有关法律法规和政策,澄清模糊认识,增强自觉缴费意识。

二、完善征收管理政策,建立规范有序的征收秩序

(一)规范养路费征收标准。目前,机动车流动性越来越强,活动范围越来越广,保持地区间养路费征收水平的基本均衡有利于规范养路费征收秩序。各地区必须严格按照国家规定的核定办法、程序及权限制订和调整养路费征收标准，即根据运输企业平均营运收入额的12%～15%进行测算，具体征收标准由省、自治区、直辖市交通部门提出，经同级价格、财政部门审核后报省级人民政府批准并向社会公布后执行，同时报发展改革委、财政部、交通部备案。各地要牢固树立全局观念，严禁随意降低或提高养路费征收标准。对故意降低养路费征收标准吸引外地车辆挂靠，破坏正常征收秩序的，要坚决予以制止和纠正，并严肃追究相关单位和人员的责任。对少数已经擅自降低征收标准的地区，要于2007年3月底前予以纠正。

（二）明确征收对象和减免政策。机动车（含入境的境外机动车）均要按规定缴纳养路费，其所有人是缴费义务人。未按规定缴纳养路费的车辆，不得上路行驶。交通部门所属的养路费征稽机构要严格按照规定征收养路费。对符合条件的车辆继续实施养路费减征或免征政策。对原享受减征、免征优惠，现因改革改制、实行承包经营等原因已成为以赢利为主要目的的车辆，不得减征或免征养路费。对经交通部核准的从事道路运输经营的推荐车型以及国家鼓励使用的运输车辆和三轮汽车，可适当减免养路费。各地要及时调整和完善养路费减免的具体政策，并按程序和权限报批，交通部等有关部门要加强指导和检查。

（三）实行属地征收。养路费由车辆的车籍所在地征稽机构负责征收。外国及港、澳、台地区车辆入境行驶的，其养路费由入关地征稽机构负责征收，其中有双边协议的按双边协议执行。主要在外省、自治区、直辖市施工作业或运营、留驻（以下简称调驻）并超过3个自然月的车辆，应在调驻地缴纳养路费。调驻地征稽机构要将车辆缴费情况及时通报车籍所在地征稽机构，避免重复缴费。征稽机构不得到本辖区以外的地区征收养路费。

（四）统一缴费时间。机动车自进行车籍登记之日起按规定缴纳养路费。养路费按月缴纳，也可以预缴。缴费义务人应在每月10日前缴纳当月养路费。对未按期缴纳的，除全额追缴外，还要依法收取滞纳金和罚款,滞纳金按原缴纳标准减半收取,即每逾期一日,加收应缴养路费额的千分之五。

(五)加强票据管理。养路费缴(免)费凭证是缴费行车凭证,必须随车携带。养路费缴(免)费凭证遗失或损毁的,在登报声明作废后,可向缴费地征稽机构申请办理遗失或损毁证明。对印制和使用假冒养路费票证以及采用套牌等手段逃缴养路费的,交通部门要会同财政、公安等部门进行查处。

(六)逐步完善养路费征收计量方式。要对养路费征收计量方式有关问题深入研究,提出科学、合理、公平的计量方式及核定原则,进一步完善有关制度,推进养路费征收的规范化和科学化。

三、加大征收管理力度,确保及时足额征收

(一)开展整治车辆外挂专项行动。针对当前车辆外挂日益严重的状况,交通、公安、工商、税务等有关部门要联合开展外挂车辆专项整治活动,纠正车辆外挂行为,确保车辆的车籍地、车主的户籍地和养路费缴纳地"三地"一致。各地区、各有关部门要结合当地实际,做好相关服务工作,为外挂车辆转回提供便利条件。交通部门要牵头开展车辆外挂情况调查工作,督促外挂车辆转回实际车主的户籍地登记。工商部门要加强对道路运输企业和个体业户的登记监管,取缔无证经营,对违反工商行政管理法规介绍、拉拢、吸纳车辆外挂的组织和个人要依法查处。

(二)严厉打击各种拖欠、逃缴养路费行为。任何单位和个人不得拒绝履行缴费义务,不得妨碍、阻挠交通部门依法进行的养路费征收稽查工作。对拖欠、漏缴、逃缴的养路费,交通部门要依法追缴,对恶意拖欠,数额较大,情节严重,影响恶劣的,依法移送司法机关处理。

(三)强化源头征稽。征稽机构要建立健全车辆缴费档案,通过媒体公告、信函、电话等方式,提醒或督促车主缴费。对已报废或损毁灭失的机动车,车主要及时申请注销或核销;对因被盗抢、被行政或司法扣押、发生交通事故等原因而停驶的机动车,车主要及时向征稽机构申报,从征稽机构核准的次月起停缴养路费。

四、改进征收方式，提高服务水平

(一)积极采用先进的征稽手段。要加快推广省(区、市)内联网征费和银行代征业务，方便车主就近快速缴费。要尽快开展养路费征收稽查全国联网系统的开发与应用，为加强养路费征收监管、开展跨地区行驶车辆的养路费电子稽查、方便车主查询缴费情况提供支持。征稽人员在实施稽查时，应严格按照规定进行，并尽量采用电子稽查等不停车稽查方式。

(二)营造良好的征收环境。要提高养路费征收管理工作的公开性和透明度，争取全社会的理解支持。养路费征稽机构应公开征收依据、征收标准和业务流程，公开咨询和投诉电话、通信地址及电子邮箱，自觉接受社会监督。同时，要增加缴费服务网点，积极采取上门征收、邮寄养路费票证、电子支付等便民利民措施，不断提高征收工作的服务水平。

关于收取港口设施保安费的通知

（交通部、发展改革委　交水发〔2006〕156号　2006.04.10）

2002年12月，国际海事组织通过了《1974年国际海上人命安全公约》（SOLAS公约）海上保安修正案和《国际船舶和港口设施保安规则》（ISPS规则），并从2004年7月1日起全面实施。两年来，各港口经营人和管理人投入了大量资金，配备港口保安设施、培训人员等，使经营和管理成本大大提高。为保证我国履约工作能够按照公约要求顺利开展下去，维护港口设施安全，保障我国经济和对外贸易的平稳发展，经研究，决定在《中华人民共和国交通部港口收费规则（外贸部分）》中增加港口设施保安费，现将有关事项通知如下：

一、凡取得有效《港口设施保安符合证书》的港口设施经营人，按本通知规定，对进出对外开放港口的外贸进出口货物（含集装箱）收取港口设施保安费。

二、港口设施保安费按下列标准收取：

（一）外贸进出口集装箱：20英尺重箱每箱20元人民币，40英尺重箱每箱30元人民币，空箱（含商品箱）免收；

（二）集装箱以外的其他外贸进出口货物：每吨0.50元人民币；

三、进口化肥和规定免征货物港务费的货物免收港口设施保安费。

四、港口设施保安费应当全部专项用于为履行SOLAS公约和ISPS规则所进行的港口保安设施的建设、维护和管理。

本通知自2006年6月1日起执行，执行期限暂定为3年（2006年6月1日至2009年5月31日）。

关于收取港口设施保安费有关事宜的通知

（交通部　交水发〔2006〕238号　2006.05.31）

各有关省、自治区、直辖市、计划单列市交通厅（局、委），各有关省、自治区、直辖市、计划单列市港口局，各对外开放港口所在地港口行政管理部门，对外开放港口经营人：

为做好港口设施保安费的收取、使用和管理工作，根据《中华人民共和国交通部港口收费规则（外贸部分）》和《关于收取港口设施保安费的通知》（交水发〔2006〕156号），现将有关事宜通知如下。

一、除另有规定外，港口设施保安费由取得有效《港口设施保安符合证书》的港口设施经营人向进出港口的外贸进出口货物（含集装箱）的托运人（或其代理人）或收货人（或其代理人）收取。

二、各地港口行政管理部门负责港口设施保安费收取及使用的监督管理工作。国务院交通主管部门和各省级交通（港口）行政管理部门分别负责监督全国和本省港口设施保安费的收取及使用。

三、20英尺重箱和40英尺重箱以外的其他非标准外贸进出口集装箱按相近箱型的收费标准收取，集装箱拼箱货物按货物的实际计费吨分摊港口设施保安费；集装箱以外的其他外贸进出口货物按计费吨收取。

四、空集装箱（含商品箱）、进口化肥、国际旅客（含国际旅游船和港澳线旅客）、国际转关运输集装箱、国际转关运输的其他货物和《中华人民共和国交通部港口收费规则（外贸部分）》规定免征货物港务费的货物,免收港口设施保安费。

五、外贸进口或出口的内支线运输集装箱,由承担国际运输段的船方(或其代理人)向其挂靠的中国港口代交港口设施保安费。

六、外贸进口货物或集装箱因故卸在中途港不继续运往到达港的,港口设施保安费由中途港计收。

外贸进口货物或集装箱因故卸在中途港未办理清关手续,并继续经水运运往原到达港或其他中国港口的,港口设施保安费由到达港计收。

七、港口设施保安费应收额的80%用于:

(一)保安设施及其辅助设施(设备)的建设(配备)、维护、管理;

(二)保安人力资源和国内、国际交流的支出;

(三)《港口设施保安评估报告》、《港口设施保安计划》的制定、修订和保安演习、演练的支出;

(四)其他相关支出。

八、港口设施保安费应收额的20%用于:

(一)港口公共区域保安设施(设备)的建设(配备)、维护、管理;

(二)保安人力资源和国内、国际交流的支出;

(三)保安监控及信息系统的建设、维护、管理;

(四)港口公用基础设施的《港口设施保安评估报告》和《港口设施保安计划》的制定和修订;

(五)组织保安演习、演练的支出;

(六)组织保安培训的支出。

九、港口设施经营人和港口所在地港口行政管理部门应当切实加强港口设施保安费的收取和使用管理,并实行专项核算。

本通知未作规定的,按《中华人民共和国交通部港口收费规则(外贸部分)》的规定办理,以上自2006年6月1日零时起实行。

关于非贸易非经营性外汇财务管理暂行规定

（交通部　交办发〔2006〕166 号　2006.04.17）

第一条　根据《中华人民共和国预算法》、财政部《非贸易非经营性外汇财务管理暂行规定》，为规范交通部非贸易非经营性外汇财务管理工作，特制定本规定。

第二条　本规定适用于纳入交通部部门预算管理的机关、事业单位、社会团体（以下称各单位）发生的非贸易非经营性用汇的财务管理工作。

第三条　纳入非贸易非经营性用汇的项目包括：

（一）公费出国留学、进修人员用汇；

（二）向国际组织交纳的会费、基金用汇；

（三）对外援助、国际救济与捐款用汇；

（四）聘请外国专家用汇；

（五）因公临时出国访问、考察、执行项目、办展览、学习、培训、出席国际会议等用汇；

（六）对外宣传用汇；

（七）从国外购买用于教学、科研的图书、影片、录像片、资料、仪器等其他经批准的用汇。

第四条　交通部根据各单位所需非贸易非经营性用汇，实行购汇人民币预算限额指标管理制度。

第五条　各单位按照财政部印发的《关于编报非贸易非经营性购汇人民币限额预算执行情况和下一年度预算的通知》的要求，按时编制并向部报送本单位非贸易非经营性年度用汇计划。

第六条　交通部根据财政部下达的非贸易非经营性购汇人民

币年度限额预算指标、交通部外交外事年度工作计划及各单位上报的非贸易非经营性用汇预算,本着“保证重点、压缩一般”的用汇原则,经过综合平衡后,向各单位分配年度购汇人民币限额预算指标。

第七条 在购汇人民币限额预算执行过程中,对经过批准的各项限额预算支出必须严格控制,不得突破,如各单位因外交外事活动的变化及其他特殊情况,确实需要增加限额预算的,要说明增加的原因及标准,按购汇人民币限额预算的编报程序申请追加。

第八条 各单位用汇申请按以下程序办理:

(一)凡使用非贸易非经营性购汇人民币限额预算的单位,首先应取得交通部核准的用汇证明通知书或批复的出国任务批件,严格按照财政部、外交部制订的有关外交外事费用开支标准,没有开支标准应按实际需要,编制外汇支出预算表,填制《预算内非经营非贸易用汇申请书》和中国银行外汇“兑换水单”,经本单位外事、财务部门审核后报单位领导审查批准。

(二)在规定的时间,由专人携带以下材料到交通部购汇人民币限额管理部门(办公厅财务处)办理用汇申请手续:

1.交通部核准的用汇证明通知书或出国任务批件;

2.出国参加会议、培训、学习等事项的国外通知书或邀请函的中文译件和原件复印件;

3.《因公临时出国(境)代表团组外汇开支预(核)算表》、《预算内非经营非贸易用汇申请书》和中国银行外汇“兑换水单”。

如用汇申请项目超出国家规定标准的,应当提供相关的依据文件。

(三)交通部购汇人民币限额管理部门应对各单位报送的上述材料进行审核。对资料不完整以及超规定范围和标准的用汇不予办理购汇申请手续。

(四)各用汇单位携带经交通部购汇人民币限额管理部门审核批准的《预算内非经营非贸易用汇申请书》和中国银行外汇“兑换水单”到中国银行办理购汇。

第九条 用汇核销按以下程序办理：

（一）各单位到中国银行购汇后，应及时办理外汇核销手续。因公临时出国用汇单位，应在团组回国后15日内，携带《因公临时出国（境）代表团组外汇开支预（核）算表》、国外开支原始单据和复印件等资料到交通部购汇人民币限额管理部门办理外汇核销手续，如有外汇结余，应填写《预算内非经营非贸易用汇退汇通知书》，到中国银行办理退汇。

（二）因公临时出国用汇单位外事及财务部门应对出国团组外汇开支原始单据等资料的完整性和真实性、对各开支项目是否符合规定的开支范围和标准、是否有单项超支互相挪用行为、是否有外方已负担费用而重复报销问题等严格审核把关，对不符合规定开支范围和标准及无原始单据的开支应予以剔除。

（三）对符合规定开支范围和标准及外汇开支原始单据齐全者，交通部购汇人民币限额管理部门可批准核销，并在《因公临时出国（境）代表团组外汇开支预（核）算表》上签字盖章，组团单位或出国人员所在单位财务部门据此办理相应的财务报销手续；出国团组在没有办理外汇核销手续前，组团单位或出国人员所在单位财务部门不得办理财务报销手续，严禁坐支和转移外汇资金。

因公出国团组用汇单位不及时办理用汇核销手续的，暂停办理该单位用汇申请手续。

第十条 本规定自公布之日起执行。

因公临时出国(境)代表团组
外汇开支预(核)算表

用汇单位:　　　200　年　月　日　　　序号:

代表团名称			批准文号		
出国(境)日期	年　月　日至　年　月　日			人数	
前往国家(地区)				逗留天数	
开支项目	币种	申请预算数	实际开支核销数	应退(补)汇数	说明(标准×天数×人数)
住宿费					
伙食费					
公杂费					
个人零用费					
城市间交通费					
培训费					
会议注册费					
其他费用					
小计					
个人购汇					购汇所需人民币个人负担,不得报销
合计					

以下部分换汇时填写

用汇单位				供汇单位	
负责人签字	财务部门签字 财务专用章	外事部门签字	经办人 电话:	负责人签字	审核人签字

以下部分核销用汇时填写

<table>
<tr><td colspan="5">附:1. 住宿费单据　　　　　张　　　　其他单据　　　　　张
　2. 城市间交通单据　　　张　　　　境外单据　　　　　张</td></tr>
<tr><td colspan="3">用汇单位</td><td colspan="2">供汇单位</td></tr>
<tr><td>负责人签字</td><td>财务部门审核人签字</td><td>外事部门审核人签字</td><td>负责人签字</td><td>审核人签字</td></tr>
<tr><td></td><td></td><td></td><td></td><td></td></tr>
</table>

注:1. 用汇单位及个人在出境前 10 日办理外汇申请手续,归国 15 日内办理用汇核销手续;

2. 超标准费用预算需在说明中予以明确;

3. "城市间交通费"和"其他费用"栏所填预算需予以说明,并提供经批准证明;

4. 序号由供汇单位编填;

5. 本表一式五份;

行政事业性收费标准管理暂行办法

（交通部　交财发〔2006〕169号　2006.04.19）

第一章　总　　则

第一条　为加强行政事业性收费标准管理，保护公民、法人和其他组织的合法权益，规范对收费标准的管理行为，提高收费决策的科学性和透明度，根据国家有关规定，制定本办法。

第二条　中华人民共和国境内行政事业性收费标准的申请、受理、调查、论证、审核、决策、公布、公示、监督、检查等，适用本办法。有法律法规规定的，从其规定。

第三条　本办法所称行政事业性收费（以下简称收费），是指国家机关、事业单位、代行政府职能的社会团体及其他组织根据法律法规等有关规定，依照国务院规定程序批准，在实施社会公共管理，以及在向公民、法人提供特定公共服务过程中，向特定对象收取的费用。

第四条　收费标准实行中央和省两级审批制度。国务院和省、自治区、直辖市人民政府（以下简称"省级政府"）的价格、财政部门按照规定权限审批收费标准。

中央有关部门和单位（包括中央驻地方单位，下同），以及全国或区域（跨省、自治区、直辖市）范围内实施收费的收费标准，由国务院价格、财政部门审批。其中，重要收费项目的收费标准应由国务院价格、财政部门审核后报请国务院批准。

除上款规定的其他收费标准，由省级政府价格、财政部门审批，并于批准执行之日起30日内报国务院价格、财政部门备案。

其中,重要收费项目的收费标准应由省级价格、财政部门审核后报请省级政府批准。

第五条 审批收费标准应遵循以下原则:

(一)公平、公正、公开和效率的原则;

(二)满足社会公共管理需要,合理补偿管理或服务成本,并与社会承受能力相适应的原则;

(三)促进环境保护、资源节约和有效利用,以及经济和社会事业持续发展的原则;

(四)符合国际惯例和国际对等的原则。

第六条 各级价格、财政部门要加强对收费标准的监督管理,确保本办法的贯彻落实。

第七条 公民、法人或其他组织有权拒绝缴纳和举报违反法律法规以及本办法规定的收费。

第二章 收费标准的申请和受理

第八条 除法律法规和省级以上人民政府另有规定外,制定或调整收费标准,由收费单位按规定的管理权限,向国务院价格、财政部门或省级政府价格、财政部门(以下简称"价格、财政部门")提出书面申请。

国务院价格、财政部门负责审批的收费标准,应统一归口由中央有关部门、省级政府或其价格、财政部门提出书面申请,并以公文形式报国务院价格、财政部门。

省级政府价格、财政部门负责审批的收费标准,应由省级政府有关部门、地市级人民政府或其价格、财政部门向省级政府价格、财政部门提出书面申请。

第九条 申请制定或调整收费标准应提供以下材料:

(一)申请制定或调整的收费标准和理由,年度收费额或调整后的收费增减额;

(二)申请制定或调整收费标准的成本测算材料,其中技术含

量高、专业性强的,应提供相关中介机构或专业机构出具的成本审核资料;

(三)相关的法律法规、规章和政策规定;

(四)收费单位的有关情况,包括收费单位性质、职能设置、人员配备、经费来源等;

(五)对收费对象及相关行业的影响;

(六)价格、财政部门认为应该提供的其他相关材料。

申请人提供的材料应当真实、有效。

第十条 价格、财政部门收到申请后,应对申请材料的形式及内容进行初步审查。对符合本办法规定的,应予以受理;对不符合本办法规定的,应及时通知申请单位对申请材料作出修改或补充。

第十一条 具有下列情形之一的申请,不予以受理:

(一)申请依据与现行法律法规、规章和政策相抵触的;

(二)制定或调整收费标准的理由不充分或明显不合理的;

(三)提供虚假材料的;

(四)超出价格、财政部门审批权限的。

对不予受理的申请,应在接到申请之日起15个工作日内正式通知申请单位,并说明理由。

第三章 收费标准审批的程序和原则

第十二条 价格、财政部门在收到申请后,应根据具体情况开展以下工作:

(一)审查是否符合国家有关法律法规、规章和政策规定;

(二)审查申请材料是否真实、有效;

(三)审查收费单位申请的收费标准与其履行职能需要是否相适应;

(四)对实施收费的操作性、社会承受能力及相关事宜进行调查研究。

第十三条 价格、财政部门可以采用召开座谈会、论证会、听证会或书面征求意见等形式，征求社会有关方面的意见。

第十四条 对技术含量高、专业性强的收费标准可进行专家论证。

第十五条 对符合规定申请的收费标准，应根据收费的不同性质实行分类审核。

第十六条 行政管理类收费，即根据法律法规规定，在行使国家管理职能时，向被管理对象收取的费用，收费标准按照行使管理职能的需要从严审核。其中，各种证件、牌照、簿卡等证照收费标准按证照印制、发放的直接成本，即印制费用、运输费用、仓储费用及合理损耗审核。

证照印制费用原则上按招标价格确定。全国统一印制，分散发放的证照，应分别制定印制证照和具体发放证照部门的收费标准。

第十七条 资源补偿类收费，即根据法律法规规定向开采、利用自然和社会公共资源者收取的费用，收费标准参考相关资源的价值或其稀缺性，并考虑可持续发展等因素审核。对开采利用自然资源造成环境污染或其他环境损害的，审核收费标准时，还应充分考虑相关环境治理和恢复的成本。

第十八条 鉴定类收费，即根据法律法规规定，行使或代行政府职能强制实施检验、检测、检定、认证、检疫等收取的费用，收费标准根据行使管理职能的需要，按照鉴定的实际成本审核。

第十九条 考试类收费，即根据法律法规、国务院或省级政府文件规定组织考试收取的费用，以及组织经人事部或劳动和社会保障部批准的专业技术资格、执业资格或职业资格考试收取的费用，收费标准按照组织报名考试的成本从严审核。

在全国范围内统一组织的考试，应分别制定中央有关单位向各地考试机构收取的考务费收费标准和各地考试机构向考生收取的考试费收费标准。

第二十条 培训类收费，即根据法律法规或国务院规定开展强制性培训收取的费用，收费标准按照培训的社会平均成本审核。

首先根据培训的门类、科目、等级核定培训课时的分类收费标准，其次按照培训课时设置情况，分别审核具体的收费标准。

第二十一条 其他收费类别的收费标准，根据管理或服务需要，按照成本补偿和非营利原则审核。

第二十二条 收费涉及与其他国家或地区关系的，收费标准按照国际惯例和对等原则审核。

第二十三条 实施相关管理或服务有其他经费来源的，审核收费标准时应考虑相应的扣除因素。其他经费来源指财政拨款、赞助等。

第二十四条 价格、财政部门在受理收费标准申请后，应根据不同情况，在规定时限内作出决定。

（一）对不需要召开座谈会、论证会、听证会的收费标准，应在60个工作日内作出审批决定；

（二）对需要召开座谈会、论证会的收费标准，应在90个工作日内作出审批决定；

（三）对需要召开听证会的收费标准，根据听证的有关程序和时限作出审批决定。

以上时间不包括上报国务院或省级政府批准的时间。

对在规定时限内不能按时作出决定的收费标准，应及时向申请人作出书面说明。

第二十五条 审批收费标准的书面决定，以价格、财政部门的公文形式发布。其内容主要包括：收费主体、收费对象、收费范围、计费（量）单位和标准、收费频次、执行期限等。

第二十六条 新制定的收费标准，应规定试行期限。试行期满后，收费单位应按规定权限和程序重新申报；价格、财政部门根据试行情况和本办法规定重新制定收费标准。

第四章 收费标准的公布和管理

第二十七条 除涉及国家秘密外，价格、财政部门应及时将批准的收费标准通知申请人和有关单位，并向社会公布。

第二十八条 收费单位应在收费地点的显著位置公示收费项目、收费标准、收费主体、收费文件依据、收费范围、收费对象等，接受社会监督。

第二十九条 收费单位实施收费时，应到指定的价格主管部门办理收费许可证申领或变更手续，并按财务隶属关系分别使用财政部或省级政府财政部门统一印制的财政票据。

第三十条 收费单位应按规定参加收费年度审验。

第三十一条 价格、财政部门应对收费标准执行情况进行监测或定期审核。情况发生变化的，应对收费标准及时进行调整。

第三十二条 定期审核的内容包括：

（一）收费单位收费标准的执行情况；

（二）收费单位的收支情况、缴费公民、法人和其他组织的反映；

（三）制定收费的标准、形式和方法是否符合变化的实际情况；

（四）价格、财政部门认为需要定期审核的其他内容。

第五章 法律责任

第三十三条 收费单位违反本办法规定，具有下列情形之一的，由各级价格、财政部门按照职责分工责令其改正，并按有关规定予以处罚。

（一）自行提高收费标准、延长收费时限、增加收费频次等违规乱收费的；

（二）继续收取已明令取消或停止执行的收费标准的；

（三）未按规定向社会公示收费项目、收费标准收费的；

（四）未按规定申领收费许可证或办理变更手续等收费的；

（五）其他违反收费管理规定的。

第三十四条 各级政府及其部门违反本办法规定，擅自审批收费标准的，责令改正，情节严重的给予通报批评，并对直接负责的主管人员和其他直接责任人员，依法给予处分。

第三十五条 各级价格、财政部门工作人员在收费管理工作中，滥用职权、徇私舞弊、玩忽职守、索贿受贿，构成犯罪的，依法追究刑事责任；尚不构成犯罪的，依法给予处分。

第六章 附 则

第三十六条 企业、事业单位、社会团体及其他组织按照自愿有偿原则，提供服务取得的经营服务性收费，不适用本办法。

第三十七条 本办法由国家发展改革委、财政部负责解释。

第三十八条 本办法从2006年7月1日起执行。

交通部、国家税务总局关于密切配合加强车辆购置税征管工作的通知

（交通部、国家税务总局　交财发〔2006〕216号　2006.05.15）

各省、自治区、直辖市、计划单列市交通厅（局、委）、国家税务局，天津、上海市政工程管理局：

加快农村公路建设，改善农村基础设施是建设社会主义新农村的重要内容。加强车辆购置税（以下简称车购税）征收管理工作，对应税车辆努力做到应征尽征，争取使车购税收入有新的增长，是加大对农村公路建设资金投入的有效措施。现就各级交通主管部门与国税部门密切配合，齐心协力加强车购税征管工作有关事宜通知如下：

一、提高认识，加强领导。各级交通主管部门和国税部门要充分认识到加强车购税征管工作，对加大农村公路建设投入，促进社会主义新农村建设的重要意义。交通主管部门要从大局出发，提高认识，积极配合国税部门做好车购税征管工作。交通、国税部门要将互相配合、做好车购税征管工作纳入议事日程，加强领导，并按照本通知要求将该项工作落到实处。

二、密切配合，信息共享。各级交通主管部门与国税部门要密切配合，实现应缴车购税和交通规费车辆信息共享。交通和国税部门应将交通征稽机构建立的车辆档案数据库和国税部门掌握的纳税车辆档案及车购税收入情况等信息数据定期交换；通过信息共享与数据核对，由国税部门会同交通部门建立完整的应缴未缴纳车购税车辆名单。对纳入该名单的车辆，国税部门可通过短信、信函等方式进行逐辆催缴和追缴，并将催缴、追缴未缴税车辆信息

通报交通部门；交通征稽机构在实施交通规费征收或办理有关征稽业务时，应积极配合做好催缴和追缴工作。对于超过规定期限仍然不按规定缴税的车主，税务机关除了要通过新闻媒体向社会公布曝光外，还要严格依照《中华人民共和国税收征收管理法》及其实施细则的有关规定加收滞纳金，并处罚款，必要时可通知公安车辆管理机构暂扣纳税人的车辆牌照。

三、齐心协力，加强稽查。各级交通主管部门进行交通规费上路稽查和治超站点稽查时，对发现的未缴纳车购税的车辆，应及时向国税部门通报；国税部门在接到交通部门的通报后，应按照规定对未缴税车辆进行处理，并将处理结果通报交通部门。有条件的地方，国税部门也可派人会同交通部门组成联合稽查组，稽查未缴税车辆。

各地国税、交通部门在执行本通知过程中有何经验和意见，请及时报告国家税务总局和交通部。

行风建设

全国交通行业十一五时期精神文明建设工作指导意见

（交通部　交体法发〔2006〕349号　2006.07.14）

为了贯彻党的十六大和十六届三中、四中、五中全会精神，进一步加强和改进交通行业精神文明建设工作，全面落实科学发展观，实践社会主义荣辱观，推进创新型行业与和谐行业建设，实现交通事业又快又好发展，现就全国交通行业"十一五"时期精神文明建设工作提出如下指导意见：

一、指导思想、主要原则和工作目标

（一）指导思想

全国交通行业"十一五"时期精神文明建设的指导思想和总体要求是：坚持以邓小平理论和"三个代表"重要思想为指导，以科学发展观为统领，以学习实践社会主义荣辱观为主线，以"学先进、树新风、创一流"活动为载体，以提高交通干部职工素质为根本，以创建文明行业为总体目标，坚持围绕中心、服务大局，努力开创行业精神文明建设工作新局面，团结和激励广大干部职工为实现交通事业又快又好发展而努力奋斗。

（二）主要原则

全国交通行业"十一五"时期精神文明建设应遵循的主要原则是：坚持以科学理论为指导，全面贯彻落实科学发展观；坚持以社会主义荣辱观为主线，始终把思想道德建设放在重要地位；坚持以人为本，服务人民、奉献社会，把人民群众的根本利益作为行业精神文明建设工作的出发点和落脚点；坚持依靠交通干部职工，充分发挥广大交通干部职工在行业精神文明建设中的主动性和创造性；坚持典型引路，充分发挥先进群体的示范导向作用；坚持重在基层，重在建设，夯实行业精神文明建设基础，提高交通行业管理水平和服务质量；坚持与时俱进，不断创新，大力增强行业精神文明建设的针对性、实效性和吸引力、感染力；坚持实事求是，注重结合各自实际，积极开展具有鲜明特点的群众性文明创建活动；坚持一把手负总责，领导班子成员一岗双责，党委工作部门组织协调，业务部门各负其责，党政工团齐抓共管，形成合力，不断完善行业精神文明建设的领导体制和工作机制。

（三）工作目标

全国交通行业"十一五"时期精神文明建设的主要目标是：围绕认真学习实践社会主义荣辱观，通过开展"学先进、树新风、创一流"活动，在新的历史起点上，实现交通职工思想道德素质明显提高，交通行业凝聚力明显增强，交通社会形象明显改善，并努力推出一批有影响的先进典型，创建一批有影响的文明单位，打造一批有影响的服务品牌，创作一批有影响的文化产品。

"学先进，树新风，创一流"活动是对多年来交通行业文明创建活动的经验总结，是新时期交通行业两个文明建设的有机结合，是交通部党组对加强行业精神文明建设工作提出的新要求、新举措。"学先进"，就是学习包起帆、许振超、陈刚毅等先进典型，激励广大交通干部职工见贤思齐，积极向上；"树新风"，就是努力实践社会主义荣辱观，树立执政为民、求真务实、公正执法、清正廉洁的新政风，树立敬业奉献、诚实守信、文明服务、开拓创新、团结和谐的新行风；"创一流"，就是站在新的历史起点上，追求更高的标准，创建一流的队伍、一流的业绩、一流的行业。"学先进"是重要基础，通过"学先进"，产生强大的精神动力；"树新风"是基本内容，通过"树新风"，提升行业的社会形象；"创一流"是目标要求，通过"创一流"，推进交通事业又快又好发展。"学"、"树"、"创"三者是一个相互联系、相互促进的辩证统一体。开展"学树创"活动，对于开创行业精神文明建设工作新局面，实现"十一五"行业精神文明建设工作总体目标，实现交通事业又快又好发展，具有十分重要的意义。

二、主要任务

根据上述指导思想、主要原则和总体目标，全国交通行业“十一五”时期精神文明建设的主要任务是：

（一）加强科学理论学习，增强实践社会主义荣辱观的自觉性。学习社会主义荣辱观，是加强科学理论武装的重要任务和重大举措。交通是重要的“窗口”行业，社会性强，影响面广，与人民群众的生产生活息息相关，更应当把学习实践社会主义荣辱观摆在十分重要的位置，作为加强行业精神文明建设的一项长期战略任务和基础性工程，抓紧抓实抓好。要把学习社会主义荣辱观作为深入学习邓小平理论、践行“三个代表”重要思想，巩固党员先进性教育成果，贯彻落实科学发展观，构建社会主义和谐社会的重要内容。要采取有效措施推动社会主义荣辱观学习进机关、进港站、进车船、进工地。要拓展学习型组织创建活动，采取专题辅导、培训、讨论、演讲、知识竞赛、党团员活动日等多种方式，组织干部职工深入学习社会主义荣辱观，引导交通干部职工深刻领会树立社会主义荣辱观的重大意义，掌握“八荣八耻”的基本内容，理解“八荣八耻”的丰富内涵，使社会主义荣辱观深入人心。领导干部要带头学习社会主义荣辱观，要把学习社会主义荣辱观纳入党委（党组）中心组学习计划，作为机关理论学习和公务员、行政执法人员培训的必修课程，作为党的先进性建设的重要内容，引导广大党员干部坚持党的宗旨，加强党性修养，在本职岗位上坚持立党为公、执政为民，在实际工作中倡导勤俭节约、艰苦奋斗，在社会生活中严于律己、以身作则，用良好的党风政风促进行业风气的进一步好转。要围绕学习社会主义荣辱观，深化形势政策教育和民主法制教育，进一步弘扬爱国主义、集体主义精神，激励干部职工立足岗位从自我做起，从现在做起，从点滴做起，在全行业形成人人身体力行社会主义荣辱观的良好局面。

（二）提高行业服务质量，精心打造服务品牌。规范行业服务行为，提高行业服务质量，是实践社会主义荣辱观的具体行动，是行业精神文明建设的重要内容和重要目标。要广泛开展服务礼仪宣传和实践活动，引导交通职工知礼仪、重礼节；车、船、港、站等服务“窗口”要设立宣传社会主义荣辱观的标识，在为乘客提供安全正点、热情周到服务的同时，加强对乘客的文明提示，倡导遵章守纪、文明礼让、友爱互助，共同维护公共秩序；要强化科学管理，完善岗位行为规范和考核机制，逐步实现全行业生产、管理和服务的科学化、制度化、规范化，努力为社会提供安全、优质、便捷的交通设施和服务；要加大投入，改善窗口单位的服务条件，营造功能完备、整洁美化、舒适便利的交通服务环境；要建立全国统一的公路交通服务热线、水上搜救通信应急联动机制，拓展服务功能，提高处置交通突发事件的能力；要加快建设以“电子政务”、“电子商务”为龙头，以管理和服务为主要内容的交通信息系统，采用现代管理方法和技术成果，改进交通管理、服务手段和方式，方便群众办事，提高服务效率和质量，精心打造一批新的知名服务品牌。

（三）健全交通诚信体系，大力提高行业信誉度。加强交通诚信建设是交通行业实践社会主义荣辱观的重要任务之一。要大力开展诚信教育，强化广大交通从业人员的诚信意识，使诚信成为全行业的基本行为准则和自觉行动。广泛开展“共铸诚信交通”实践活动，以重点解决群众反映强烈、社会危害严重的失信问题，带动诚信体系建设的整体推进。要着力解决交通建设转借资质、随意违约，交通客运倒客、宰客，货运车辆大吨小标、擅自改装、超限超载运输，车辆维修乱计工时、以次充好等问题。要大力推行信息公开和政务公开，继续推行承诺制、公示制、信誉制、首问负责制、新闻发布等工作制度，向社会公布岗位职责、办事程序、服务规范、收费标准、工作纪律、查询办法、赔偿规定等，提高社会各界对交通行业的知情度，自觉接受社会监督。要认真对待群众投诉和来信来访，做好调查处理、调解纠纷、化解矛盾的工作。要加强交通诚信制度、交通诚信信息平台、交通信用监督和失信惩戒机制建设，努力做到诚信者受益、失信者受损、违法者受惩，进一步提高交通行业的公信力和信誉度。

（四）加强行业风气建设，树立行业良好形象。行业风气是行业文明程度的重要标志。学习实践社会主义荣辱观重在弘扬正气,抵制邪恶,着力解决群众反映强烈的行风问题。要坚持标本兼治、综合治理、纠建并举、注重预防的方针,以交通行政机关、交通执法及服务窗口为重点领域,坚决纠正各种损害群众利益的行为。交通行业各级领导机关要重点解决效率不高、作风不实和以权谋私的问题,努力提高工作效能和服务质量;交通执法部门要重点解决粗暴执法、随意执法的问题,继续推进综合执法、联合执法,努力做到规范执法、文明执法;窗口服务单位要重点解决态度生硬、服务粗糙的问题,倡导以人为本、精细服务。要进一步巩固治理公路"三乱"工作成果,积极探索从源头上预防公路"三乱"的长效机制,坚决防止"三乱"现象反弹。要进一步解决交通建设项目拖欠工程款、征地拆迁款、农民工工资等损害群众利益的突出问题。要把反腐败寓于职业道德建设、行业文化建设和文明创建活动之中,重点建立健全教育、制度、监督并重的惩治和预防腐败体系,构筑抵御商业贿赂的思想道德防线,坚决遏制交通工程建设中的腐败行为,打造廉政交通。要健全行风建设监管制度,积极参加地方政府组织开展的民主评议行风活动,强化社会公众和舆论监督,力争更多的单位和部门进入当地行风评议的先进行列。

(五)加强交通文化建设,努力增强行业软实力。交通文化建设,就是按照以人为本的价值理念,建设具有鲜明时代特点和交通行业特色的各种物质文化、制度文化和精神文化,其核心内容是建设交通精神文化,以不断增强广大干部职工的精神力量,增强行业的凝聚力,提高行业的影响力,为交通事业又快又好发展营造良好的文化环境。各系统、各地区、各单位都要把交通文化建设摆在重要的议事日程,采取有效措施,扎实推进,力争文化建设在今后五年内取得明显进展。一是要紧紧围绕建设创新型行业的战略目标,大力弘扬拼搏进取、自觉奉献的爱国精神,求真务实、勇于创新的科学精神,不畏艰险、勇攀高峰的探索精神,团结协作、淡泊名利的团队精神,不断推进创新文化建设,营造有利于创新的良好文化氛围。二是要积极开展特色文化建设活动。各系统、各地区、各单位要结合自己的实际情况，组织开展交通精神提炼和讨论活动，积极培育和发展行业文化、系统文化、专业文化和组织文化，努力形成具有浓郁交通行业特点、体现交通行业价值理念和符合时代要求的交通文化。要适时推出交通文化建设示范单位，将推进特色文化创建过程变成增强凝聚力、提高干部职工队伍文化素质和树立行业良好社会形象的过程。三是要积极引导交通文化产品的创作。“十一五”期间，要围绕弘扬社会主义荣辱观，实施“五个一工程”，即形成一批交通文化研究成果，总结提炼一种交通精神，征集确定一个交通行业徽标，创作一批交通文艺作品，完善一批交通博物馆，全面增强交通文化的吸引力和感召力。四是要广泛开展丰富多彩的干部职工文化体育活动。要加强基层文化基础设施建设，经常组织开展一些形式多样、职工喜闻乐见、健康有益的文化体育活动，丰富广大交通干部职工的精神文化生活，促进职工的全面发展。

（六）加强思想政治工作，大力推进和谐行业建设。构建和谐行业，是构建社会主义和谐社会的重要组成部分，也是交通自身发展的重要目标。和谐行业的基本要求是安全畅通、便捷高效、诚信友爱、法治有序、环境友好。紧紧围绕构建和谐行业的要求，加强思想政治工作，为构建和谐行业提供强大的思想保证和精神支撑，是行业精神文明建设的新目标。要以理想信念教育为核心，进一步加强和改进思想政治工作，深入进行党的基本理论、基本路线、基本纲领、基本经验的教育，用走中国特色社会主义道路、实现中华民族伟大复兴的理想信念凝聚人心，为构建和谐行业打牢共同思想基础。要坚持把思想道德建设放在思想政治工作的重要位置，围绕实践社会主义荣辱观，进一步贯彻实施《公民道德建设实施纲要》，建立与社会主义荣辱观要求相符合、与社会主义市场经济和交通行业特点相适应的职业道德体系，引导交通职工在遵守基本行为准则的基础上，追求更高的思想道德目标，为构建和谐行业培育文明道德风尚。要坚持以人为本，尊重、关心、爱护干部职工，特别要更加关心下岗职工、困难干部职工、离退休干部职工，满腔热情地帮助他们解决工作、生活中遇到的困难和问题，为构建和谐行业营造平等友爱、团结互助的内部环境。要高度重视新闻宣传工作，牢牢把握正确舆论导向，弘扬主旋律，打好主动仗，加强正面宣传，精心组织策划好重大主题宣传和重点活动报道，重视对热点焦点问题的引导，充分反映交通发展的重大成就，积极展现交通职工投身交通事业又快又好发展的精神风貌，为构建和谐行业营造良好的舆论环境和社会环境。

（七）培养宣传先进典型，注重发挥示范导向作用。培养宣传先进典型，是加强行业精神文明建设的有效措施，也是推动学习实践社会主义荣辱观的重要途径。要在全行业广泛开展“宣传刚毅事迹、弘扬刚毅精神、做刚毅式职工”活动。弘扬“刚毅精神”，就是要弘扬他生命不息、奋斗不止的拼搏精神；刻苦钻研、勤奋好学的进取精神；不懈探索、敢于突破的创新精神；胸怀祖国、热爱边疆的爱国精神；恪尽职守、忘我工作的敬业精神；淡泊名利、清正廉洁的自律精神。“做刚毅式职工”，就是要像他那样坚定正确的理想信念，始终保持共产党员的先进性；就是要像他那样加强自身思想道德修养，成为社会主义荣辱观的积极实践者和推动者；就是要像他那样勇敢战胜一切困难和挑战，努力为党、为国家、为人民多做贡献；就是要像他那样热爱交通、奉献交通，干一行、爱一行、精一行，争创一流的工作业绩。

要把学习陈刚毅与学习包起帆、许振超等先进群体相结合，继续学习包起帆同志淡泊名利、勤奋学习、刻苦钻研、不断创新的精神；继续广泛开展学习“振超精神”、创建“三个一流”的活动，使“刚毅精神”与包起帆、许振超等先进典型所代表的精神共同成为推进交通事业又快又好发展的强大动力。同时，还要积极培养树立不同特点、不同领域的新典型，使交通行业先进典型不断涌现。在推进创新型行业建设中，要特别注重大力培养树立创新型先进典型，对为实现交通事业又快又好发展作出突出贡献的创新先进典型要给予重奖，最大限度地激发各类人才的创新激情和活力，在全行业树立起人才是第一资源的观念，形成鼓励创新、支持创新、推动创新的良好氛围。要更加尊重、更加关心、更加爱护先进典型，更好地发挥先进典型群体的示范导向作用。

（八）拓展群众性文明创建活动，进一步提高行业文明程度。开展群众性文明创建活动，是加强行业精神文明建设工作的有效途径，是学习实践社会主义荣辱观的重要载体。要把开展“学树创”活动作为群众性文明创建活动的新载体、突破口和“龙头”，大造声势，扎实推进，使广大交通干部职工人人皆知、人人参与。各部门、各单位要结合各自的实际，制定开展“学树创”活动的具体方案，明确指导思想、目标要求、考核办法、实施步骤和组织领导，确保这项活动扎实有效地开展。要把开展“学树创”活动与开展创建文明行业和其他多种形式的群众性文明创建活动紧密结合起来，使之相互促进、形成合力。要认真贯彻《中央精神文明建设指导委员会关于深入学习实践社会主义荣辱观大力加强思想道德建设的意见》，开展“知荣辱、讲正气、树新风、促和谐”主题实践活动。在交通行政管理领域，要继续开展争创文明机关、争当“人民满意公务员”活动；在交通基础设施建设领域，继续开展文明施工和文明样板路、文明样板航道创建活动；在交通服务领域，继续开展以“服务人民，奉献社会”为主要内容、以实现优美环境、优良秩序、优质服务为目标的文明示范窗口、文明车（船、港、站、航线、班线）创建活动；在交通行政执法领域，开展文明执法创建活动。要继续推出全国交通十佳创建文明行业、十佳交通文明单位、十佳交通行业文明示范窗口、十佳交通行政执法标兵。继续积极配合和参与有关方面组织的文明单位、职业道德建设“双十佳”、青年文明号、巾帼建功等各种创建活动，不断扩大行业创建活动的覆盖面和影响力。各项创建活动都要按照社会主义荣辱观的要求，修订完善有关创建标准和考核办法，把社会主义荣辱观的要求具体化。要通过深入开展形式多样的群众性创建活动，推动社会主义荣辱观学习实践活动深入持久地开展下去。

三、组织领导和保障措施

（一）提高认识，加强领导。加强行业精神文明建设是全面贯彻落实科学发展观，践行社会主义荣辱观，构建和谐行业和创新型行业的必然要求，是交通又快又好发展的重要目标、重要内容和重要保证。各系统、各地区、各单位要充分认识在新形势下行业精神文明建设的重要性、艰巨性和长期性，始终坚持“两手抓、两手都要硬”的方针，把加强行业精神文明建设始终摆在重要位置，列入议事日程，完善措施，扎实推进。要自觉适应完善社会主义市场经济体制的新形势，按照学习实践社会主义荣辱观的要求，改进和完善行业精神文明建设的领导方式和工作方法，进一步完善党委统一领导、主要领导亲自抓、班子成员一岗双责，党委工作部门组织协调、业务部门各负其责、党政工团齐抓共管、全行业积极参与的领导体制和工作机制，形成行业精神文明建设的强大合力。在行业精神文明建设中，领导机关、领导班子、领导干部要带好头，做表率，积极支持和参加各项群众性文明创建活动。

（二）完善机制，常抓不懈。完善长效机制，是加强和改进行业精神文明建设工作的制度保证。一是完善目标责任机制。要把精神文明建设纳入交通发展的总体规划，逐级分解任务、落实责任，与业务工作统一部署、统一落实、统一考核。二是完善检查考评机制。要研究制定科学、规范的精神文明建设工作考评标准体系，把集中考评与日常考评结合起来，把考评工作量与考评实际效果结合起来，促进行业精神文明建设扎实进行。三是完善表彰激励机制。要规范评选表彰条件和程序，定期开展评选表彰活动，褒奖为交通事业又快又好发展作出突出贡献的先进集体和先进个人，带动更多的单位、个人进入先进行列。四是完善监督和责任追究机制。要采取邀请群众评议、设立投诉渠道等途径和方式，充分发挥人民群众的监督作用。五是完善物质保障机制。要根据行业精神文明建设的客观需要和财力状况，逐步增加对行业精神文明建设的投入，将行业精神文明建设工作所需经费纳入年度财务预算。要通过健全行业精神文明建设工作的长效机制，推动行业精神文明建设向制度化、规范化、科学化发展。

（三）健全机构，加强政工队伍建设。健全政工机构，加强交通政工队伍建设,是加强和改进行业精神文明建设工作的组织保证。各系统、各地区、各单位要建立健全行业精神文明建设工作领导和办事机构,调整充实政工干部队伍,务必使行业精神文明建设工作机构和人员与其承担的工作任务相适应。要充分调动和保护政工干部的工作积极性和创造性,从政治上、工作上、生活上关心他们。要加强政工干部的培训,不断提高他们的综合素质,努力建设一支适应新形势、新要求的高素质政工队伍。政工干部要带头学习实践社会主义荣辱观,带头加强自身思想道德修养,不断提高政治理论和文化素养,不断改进工作作风,鼓实劲、出实招、办实事、求实效,在行业精神文明建设中发挥好参谋、助手作用。对那些德才兼备、成绩突出的政工干部,要大张旗鼓地给予表彰和宣传。

(四)开展调研,强化指导。要进一步加强调查研究工作,及时总结和推广新鲜经验,加强行业精神文明建设战略性、前瞻性研究,继续积极探索社会主义市场经济条件下行业精神文明建设的特点和规律,强化工作指导力度。要继续发挥中国交通职工思想政治工作研究会及其分会在行业精神文明建设工作中的"思想库"、"智囊团"的作用。思研会及其分会要加强自身建设,不断拓展研究领域,增强服务功能,创新工作机制和方法,紧密结合交通工作实际,积极探索新形势下思想政治工作的特点与规律,抓住行业精神文明建设中的重要理论问题和突出的实际问题进行深入研究,推广文明创建经验,力争形成更多的高质量、高水平的研究成果,为行业精神文明建设工作做出应有的贡献。

(五)不断创新,增强活力。要适应新时期经济社会和交通发展的新特点,解放思想,与时俱进,着力探索和丰富交通行业文明建设的新理念、新内容、新机制、新载体、新途径,不断提高行业精神文明建设工作的质量,使精神文明建设更好地体现时代性、把握规律性、富有创造性,促进行业精神文明建设不断取得新成效。

交通文化建设实施纲要

（交通部　交体法发〔2006〕349号　2006.07.14）

为加强交通文化建设，提高交通职工身心素质，增强交通行业的凝聚力和影响力，树立交通行业良好社会形象，促进交通事业又快又好发展，根据《全国交通行业"十一五"时期精神文明建设工作指导意见》，制定本纲要。

一、交通文化建设的基本内容

1. 交通文化是交通行业在长期的交通发展实践中逐步形成并不断积累的，体现行业价值理念的各种精神文化、制度文化和物质文化，是交通事业发展的重要成果，是行业文明程度的重要标志。

2. 在整个交通文化体系中，精神文化是交通行业的核心价值理念，是交通行业的核心文化；制度文化是体现交通行业价值理念，规范交通行业行为的规章制度；物质文化是体现交通行业价值理念，展现交通行业外在形象的工作环境和形象标识。精神文化是物质文化和制度文化建设的精神基础，制度文化是物质文化和精神文化建设的制度保障，物质文化是制度文化和精神文化建设的物质条件。

3. 交通文化建设的基本内容是：培育、总结和提炼鲜明的交通行业核心价值观，增强行业的凝聚力；结合交通发展战略，提炼行业理念，形成以"服务人民、奉献社会"为核心的职业道德体系；完善相关行业制度，寓行业价值观和行业理念于制度之中，规范职工行为；统一规范行业外在形象，寓行业价值观和行业理念于外在形象之中，美化工作生活环境，建立行业标识体系，树立行业的良好社会形象；积极引导交通文化产品创作，广泛开展丰富多彩的文化体育活动，提高员工身心素质，促进职工的全面发展。

二、交通文化建设的重要意义

4. 交通文化建设是行业精神文明建设的重要组成部分，是行业精神文明建设的拓展和升华。进入新世纪，适应全面建设小康社会的新形势，加快交通现代化建设步伐，必须加强交通文化建设。

5. 加强交通文化建设，有利于形成和发展先进的交通文化体系，满足交通职工日益增长的精神文化需要，是深入贯彻“三个代表”重要思想的内在要求；有利于树立和强化以人为本理念，是全面贯彻落实科学发展观的重要举措；有利于形成良好的职业道德和行业风尚，是实践社会主义荣辱观的重要保证；有利于强化团队意识，提高交通行业的凝聚力和战斗力，是推进建设和谐行业的文化支撑；有利于弘扬交通精神，激发广大干部职工的积极性和创造性，是推动建设创新型行业的强大精神动力；有利于树立共同价值理念和目标，增强广大干部职工的使命感和责任感，是实现交通事业又快又好发展的重要基础。

三、交通文化建设的指导思想和总体目标

6. 交通文化建设的指导思想是：以邓小平理论和“三个代表”重要思想为指导，以科学发展观为统领，以实践社会主义荣辱观为主线，以精神文化为重点，稳步推进交通文化建设，努力提高交通行业软实力。

7. 交通文化建设的总体目标是：力争用五年左右的时间，初步建立起符合社会主义先进文化前进方向和交通发展战略，具有鲜明时代特征和行业特色的交通文化体系。通过交通文化建设，凝炼交通行业核心价值观和行业理念，树立行业的良好社会形象，营造团结和谐、充满活力的良好氛围，增强行业凝聚力和影响力，激发行业的创造力，推进交通事业又快又好发展。

四、交通文化建设的基本原则

8. 加强交通文化建设，要坚持文化建设与交通发展相适应。要以促进交通事业又快又好发展为出发点和落脚点，注重运用文化的力量促进各项工作的开展。

9. 加强交通文化建设，要坚持整体筹划与重点推进相结合。要制定切实可行的交通文化建设整体方案，借助必要的载体和抓手，重点突破、大胆探索、勇于实践。要注重提炼价值理念，并把它融入到具体的规章制度和外在形象之中，引导和规范职工行为。

10. 加强交通文化建设，要坚持加强领导与依靠群众相结合。领导高度重视和职工积极参与是交通文化建设取得进展的关键。要在统一领导下，有步骤地发动职工广泛参与，努力构建具有牢固群众基础的交通行业共同价值理念和行为规范。

11. 加强交通文化建设，要坚持继承传统与创新发展相统一。要继承和发扬交通行业优秀的文化传统，积极借鉴国内外相关文化建设的成功经验和先进文化成果，大胆进行交通文化创新，使交通文化建设既体现优良传统，又反映时代特点。

12. 加强交通文化建设，要坚持先进性与行业性相统一。要充分体现贯彻“三个代表”重要思想、全面贯彻落实科学发展观、树立社会主义荣辱观、建设和谐行业的要求，立足交通实际，体现行业特色，具有可操作性。

五、交通文化建设的主要任务

13. 大力加强交通精神文化建设。要以建设更安全、更便捷、更通畅、更经济、更可靠、更和谐的公路水路交通体系为目标，以弘扬爱国主义为核心的民族精神和以改革创新为核心的时代精神为重点，以“为人民服务到白头”的“小扁担”精神，“爱岗敬业、默默奉献”的“铺路石”精神，“以苦为荣”的“航标灯”精神，“四海为家、不畏风险”的航海精神，“把安全带给别人、把危险留给自己”的交通救捞精神以及“起帆精神”、“振超精神”、“刚毅精神”以及其他先进典型所代表的精神为基础，开展交通精神提炼和讨论活动，对交通精神进行总结、提炼和宣传，增强交通行业的凝聚力和战斗力，使广大干部职工始终保持奋发有为、昂扬向上的精神状态。

14. 注重加强交通制度文化建设。要围绕建设创新型行业，大胆进行制度创新、体制创新和机制创新，开展现有制度清理工作，完善交通职业道德规范、岗位行为规范、文明服务标准等，组织编写职工行为手册，建立科学、规范的内部制度体系。制定、完善有关制度，既要注重体现以人为本的价值理念和职业道德建设的要求，又要体现交通行业自身的特性和生产经营、管理工作要求。要逐步完善自律与他律相互补充和促进的运行机制，把思想引导与利益调节、精神奖励和物质奖励结合起来，加强督促检查，严格考核奖惩，有效地引导职工思想，规范职工行为，努力将各项制度转化为自觉遵循的行为准则，精心打造一批新的知名服务品牌。

15. 稳步推进交通物质文化建设。要根据事业发展的需要和经济条件的可能，逐步推行行业形象统一战略，开展交通行业徽标征集和评选活动，改善工作环境和工作条件，统一规范交通行业工作场所、指示标志、公示栏、宣传牌、公务交通工具、主要办公用品的外观，统一行业标准字、标准色。通过物质文化建设，向社会展示交通行业的良好形象。

16. 着力培育交通特色文化。要结合实际情况，积极培育和发展行业文化、系统文化、专业文化和组织文化，努力形成具有浓厚交通行业特点、体现交通行业精神内涵和符合时代发展要求的机关文化、企业文化、公路文化、航运文化、海事文化、救捞文化、执法文化、廉政文化等。

17. 积极引导交通文化产品的创作。要组织实施“五个一工程”，即形成一批交通文化研究成果，总结提炼一种交通精神，征集确定一个交通行业徽标，创作一批交通文艺作品，完善一批交通博物馆，全面增强交通文化的吸引力和感召力，提高交通行业的软实力。

18. 广泛开展交通文化体育活动。要加强交通文化基础设施建设，根据实际情况和职工需要，建设体育场、阅览室、活动室等文化场所。经常组织开展形式多样、职工喜闻乐见、健康有益的文化体育活动，丰富广大干部职工的精神文化生活，提高广大干部职工的身心素质，促进干部职工的全面发展。

六、交通文化建设的实施步骤

19. 交通文化建设的实施步骤是：首先，要根据交通文化建设的总体部署，制定工作计划和目标；其次，深入开展调查研究，根据各自实际，找准切入点和工作重点，确定交通文化建设项目；第三，提炼交通精神、核心价值观和行业理念，进一步完善交通行业规章制度，优化内部环境，导入视觉识别系统，进行交通文化建设项目的具体设计；第四，采取学习培训等多种宣传方式，持续不断地对职工进行教育熏陶，使广大职工认知、认同和接受行业价值观念、交通精神，并养成良好的自律意识和行为习惯；第五，在一定时间内对交通文化建设情况进行总结评估，及时完善，巩固提高。各地、各单位可结合各自实际，确定交通文化建设的具体步骤。

七、交通文化建设的保障措施

20. 切实加强交通文化建设的领导。要把加强交通文化建设作为实现交通事业又快又好发展的一项重要战略任务和一项基础性工程，列入议事日程，根据本纲要，制定本地、本单位交通文化建设的具体实施计划，明确目标、主要任务和具体措施，精心组织，加强监督，狠抓落实。领导干部要积极支持和参与交通文化建设，身体力行、率先垂范。

21. 开展交通文化建设的理论研究。交通文化建设尚处在探索和起步阶段。要加强对交通文化建设的理论研究，认真探索交通文化建设的基本特征、架构体系和操作方法，学习借鉴业内外、国内外交通文化建设的成功经验，紧密结合本地、本单位的特点和实际情况，构建具有自身特色的完整的交通文化体系。

22. 健全交通文化建设的长效运行机制。要建立科学的管理制度、完善的培训体系、严格的绩效评估办法和有效的激励机制，组织编写本地、本单位的文化手册，保证交通文化建设工作的顺畅运行。

23. 交通文化建设重在实践。交通文化建设的过程，是一个长期的渐进的过程。要以开展各种主题活动为载体，吸引职工参与，把交通文化建设融于科学有效的日常管理之中，使交通文化建设真正落在实处、收到实效。

24.加强交通文化建设指导工作。精神文明建设机构在交通文化建设中担负着指导、协调、组织的具体职责。要深入实际，了解新情况，分析新问题，及时发现、总结、推广和交流交通文化建设的新经验。要在全行业选择不同类型的文化建设先进单位作为交通文化建设示范单位，推动交通文化建设工作。要经常开展交通文化建设工作的检查与指导，促进基层单位交通文化建设的规范有序进行。

建设创新型交通行业指导意见

（交通部　交科教发〔2006〕363 号　2006.07.18）

为贯彻落实党中央、国务院关于建设创新型国家的战略部署，提高交通行业的创新能力，推进公路水路交通又快又好发展，现就建设创新型交通行业提出以下指导意见。

一、建设创新型行业是公路水路交通发展的战略选择

1. 改革开放以来，公路水路交通发展取得了巨大成就。基础设施规模快速扩大，运输服务水平明显提高，安全保障能力显著增强，促进了综合运输体系建设，有力地支撑了我国经济社会的发展。回顾交通发展的历程，解放思想、实事求是、与时俱进、勇于创新是交通发展的成功经验。正是基于不断提升发展理念，不断推进科技进步，不断完善适应社会主义市场经济发展要求的体制机制，不断提出符合国家战略的发展政策，公路水路交通才实现了跨越式发展。

2. 本世纪头 20 年是我国全面建设小康社会、加快推进社会主义现代化建设的关键时期。国民经济持续快速发展，改革开放进一步深入，工业化、城镇化、市场化、国际化进程不断加快，人民生活水平不断提高，对交通运输提出了更高要求。新时期新阶段交通发展还面临着一些突出的矛盾和问题，供给能力仍显不足，区域发展不够平衡，体制机制尚需完善，质量效益有待提高，特别是资源节约和环境保护的要求越来越高。面对未来，审视当前，唯有坚持不断创新，才能解决新问题、满足新需求、实现新发展。

3. 站在新的历史起点上，交通发展面临着前所未有的机遇和挑战。当今世界，经济全球化趋势深入发展，科技进步日新月异，国际竞争日趋激烈，我国已经进入必须依靠科技进步和创新推动经济社会发展的新阶段。交通发展必须主动适应形势的变化,努力增强行业创新能力,全面提升交通供给能力、管理服务能力和可持续发展能力,将建设创新型行业作为新时期公路水路交通发展的战略选择,推进交通又快又好发展。

二、建设创新型交通行业的深刻内涵

4. 建设创新型交通行业,就是以科学发展观为统领,把增强创新能力作为公路水路交通发展的战略基点,把创新贯穿到交通现代化建设的各个方面,优化产业结构,转变增长方式,提高发展质量,增强服务能力,营造有利于创新的文化氛围和制度环境,激发全行业的创新精神,大力推进理念创新、科技创新、体制机制创新和政策创新,走以创新促发展的道路。

5. 建设创新型交通行业,要站在世界交通发展趋势和发展规律的角度审视我国交通发展水平,站在国民经济发展全局的角度审视交通适应能力,站在人民群众对交通需求的角度审视交通服务水平,站在行业以外的角度审视交通存在的问题,不断深化对交通发展重大问题的认识,提升发展理念,明确发展任务,创新发展手段,使交通发展的全部工作体现时代性,把握规律性,富于创造性。

6. 建设创新型交通行业,必须始终把提高全行业的科技创新能力摆在突出位置。科学技术是第一生产力,科学技术的每一次重大突破,都带来了发展理念、发展模式和发展手段的重大变革。交通是科学技术应用的重要领域,是以技术应用为主的行业,交通科技创新应在重视原始创新的同时,更加注重集成创新和引进消化吸收再创新。要不断增强自主创新能力,突破技术瓶颈,加快科技成果的推广应用,促进交通增长方式从粗放型向集约型、创新驱动型的根本转变,进一步加快交通行业由传统产业迈向现代产业的历史进程。

7. 建设创新型交通行业,要紧紧围绕交通发展的战略目标和主要任务,针对交通发展中的突出矛盾和主要问题,依靠创新,积极探索解决矛盾和问题的有效方法,寻求更好的发展模式和途径。

要把创新落实到交通工作的各个层面和各个环节，使创新成为全行业的共同认识和自觉行动，成为推动行业持续发展的不竭动力。

三、建设创新型交通行业的指导方针和总体目标

8. 建设创新型交通行业，要以邓小平理论和“三个代表”重要思想为指导，全面贯彻落实科学发展观，按照建设创新型国家的战略部署，坚持“需求引导、科学统筹、重点突破、全面推进”的方针，积极开展行业创新，开创公路水路交通事业发展的新局面。

—需求引导是交通创新的出发点。要坚持以经济社会发展和市场需求为引导，从人民群众的根本利益出发，推进各项创新工作，不断提高交通保障能力和运输服务水平，更好地满足经济社会发展和人民群众对交通运输的需要。

—科学统筹是交通创新的基本方略。要用科学的理论指导创新，用科学的方法开展创新，准确把握交通发展的规律，充分认识创新工作的继承性、持续性、系统性，正确处理创新工作中的各种关系，远近结合、先易后难，稳步推进。

—重点突破是交通创新的实施策略。要抓住交通发展的主要矛盾和矛盾的主要方面，明确创新的主攻方向和着力点，集中力量，重点突破，在改革上要有新进展，在科技上要有新成果，在政策上要有新举措，在法制建设上要有新成效，解决好制约交通发展的关键问题。

—全面推进是交通创新的内在要求。要把创新落实到交通建设、运输服务、安全保障、精神文明、廉政建设等各个方面，增强交通行业的创新实力，不断分析新情况、总结新经验，解决新问题，全面推进交通事业的健康发展。

9. 建设创新型交通行业的总体目标是：到 2020 年，公路水路交通行业的创新实力显著增强，解决交通发展重大问题的能力显著提高，在交通各个领域的创新工作取得显著进展，使交通行业成为富有创新活力、具有创新动力和拥有创新实力的行业，推进交通又快又好发展，建设一个更安全、更通畅、更便捷、更经济、更可靠、更和谐的公路水路交通系统。

10. 建设创新型交通行业的战略重点是理念创新、科技创新、体制机制创新和政策创新。

—理念创新是开展交通行业创新的重要前提。要把“以人为本”、“好中求快”、“协调发展”、“可持续发展”作为交通发展的核心理念，贯穿到交通发展的各个方面，把能否让社会公众满意、能否适应国家经济社会发展要求、能否实现全面协调可持续发展作为评判交通发展的标准，不断提升发展理念，指导交通各项工作。

—科技创新是推动交通生产力发展的主导力量。未来我国交通发展任务十分繁重，对工程技术的要求越来越高，经济社会还对交通安全、节能环保、信息服务等提出了新的要求。科技对交通发展的支撑是基础性、全面性的，要深入实施“科教兴交”战略，增强自主创新能力，推进交通科技创新，攻克关键性技术，突破牵动性技术，普及应用型技术，走科技引领交通发展之路。

—体制机制创新是交通发展的必要保障。交通未来面临着更为复杂的发展环境，改革任务艰巨，要用创新的思路和办法，推进交通行业的各项改革，加快政府职能转变，理顺交通管理体制，完善运行机制，提高交通管理效能和服务水平。

—政策创新是促进交通发展的有效手段。未来交通发展对政策环境提出了更高的要求，必须注重政策创新，适时调整和完善相关政策，加强法制建设，促进政策制定的科学化、民主化和法制化，强化政策的跟踪、评估和调整机制，构筑完善的交通政策法规体系。

11.“十一五”是公路水路交通发展的重要时期，也是建设创新型交通行业的关键时期，必须按照国家《国民经济和社会发展第十一个五年规划纲要》提出的总体要求，紧紧围绕公路水路交通“十一五”发展目标，大力推进创新型交通行业建设，着力解决交通发展面临的突出问题，扎实做好各项工作，全面完成“十一五”交通发展任务。

四、建设创新型交通行业的重点任务

12. 推进重点规划实施，提升交通发展战略，服务经济社会发展全局。重点是努力推进《国家高速公路网规划》、《全国农村公路建设规划》、《全国沿海港口布局规划》、《全国内河航道与港口布局规划》、《国家水上交通安全监管和救助系统建设规划》等重大交通发展规划的实施。要更加关注公共服务、交通安全、资源与环境等多方因素,正确处理规模与结构、速度与质量、公平与效率、交通发展与环境保护之间的关系;总结借鉴国内外交通发展的经验,走中国特色的交通发展道路,提高规划水平,完善决策体系,指导新时期交通发展的实践。

13. 完善多元化投融资政策,进一步健全交通投融资体制,强化资金监管,为交通发展提供资金保障。重点是扩大财政性资金来源,加大对农村公路、公共航道及水上安全与救助设施等项目的投入;结合税费改革,研究建立稳定的公路养护和公共航道养护的资金保障机制;完善投融资政策,积极利用社会资金,加快公路、沿海港口、内河航运的发展;研究建立交通基础设施特许经营制度,强化政府监管能力,保护投资人、用户及公共利益;搭建融资平台,扩大资金渠道,探索新的融资工具在交通领域中的应用;健全交通资金监管制度和约束机制,提高资金的安全性和使用效益。

14. 加强工程建设管理,重视技术标准规范的制、修订,提高基础设施工程质量和耐久性。重点是建立健全有效的质量保证体系,严格执行工程质量责任制;推行设计施工总承包和政府投资项目代建制,完善招投标制度,建立交通建设市场信用体系,加强行业自律,规范建设市场秩序;树立全寿命周期成本理念,鼓励技术创新和管理创新,优化设计,提高工程质量和耐久性,保障基础设施安全;高度重视技术标准规范工作,进一步完善标准规范体系,结合我国交通发展实际,加快标准规范的制、修订,积极引进、消化和吸收国外先进标准,把先进、适用的科技成果及时纳入标准规范,结合地区特点制定地方标准,保持标准规范的先进性、合理性和可靠性。

15. 创新管理体制机制,规范管理行为,提高公共管理效能,完善适应交通生产力发展水平的管理体制。重点是解决好高速公路管理主体多元问题，建立统一、高效的公路管理体制；规范收费公路管理，完善收费公路政策，促进收费公路的良性发展；建立和完善农村公路养护管理的体制机制，确保农村公路的正常养护；进一步完善港口管理体制，理顺各方关系，优化整合港口资源；建立运转协调、管理高效、信息通畅的内河航运管理体制，按照管养分开的原则，进行航道管理体制改革，促进内河航运持续健康发展；推进交通执法体制改革，规范执法行为，提高依法行政的能力。

16. 加强交通科技创新体系建设，努力攻克一批技术难题，强化科技成果的转化和应用，提高交通行业的科技含量。重点是建立以市场为导向、以企业为主体、产学研相结合，适应交通发展要求、符合交通科技自身发展规律的科技创新体系；加强科研基地建设，构建科技信息资源共享平台，整合交通科技资源，显著提高交通行业的自主创新能力；在智能化数字交通管理技术、特殊自然条件下工程建养技术、交通安全保障技术、绿色交通技术、交通决策支持技术等领域突破一批重大关键技术，加强对重大工程项目中技术创新的指导，支撑交通的建设与发展；高度重视应用型技术的创新，积极采用新技术、新材料、新工艺、新装备，鼓励使用创新成果，加快科技成果的推广应用，全面提升交通行业的科技水平。

17. 坚持交通与自然的和谐发展，建设资源节约型、环境友好型交通行业。重点是把节约资源、保护环境贯穿到交通发展的各个环节，提高土地、岸线、航道等资源的使用效率；积极开展沥青、水泥等材料的再生利用，探索资源节约的途径和方法，积极发展交通循环经济；实施严格的环境保护政策，倡导绿色交通和清洁运输，积极开发和应用绿色交通技术，减少污染物排放，建设低能源消耗、低资源占用、低环境污染、低使用成本的公路水路交通系统。

18. 培育和建立统一开放、竞争有序的公路水路运输市场，提高运输效率，促进运输业健康发展。重点是理顺运输管理体制，进一步完善运输政策，推动现代物流业发展；健全运输市场监管体系，培育和规范运输市场，巩固治理超限超载运输的成果，建立治超长效机制，完善重点物资运输保障机制；加大政府对农村客运的扶持力度，服务社会主义新农村建设；优化运力和运输组织结构，推动运输装备技术升级，鼓励使用标准车型和船型，推广厢式运输；推动运输企业组织化、规模化、集约化发展，提高运输企业的竞争力。

19. 加强交通安全保障能力，提高交通公共服务水平，做负责任的政府部门和行业。重点是完善水上搜救、安全监管体制，强化安全生产和安全监管机制，加强危险品运输和旅客运输安全等重点工作，提高安全监管能力；完善交通突发事件应急预案，建立快速高效的应急反应和安全防控体系，提高事故预防、人命救助和事故处理能力；着力提高管理能力，加快电子政务工程建设，完善公路水运管理信息系统、公众出行信息服务系统等，全面提升行业管理和服务水平。

20. 加强人才队伍建设，积极培育创新型人才，为交通发展提供强有力的人才保障。重点是加强管理人才、专业技术人才和技能人才队伍建设，抓住人才引进、培养和使用三个关键环节，创新人才的选拔和培养机制。健全公开、公平、公正的干部选拔机制，推进竞争上岗、公开招聘，加强干部交流，强化干部培训，着力建设具有创新意识和创新能力的干部队伍；依托科研基地、重大科研和建设项目、国际学术交流与合作项目，加快造就一批交通科技领军人才，形成科技创新梯队；着力完善技能教育培训体系，开展多种形式的技能培训，大力推进职业资格制度，鼓励技术革新，培养数量充足、富有创新精神的技能型人才；鼓励和支持广大交通职工立足本职、开展岗位创新活动，促进人才在实践中创新、在创新中成长。

五、扎实推进创新型交通行业建设

21. 加强领导，扎实推进行业创新工作。建设创新型行业是新时期公路水路交通行业肩负的重大历史使命，各级交通主管部门要增强建设创新型行业的紧迫感和责任感，把提高交通行业的创新能力作为大事来抓，加强组织领导，深入调查研究，找准创新工作的切入点和着力点，制定配套政策，落实相关措施，切实解决交通发展中的重大问题，全面推进交通行业的创新工作。

22. 加强创新制度建设，形成激励创新的机制。各单位应结合自身实际，制定创新工作的考核和奖励办法，建立健全创新的激励机制，重视精神鼓励、事业激励和物质奖励，加快管理、技术、知识等要素参与分配的进程，使激励政策向贡献大、业绩突出的创新人才倾斜。倡导开放式创新，学习相关行业的创新思维和方法，广泛开展国际合作，借鉴创新经验，消化吸收创新成果，形成高效、开放的创新机制。

23. 加大创新投入，优化创新资源配置。各级交通主管部门要确保财政性科技资金投入，支持重大科技项目及发展战略、体制机制、政策法规等研究。充分发挥市场配置科技资源的基础性作用，强化企业在技术创新中的主体地位，鼓励企业以及科研机构、高等院校加大对科技创新的投入，采用产学研相结合、联合攻关、国际合作等多种方式，开展交通科技创新活动。鼓励和吸纳社会资金投入交通科技创新。

24. 加强创新文化建设，努力营造创新氛围。大力倡导创新精神，着力培育创新意识，在全行业形成尊重劳动、尊重知识、尊重人才、尊重创造的良好氛围。坚持在创新实践中发现人才、在创新活动中造就人才、在创新事业中凝聚人才，形成崇尚创新、敢于创新和容忍失败的宽松环境。大力宣传创新典型，充分发挥创新典型的示范作用。鼓励和支持开展群众性创新活动，激发广大交通职工的积极性和创造性，使创新成为交通行业的风尚。

25. 加强协调配合，形成创新合力。建设创新型交通行业是全行业的共同责任，既贯穿于交通建设、运输管理、科研开发等领域，也深入到行业精神文明和行风廉政建设等各个方面。各部门、各单位要树立全局观念和协作意识，在创新工作中，从大局出发，从整体考虑，主动沟通，加强协调，建立紧密配合的工作机制，形成互相支持的创新合力。特别是各级交通主管部门，要进一步强化服务意识，转变工作作风，推进依法行政，建设学习型、创新型、效能型、和谐型机关，为建设创新型交通行业做好表率。

建设创新型交通行业是一项长期而艰巨的任务。全行业必须以科学发展观为统领，解放思想，实事求是，与时俱进，勇于创新，要坚决冲破一切妨碍创新的思想观念，坚决改变一切束缚创新的做法和规定，坚决革除一切影响创新的体制弊端，不断解决交通发展中遇到的新问题，锐意进取，奋发有为，扎实工作，推进交通又快又好发展，为建设创新型国家和全面建设小康社会做出新的贡献。

交通部公务员行为规范

（交通部　交人劳发〔2006〕444 号　2006.08.23）

一、政治坚定，热爱祖国

认真学习马列主义、毛泽东思想、邓小平理论，实践“三个代表”重要思想，牢固树立和认真落实科学发展观；坚决拥护党的领导，坚持党的基本理论、基本路线、基本纲领，在思想上、政治上和行动上与党中央保持高度一致。维护国家的安全、荣誉和利益，严守国家机密，同一切危害国家利益的言行作斗争。

二、依法行政，秉公办事

遵照国家法律、法规和规章履行职责，维护法律、法规和规章的权威和尊严，依法行使职权，不以权代法，不滥用权力。按工作程序、规则办理公务，公平公正、公开透明，不徇私舞弊，不搞暗箱操作。

三、爱岗敬业，忠于职守

热爱交通事业，热爱本职工作；积极学习钻研业务知识和专业技能，加强调查研究，不断提高业务水平和工作能力；勤奋工作，努力完成任务，争创一流业绩；认真负责，不敷衍塞责，不推诿扯皮，不以任何借口不作为；严谨细致，保守工作秘密。

四、竭诚服务，讲求效能

牢记全心全意为人民服务的宗旨，深入基层，联系群众，主动、热情、周到地为服务对象提供服务；力戒形式主义、官僚主义，简化办事程序，提高服务效率和质量。

五、求真务实，开拓创新

树立正确的政绩观，尊重科学，实事求是，一切从实际出发；说实话，报实情，办实事，求实效。勤于思考，勇于探索，在实践中创新，在创新中发展。

六、清正廉洁，遵纪守法

坚持“两个务必”，甘于奉献，淡泊名利，艰苦奋斗，勤俭节约。严格执行交通部机关公务员廉洁从政“六不准”规定：不准利用职权为自己或他人谋取私利；不准利用职权干预行政审批、工程招标和物资采购；不准违规收送钱财、报销费用；不准违规从事或参与营利性活动；不准接受公款旅游；不准“跑官要官”。

七、团结协作，顾全大局

坚持民主集中制，不独断专行，不搞自由主义；相互配合，相互支持，团结一致，勇于批评与自我批评。服从领导，认真执行上级的决定和命令，维护政令畅通；正确处理个人利益与国家利益、局部利益与全局利益的关系，自觉服从和服务于大局。

八、诚实守信，文明礼貌

谦虚谨慎，言行一致，待人真诚友善；模范遵守社会公德，自尊自爱，学习先进，助人为乐；仪表整洁，语言文明，举止端庄。

关于治理交通建设领域工程转包和违法分包的通知

（交通部　交监察发〔2006〕506号　2006.09.19）

各省、自治区、直辖市、新疆生产建设兵团交通厅（局、委），天津市市政工程局，上海市建设和交通委员会，部直属各单位：

近年来，各级交通部门加强交通建设市场监管，大力整顿和规范建设市场秩序，采取了一系列有效措施，取得了明显成效，交通建设市场秩序逐步好转，从业单位和从业人员行为进一步得到规范。但是，当前交通建设市场管理中仍然存在着一些问题，特别是交通建设领域工程转包和违法分包现象十分严重，个别领导干部和业主单位指定分包，一些施工企业违法分包和层层分包，已经成为当前交通建设市场中的一个突出问题。交通建设领域工程转包和违法分包问题，扰乱建设市场秩序，引发工程质量、拖欠农民工工资以及商业贿赂和贪污腐败等问题，造成不良的社会影响，败坏了交通行业的形象。为进一步规范交通建设市场秩序，推动治理商业贿赂工作开展，遏制交通建设领域腐败现象滋生，促进交通事业又快又好地发展，部决定针对交通建设领域工程转包和违法分包问题集中开展治理，现将有关要求通知如下：

一、工作的总体要求

按照建设创新型行业的要求，坚持"标本兼治、综合治理"的工作方针，遵循"严查、严处、严管"的工作原则，与当前正在开展的治理商业贿赂专项工作相结合，依照《建立健全教育、制度、监督并重的惩治和预防腐败体系实施纲要》和有关法律法规，统一部署，分级实施，突出重点，加强协调，进一步完善法规体系、严格工作程序、强化市场监管、健全诚信体制。既要严厉打击转包和违法分包行为，遏制转包和违法分包问题的蔓延；又要着眼深层原因，努力从源头上解决转包和违法分包问题。

二、工作重点及目标

重点治理交通建设领域工程转包（包括出借企业资质）、违规指定分包、层层转分包等严重违规行为。通过开展工程转包和违法分包的专项治理，使各级交通主管部门、建设单位、项目业主、施工、监理等从业单位和人员普遍受到一次依法行政、严格自律、依法经营、履约诚信的教育，提高对转包和违法分包问题危害性的认识，在交通建设市场做到杜绝工程转包，规范合理分包，完善劳务分包行为，使交通建设领域工程转包和违法分包问题逐步得到解决。

三、对转包和违法分包开展专项检查

按照交通部的统一部署，从第四季度开始，用一个季度时间，各地交通主管部门要结合治理商业贿赂专项工作，组织对本行政区域内在建重点工程项目进行全面的检查。检查的重点内容是：交通行政机关、建设单位工作人员有无利用职权指定施工企业转包和分包的行为；施工单位有无出借资质的行为；施工单位有无将建设工程转包或违法分包的行为；监理单位有无接受施工单位好处，在监理过程中违反监理工作准则，纵容施工单位转包和违法分包的行为。各单位要针对检查中发现的问题，认真查找监管中的薄弱环节和漏洞，研究提出整改措施。交通部治理商业贿赂领导小组将派出检查组，适时对各地开展工作情况进行检查。2007 年 1 月 15 日前，各单位要将检查情况，包括查出的主要问题、处理情况、整改措施等报交通部治理商业贿赂领导小组办公室。

四、依法查处转包和违法分包行为

在专项检查中要严格把握政策界限，正确区分合理分包和违法分包，对发现的问题，要根据事实、情节和后果，区别对待，妥善处理。对性质恶劣，情节严重的要依法从严惩处。对利用职权指定转包、分包的交通主管部门、建设单位和项目业主单位的领导干部和工作人员，无论是否获利，要按照领导干部廉洁自律有关规定，给予或建议有关主管部门给予纪律处分；对涉及转包、违法分包的施工企业(包括对分包工程放弃管理,出现工程质量、拖欠农民工工资、延误工期和安全生产等严重问题的),要按有关规定责令改正,处以罚款、降低资质直至吊销资质证书。同时要将违规企业和人员记入交通建设市场"黑名单",在一定期限内限制其进入交通建设市场。构成犯罪的,由司法部门依法追究刑事责任。

五、建立解决转包和违法分包的长效机制

加快交通建设市场诚信体系建设,对参与交通建设企业事业单位进行信用登记和信誉评价,并对社会公布,逐步形成企业诚信机制,鼓励诚信,惩戒失信。进一步完善项目组织管理实施方式,加快推进设计施工总承包和政府投资项目代建制的试点工作。进一步引导和培育工程分包和劳务市场,严格资格准入和登记制度。严格企业资质的评审,防止资质评审中的弄虚作假行为。进一步推进监理制度改革,完善监理责任追究制,强化监理在工程建设中的监督职责,加强对转包和违法分包的监管。进一步发挥行业协会在政府与企业之间桥梁和纽带的作用,强化行业协会在引导企业诚信自律、创建健康行业文化等方面的职能,促进企业诚信经营,自觉抵制转包和违法分包。要认真总结治理转包和违法分包问题的经验和做法,进一步建立健全有关制度规定,抓好制度落实,做到令行禁止、违者必究,真正使制度成为工程建设参与者共同遵守的行为准则。

六、充分发挥宣传和舆论监督作用

加强对参与交通建设的企事业单位及人员法律法规、纪律和职业道德等方面的教育,运用典型案例进行警示教育,增强自觉抵制转包和违法分包行为意识。大力开展廉政文化建设,引导企业自觉树立诚实守信、依法经营观念。采取定期召开新闻发布会、在新闻媒体发布公告等形式,向社会曝光违规单位,通报违规问题,表明交通行业治理转包和违法分包问题的坚定决心和信心,为治理工作营造良好的舆论环境和氛围。要支持和引导新闻媒体对转包和违法分包行为进行监督。

治理工程转包和违法分包问题,涉及面广,政策性强,工作难度大，各级交通主管部门要增强工作的责任感和紧迫感，积极履行行业监管职责，切实加强领导，认真组织，精心安排，确保治理交通建设领域转包和违法分包工作扎实有效地进行，从根本上解决问题。各单位在工作中好的做法和经验以及存在的突出问题要及时上报，专项工作结束后要将总体工作情况报交通部治理商业贿赂领导小组办公室。

综　　合

交通法规制定程序规定

（交通部令2006年第11号　2006.11.24）

第一章　总　则

第一条　为规范交通法规制定程序和交通立法行为，保证交通立法质量，根据《中华人民共和国立法法》、《行政法规制定程序条例》和《规章制定程序条例》，制定本规定。

第二条　交通法规的立项、起草、修订、审核、审议、公布、备案、解释和废止，适用本规定。

第三条　本规定所称交通法规，是指交通部起草上报和制定的调整公路、水路交通事项的下列规范性文件：

（一）交通部起草上报国务院审查后提交全国人民代表大会或其常务委员会审议的法律送审稿；

（二）交通部起草上报国务院审议的行政法规送审稿；

（三）交通部及交通部与国务院其他部门联合制定的规章。

第四条　制定交通法规应当遵循下列原则：

（一）交通法规应当贯彻党和国家的路线、方针和政策；

（二）法律送审稿不得与宪法相违背；行政法规送审稿不得与宪法、法律相违背；规章不得同宪法、法律、行政法规、国务院的决定、命令相违背；

（三）交通法规应当促进和保障交通行业健康、可持续发展，体现和维护交通从业者和人民群众的根本利益。

第五条　交通法规的名称应当准确、规范，符合下列规定：

（一）法律称“法”；

（二）行政法规称“条例”、“规定”、“办法”；

（三）规章称“规定”、“办法”、“规则”、“实施细则”、“实施办法”。

第六条 交通法规应当备而不繁，逻辑严密，结构严谨，条文明确、具体，用语准确、简洁，具有可操作性。

第七条 交通法规根据内容需要，可以分为章、节、条、款、项、目。章、节、条的序号用中文数字依次表述，款不编号，项的序号用中文数字加括号依次表述，目的序号用阿拉伯数字依次表述。

除内容复杂的外，规章一般不分章、节。

第八条 交通法规制定工作由交通部法制工作部门（以下简称法制工作部门）归口管理，具体工作主要包括：

（一）编制和组织实施交通立法规划和年度立法计划；

（二）协调交通法规的起草工作；

（三）负责交通法规送审稿的审核修改和报送工作；

（四）负责配合立法机关开展法律、行政法规草案的审核修改工作；

（五）组织规章的解释、清理、废止工作；

（六）负责交通规章的公布工作；

（七）负责交通规章的备案工作。

交通立法工作经费应当列入财政预算。

第二章 立 项

第九条 法制工作部门应当按照突出重点、统筹兼顾、符合需要、切实可行的原则，于每年年初编制本年度的立法计划。

第十条 交通部各部门根据职责和管理工作的实际情况，认为需要制定、修订交通法规的，应当于计划年度前一年的十月份向法制工作部门提出立项建议。

其他单位、社会团体和个人也可以向交通部法制工作部门提出立法建议。

第十一条 立项建议涉及部内多个部门职责的,可以由有关部门联合提出立项建议;对于立项建议有分歧的,由法制工作部门协调提出建议,仍不能达成一致意见的,报部领导决定。

第十二条 下列事项不属于交通法规立项范围:

(一)交通行政机关及所属单位的内部管理事项、工作制度等;

(二)对具体事项的通知、答复、批复等;

(三)技术标准、技术规范等;

(四)有关工资、津贴标准的规定;

(五)需要保密的事项;

(六)依照立法法规定不属于交通法规规定的其他事项。

第十三条 立项建议应当包括以下内容:

(一)交通法规的名称;

(二)拟立项目是新制定还是修订;

(三)立法目的、必要性和所要解决的主要问题;

(四)立法项目的调整对象和调整范围;

(五)拟确立的主要制度;

(六)立法进度安排;

(七)立法项目起草部门和责任人;

(八)发布机关。

立项建议应当由建议部门主要负责人签署。

第十四条 法制工作部门应当根据立法计划的编制原则,从以下方面对立项建议进行汇总研究,拟定交通部年度立法计划:

(一)是否符合交通部近期和年度中心工作要求;

(二)交通法律和行政法规的立项建议是否符合交通法规体系框架的要求;

(三)立法事项是否属于应当通过立法予以规范的范畴;

(四)法规之间是否相互衔接,内容有无重复交叉;

(五)立法时机是否成熟;

(六)立法计划的总体安排是否切实可行。

第十五条 立法计划分为一类立法项目和二类立法项目。

一类立法项目,是指应当在年内完成的立法项目,即法律送审稿、行政法规送审稿在年内上报国务院,规章在年内公布。

二类立法项目,是指年内研究起草,适时报审的立法项目。

第十六条 立法计划应当包括以下内容:

(一)立法项目名称;

(二)立法项目起草部门和责任人;

(三)报部法制工作部门审核时间;

(四)报部务会议审议时间或者上报国务院时间;

(五)其他需要写明的内容。

第十七条 交通部年度立法计划经主管部领导审核后,报交通部部务会议(以下简称部务会议)审议,以交通部文件印发执行。

交通部年度立法计划是开展交通年度立法工作的依据,应当严格执行。各部门应当按照立法计划规定的时间完成起草、修改和审核工作。法制工作部门应当对年度立法计划执行情况进行检查、督促,并定期予以通报。

立法计划在执行过程中需要增加或者减少立法项目的,部内有关部门应当提出变更立法计划的建议并会商法制工作部门,报主管法制工作的部领导和分管其业务的部领导批准后,由法制工作部门对立法计划作出调整。

第三章 起 草

第十八条 交通法规由立法计划规定的起草部门负责组织起草。需与有关部委联合起草的,应当同有关部委协调组织起草工作。

起草交通法规,可以邀请有关组织、专家参加,也可以委托有关组织、专家起草。

第十九条 起草交通法规,应当遵循立法法确定的立法原则,并符合宪法和法律的规定，同时还应当符合下列要求：

（一）体现改革精神，科学规范行政行为，促进政府职能向经济调节、市场监管、社会管理、公共服务转变；

（二）符合精简、统一、效能的原则，简化行政管理手续；

（三）切实保障公民、法人和其他组织的合法权益，在规定其应当履行的义务的同时，应当规定其相应的权利和保障权利实现的途径；

（四）体现行政机关的职权和责任相统一的原则，在赋予行政机关必要职权的同时，应当规定其行使职权的条件、程序和应承担的责任；

（五）体现交通事业发展和交通行业管理工作的客观规律；

（六）规章所规定的事项不得超过交通部的法定职能；

（七）符合立法技术的要求。

第二十条 起草部门应当落实责任人员或者根据需要成立起草小组，制定起草工作方案，并及时向法制工作部门通报起草过程中的有关情况。

第二十一条 法制工作部门可以提早介入交通法规起草工作，及时了解交通法规的起草情况，协助起草部门协调解决起草过程中的问题。

第二十二条 起草交通法规，应当深入调查研究，总结实践经验，广泛征求有关机关、组织和公民的意见。征求意见可以采取书面征求意见、座谈会、论证会、听证会等多种形式。

起草交通法规应当书面征求省级交通主管部门的意见。

第二十三条 需要举行听证会的，应当按照下列程序组织：

（一）听证会应当公开举行，起草部门应当在举行听证会的30日前公布听证会的时间、地点和内容；

（二）通过社会公开报名、邀请等形式确定参加听证会的有关机关、组织和公民；

（三）参加听证会的有关机关、组织和公民对起草的交通法规，有权提问和发表意见；

（四）听证会应当制作笔录，如实记录发言人的主要观点和理由；

（五）起草部门应当认真研究听证会反映的各种意见，并在起草说明中对意见的处理情况和理由予以说明。

第二十四条 起草的交通法规直接涉及公民、法人或者其他组织切身利益，有关机关、组织或者公民对其有重大意见分歧的，起草部门应当向社会公布，征求社会各界的意见，也可以举行听证会。

起草部门应当认真研究社会各界和听证会反映的意见，并在起草说明中对意见的处理情况和理由予以说明。

第二十五条 交通法规涉及重大技术管理问题的，起草部门应当向交通部总工程师征求意见，并在起草说明中对有关意见的处理情况和理由作出说明。

第二十六条 交通法规内容涉及多个部门职责或与其他部门关系紧密的，起草部门应当征求相关部门意见。经充分协商仍不能取得一致意见的，起草部门应当在起草说明中说明情况。

第二十七条 起草部门应当编写起草说明。起草说明应当包括以下内容：

（一）立法目的和必要性；

（二）立法依据；

（三）起草过程；

（四）征求意见的情况、主要意见及处理、协调情况；

（五）对设立和规定行政许可事项的说明；

（六）对确立的主要制度和主要条款的说明；

（七）其他需要说明的内容。

第二十八条 起草部门应当按照立法计划确定的进度安排完成起草工作，形成送审稿，并按时送法制工作部门审核。

送审稿应当由起草部门的主要负责人签署；涉及部内其他部门职责的，应当在送审前送有关部门会签；由几个部门共同起草的送审稿，应当由几个部门主要负责人共同签署。

第二十九条 起草部门将送审稿送法制工作部门审核时，应当一并报送起草说明和其他有关材料。

其他有关材料主要包括汇总的意见、调研报告、听证会笔录、国内外立法资料等。

第四章 审 核

第三十条 送审稿由法制工作部门统一负责审核、修改。

第三十一条 法制工作部门主要从以下方面对送审稿进行审核：

（一）提交的材料是否齐备，是否符合本规定的要求；

（二）是否符合本规定第四条、第十九条的规定；

（三）是否与有关法规衔接、协调；

（四）是否征求了有关方面的意见，并对主要意见提出了处理意见，有关处理意见是否正确、合理；

（五）有关分歧意见是否经过充分协调并提出处理意见，有关处理意见是否正确、合理；

（六）是否符合立法技术的要求；

（七）是否符合实际，具备可操作性；

（八）是否符合本规定的其他有关要求。

第三十二条 送审稿有下列情形之一的，法制工作部门可以退回起草部门：

（一）报送材料不齐备或者不符合规定的；

（二）立法依据不足或者与上位法抵触、矛盾的；

（三）起草部门对存在较大争议的问题未与有关部门协商或者有关部门对规定的主要制度存在较大争议的；

（四）主要内容严重脱离实际或者缺乏可操作性的；

（五）在立法技术上存在较大缺陷，需要作全面调整和修改的；

（六）送审稿不符合本规定第四条、第十九条、第二十八条规定的。

被退回的送审稿经起草部门按照要求完善后，应当按照规定程序重新报送法制工作部门审核。

第三十三条　法制工作部门可以就送审稿涉及的主要问题征求相关部门的意见；涉及国务院其他部委职责或者与之有密切关系的，可以向有关部委征求意见；涉及重大、疑难问题的，应当召开由有关单位、专家参加的座谈会、论证会，听取意见，研究论证。

第三十四条　法制工作部门可以就送审稿涉及的主要问题，深入基层进行实地调查研究，听取基层有关机关、组织和公民的意见。

第三十五条　送审稿直接涉及公民、法人或者其他组织切身利益，有关机关、组织或者公民对其有重大意见分歧，起草部门在起草过程中未向社会公开征求意见，也未举行听证会的，法制工作部门可以将送审稿向社会公开征求意见，也可以举行听证会。

需要举行听证会的，按照本规定第二十三条规定的程序进行。

第三十六条　法制工作部门应当就送审稿中的有关重要法律问题向交通部法律专家咨询委员会征求意见。

法制工作部门应当对专家咨询意见进行全面、客观的整理，并提出对专家意见的处理建议。

第三十七条　各相关部门对送审稿中关于管理体制、职责分工、主要管理制度等内容有不同意见的，法制工作部门应当组织相关部门进行协调，力求达成一致意见；不能达成一致意见的，应当将争议的主要问题、各方意见和处理建议报主管部领导决定。

第三十八条　法制工作部门应当认真研究各方意见，在与起草部门协商后，对送审稿进行修改，形成交通法规送审修改稿，并编写审核报告。

第三十九条　交通法规送审修改稿和审核报告由法制工作部门主要负责人签署，并按有关规定送起草部门和相关部门会签，报有关部领导审核。

交通法规送审修改稿经部领导审核同意后，提请部务会议审议。

第五章　审议与公布

第四十条　交通法规送审修改稿由部务会议审议。

部务会议审议送审修改稿时，由法制工作部门主要负责人对送审修改稿作说明。

第四十一条　部务会议审议通过的规章送审修改稿，由部长签署并以交通部令形式公布。

部务会议审议通过的由交通部主办的与国务院其他部委联合制定的规章，由交通部部长与国务院其他部委的领导共同签署，以联合部令形式公布，使用交通部令的序号。

部务会议审议通过的法律、行政法规送审修改稿，由部长签署以交通部文件形式报国务院审查。在全国人大、国务院审核、修改过程中，由法制工作部门会同相关部门做好协调、配合工作。

第四十二条　经部务会议审议未通过的交通法规送审修改稿，由法制工作部门按照部务会议要求，会同有关部门进行修改、完善后，报部领导决定是否再次提交部务会议审定。

第四十三条　公布规章的命令应当载明规章的制定机关、序号、规章名称、通过日期、施行日期、公布日期和签署人等内容。

第四十四条　规章公布后，应当及时在《国务院公报》、《中国交通报》、交通部政府网站上刊登。

在《国务院公报》上刊登的规章文本为标准文本。

第四十五条　规章应当在公布之日起30日后施行，但是涉及国家安全以及公布后不立即施行将有碍规章施行的，可以自公布之日起施行。

第六章　备案、修订、解释和废止

第四十六条　规章应当在公布后30日内，由法制工作部门按照有关规定报送国务院备案。

第四十七条 具有下列情形之一的，交通法规应当予以修订：

（一）与上位法矛盾或者抵触的；

（二）与同位法存在矛盾的；

（三）立法背景发生重大情势变迁，交通法规内容已不适应形势需要的；

（四）其他应当修订的情形。

修订交通法规适用交通法规的制定程序。

第四十八条 规章的解释权属于交通部。规章的解释同规章具有同等效力。

规章有下列情形之一的，应当予以解释：

（一）规章条文本身需要进一步明确具体含义的；

（二）规章制定后出现新的情况，需要明确适用依据的。

第四十九条 规章的解释由原起草部门负责起草，由法制工作部门按照规章审核程序进行审核、修改；或者由法制工作部门起草，征求有关部门的意见。规章的解释报请部务会审议或者经部领导批准后以交通部文件公布。

第五十条 规章有下列情况之一的，应予废止：

（一）规定的事项已执行完毕，或者因情势变迁，无继续施行必要的；

（二）因有关法律、行政法规的废止或者修改，失去立法依据的；

（三）与新颁布的法律、行政法规相违背的；

（四）同一事项已被新公布施行的规章所代替，规章失去存在意义的；

（五）规章规定的施行期限届满的；

（六）应当予以废止的其他情形。

第五十一条 规章的废止由法制工作部门归口管理。

规章的废止可以由部内有关部门、省级交通主管部门向法制工作部门提出，也可以由法制工作部门直接提出。

第五十二条 除第五十条第（五）项规定的情形外，废止规章应当经部务会议审议决定，以部令形式予以公布。

第七章　附　　则

第五十三条　规章的清理工作由法制工作部门统一组织实施。

第五十四条　负责起草、制定地方交通法规、政府规章的交通主管部门应当在起草过程中征求交通部的意见。

地方交通法规、政府规章应当自公布之日起30日内，由公布机关同级人民政府交通主管部门法制工作机构向交通部报送十份。

第五十五条　本规定自2007年1月1日起施行。《交通法规制定程序规定》（交通部令1992年第38号）同时废止。

交通行业中央企业安全工作考核管理办法

（交通部　交海发〔2006〕82 号　2006.03.01）

第一条　为贯彻落实《国务院办公厅关于加强中央企业安全生产工作的通知》（国办发〔2004〕52 号），切实加强交通行业中央企业安全生产工作，根据《中华人民共和国安全生产法》等有关法律法规，制定本办法。

第二条　本办法适用于交通部对交通行业中央企业安全生产考核管理工作。

第三条　安全生产责任制

1. 明确各级领导安全工作职责，并按分级管理、谁主管谁负责的原则，层层签订安全工作责任书，规定年度安全管理目标、考核要求和奖惩办法。

2. 集团（总部）每年对所属单位主要负责人安全工作责任书的完成情况进行评价和检查。

3. 发生生产责任事故后，按有关规定及时对有关责任人进行责任追究和处理。

第四条　安全管理机构和人员

1. 按照国家有关规定，建立企业一把手为领导的安全生产委员会，并完善相关工作制度。

2. 按照国家有关法律法规规定，建立企业直属一级的、独立的安全生产管理机构，并配置足够的安全生产管理人员，保证有效地开展安全生产管理工作。

3. 明确安全生产管理机构和安全生产管理人员的职责和权利。

第五条　安全生产规章制度

1. 建立完善的符合国家有关安全生产的法律法规、行业规章规范、国家和行业标准的安全生产规章制度、作业标准和岗位技术规程。

2. 建立安全生产专题会议制度。每年召开不少于 1 次安全生产工作会议;每季度至少召开 1 次安全生产工作例会。

3. 建立安全生产考核制度。每年对企业各部门及单位安全生产工作进行考核,并根据考核结果奖优罚劣。

4. 根据有关要求,建立并保持相关的安全生产管理体系。在条件具备的情况下,积极建立职业安全健康、环保等体系,或在安全工作中借鉴、应用其管理思想。

第六条 安全生产专项资金

1. 每年确定相应比例的资金投入以改善和提升安全生产条件。

2. 确保安全管理部门有足够的安全管理专项经费,以便其有效开展安全管理工作。

第七条 安全教育和培训

1. 每年根据安全工作实际情况,制定安全教育培训方案并从经费上确保方案得到落实。

2. 定期对从业人员进行安全生产教育和培训,保证从业人员具备必要的安全生产知识,熟悉有关的安全生产规章制度和安全操作规程,掌握本岗位的安全操作技能。未经安全生产教育和培训合格的从业人员,不得上岗作业。

3. 定期对特种作业人员进行专门的安全生产培训。所有特种作业人员必须取得国家承认的特种作业资格证书。

4. 加强对单位主要负责人、安全生产管理人员的培训,以确保其具有与本单位所从事的生产经营活动相应的安全生产知识和管理能力。建筑施工单位的主要负责人和安全生产管理人员,必须经过培训,由有关主管部门对其安全生产知识和管理能力考核合格后方可任职。

第八条 安全文化建设

1. 结合本单位企业文化建设实际状况，制订安全文化建设规划或方案，并适时对规划或方案进行总结评估。

2. 积极开展各项安全生产活动，提高企业员工安全生产意识，营造安全生产氛围。

3. 创新安全管理方法，不断健全、完善安全管理长效机制。

第九条 安全生产检查

1. 根据国家及主管部门统一要求，结合本单位生产特点，及时部署季节性安全生产预控措施，并对安全生产工作进行定期和不定期的检查。

2. 结合日常安全检查情况，集团（总部）安全管理部门对违章情况进行汇总分析评价，对存在的问题，及时提出改进措施。

3. 建立事故隐患整改机制，确保安全检查中发现的事故隐患能够及时整改并得到验证。

第十条 事故应急处理

1. 结合本单位实际，制订生产安全事故应急救援预案并进行演练，建立应急救援组织，配备必要的应急救援器材、设备。

2. 发生险情或事故后，要迅速采取有效措施组织抢救，防止事故扩大，努力减少人员伤亡和财产损失。

3. 发生险情或事故，要按规定立即如实向有关部门和单位报告。

4. 发生事故后，按“四不放过”原则进行处理。

5. 按规定统计上报事故情况。

第十一条 分包管理

1. 加强对分包项目安全工作的管理和指导，发包单位对分包项目安全工作负责。

2. 分包项目安全生产事故列入发包单位一并统计上报（具有独立法人资格承包的分包工程项目不计入统计）。

第十二条 方便旗船舶及境外中资企业（统称境外中资企业）安全生产管理

1. 明确部门或专职安全生产监督管理人员对境外中资企业安

全生产工作进行管理。

2. 建立境外中资企业负责人定期安全工作报告制度。

3. 境外中资企业发生安全生产事故要在第一时间将有关情况逐级上报到主管部门。

4. 境内经营的方便旗船舶事故纳入考核指标，其他境外中资企业安全生产事故不纳入考核指标。

第十三条 事故控制指标

1. 工伤事故死亡率控制在 0.2‰以内，重伤率控制在 0.5‰以内。

2. 船舶滞留率控制在 15‰以内。

3. 船舶安全面控制在 960‰以上，不发生负有主要责任的死亡 10 人以上的重特大安全生产事故。

4. 船舶污染事故率控制在 10‰以内。

5. 机损事故率控制在 30‰以内。

第十四条 每年 1 月底前，各单位根据附表要求填写自评表，上报交通部安委会办公室。

第十五条 交通部安委会办公室将视情对自评情况进行抽查和检查。

第十六条 本办法由交通部交通安全委员会办公室负责解释。

第十七条 本办法自 2006 年 4 月 1 日试行。

附件：自查表（略）

关于加强联运行业管理工作的通知

（发展改革委、铁道部、交通部
发改运行〔2006〕469 号　2006.03.22）

各省、自治区、直辖市及计划单列市、副省级省会城市、新疆生产建设兵团经委（经贸委），北京市、河北省、河南省、海南省、西藏自治区发展改革委，各铁路局、交通厅（委、局）：

经国务院批准，国家发展改革委等 9 部门联合印发了《关于促进我国现代物流业发展的意见》（发改运行〔2004〕1617 号），取消了联运（包括铁路货运代理，下同）的行政性审批。为落实做好取消联运行政性审批的工作，切实加强对联运业的后续监督和管理，适应市场经济发展需要，建立公开透明、竞争有序的市场环境，促进联运业健康稳步发展，现将有关问题通知如下：

一、联运的基本概念及主要经营范围

联运是指联运经营者受托运人、收货人或旅客的委托，为委托人实现两种以上运输方式（含两种，下同）或两程以上（含两程，下同）运输的衔接，以及提供相关运输物流辅助服务的活动。

联运的主要经营范围包括：办理两种运输方式或两程以上运输之间的衔接业务及提供相关辅助服务；提供货物接取、送达、中转换装和相应的仓储等辅助服务；集装箱多式联运服务；旅客联运代理服务等。

二、清理有关联运管理文件规定

全面清理现有联运管理的有关文件规定，凡违反《中华人民共和国行政许可法》和《关于促进我国现代物流业发展的意见》文件精神，设立的对联运业的行政性审批或审核，应一律予以停止执行。

三、改革联运行政管理方式

取消联运行政性审批后，为加强对联运经营者经营资质和经营行为的监督检查，对联运实行备案登记制，即联运经营者直接向所在地工商行政管理部门办理登记注册后，应主动向所在地联运主管部门备案登记。联运经营者从事公路、水路、铁路、民航运输或运输场站经营，其经营业务需取得相关行业主管部门许可的，应按有关法律、行政法规的规定执行。

四、加快制定联运行业指导性标准

从事联运经营应符合与其经营范围相适应的行业指导标准：有一定的注册资金，有固定的经营场所，拥有（含租赁）一定的仓储场地、装卸设备和运输工具，有熟悉专业技术的从业人员，能独立承担经济和法律责任，并办理工商、税务登记。具体联运行业指导性标准由各省、自治区、直辖市和副省级城市经贸委（经委、交委）、发展改革委根据当地实际自行制定。

五、规范联运市场经营行为

联运经营活动应遵守国家法律、法规和有关规定；坚持服务宗旨，自觉服从市场管理，接受社会监督；依据合同、协议或委托书实行责任代理；不得垄断经营，强制代理，严格执行物价部门规定的收费项目和收费标准，实行明码标价；使用国家税务总局统一制定的《全国联运行业货运统一发票》，凡未到当地联运主管部门登记备案的，不得使用《全国联运行业货运统一发票》。

六、培育与发展联运市场

联运是综合运输体系的重要组成部分，对现代物流的发展举足轻重。各地联运主管部门要会同当地工商、税务、物价、交通运输等部门重视联运市场的培育，密切协调配合，加强对联运市场的监督检查，严厉打击非法经营活动，营造统一开放、竞争有序、运作规范的联运市场环境，制定相应的政策措施，推动联运领域非公经济的发展，加快推进联运的规范化、规模化、网络化和国内外市场的一体化进程。

七、加强联运工作的组织协调

联运是一种先进的运输组织方式,有效地发挥了铁路、公路、水路、航空运输的综合优势,形成高效、便捷、安全的运输服务网络,对方便货主和旅客,降低运输成本,挖掘运输潜力,提高运输效率,创造良好的经济效益和社会效益,促进社会经济发展起到了积极的作用,是我国综合运输的重要组成部分,也是我国现代物流业发展的重要力量。

国家发展改革委将会同铁路、交通、民航、工商、税务、物价等部门继续加强对联运工作的组织协调,进一步推动全国联运工作的发展。各地经贸委(经委、交委)、发展改革委等综合运输协调部门要进一步做好本地区的联运工作,加强对联运市场的监督管理,会同当地有关部门及时研究解决联运发展中的问题,推动本地区联运工作协调健康快速发展。

建设节约型交通指导意见

（交通部　交规划发〔2006〕140 号　2006.04.05）

我国经济社会发展进入新阶段，资源对经济社会发展已构成严重制约，要实现国民经济持续快速协调健康发展，必须坚持以科学发展观统领经济社会发展全局，转变发展观念，创新发展模式，提高发展质量，将节约资源作为基本国策。公路水路交通是国民经济和社会发展的基础性产业，为进一步贯彻落实中央关于建设节约型社会的要求，建设节约型交通，实现对资源的少用、用好、循环用，特提出如下指导意见。

一、建设节约型交通的重要意义

“十一五”期间，我国全面建设小康社会将取得重要阶段性进展，2010 年人均国内生产总值比 2000 年翻一番，单位国内生产总值能耗比“十五”末降低 20%。公路水路交通发展处于关键时期，建设任务繁重，对资源需求大，在合理使用资源的同时必须以节约土地资源、岸线资源、能源、建筑材料等为核心内容，以实现集约型增长为内在要求，以低投入、低消耗、低排放、高效率为外在特征，加快建设节约型交通，实现可持续发展。

1. 建设节约型交通，是建设节约型社会的重要内容

我国资源禀赋较差，人均耕地占有量只有世界平均水平的 33%，人均石油拥有量仅为世界平均水平的 11%。发展循环经济，保护生态环境，加快建设资源节约型、环境友好型社会，促进经济发展与人口、资源、环境相协调，是全面建设小康社会的必然要求，国家将继续实行最严格的耕地保护制度、节约能源制度、环境保护和监管制度。公路水路交通对土地、岸线、能源、建筑材料等资源的依赖性强，提高土地、能源等稀缺或不可再生资源的使用效

率，实现对资源的节约和集约利用，努力适应建设节约型社会的需要，交通部门责无旁贷。

2. 建设节约型交通，是转变交通增长方式的基本要求

目前交通发展中节约意识亟待加强，土地和岸线的节约、集约利用程度亟待提高，运输效率的改进还有很大的空间。全国营运车船石油消耗占全国石油终端消耗量的20%以上，而我国机动车油耗水平比欧洲高25%、比日本高20%、比美国高10%，载货汽车百吨公里油耗比国外先进水平高1倍以上，内河运输船舶油耗比国外先进水平高10%～20%，提高资源的使用效率潜力巨大。因此，建设节约型交通，不仅是转变交通增长方式的有效途径，也是其基本要求。

3. 建设节约型交通，是缓解交通发展资源制约的重要措施

在今后相当长一段时期内，解决能力供给不足问题是交通发展的主要任务，但交通发展所需关键资源的供给形势日趋严峻。我国土地资源紧张，岸线尤其是深水岸线资源十分紧缺，能源特别是石油的供需矛盾日益尖锐。因此，加强合理规划，综合开发土地、河流和岸线资源，加快高速公路连接成网，加大旧路升级改造，充分发挥存量交通资源的使用效率，发展节能、高效、清洁的新型运输工具，降低能源消耗和污染物排放，保护生态环境，成为交通发展的必然选择。

二、建设节约型交通的基础

改革开放以来，特别是"十五"交通事业快速发展的实践，为建设节约型交通奠定了良好的基础。

4. 交通发展对资源节约的积极作用不断显现

路网技术等级的提升，实现了对土地资源的集约利用。高技术等级路网通行能力大、行车速度快、土地集约利用效益显著。随着路网等级不断提升，结构日趋合理，以相对较少的占地，大幅度提升了路网的通行能力，促进了公路用地的集约化。2004年与2000年相比，公路每亩用地完成的客货换算周转量约增加1200吨公里。

港口的大型化、专业化，提高了岸线资源的利用效率。港口向大型化、深水化和专业化发展，单位货物吞吐量占用码头泊位长度的下降，大大提高了岸线资源的利用效率，实现了集约和节约利用岸线。2004 年与 2000 年相比，全国港口每延米码头泊位长度的货物吞吐量约增加 1000 吨。

内河航运的发展，突出显现了资源利用方面的比较优势。内河航运是一种资源节约型和环境友好型的绿色运输方式。“十五”以来，内河航道等级得到提升，内河货运量和货物周转量年均递增 7.7% 和 9.9%，呈历史最高水平，船舶平均吨位由 2000 年的 104 吨提高到 2004 年的 216 吨，以极少的占地、较低的能源消耗，完成了较高比重的运输量，特别是为能源、原材料等大宗货物运输提供了基础保障，成为综合运输体系的重要组成部分。

运输组织和管理水平的提高，进一步改善了行业能耗水平。道路运输开始出现一些具有较高管理水平和服务质量的客货运输企业，运输组织化程度有所提高，公路客运平均座位利用率约达到 47%，货运平均吨位利用率约达到 51%。航运企业通过运力结构优化，采用信息技术提高专业化和组织管理水平，节约了能源消耗，降低了运营成本，竞争能力逐步增强。

5. 节约型交通发展的制度环境不断完善

法律法规建设取得重要进展。《公路法》中明确规定“公路建设应当贯彻切实保护耕地、节约用地的原则”，《港口法》中明确规定“港口规划应当体现合理利用岸线资源的原则”，节约和集约利用土地、岸线资源有了法律规范。近期出台了《关于在公路建设中实行最严格的耕地保护制度的若干意见》。根据国家《节约能源法》，制定了《交通行业贯彻节约能源法实施细则》等。

标准规范建设得到加强。根据国家有关规定，制定了《公路建设项目用地指标》、《水运工程节能设计规范》等相关标准规范，以促进资源节约和规范使用。

6. 节约型交通发展的技术基础不断增强

重大决策咨询成果的出台，为科学决策奠定了基础。根据新的发展形势需要，及时提出了《交通行业贯彻落实科学发展观的指导意见》，制定了《全面建设小康社会公路水路交通发展目标》，编制了《国家高速公路网规划》、《全国农村公路建设规划》、《全国沿海港口布局规划》等一系列规划，开展了政策、法规、体制等方面的研究，为交通发展对资源的节约和集约利用提供了基本导向和方针。

重大科技成果的应用，提升了资源节约能力。工程建养技术取得重大突破，在规划、设计、施工及运营等各个环节注意采用新技术、新工艺，节约利用土地、岸线和建筑材料，部分缓解了资源压力，为交通基础设施建设和生产营运提供了保障；信息化管理和组织技术的集成应用，运输装备技术水平的提高，有效提升了行业的节能水平。

科技体制和机制不断完善，创新能力明显提高。基本形成了多形式、多层次的交通科研体系，有力地促进了交通研究开发效率和效益的提高。交通人才成长环境改善，提高了科技人员的整体素质，创新能力不断增强，成为建设节约型交通的重要保障。

7. 交通发展中对资源节约的认识不断提升

近年来，交通行业以科学发展观统领全局，不断深化对交通发展规律的认识，正确把握发展度、协调度、可持续度三者的关系，正确处理局部与全局、眼前与长远的关系，正确处理发展与人口、资源、环境的关系，认真解决好发展速度与建设质量、规模扩张与合理把握标准、合理经济的工程方案比选与生态环境保护、建设改造与养护管理等诸多矛盾，坚持交通发展与自然和谐统一，努力探索质量效益型、资源节约型和环境友好型，具有中国特色的交通发展之路并取得初步成果，提升了整个行业对新的发展理念的认识。

三、建设节约型交通的总体思路、指导原则和战略目标

8. 建设节约型交通的总体思路

树立和落实科学发展观，按照建设节约型社会的基本要求，在加快公路水路交通发展中，以提高资源利用效率为核心，以节约土地、岸线、能源、建筑材料，实现资源综合利用与发展循环经济为重

点，调整运输结构，推进科技进步，加强法制建设，创新体制机制，完善政策措施，实现交通发展对资源的少用、用好、循环用。

9. 建设节约型交通的指导原则

坚持在发展中节约。抢抓战略机遇期，加快公路水路交通发展。坚持交通发展与经济社会发展相适应并适度超前，立足国情，走具有中国特色的节约型交通发展之路。

坚持全过程、全领域节约。注重决策、规划的协调和衔接，统筹考虑建设、运营、维护和管理环节，强调总成本最优，全方位地集约利用资源。

坚持制度创新与技术创新结合。既注重政策、法规、体制、机制等软环境建设，又加强行业技术创新与科技成果的应用，提升资源节约能力。

坚持市场主导与政府引导。充分发挥市场配置资源的基础性作用，强化政府在政策法规、标准规范等方面的监管和引导，充分发挥行业管理职能。

坚持远期与近期结合。在近期交通快速发展阶段，重点实现对资源利用的减量化，远期致力于实现交通资源的综合利用，建立交通行业循环经济模式。

10. 建设节约型交通的战略目标

树立节约型交通发展理念，实现基础设施耐久化、运输结构合理化、资源利用高效化，降低增量资源的使用和基础设施全寿命周期成本，提高运输供给能力和资源的使用效率，引导节约型的交通增长方式和消费模式，为交通全面协调可持续发展提供有力保障。"十一五"末与2005年相比，公路每亿车公里用地面积下降20%；沿海港口每万吨吞吐量占用码头泊位长度下降25%；营运车辆、船舶百吨公里能耗下降20%。

四、建设节约型交通的要求和措施

11. 强化节约意识

提高认识，牢固树立在发展中注重节约的理念，自觉把节约资源的理念贯穿于交通工作全过程。倡导绿色交通和清洁运输，合理开发、节约和集约使用资源。

12. 坚持科学决策

科学制定发展战略。从前瞻性、战略性、全局性的高度制定和调整资源约束型的交通发展战略，以适应经济社会发展的需要。

建立科学决策机制。坚持适度超前与资源合理利用相协调，优化交通运输资源配置。深入调查、论证，广泛听取意见，完善专家咨询和社会公示制度，建立健全交通规划、建设、运营、管理与服务相协调的综合决策机制，提高项目决策的科学性、准确性。

加强交通统计工作。强化统计调查、分析、预测和发布工作，改进和完善统计指标体系。建立交通建设用地、港口岸线、运输企业和港口企业的能源消耗统计指标，保证统计数据的真实和准确，为科学决策提供基础和保障，有效发挥对建设节约型行业的引导作用。

建立和完善评价体系。完善相关法规和技术规范，建立交通发展与节约资源、保护环境内容相统一的评价体系、评价标准，使交通发展与资源节约、环境保护制度化、规范化、法制化。

13. 合理制定规划

加强规划指导。在各项交通发展规划的编制和实施中，坚持将发展循环经济、建设节约型交通作为重要指导方针之一，编制和实施充分体现土地、岸线、能源等资源节约利用和发展循环经济的专项规划。

优化路网结构。根据经济社会发展需求，加紧组织实施《国家高速公路网规划》，集中力量加快国道主干线等公路运输大通道建设，形成有效的通过能力；加大国省道技术升级、改建工程建设力度，完善路网结构，盘活存量，提高国省干线运营服务水平；加紧实施全国农村公路建设规划，打通断头路，全面提高通达度，改善路况，提高路网使用效率。

优化站场布局。加快建设以国家公路运输枢纽为龙头、一般性汽车客货运站（点）为辅助，布局合理、结构优化、与其他运输方式更为有效衔接的公路站场服务体系。以发展物流中心和快速货运、集装箱等货运站场为主,以发展与城市交通或其他运输方式站场共同构成的综合性运输枢纽为主,提升公用型道路运输的服务水平与效率。

优化港口布局。在岸线不可再生的强力约束下,深入研究港口功能定位和可持续发展。根据港口的区位优势、自然条件、发展规模和发展潜力等,分层次、分系统和分区域规划全国港口布局。形成统一规划、层次分明、合理分工、大中小结合的港口体系,实现地区之间、码头类型之间的协调发展。提高码头泊位的专业化水平,以适应货类、货种结构和流量、流向变化的要求,提高港口的通过能力和效率。

14. 注重创新设计

树立全寿命周期成本理念。勘察设计工作统筹考虑建设、运营、养护的全过程,系统解决工程结构的耐久性、安全性、维护的可行性、防灾减灾的有效性以及环境景观的协调性等问题。

科学制定标准,合理选用技术指标。及时制修订标准规范,缩短制修订周期,开展针对性研究,及时将科技成果纳入标准规范中,确保标准规范的先进性、科学性、实用性、时效性和权威性。区别对待交通建设的强制性标准与推荐性标准,实行分类指导,充分考虑地区之间、不同地理条件下的发展要求和不同情况,针对工程项目所处的自然、地理、地质条件的特点,在满足安全性、功能性条件下,通过对工程方案和技术经济效果的比选,合理运用技术指标,避免设计简单化、格式化和唯标准化。

合理选用线位资源。严格树立少占或不占好地的观念,确定合理的公路路线走廊带和主要控制点,详细调查当地土地情况,进行分类研究,将土地占用情况作为路线走廊方案选择和优化的重要指标,尽量避让基本农田和经济作物区,减少占用耕地。充分利用荒山、荒坡地、废弃地、劣质地,优先选择能够最大限度节约土地、保护耕地的方案。提倡公路集约型布局,减少对土地资源的分割,便于土地资源的有效利用。

优化设计方案。在环境与技术条件可能的情况下,采取低路堤和浅路堑方案，减少高填深挖，注意填挖平衡，鼓励采取降低路堤填土高度、选择合理的防护工程等措施。加强交通基础设施建设中工程通讯、监控、供电等系统管线的统筹设计，在符合技术、经济和安全要求的条件下，共沟架设，并尽可能在交通基础设施用地范围内布置。

15. 强化建设管理

严格用地审批管理。做好建设占地的源头控制，在设计审查时，将土地占用特别是耕地占用情况作为重要内容，不符合《公路建设项目用地指标》要求或不合理大量占用耕地的不得通过审查；招投标方案必须有完善的施工临时用地占补平衡以及完善的取、弃土处置方案。

加强建设用地管理。公路建设中充分利用旧路资源，尽量在原有路基上加宽改造，安全利用原有桥隧，避免大改大调或大填大挖。完善施工临时性用地的复垦制度，对需要临时占用耕地的，可先将耕地表层土剥离，集中堆放，取土后及时将表层土恢复。合理设置取、弃土场，把施工取土、弃土与改地、造地、复垦等综合措施结合起来，进行土地恢复和改造。

加强岸线管理。遵循“深水深用、浅水浅用”的原则，集约使用岸线资源建设港口。结合区域特点和岸线情况，合理开发近海岛屿岸线，优化岛屿岸线的综合利用和开发。建立港口岸线管理制度，探索岸线资源的有偿使用，严格执行经批准的港口总体布局规划和岸线利用规划，确保岸线有效利用。

加强建设监理。进一步加强对交通建设项目的监理工作，不断完善工程建设监理制度，确保工程项目严格按照既定的设计方案建设实施，避免资源浪费和对周边环境的破坏。

提高基础设施耐久性。研究开发工程新材料、新技术，采用新工艺，应用新设备，提高基础设施的耐久性和可靠性，合理延长设计使用寿命，提高生产和资源利用效率。重视工程构造物的维护与管理技术研发，保持良好的服务水平和服务状态。

加快建设技术研发与应用。研究开发针对特殊地理、地质、环境条件及经济发展特点的交通基础设施建设关键技术,并与资源节约利用相结合,广泛开展相关的交通基础设施建设技术研究和推广应用。

16. 完善市场监管

优化组织结构。继续推动组织结构和管理方式的优化,完善市场准入、退出制度,鼓励客货运输企业向集约化、规模化、专业化方向发展,提高运输的组织化程度,更好发挥能源的使用效率。

优化运力结构。发展节能、大型、专业化运输车辆和绿色环保车辆,加快船舶大型化、专业化、内河船型标准化进程,加大车船节能改造力度,加速老旧、高耗能车船的折旧和淘汰,优化车、船队构成,降低运输工具能耗。

推进信息技术应用。结合区域特点,适时推广应用无线电寻呼、广播、电视等通讯技术和计算机、信息网络技术等,优化运输工具的积配载和运输服务线路。大力发展货运信息服务网,促进货物运输市场的电子化、网络化,加快以高速公路客运为骨干的现代客运信息系统建设,提高实载率,减少整个交通运输系统能源和资源的消耗总量。

发展现代物流。打破地域封锁,建设全国统一、开放、竞争、有序的运输市场。建立和完善现代物流体系,推进交通运输业与生产企业、营销企业的协调与合作。大力拓展交通运输的仓储、配送和代理等多种服务功能,扩展经营服务领域,促进大型运输企业由承运人向物流经营人转变,发展第三方物流。

17. 发展循环经济

深化循环经济发展理念的认识。从战略和全局的高度,充分认识在交通领域发展循环经济的重要意义,结合区域特点和行业实际,遵循"减量化、再利用、资源化"原则,切实组织实施。

制定促进循环经济发展的政策。研究提出适合我国国情的交通领域循环经济发展模式,加快制定交通领域循环经济发展专项规划,制定促进循环经济发展的行业政策以及土地资源综合利用、再生资源回收利用等专项政策。

加快循环经济相关技术的研发与推广应用。积极研发推广节能新产品,能源节约与替代、材料再生等技术,为循环经济发展提供技术支撑。积极推进疏浚土、道路沥青、水泥混凝土、钢材等建材的再生循环;加强废旧轮胎翻新利用,或生产码头橡胶护舷、胶粉改性沥青等;积极推广粉煤灰、煤矸石、矿渣等工业废料在交通建设中的应用。

18. 发挥综合优势

积极推进综合交通。充分发挥各种运输方式的比较优势,加强规划的协调与衔接,统筹考虑港站、枢纽、服务设施的配套,加快综合运输枢纽和大交通信息平台建设,实现"无缝衔接"和"零换乘"。组织研究并积极推进综合交通管理体制改革,为促进节约型交通行业的发展提供制度和组织保障。

大力发展公众客运交通。建设发达的公众客运交通设施和服务网络,为公众提供便捷、完善的出行服务。合理规划城际交通运输网络,充分发挥高速公路集约利用资源的特点,加快以高速公路为骨干的运输通道建设,促进城际交通的公交化。对城乡结合区域、新扩城区的交通进行统筹规划、合理布局,促进城乡交通一体化进程。

充分发挥内河航运优势。制定完善内河航运发展规划,注重内河航运建设与城市发展规划相衔接,促进水资源的合理开发和综合利用,倡导以航运为主的流域综合开发工程,深入研究扩大通航能力措施,推进内河船型标准化工作,充分发挥内河航运节地、节能、改善环境的优势。

19. 加强组织领导和宣传

建立健全资源节约责任制。进一步明确领导干部在资源节约工作中的责任,完善资源使用的计量、记录、报告、奖惩等管理制度,把资源节约的责任纳入相关工作岗位、日常管理和工作考核要求之中,做到层层有责任,逐级抓落实。

加大宣传和交流。开展"节约型交通"系列宣传活动,加强节约型交通的科学普及,引导公众形成健康的交通消费理念。在交通门户网站开辟节约型交通行业专题论坛。在交通系统干部职工中开展节约型交通知识技能的培训、讲座、征文和知识竞赛等活动。组织对资源节约和集约利用的技术研讨和经验交流，充分发挥学会、协会等中介组织的作用，积极推动面向基层的交通科技成果的推广应用。

组织实施示范工程。组织实施理念创新、技术创新、管理创新和制度创新的节约型交通行业示范工程，在新的规划设计理念、节能降耗、节约和集约利用土地、资源综合利用和循环经济等方面，树立典范并予以大力推广，以点带面促进节约型交通的发展。

关于进一步规范交通无线电台呼号管理的通知

（交通部　交无委发〔2006〕250 号　2006.06.02）

各省（自治区、直辖市）交通厅（局、委），部属各海事局、救助局、打捞局、航务（道）管理局，中远集团、中海集团、中交集团、长航集团，各港务局，各港务集团公司：

无线电台呼号是识别无线电台和空中无线电波的重要标志，也是进行无线电通信的必要条件。为了进一步规范交通行业无线电台呼号管理，维护空中无线电波秩序，保障交通通信和信息的畅通，根据《中华人民共和国无线电管理条例》和《交通通信管理规则》中华人民共和国交通部令 1999 年第 1 号，现就有关要求通知如下：

一、凡是参与无线电固定业务、移动业务和水上移动业务的无线电台，均应按国家规定的要求申请和使用无线电台呼号。

二、已设置和申请设置的江、海岸电台，中央和交通部管理的交通企事业单位所属船舶无线电台、陆地无线电台以及交通部组网的网内无线电台，应遵守本通知的要求。

三、交通无线电台呼号的种类：

（一）江、海岸电台的无线电报和无线电话呼号。

（二）船舶无线电台的无线电报和无线电话呼号。

（三）交通战备无线电台的无线电报和无线电话呼号。

（四）交通陆地移动无线电台的无线电报和无线电话呼号。

四、交通无线电台呼号的指配原则是每设置一座无线电台，按照该电台的不同业务种类，分别指配一个呼号。对于确实因工作需要的，也可以按照该电台的不同业务种类的不同工作频点，分别指配一个呼号。

五、申请办理江、海岸电台，交通战备无线电台，交通陆地移动无线电台呼号的程序：

（一）由江海岸电台、交通战备无线电台、交通陆地移动无线电台的所属单位或设台单位提出申请文件，并填写《交通部陆地无线电台呼号申请表》（见附件1），报交通部无线电管理领导小组办公室。

（二）如属于新设置的江海岸电台、交通战备无线电台、交通陆地移动无线电台，设台单位提出的申请文件还应包括提供有关的设台行政许可文件的复印件。

（三）交通部无线电管理领导小组办公室在规定的办理时间内，通知申请单位办理结果。

六、申请办理船舶无线电台呼号的程序

（一）由船舶无线电台的所属单位提出申请文件，并填写《交通部船舶无线电台呼号申请表》（见附件2），报交通部无线电管理领导小组办公室。

（二）交通部无线电管理领导小组办公室在规定的办理时间内，通知申请单位办理结果。

七、交通无线电台呼号的变更手续

（一）合法使用无线电台呼号的单位，当申请时填写的《交通部陆地无线电台呼号申请表》（见附件1）或《交通部船舶无线电台呼号申请表》（见附件2）任意项目发生变动时，应在变动前30日内办理无线电台呼号的变更手续。

（二）使用单位应将变更内容填入相应的申请表中，并在该表上注明“变更”字样后，报交通部无线电管理领导小组办公室备案。

八、交通无线电台呼号的注销手续

（一）合法使用无线电台呼号的单位，在电台的产权人或经营权人发生变动，或电台关闭等情况时，应在变动前30日内办理无线电台呼号的注销手续。

（二）使用单位应将注销内容，报交通部无线电管理领导小组办公室备案。

九、为了提高办事效率，交通部无线电管理领导小组办公室在受理交通行业无线电台呼号申请以及变更、注销过程中，接受申请单位或使用单位传真件，但必须与正式申请文件一致，且正式文件应随后寄出。交通部无线电管理领导小组办公室未能收到传真件的正式文件时，交通无线电台呼号的行政许可不予发出。

十、交通无线电台呼号的有效期为五年。使用单位在使用时间届满五年时，如需继续使用该无线电台呼号时，应按照本通知的第五条或第六条的要求办理，并在申请表中注明“续用”字样。交通部无线电管理领导小组办公室对于超过有效期五年的无线电台呼号，在过期2个月后，未办理续用申请的无线电台呼号，交通部无线电管理领导小组办公室将予以注销，重新核配，并向社会公布。

十一、交通部无线电管理领导小组办公室将以交通部印制的《全国船舶电台台名录》(2003年版)和《全国江海岸电台台名录》(2005年版)以及在交通部无线电管理领导小组办公室登记的其他陆地无线电呼号为基础，进行无线电台呼号的清理整顿。对于各单位目前已使用的，但与上述公布的资料内容不符或未登录的，请各单位于今年11月底以前，分别按照《全国船舶电台台名录》(2003年版)和《全国江海岸电台台名录》(2005年版)的格式要求，报交通部无线电管理领导小组办公室。

请各单位遵照执行。

附件：1. 交通部陆地无线电台呼号申请表

2. 交通部船舶无线电台呼号申请表

附件1

交通部陆地无线电台呼号申请表

申请　　变更　　续用

<table>
<tr><td>设台单位</td><td colspan="2"></td><td>台名</td><td colspan="3">（中文）
（英文）</td></tr>
<tr><td>电台类别</td><td colspan="2"></td><td colspan="2">申请呼号种类</td><td colspan="2"></td></tr>
<tr><td>电台地址
或移动区</td><td colspan="2"></td><td colspan="2">天线经纬度
坐标</td><td colspan="2"></td></tr>
<tr><td>通信对象</td><td colspan="2"></td><td colspan="2">启用日期</td><td colspan="2"></td></tr>
<tr><td colspan="7">使用频率情况：</td></tr>
<tr><td>频率
（频道）</td><td>发射
种类</td><td>工作时间</td><td colspan="2">功率
（W）</td><td>天线类型和辐射
方位角</td><td>拟核配呼号</td></tr>
<tr><td></td><td></td><td></td><td colspan="2"></td><td></td><td></td></tr>
<tr><td></td><td></td><td></td><td colspan="2"></td><td></td><td></td></tr>
<tr><td></td><td></td><td></td><td colspan="2"></td><td></td><td></td></tr>
<tr><td colspan="7">使用设备情况：</td></tr>
<tr><td>设备名称</td><td>型号</td><td>生产厂家</td><td colspan="2">出厂日期</td><td>使用频率</td><td>主要技术指标</td></tr>
<tr><td></td><td></td><td></td><td colspan="2"></td><td></td><td></td></tr>
<tr><td></td><td></td><td></td><td colspan="2"></td><td></td><td></td></tr>
<tr><td></td><td></td><td></td><td colspan="2"></td><td></td><td></td></tr>
<tr><td colspan="7">申请单位情况：</td></tr>
<tr><td>单位名称</td><td colspan="5"></td><td rowspan="3">（单位公章）
年　月　日</td></tr>
<tr><td>地址</td><td colspan="5"></td></tr>
<tr><td>联系</td><td colspan="5">联系人：　　　　网址：
电话：　　　　　传真：</td></tr>
<tr><td colspan="7">交通部无线电管理领导小组办公室审批意见：
核配呼号：
经办人签名：　　　　　　　　年　月　日</td></tr>
</table>

附件2

交通部船舶无线电台呼号申请表

申请　　变更　　续用

船　名		船名拼音	
船舶种类		总吨位	
船籍港		建造地及年月	
航行区域		启用日期	

使用设备情况：

设备名称	型号	生产厂家	出厂日期	使用频率	主要技术指标

申请单位情况：

单位名称			（单位公章） 年　月　日
地址			
联系	联系人： 电话：	网址： 传真：	

交通部无线电管理领导小组办公室审批意见：

核配呼号：

经办人签名：　　　　　　　　　　　　年　月　日

交通部贯彻落实《国务院关于进一步加强消防工作的意见》的通知

（交通部　交公安发〔2006〕339号　2006.07.07）

各省、市、自治区、直辖市交通厅（局、委），新疆生产建设兵团交通局：

近期，国务院下发了《国务院关于进一步加强消防工作的意见》（国发〔2006〕15号，以下简称《意见》）。《意见》详尽阐述了消防工作对推进社会经济健康发展和构建社会主义和谐社会的重要意义，着重强调了各行业落实消防安全责任、提高防控火灾能力、遏制重特大火灾事故等问题。交通行业各单位、部门、企业要坚决贯彻落实国务院《意见》，有效预防和减少火灾事故的发生，为交通行业更快发展创造良好的消防安全环境。现就有关问题通知如下：

一、认真学习、宣传国务院《意见》精神，充分认识贯彻落实《意见》的重要意义。交通行业行政管理部门要把认真学习、宣传、贯彻国务院《意见》作为一项重要工作，列入重要议事日程，定期研究部署，协调解决消防安全重大问题。各单位、部门要制定具体的学习宣传计划和方案，精心组织，掀起学习宣传的热潮，带动广大干部职工认真学习贯彻国务院《意见》，深刻领会精神，并且督促落实到具体的工作中，切实提高交通行业防控火灾的意识和能力。要利用广播、电视、报刊、互联网等新闻媒体进行广泛宣传，真正在全交通行业营造学习、宣传、贯彻国务院《意见》的浓厚氛围，形成广大干部职工都能够重视消防、关心消防、参与消防的良好局面。

二、强化整改措施，加大检查和处罚力度，预防和减少火灾事故的发生。交通行业各单位、部门要认真分析消防安全形势,切实找准存在的突出问题和薄弱环节,有针对性地组织开展消防安全专项整治检查活动,坚决将火灾隐患消除在火灾发生之前。

第一,针对船舶流动性大、发生火灾时扑救困难等特点,要从源头上整治火灾隐患,着重检查船舶消防设施装备的配备、重点部位的巡视巡查制度的落实、应急处置预案的制定和演练、船员的消防安全知识培训教育等方面的情况,确保航行安全。第二,加强渤海湾、长江三峡、琼州海峡等重点区段滚装运输的消防安全管理,针对滚装运输消防安全管理带来的新问题,有关部门要在管理中有针对性的组织调查研究、不断摸索规律,找准运输中存在的不安全因素,采取有效措施,及时消除火灾危险源,提高消防安全系数,推动滚装运输的安全发展。第三,开展港口大型运输机械消防安全专项整治检查,制定和完善安全管理机制,加强消防硬件设施建设,推进火灾隐患整改工作,努力做到隐患不增"新量"、逐步减少"存量"。第四,加大对施工工地的监管力度,各有关单位的主要领导要亲自抓消防安全管理工作,落实岗位责任制,特别是注重现场的监督管理,及时纠正和制止违规操作行为,最大限度地降低事故发生率。第五,切实加大对交通行业内的候船、候车室等人员密集场所、"三合一"建筑、易燃易爆单位火灾隐患的专项整治力度,坚持每日防火巡查,定期进行全面的防火检查,及时纠正违章行为,并制定灭火和应急疏散预案,定期组织演练,确保公共场所人员的安全。

对检查发现的问题,该责令改正的要依法责令改正,并依法督促有关单位落实整改责任和责任人、整改方案和安全防范措施,切实做到隐患不除,工作不止。对整改措施不落实危及公共安全的,要采取断然措施,依法责令停止使用。同时还要严把隐患整改验收关,适时对已整改的隐患进行复查,坚决防止反弹。对未按规定进行隐患整改的,要依法对单位及有关责任人进行处罚,对危及公共安全,酿成灾害的要依法追究责任人的刑事责任。

三、加大对化学危险品运输的监管力度,及时消除火灾危险源，遏制和减少重特大事故的发生。交通行业行政管理部门要认真贯彻国务院《化学危险品管理条例》，切实履行监管职责，加大整治检查力度，提高对运输工具的监控能力，依法严厉打击非法运输活动，坚决遏制危险化学品运输事故多发势头。

第一，加大公路危险品运输的监管力度。交通部门要严格危险化学品运输单位的资质管理，督促其认真履行承运人的义务和职责，建立健全安全管理制度，加强驾驶、押运人员的安全教育，增强遵章守纪意识，提高应急处置能力。第二，重点加强对水路危险品运输的监督管理。交通行业有关部门要根据国务院《化学危险品管理条例》要求，重点检查运输船舶的营运资质、消防设施装备的配备、安全管理制度的制定和落实、管理人员和特殊工种人员的消防安全知识培训教育等情况。对发现的隐患，要坚决督促整改，对不符合运输条件的，无条件停止运输，坚决从源头上控制火灾及爆炸事故的发生。对拒不执行隐患的整改，严重威胁公共安全的行为，要依法追究责任。

四、建立健全消防安全责任制，提高交通行业消防安全管理水平。交通行业消防工作社会性强、涉及面广，必须努力构建“交通行业统一领导、行政部门依法监管、企业单位全面负责、广大干部职工积极参与”的消防管理模式，各单位应根据“安全自查，隐患自改，责任自负”的原则，严格落实消防安全责任制和岗位责任制，健全消防安全管理制度，定期组织防火检查和巡查。按照国务院《意见》的精神，要进一步分解细化目标任务，单位的主要负责人对本单位的消防安全工作负责，一级抓一级，层层签署责任状，明确并落实逐级和岗位消防安全责任制。应把交通消防安全工作作为目标责任考核和领导干部考评的重要内容，建立科学的考评机制，定期检查考评情况，使交通行业消防工作目标更加明确、责任更加明晰、措施更加有力、工作更加有效，形成重视交通消防安全、推动消防工作与交通运输行业协调发展的良性导向机制。凡是未按要求建立消防安全责任制，并进行落实的，要追究相关责任人的责任。

五、加大港口建设中消防设施的投入，提高应对火灾及突发事件的能力。针对一些港口企业远离城区，一旦发生火灾不能及时得到有效救援的情况，交通行业要在推进港口建设的同时，加大对港口公共消防设施装备的投入，并进行规范化管理，提高应对突发事件和对火灾的自防自救能力，满足自身消防安全的需要。要根据发展需要，大力发展以交通公安消防队为主体的多种形式消防队伍，凡是港口生产的消防重点单位，都应建立以在岗职工为主体的义务消防队，并经常进行训练和消防演习，充分发挥交通公安消防队作为应急抢险救援专业力量的骨干作用，保证港口的安全生产运输。要加强交通公安消防队应急抢险救援装备、设施和消防站建设，纳入港口建设整体规划中，及时更新和更换必备的消防器材装备，增强消防队伍的整体战斗能力。

六、深入开展消防宣传和教育培训，提高广大干部职工消防安全意识和素质。交通行业各单位、部门要把消防宣传教育培训作为一项基础性、长期性、战略性任务，进一步加大对消防宣传工作的投入，切实提高广大干部职工防火救灾的意识和素质。要积极开展消防技能培训，提高企业单位负责人、消防安全管理人员的消防管理水平。要严格执行消防安全培训合格上岗制度，确保执业人员和消防设计、施工、检查维护、操作人员，以及电工、电气焊等特种作业人员、危化品岗位作业人员、人员密集的营业性场所工作人员和保安人员，在上岗前都得到必要的消防安全培训，经考试合格，才能取得上岗资格。并在此基础上不断提高交通行业全员消防安全意识和自防自救能力，创造和谐交通、平安交通的良好环境。

关于交通行业全面贯彻落实国务院关于加强节能工作的决定的指导意见

（交通部　交体法发〔2006〕592号　2006.10.25）

各省、自治区、直辖市交通厅（局、委），新疆生产建设兵团交通局，部属各单位：

为全面贯彻落实《国务院关于加强节能工作的决定》（国发〔2006〕28号，以下简称《决定》）精神，努力建设资源节约型、环境友好型行业，使交通事业切实转入全面协调可持续发展的轨道，适应构建社会主义和谐社会总要求，结合公路、水路交通发展实际，特制定《交通行业全面贯彻落实〈国务院关于加强节能工作的决定〉的指导意见》。

一、坚持用科学发展观统领交通行业节能工作

（一）加强节能工作是交通行业一项重要而长期的战略任务。交通行业是为国民经济和社会发展提供公益服务的基础性产业，是我国能源消耗大户。随着工业化、城镇化进程逐步加快，公路、水路交通基础设施日益改善，交通运输业的机动化、自动化程度明显提高，国民经济和社会发展以及人民群众出行对交通运输提出了更安全、更便捷、更通畅、更经济、更可靠、更和谐的客观要求，交通行业的基本装备和道路水路运输总量将迅猛增长，使用能源的总量和品质要求仍将继续增加。此外，交通行业作为我国终端用能行业，面对石油资源短缺、能源问题已经成为制约我国经济发展瓶颈的形势，交通行业必将成为节能领域的重要行业之一。为确保《国民经济和社会发展第十一个五年规划纲要》确定的节能目标的实现，交通行业必须把节能工作作为当前和今后一个时期的重要战略任务，摆在更加突出的战略位置。

（二）交通行业节能工作的指导思想是：以邓小平理论和"三个代表"重要思想为指导，以科学发展观为统领，落实节约资源基本国策，以提高能源利用效率为核心，以强化管理为重点，通过政策引导、标准规范、市场准入、监督管理、科技创新、信息服务等手段，在全行业进一步树立节能意识，建立严格的管理制度和有效的激励机制，发挥市场配置资源的基础性作用，调动全行业开展节能的自觉性，以能源的高效利用促进交通事业又快又好发展。

（三）交通行业节能工作的实施原则是：坚持交通发展与节约能源并重；坚持加强节能型交通基础设施建设、强化交通运输管理、推进节能科技进步、加大节能监督管理力度、健全节能保障机制及加强组织领导等措施并举；坚持发挥市场机制作用与政府宏观调控相结合；坚持依法管理与政策激励相结合；坚持突出重点与全面推进相结合。

（四）交通行业节能工作的目标是：到"十一五"末期，在交通行业初步建立起与社会主义市场经济体制相适应的节能管理长效机制，形成管理顺畅、机制严密、考核到位的交通节能工作新局面，努力实现交通部《建设节约型交通指导意见》（交规划发〔2006〕140号）中提出的营运车辆、船舶百吨公里能耗下降20%的节能总目标。

二、坚持建设节能型交通基础设施

（五）规划建设综合运输枢纽。综合规划港口、公路站场及配套服务设施，以发展物流中心和快速货运、集装箱等货运站场为主，充分利用城市交通和其他运输方式站场，构建综合性运输枢纽，切实减少旅客和货物中转次数，努力实现多种运输方式的"无缝衔接"和"零换乘"。

（六）改进道路基础设施条件。

优化路网结构。实施《国家高速公路网规划》，集中力量加快国道主干线等公路大通道建设；加大国省道技术升级、改建工程建设力度，完善路网结构；实施《全国农村公路建设规划》，提高通达度，改善路况。

优化公路站场布局。建设以公路运输枢纽为龙头、一般性汽车客货运站(点)为辅助,布局合理、结构优化,与其他运输方式有效衔接的公路站场服务体系。

(七)充分发挥水路运输优势。

优化港口布局。根据港口区位优势、自然条件、腹地经济发展需求和发展潜力等,建设层次分明、分工合理、大中小结合的港口体系。提高码头泊位专业化、规模化水平,充分利用现有码头设施,加大技术改造力度,提高港口的通过能力和效率。

加强水运资源综合利用,合理规划、建设长江黄金水道,充分发挥部省联合机制的作用,多渠道融资。加大内河航道整治力度,全面改善航道等级结构,形成以高等级航道为主体的层次分明、干支相通、通江达海的航道体系,促进内河水运发展。

三、以强化运输管理为节能工作重点

(八)调整公路、水路运力结构。

调整道路运输运力结构。客运装备方面,进一步加快推广农村客运经济适用车型,提高客运装备水平,鼓励发展高效低耗的新型运力。货运装备方面,积极引导和鼓励选择使用推荐车型,鼓励使用柴油汽车及重型车、专用车和厢式车,逐步提高其在运营车中的比重;重点发展适合高速公路、干线公路的大吨位多轴重型汽车列车和短途集散用小型货运汽车;推进拖挂、甩挂运输,提高牵引车利用效率。各级交通主管部门要研究制定积极的用能和节能优惠政策,引导全行业选用节能型车辆。

调整水路运输运力结构。限制技术落后、单位能耗高、环境污染大的船型,淘汰挂桨机船,加快内河船舶标准化进程,促进船舶技术进步和航运结构调整,充分挖掘航道和船闸等通航设施的能力。优化运输船队的吨位结构,远洋、沿海船舶向大型化、专业化、节能化方向发展;内河船舶向自航船、顶推船队、江海直达船等各种节能船型发展。

(九)推进各种运输方式间的协调发展。

积极推进各种运输方式协调发展,努力建设综合运输体系。

推动多式联运,加强公路运输、水路运输及其他运输方式的协调,加快运输结构的升级和优化;发展海峡、海湾和陆岛之间客货混装运输及商品车辆集装单元化运输方式;推进江海直达运输。

大力发展内河运输。充分发挥内河运输能耗低、污染小的优势,使陆上大宗、远距离运输货物向水上转移,做到宜水则水。重点开发利用长江、京杭运河、淮河、珠江、黑龙江及水网地区水道进行大宗货物运输。

(十)提升运输组织管理水平。

合理控制车辆运力增长。建立和完善交通信息系统,掌握客货流向流量变化规律,对于实载率低于70%的客运线路不得新增运力;加强货运组织和运力调配,提高货运车辆实载率,特别要有效利用回程运力,降低空驶率。发展高速公路与其他高等级公路相结合的网络化快速客运;鼓励汽车运输企业提供仓储、包装、运输等全过程一体化的第三方服务,发展现代物流业。

提升水路运输组织管理水平。加强国内船舶运力调控,抑制运力过快增长,避免造成运力过剩,引导航运企业优化结构,向规模化、集约化经营方向发展。运用信息化、网络化技术,合理组织货源,保持货流平衡,提高船舶实载率。

针对重点物资及大宗货物,加强港口生产组织、协调,做好与包括铁路运输在内的其他运输方式的衔接工作。

四、大力推进节能科技进步

(十一)积极研发推广节能新产品、能源节约与替代等新技术。研究推广新一代运输装备、新型车船替代燃料和港口装卸新技术,包括高效低能耗标准化运输车辆、内河新型船舶和动力装置、内河新型港口装卸工艺和装备以及车船节能技术与代用燃料的开发应用。

(十二)研究推广智能化数字交通管理技术和一体化运输技术。逐步实现智能化的交通运输、数字化管理,改善运营管理,优化资源配置,提高交通网络的通行能力。

(十三)开展航道、高等级公路养护技术研究,研究推广运输装备维修技术和操作人员培训新技术、新设备，推广航标遥测遥控技术、公路沿线设施太阳能综合利用技术、废旧轮胎翻新利用、驾驶员培训模拟器等成熟的节能技术。

（十四）加强交通重点耗能设备能源利用监控、监测手段和技术的研究开发，实现在用重点耗能设备能源检测便捷化、智能化。

（十五）加快进行交通行业节能工作的前瞻性、战略性研究，密切结合交通行业实际情况，积极发现交通节能中的新问题，研究提出解决问题的思路、办法，重点研究节能管理长效机制、交通行业节约能源标准体系框架、营运车船及主要耗能设备能源消耗限值、能源利用监测试验方法、交通工程节能设计规范，跟踪研究国外交通节能管理经验、技术及能效指标等。

（十六）加强节能交流与合作。搭建交通节能信息交流平台，及时公布节能型运输装备及节能新产品、新技术、新工艺、新材料的信息；组织交通企业交流节能工作经验。学习借鉴发达国家交通节能技术和管理经验，开展与有关国家在交通节能领域的交流与合作。

五、进一步加大节能监督管理工作力度

（十七）进一步建立完善行业节能监管体系。建立健全交通行业节能监测和服务机构，充分发挥其在指导科学用能方面的作用。各级交通行政主管部门和交通企事业单位都要对本地区、本单位年耗能5000吨标准煤以上的重点用能单位和重点耗能装备建立并实施严格的监控制度，使其处于科学用能、合理用能的良好运行状态。建立节能管理的长效机制，组织研究和编制指导本地区重点用能单位和重大耗能设备的科学用能指标体系，全面建立重点用能单位的用能绩效和设备用能单耗考核制度，强化约束管理，提高并督促所管理单位严格执行标准能耗限额。

（十八）建立实施有效的行业重点耗能设备准入与退出制度。尽快组织研究确定进入交通行业的重点耗能设备能耗限值标准，开展重点耗能设备的认证、检测、推荐、抽查工作，建立交通行业的重点耗能设备行业准入制度，限制高耗能设备和运输装备进入行业，同时加大对行业内在用的重点耗能设备和运输装备的抽查检测力度，达不到要求和超能耗指标的要坚决退出。

（十九）进一步规范交通行业固定资产投资项目的节能篇评估和审查工作。交通行业固定资产投资项目（含新、改、扩建项目）的工程可行性研究报告中必须明确编制“节能篇（章）”，年能源消耗总量达到3000吨标准煤以上的工程项目，必须进行节能篇的独立评估和审查；要将工程项目的节能绩效和能源单耗列为重点交通建设项目竣工验收和后评估的重要内容之一。

（二十）加强交通用能统计和监测。研究制定水路、公路、港口企业能源统计与分析制度，2007年交通行业要逐步完善和出台水路、公路、港口企业能源统计与分析制度标准和交通行业能源统计报告制度。各地区、各单位均要建立相应的能源消耗统计体系，有条件的地区要将其逐步纳入节能目标考核制度中，适时开展行业用能状况的统计普查，全面掌握和监测交通行业用能状况和水平。

（二十一）交通行政主管部门和事业单位带头节能。各级交通主管部门和事业单位要厉行节约，率先垂范，从决策计划、资源配置到日常管理，发挥行业表率作用。要建立节约资源的量化管理体系，从节约和利用资源、高效管理、绿色建筑、节能采购、新产品、新技术应用等方面制定具体管理办法。

六、健全交通行业节能保障工作机制

（二十二）加大节能资金投入力度。积极争取有关部门支持，加大财政资金对交通节能工作的资金投入；各级交通主管部门和交通企事业单位要为节能工作前瞻性、战略性、基础性研究及示范工程的推广等提供资金保障和支持。

（二十三）建立节能激励与约束机制。各级交通主管部门和交通企事业单位要将节能目标完成情况作为绩效考核和政绩考核的内容之一。制定科学合理的节能奖惩办法，结合本地区、本单位的实际情况，对节能工作作出贡献的集体、个人给予表彰和奖励，对浪费严重的给予通报批评和处罚。

（二十四）制定行业节能规划。在充分了解交通行业能耗水平的基础上，对照国内外先进水平，分析交通行业节能潜力，组织制定交通行业节能中长期规划，并将有关指标纳入到交通行业发展规划中，争取在2007年公布实施；地方各级交通主管部门和重点用能单位应根据实际情况，制定相应的节能规划。

（二十五）加强节能教育培训，增强全员节能意识。加强交通行业节能管理、人才培养，保持一支稳定的高素质交通节能工作队伍。开展交通节能培训工作，使交通行业各类从业人员接受不同层次和不同内容的节能培训，提高节能意识、业务水平和操作技能。尤其要对汽车驾驶员进行节能驾驶操作培训，并在营运驾驶员从业资格考核中增加节能驾驶知识的考核内容，使节约能源逐渐成为全行业的自觉行为。

七、加强节能工作的组织领导

（二十六）切实加强节能工作的组织领导。各级交通行政主管部门和交通企事业单位要高度重视节能工作，将节能工作纳入到重要议事日程，主要领导要亲自抓，明确相关部门的责任和分工，确保责任到位、措施到位、投入到位。

（二十七）建立健全交通行业节能行政管理体制，形成体系完整的节能管理网络。恢复交通部节能工作协调小组，指导行业节能管理工作。交通部机关各业务部门按照职责分工，各司其职。进一步充实、强化交通部能源管理办公室的工作职能和职责，加强交通节能日常管理工作。各级交通行政主管部门和交通企事业单位也要尽快建立完善的组织机构，做到节能管理工作责任到人，切实推进节能工作步入一个新的阶段。

（二十八）建立健全交通行业能源管理技术服务体系。在原有的基础上，调整布局，增设站点，加强交通节能监测机构的能力建设，使能源利用监测体系能够覆盖整个行业，为全行业提供节能技术服务。发挥节能技术服务机构，交通行业学会、协会等中介组织在各自的专业领域内的节能管理、技术推广等作用，为交通企业做好节能工作提供服务。

（二十九）建立节能目标责任制。各级交通行政主管部门和重点用能单位应制定科学合理的节能目标和具体的考核方案，并将节能目标逐级分解，明确责任主体，层层落实，实行严格的目标责任制。

（三十）加强节能宣传工作。充分利用行业报刊等媒体，采用各种不同方式，宣传我国能源资源形势和节能的重要意义，宣传国家节能方针、政策、法律及法规，提高全行业员工特别是各级领导干部的节能意识和资源忧患意识。

交通行业节能工作艰巨而复杂，是一项系统工程，是构建社会主义和谐社会的重要内容。各级交通行政主管部门和交通企事业单位要充分认识这项工作的极端重要性、紧迫性和长期性，制定实施措施并狠抓落实，确保行业节能目标的实现。

关于加强和规范公路水路交通运输行业卫星定位应用系统建设的指导意见

（交通部　交科教发〔2006〕617号　2006.11.02）

各省、自治区、直辖市、计划单列市交通厅（局、委），新疆生产建设兵团交通局，长江、珠江航务管理局，部海事局，中国船级社，各有关港航管理机构：

随着交通运输事业的发展和交通信息化应用水平的不断提高，卫星定位应用系统在公路水路交通运输生产和管理中正在发挥着越来越重要的作用。为进一步加强和规范交通运输行业卫星定位应用系统（以下简称“卫星定位系统”）的建设，促进卫星定位技术的广泛应用，保障交通运输业的健康发展，现就有关工作提出以下指导意见。

一、卫星定位系统的应用

（一）卫星定位系统是提升交通运输行业管理和服务水平，保障交通运输安全和提高生产效率的有效手段。在国家有关政策的指导下，鼓励交通运输行业推广应用卫星定位系统。

（二）卫星定位系统应优先应用于交通运输行业涉及公共安全的重点监管领域，包括水路运输特别是在重点水域的载客和危险品运输，道路运输中的长途客运、旅游客运、高速公路客运和危险品运输等。同时鼓励和引导应用卫星定位系统对其他类别的客货运输实施安全监管和运营管理。

（三）卫星定位系统主要分为公共管理与服务系统和内部运营管理系统。公共管理与服务系统主要用于交通运输管理部门行政管理、安全监管，为船舶、车辆提供信息服务等；内部运营管理系统主要用于运输企业（业户）内部的运营和安全管理等，同时为公共管理与服务系统提供相关信息，满足交通运输管理部门实施行业管理和安全监管的需要。

二、卫星定位系统的建设

（一）卫星定位系统的建设应坚持需求主导、规范有序、突出重点、资源共享的原则，避免各自为政、重复建设和增加运输企业（业户）的负担。

（二）交通运输管理部门主导公共管理与服务系统的建设，并提供必要的经费保障。为减少重复建设、促进资源共享，省级以上交通运输管理部门应积极创造条件，建设统一的卫星定位系统公共平台和管理与服务系统，并按照公路、水路交通运输管理工作的要求分步推进。公共管理与服务系统应具备兼容已有的卫星定位系统和多种终端的功能，同时可根据实际需求兼具内部运营管理系统的功能。

（三）在卫星定位系统相关数据库建设或改造中，对涉及公路、车辆、港口、航道、船舶等基础信息的代码和数据格式，应按照交通部编制的《交通信息基础数据元集》和相关的行业要求予以规范。

（四）运输企业（业户）根据生产管理需要，可自行选用或开发内部运营管理系统，并须按照公共服务信息共享的要求，实现与公共管理与服务系统的联通。鼓励运输企业（业户）利用公共管理与服务系统，积极开发内部运营管理系统，增强管理和服务功能，充分发挥卫星定位系统在运输生产组织、调度中的作用，提高投入产出效益。

（五）卫星定位系统终端设备的安装应依法允许运输企业（业户）自主选择终端设备和运营服务商，管理部门不得违规提出强制性要求，干预企业正常经营。应严格遵循一艘船、一辆车只安装一套终端设备的原则，不得以任何名义强制运输企业（业户）安装具有相同或类似功能的其他终端设备。

（六）交通运输管理部门应依法行政，规范卫星定位系统的建设，切实维护运输企业（业户）的正当权益。应通过公开透明的程序，择优向运输企业（业户）推荐符合有关标准规范的终端设备。危险品运输车辆配备的终端应符合国家有关要求和标准。

三、卫星定位系统的管理

（一）交通运输管理部门应按照专业化、市场化的要求选择公共管理与服务系统的运营维护单位，努力降低运营维护成本。收取用户的服务费用标准应符合相关规定，不得额外或变相收费。

（二）应充分发挥市场对信息资源配置的基础性作用，鼓励和引导增值开发卫星定位系统信息资源。交通运输管理部门及运营维护单位还应加强卫星定位系统信息安全管理工作，切实维护运输企业（业户）的商业和个人秘密。

（三）交通部将在国家和行业相关标准的基础上，制订有关系统建设、数据交换等行业技术标准，推动卫星定位系统的数据共享和信息资源的开发利用。各省级交通运输管理部门应在国家和行业相关标准规范的基础上，尽快制订有关卫星定位系统的技术规范，并有计划地宣贯执行。

（四）交通运输管理部门可根据本意见，结合实际情况，制定有关管理办法或实施细则，并做好有关政策和规定的宣贯工作，把加强和规范卫星定位系统建设的各项工作落到实处。

其　　他

中华人民共和国审计法

（中华人民共和国主席令第48号　2006.02.28）

第一章　总　　则

第一条　为了加强国家的审计监督，维护国家财政经济秩序，提高财政资金使用效益，促进廉政建设，保障国民经济和社会健康发展，根据宪法，制定本法。

第二条　国家实行审计监督制度。国务院和县级以上地方人民政府设立审计机关。

国务院各部门和地方各级人民政府及其各部门的财政收支，国有的金融机构和企业事业组织的财务收支，以及其他依照本法规定应当接受审计的财政收支、财务收支，依照本法规定接受审计监督。

审计机关对前款所列财政收支或者财务收支的真实、合法和效益，依法进行审计监督。

第三条　审计机关依照法律规定的职权和程序，进行审计监督。

审计机关依据有关财政收支、财务收支的法律、法规和国家其他有关规定进行审计评价，在法定职权范围内作出审计决定。

第四条　国务院和县级以上地方人民政府应当每年向本级人民代表大会常务委员会提出审计机关对预算执行和其他财政收支的审计工作报告。审计工作报告应当重点报告对预算执行的审计情况。必要时，人民代表大会常务委员会可以对审计工作报告作出决议。

国务院和县级以上地方人民政府应当将审计工作报告中指出的问题的纠正情况和处理结果向本级人民代表大会常务委员会报告。

第五条 审计机关依照法律规定独立行使审计监督权，不受其他行政机关、社会团体和个人的干涉。

第六条 审计机关和审计人员办理审计事项，应当客观公正，实事求是，廉洁奉公，保守秘密。

第二章 审计机关和审计人员

第七条 国务院设立审计署，在国务院总理领导下，主管全国的审计工作。审计长是审计署的行政首长。

第八条 省、自治区、直辖市、设区的市、自治州、县、自治县、不设区的市、市辖区的人民政府的审计机关，分别在省长、自治区主席、市长、州长、县长、区长和上一级审计机关的领导下，负责本行政区域内的审计工作。

第九条 地方各级审计机关对本级人民政府和上一级审计机关负责并报告工作，审计业务以上级审计机关领导为主。

第十条 审计机关根据工作需要，经本级人民政府批准，可以在其审计管辖范围内设立派出机构。

派出机构根据审计机关的授权，依法进行审计工作。

第十一条 审计机关履行职责所必需的经费，应当列入财政预算，由本级人民政府予以保证。

第十二条 审计人员应当具备与其从事的审计工作相适应的专业知识和业务能力。

第十三条 审计人员办理审计事项，与被审计单位或者审计事项有利害关系的，应当回避。

第十四条 审计人员对其在执行职务中知悉的国家秘密和被审计单位的商业秘密，负有保密的义务。

第十五条 审计人员依法执行职务，受法律保护。

任何组织和个人不得拒绝、阻碍审计人员依法执行职务，不得打击报复审计人员。

审计机关负责人依照法定程序任免。审计机关负责人没有违法失职或者其他不符合任职条件的情况的，不得随意撤换。

地方各级审计机关负责人的任免，应当事先征求上一级审计机关的意见。

第三章 审计机关职责

第十六条 审计机关对本级各部门（含直属单位）和下级政府预算的执行情况和决算以及其他财政收支情况，进行审计监督。

第十七条 审计署在国务院总理领导下，对中央预算执行情况和其他财政收支情况进行审计监督，向国务院总理提出审计结果报告。

地方各级审计机关分别在省长、自治区主席、市长、州长、县长、区长和上一级审计机关的领导下，对本级预算执行情况和其他财政收支情况进行审计监督，向本级人民政府和上一级审计机关提出审计结果报告。

第十八条 审计署对中央银行的财务收支，进行审计监督。

审计机关对国有金融机构的资产、负债、损益，进行审计监督。

第十九条 审计机关对国家的事业组织和使用财政资金的其他事业组织的财务收支，进行审计监督。

第二十条 审计机关对国有企业的资产、负债、损益，进行审计监督。

第二十一条 对国有资本占控股地位或者主导地位的企业、金融机构的审计监督，由国务院规定。

第二十二条 审计机关对政府投资和以政府投资为主的建设项目的预算执行情况和决算，进行审计监督。

第二十三条 审计机关对政府部门管理的和其他单位受政府委托管理的社会保障基金、社会捐赠资金以及其他有关基金、资金的财务收支，进行审计监督。

第二十四条 审计机关对国际组织和外国政府援助、贷款项目的财务收支，进行审计监督。

第二十五条 审计机关按照国家有关规定，对国家机关和依法属于审计机关审计监督对象的其他单位的主要负责人，在任职期间对本地区、本部门或者本单位的财政收支、财务收支以及有关经济活动应负经济责任的履行情况，进行审计监督。

第二十六条 除本法规定的审计事项外，审计机关对其他法律、行政法规规定应当由审计机关进行审计的事项，依照本法和有关法律、行政法规的规定进行审计监督。

第二十七条 审计机关有权对与国家财政收支有关的特定事项，向有关地方、部门、单位进行专项审计调查，并向本级人民政府和上一级审计机关报告审计调查结果。

第二十八条 审计机关根据被审计单位的财政、财务隶属关系或者国有资产监督管理关系，确定审计管辖范围。

审计机关之间对审计管辖范围有争议的，由其共同的上级审计机关确定。

上级审计机关可以将其审计管辖范围内的本法第十八条第二款至第二十五条规定的审计事项，授权下级审计机关进行审计；上级审计机关对下级审计机关审计管辖范围内的重大审计事项，可以直接进行审计，但是应当防止不必要的重复审计。

第二十九条 依法属于审计机关审计监督对象的单位，应当按照国家有关规定建立健全内部审计制度；其内部审计工作应当接受审计机关的业务指导和监督。

第三十条 社会审计机构审计的单位依法属于审计机关审计监督对象的，审计机关按照国务院的规定，有权对该社会审计机构出具的相关审计报告进行核查。

第四章　审计机关权限

第三十一条　审计机关有权要求被审计单位按照审计机关的规定提供预算或者财务收支计划、预算执行情况、决算、财务会计报告,运用电子计算机储存、处理的财政收支、财务收支电子数据和必要的电子计算机技术文档,在金融机构开立账户的情况,社会审计机构出具的审计报告,以及其他与财政收支或者财务收支有关的资料,被审计单位不得拒绝、拖延、谎报。

被审计单位负责人对本单位提供的财务会计资料的真实性和完整性负责。

第三十二条　审计机关进行审计时,有权检查被审计单位的会计凭证、会计账簿、财务会计报告和运用电子计算机管理财政收支、财务收支电子数据的系统,以及其他与财政收支、财务收支有关的资料和资产,被审计单位不得拒绝。

第三十三条　审计机关进行审计时,有权就审计事项的有关问题向有关单位和个人进行调查,并取得有关证明材料。有关单位和个人应当支持、协助审计机关工作,如实向审计机关反映情况,提供有关证明材料。

审计机关经县级以上人民政府审计机关负责人批准,有权查询被审计单位在金融机构的账户。

审计机关有证据证明被审计单位以个人名义存储公款的,经县级以上人民政府审计机关主要负责人批准,有权查询被审计单位以个人名义在金融机构的存款。

第三十四条　审计机关进行审计时,被审计单位不得转移、隐匿、篡改、毁弃会计凭证、会计账簿、财务会计报告以及其他与财政收支或者财务收支有关的资料,不得转移、隐匿所持有的违反国家规定取得的资产。

审计机关对被审计单位违反前款规定的行为,有权予以制止;必要时,经县级以上人民政府审计机关负责人批准,有权封存有关资料和违反国家规定取得的资产；对其中在金融机构的有关存款需要予以冻结的，应当向人民法院提出申请。

审计机关对被审计单位正在进行的违反国家规定的财政收支、财务收支行为，有权予以制止；制止无效的，经县级以上人民政府审计机关负责人批准，通知财政部门和有关主管部门暂停拨付与违反国家规定的财政收支、财务收支行为直接有关的款项，已经拨付的，暂停使用。

审计机关采取前两款规定的措施不得影响被审计单位合法的业务活动和生产经营活动。

第三十五条 审计机关认为被审计单位所执行的上级主管部门有关财政收支、财务收支的规定与法律、行政法规相抵触的，应当建议有关主管部门纠正；有关主管部门不予纠正的，审计机关应当提请有权处理的机关依法处理。

第三十六条 审计机关可以向政府有关部门通报或者向社会公布审计结果。

审计机关通报或者公布审计结果，应当依法保守国家秘密和被审计单位的商业秘密，遵守国务院的有关规定。

第三十七条 审计机关履行审计监督职责，可以提请公安、监察、财政、税务、海关、价格、工商行政管理等机关予以协助。

第五章 审计程序

第三十八条 审计机关根据审计项目计划确定的审计事项组成审计组，并应当在实施审计三日前，向被审计单位送达审计通知书；遇有特殊情况，经本级人民政府批准，审计机关可以直接持审计通知书实施审计。

被审计单位应当配合审计机关的工作，并提供必要的工作条件。

审计机关应当提高审计工作效率。

第三十九条 审计人员通过审查会计凭证、会计账簿、财务会计报告,查阅与审计事项有关的文件、资料,检查现金、实物、有价证券,向有关单位和个人调查等方式进行审计,并取得证明材料。

审计人员向有关单位和个人进行调查时,应当出示审计人员的工作证件和审计通知书副本。

第四十条 审计组对审计事项实施审计后,应当向审计机关提出审计组的审计报告。审计组的审计报告报送审计机关前,应当征求被审计对象的意见。被审计对象应当自接到审计组的审计报告之日起十日内,将其书面意见送交审计组。审计组应当将被审计对象的书面意见一并报送审计机关。

第四十一条 审计机关按照审计署规定的程序对审计组的审计报告进行审议,并对被审计对象对审计组的审计报告提出的意见一并研究后,提出审计机关的审计报告;对违反国家规定的财政收支、财务收支行为,依法应当给予处理、处罚的,在法定职权范围内作出审计决定或者向有关主管机关提出处理、处罚的意见。

审计机关应当将审计机关的审计报告和审计决定送达被审计单位和有关主管机关、单位。审计决定自送达之日起生效。

第四十二条 上级审计机关认为下级审计机关作出的审计决定违反国家有关规定的,可以责成下级审计机关予以变更或者撤销,必要时也可以直接作出变更或者撤销的决定。

第六章 法律责任

第四十三条 被审计单位违反本法规定,拒绝或者拖延提供与审计事项有关的资料的,或者提供的资料不真实、不完整的,或者拒绝、阻碍检查的,由审计机关责令改正,可以通报批评,给予警告;拒不改正的,依法追究责任。

第四十四条 被审计单位违反本法规定,转移、隐匿、篡改、毁弃会计凭证、会计账簿、财务会计报告以及其他与财政收支、财务收支有关的资料,或者转移、隐匿所持有的违反国家规定取得的资产,审计机关认为对直接负责的主管人员和其他直接责任人员依法应当给予处分的,应当提出给予处分的建议,被审计单位或者其上级机关、监察机关应当依法及时作出决定,并将结果书面通知审计机关;构成犯罪的,依法追究刑事责任。

第四十五条 对本级各部门(含直属单位)和下级政府违反预算的行为或者其他违反国家规定的财政收支行为,审计机关、人民政府或者有关主管部门在法定职权范围内,依照法律、行政法规的规定,区别情况采取下列处理措施:

(一)责令限期缴纳应当上缴的款项;

(二)责令限期退还被侵占的国有资产;

(三)责令限期退还违法所得;

(四)责令按照国家统一的会计制度的有关规定进行处理;

(五)其他处理措施。

第四十六条 对被审计单位违反国家规定的财务收支行为,审计机关、人民政府或者有关主管部门在法定职权范围内,依照法律、行政法规的规定,区别情况采取前条规定的处理措施,并可以依法给予处罚。

第四十七条 审计机关在法定职权范围内作出的审计决定,被审计单位应当执行。

审计机关依法责令被审计单位上缴应当上缴的款项,被审计单位拒不执行的,审计机关应当通报有关主管部门,有关主管部门应当依照有关法律、行政法规的规定予以扣缴或者采取其他处理措施,并将结果书面通知审计机关。

第四十八条 被审计单位对审计机关作出的有关财务收支的审计决定不服的,可以依法申请行政复议或者提起行政诉讼。

被审计单位对审计机关作出的有关财政收支的审计决定不服的,可以提请审计机关的本级人民政府裁决,本级人民政府的裁决为最终决定。

第四十九条 被审计单位的财政收支、财务收支违反国家规定,审计机关认为对直接负责的主管人员和其他直接责任人员依法应当给予处分的,应当提出给予处分的建议,被审计单位或者其上级机关、监察机关应当依法及时作出决定,并将结果书面通知审计机关。

第五十条 被审计单位的财政收支、财务收支违反法律、行政法规的规定,构成犯罪的,依法追究刑事责任。

第五十一条 报复陷害审计人员的,依法给予处分;构成犯罪的,依法追究刑事责任。

第五十二条 审计人员滥用职权、徇私舞弊、玩忽职守或者泄露所知悉的国家秘密、商业秘密的,依法给予处分;构成犯罪的,依法追究刑事责任。

第七章 附 则

第五十三条 中国人民解放军审计工作的规定,由中央军事委员会根据本法制定。

第五十四条 本法自 1995 年 1 月 1 日起施行。1988 年 11 月 30 日国务院发布的《中华人民共和国审计条例》同时废止。

中华人民共和国护照法

（中华人民共和国主席令第50号　2006.04.29）

第一条　为了规范中华人民共和国护照的申请、签发和管理，保障中华人民共和国公民出入中华人民共和国国境的权益，促进对外交往，制定本法。

第二条　中华人民共和国护照是中华人民共和国公民出入国境和在国外证明国籍和身份的证件。

任何组织或者个人不得伪造、变造、转让、故意损毁或者非法扣押护照。

第三条　护照分为普通护照、外交护照和公务护照。

护照由外交部通过外交途径向外国政府推介。

第四条　普通护照由公安部出入境管理机构或者公安部委托的县级以上地方人民政府公安机关出入境管理机构以及中华人民共和国驻外使馆、领馆和外交部委托的其他驻外机构签发。

外交护照由外交部签发。

公务护照由外交部、中华人民共和国驻外使馆、领馆或者外交部委托的其他驻外机构以及外交部委托的省、自治区、直辖市和设区的市人民政府外事部门签发。

第五条　公民因前往外国定居、探亲、学习、就业、旅行、从事商务活动等非公务原因出国的，由本人向户籍所在地的县级以上地方人民政府公安机关出入境管理机构申请普通护照。

第六条　公民申请普通护照，应当提交本人的居民身份证、户口簿、近期免冠照片以及申请事由的相关材料。国家工作人员因本法第五条规定的原因出境申请普通护照的，还应当按照国家有关规定提交相关证明文件。

公安机关出入境管理机构应当自收到申请材料之日起 15 日内签发普通护照；对不符合规定不予签发的，应当书面说明理由，并告知申请人享有依法申请行政复议或者提起行政诉讼的权利。

在偏远地区或者交通不便的地区或者因特殊情况，不能按期签发护照的，经护照签发机关负责人批准，签发时间可以延长至 30 日。

公民因合理紧急事由请求加急办理的，公安机关出入境管理机构应当及时办理。

第七条 普通护照的登记项目包括：护照持有人的姓名、性别、出生日期、出生地，护照的签发日期、有效期、签发地点和签发机关。

普通护照的有效期为：护照持有人未满 16 周岁的 5 年，16 周岁以上的 10 年。

普通护照的具体签发办法，由公安部规定。

第八条 外交官员、领事官员及其随行配偶、未成年子女和外交信使持用外交护照。

在中华人民共和国驻外使馆、领馆或者联合国、联合国专门机构以及其他政府间国际组织中工作的中国政府派出的职员及其随行配偶、未成年子女持用公务护照。

前两款规定之外的公民出国执行公务的，由其工作单位依照本法第四条第二款、第三款的规定向外交部门提出申请，由外交部门根据需要签发外交护照或者公务护照。

第九条 外交护照、公务护照的登记项目包括：护照持有人的姓名、性别、出生日期、出生地，护照的签发日期、有效期和签发机关。

外交护照、公务护照的签发范围、签发办法、有效期以及公务护照的具体类别，由外交部规定。

第十条 护照持有人所持护照的登记事项发生变更时，应当持相关证明材料，向护照签发机关申请护照变更加注。

第十一条 有下列情形之一的，护照持有人可以按照规定申

请换发或者补发护照:

(一)护照有效期即将届满的;

(二)护照签证页即将使用完毕的;

(三)护照损毁不能使用的;

(四)护照遗失或者被盗的;

(五)有正当理由需要换发或者补发护照的其他情形。

护照持有人申请换发或者补发普通护照,在国内,由本人向户籍所在地的县级以上地方人民政府公安机关出入境管理机构提出;在国外,由本人向中华人民共和国驻外使馆、领馆或者外交部委托的其他驻外机构提出。定居国外的中国公民回国后申请换发或者补发普通护照的,由本人向暂住地的县级以上地方人民政府公安机关出入境管理机构提出。

外交护照、公务护照的换发或者补发,按照外交部的有关规定办理。

第十二条 护照具备视读与机读两种功能。

护照的防伪性能参照国际技术标准制定。

护照签发机关及其工作人员对因制作、签发护照而知悉的公民个人信息,应当予以保密。

第十三条 申请人有下列情形之一的,护照签发机关不予签发护照:

(一)不具有中华人民共和国国籍的;

(二)无法证明身份的;

(三)在申请过程中弄虚作假的;

(四)被判处刑罚正在服刑的;

(五)人民法院通知有未了结的民事案件不能出境的;

(六)属于刑事案件被告人或者犯罪嫌疑人的;

(七)国务院有关主管部门认为出境后将对国家安全造成危害或者对国家利益造成重大损失的。

第十四条 申请人有下列情形之一的,护照签发机关自其刑罚执行完毕或者被遣返回国之日起6个月至3年以内不予签发护照：

（一）因妨害国（边）境管理受到刑事处罚的；

（二）因非法出境、非法居留、非法就业被遣返回国的。

第十五条 人民法院、人民检察院、公安机关、国家安全机关、行政监察机关因办理案件需要，可以依法扣押案件当事人的护照。

案件当事人拒不交出护照的，前款规定的国家机关可以提请护照签发机关宣布案件当事人的护照作废。

第十六条 护照持有人丧失中华人民共和国国籍，或者护照遗失、被盗等情形，由护照签发机关宣布该护照作废。

伪造、变造、骗取或者被签发机关宣布作废的护照无效。

第十七条 弄虚作假骗取护照的，由护照签发机关收缴护照或者宣布护照作废；由公安机关处2000元以上5000元以下罚款；构成犯罪的，依法追究刑事责任。

第十八条 为他人提供伪造、变造的护照，或者出售护照的，依法追究刑事责任；尚不够刑事处罚的，由公安机关没收违法所得，处10日以上15日以下拘留，并处2000元以上5000元以下罚款；非法护照及其印制设备由公安机关收缴。

第十九条 持用伪造或者变造的护照或者冒用他人护照出入国（边）境的，由公安机关依照出境入境管理的法律规定予以处罚；非法护照由公安机关收缴。

第二十条 护照签发机关工作人员在办理护照过程中有下列行为之一的，依法给予行政处分；构成犯罪的，依法追究刑事责任：

（一）应当受理而不予受理的；

（二）无正当理由不在法定期限内签发的；

（三）超出国家规定标准收取费用的；

（四）向申请人索取或者收受贿赂的；

（五）泄露因制作、签发护照而知悉的公民个人信息，侵害公民合法权益的；

（六）滥用职权、玩忽职守、徇私舞弊的其他行为。

第二十一条 普通护照由公安部规定式样并监制；外交护照、

公务护照由外交部规定式样并监制。

第二十二条 护照签发机关可以收取护照的工本费、加注费。收取的工本费和加注费上缴国库。

护照工本费和加注费的标准由国务院价格行政部门会同国务院财政部门规定、公布。

第二十三条 短期出国的公民在国外发生护照遗失、被盗或者损毁不能使用等情形，应当向中华人民共和国驻外使馆、领馆或者外交部委托的其他驻外机构申请中华人民共和国旅行证。

第二十四条 公民从事边境贸易、边境旅游服务或者参加边境旅游等情形，可以向公安部委托的县级以上地方人民政府公安机关出入境管理机构申请中华人民共和国出入境通行证。

第二十五条 公民以海员身份出入国境和在国外船舶上从事工作的，应当向交通部委托的海事管理机构申请中华人民共和国海员证。

第二十六条 本法自 2007 年 1 月 1 日起施行。本法施行前签发的护照在有效期内继续有效。

中华人民共和国公司登记管理条例

（国务院令第451号　2005.12.18）

第一章　总　则

第一条　为了确认公司的企业法人资格，规范公司登记行为，依据《中华人民共和国公司法》（以下简称《公司法》），制定本条例。

第二条　有限责任公司和股份有限公司（以下统称公司）设立、变更、终止，应当依照本条例办理公司登记。

申请办理公司登记，申请人应当对申请文件、材料的真实性负责。

第三条　公司经公司登记机关依法登记，领取《企业法人营业执照》，方取得企业法人资格。

自本条例施行之日起设立公司，未经公司登记机关登记的，不得以公司名义从事经营活动。

第四条　工商行政管理机关是公司登记机关。

下级公司登记机关在上级公司登记机关的领导下开展公司登记工作。

公司登记机关依法履行职责，不受非法干预。

第五条　国家工商行政管理总局主管全国的公司登记工作。

第二章　登 记 管 辖

第六条　国家工商行政管理总局负责下列公司的登记：

（一）国务院国有资产监督管理机构履行出资人职责的公司以及该公司投资设立并持有50%以上股份的公司；

（二）外商投资的公司；

（三）依照法律、行政法规或者国务院决定的规定，应当由国家工商行政管理总局登记的公司；

（四）国家工商行政管理总局规定应当由其登记的其他公司。

第七条 省、自治区、直辖市工商行政管理局负责本辖区内下列公司的登记：

（一）省、自治区、直辖市人民政府国有资产监督管理机构履行出资人职责的公司以及该公司投资设立并持有50%以上股份的公司；

（二）省、自治区、直辖市工商行政管理局规定由其登记的自然人投资设立的公司；

（三）依照法律、行政法规或者国务院决定的规定，应当由省、自治区、直辖市工商行政管理局登记的公司；

（四）国家工商行政管理总局授权登记的其他公司。

第八条 设区的市（地区）工商行政管理局、县工商行政管理局，以及直辖市的工商行政管理分局、设区的市工商行政管理局的区分局，负责本辖区内下列公司的登记：

（一）本条例第六条和第七条所列公司以外的其他公司；

（二）国家工商行政管理总局和省、自治区、直辖市工商行政管理局授权登记的公司。

前款规定的具体登记管辖由省、自治区、直辖市工商行政管理局规定。但是，其中的股份有限公司由设区的市（地区）工商行政管理局负责登记。

第三章 登记事项

第九条 公司的登记事项包括：

（一）名称；

（二）住所；

（三）法定代表人姓名；

（四）注册资本；

（五）实收资本；

（六）公司类型；

（七）经营范围；

（八）营业期限；

（九）有限责任公司股东或者股份有限公司发起人的姓名或者名称，以及认缴和实缴的出资额、出资时间、出资方式。

第十条 公司的登记事项应当符合法律、行政法规的规定。不符合法律、行政法规规定的，公司登记机关不予登记。

第十一条 公司名称应当符合国家有关规定。公司只能使用一个名称。经公司登记机关核准登记的公司名称受法律保护。

第十二条 公司的住所是公司主要办事机构所在地。经公司登记机关登记的公司的住所只能有一个。公司的住所应当在其公司登记机关辖区内。

第十三条 公司的注册资本和实收资本应当以人民币表示，法律、行政法规另有规定的除外。

第十四条 股东的出资方式应当符合《公司法》第二十七条的规定。股东以货币、实物、知识产权、土地使用权以外的其他财产出资的，其登记办法由国家工商行政管理总局会同国务院有关部门规定。

股东不得以劳务、信用、自然人姓名、商誉、特许经营权或者设定担保的财产等作价出资。

第十五条 公司的经营范围由公司章程规定，并依法登记。

公司的经营范围用语应当参照国民经济行业分类标准。

第十六条 公司类型包括有限责任公司和股份有限公司。

一人有限责任公司应当在公司登记中注明自然人独资或者法人独资，并在公司营业执照中载明。

第四章　设立登记

第十七条　设立公司应当申请名称预先核准。

法律、行政法规或者国务院决定规定设立公司必须报经批准，或者公司经营范围中属于法律、行政法规或者国务院决定规定在登记前须经批准的项目的，应当在报送批准前办理公司名称预先核准，并以公司登记机关核准的公司名称报送批准。

第十八条　设立有限责任公司，应当由全体股东指定的代表或者共同委托的代理人向公司登记机关申请名称预先核准；设立股份有限公司，应当由全体发起人指定的代表或者共同委托的代理人向公司登记机关申请名称预先核准。

申请名称预先核准，应当提交下列文件：

（一）有限责任公司的全体股东或者股份有限公司的全体发起人签署的公司名称预先核准申请书；

（二）全体股东或者发起人指定代表或者共同委托代理人的证明；

（三）国家工商行政管理总局规定要求提交的其他文件。

第十九条　预先核准的公司名称保留期为6个月。预先核准的公司名称在保留期内，不得用于从事经营活动，不得转让。

第二十条　设立有限责任公司，应当由全体股东指定的代表或者共同委托的代理人向公司登记机关申请设立登记。设立国有独资公司，应当由国务院或者地方人民政府授权的本级人民政府国有资产监督管理机构作为申请人，申请设立登记。法律、行政法规或者国务院决定规定设立有限责任公司必须报经批准的，应当自批准之日起90日内向公司登记机关申请设立登记；逾期申请设立登记的，申请人应当报批准机关确认原批准文件的效力或者另行报批。

申请设立有限责任公司，应当向公司登记机关提交下列文件：

（一）公司法定代表人签署的设立登记申请书；

（二）全体股东指定代表或者共同委托代理人的证明；

（三）公司章程；

（四）依法设立的验资机构出具的验资证明，法律、行政法规另有规定的除外；

（五）股东首次出资是非货币财产的，应当在公司设立登记时提交已办理其财产权转移手续的证明文件；

（六）股东的主体资格证明或者自然人身份证明；

（七）载明公司董事、监事、经理的姓名、住所的文件以及有关委派、选举或者聘用的证明；

（八）公司法定代表人任职文件和身份证明；

（九）企业名称预先核准通知书；

（十）公司住所证明；

（十一）国家工商行政管理总局规定要求提交的其他文件。

外商投资的有限责任公司的股东首次出资额应当符合法律、行政法规的规定，其余部分应当自公司成立之日起 2 年内缴足，其中，投资公司可以在 5 年内缴足。

法律、行政法规或者国务院决定规定设立有限责任公司必须报经批准的，还应当提交有关批准文件。

第二十一条 设立股份有限公司，应当由董事会向公司登记机关申请设立登记。以募集方式设立股份有限公司的，应当于创立大会结束后 30 日内向公司登记机关申请设立登记。

申请设立股份有限公司，应当向公司登记机关提交下列文件：

（一）公司法定代表人签署的设立登记申请书；

（二）董事会指定代表或者共同委托代理人的证明；

（三）公司章程；

（四）依法设立的验资机构出具的验资证明；

（五）发起人首次出资是非货币财产的，应当在公司设立登记时提交已办理其财产权转移手续的证明文件；

（六）发起人的主体资格证明或者自然人身份证明；

（七）载明公司董事、监事、经理姓名、住所的文件以及有关委派、选举或者聘用的证明；

（八）公司法定代表人任职文件和身份证明；

（九）企业名称预先核准通知书；

（十）公司住所证明；

（十一）国家工商行政管理总局规定要求提交的其他文件。

以募集方式设立股份有限公司的，还应当提交创立大会的会议记录；以募集方式设立股份有限公司公开发行股票的，还应当提交国务院证券监督管理机构的核准文件。

法律、行政法规或者国务院决定规定设立股份有限公司必须报经批准的，还应当提交有关批准文件。

第二十二条 公司申请登记的经营范围中属于法律、行政法规或者国务院决定规定在登记前须经批准的项目的，应当在申请登记前报经国家有关部门批准，并向公司登记机关提交有关批准文件。

第二十三条 公司章程有违反法律、行政法规的内容的，公司登记机关有权要求公司作相应修改。

第二十四条 公司住所证明是指能够证明公司对其住所享有使用权的文件。

第二十五条 依法设立的公司，由公司登记机关发给《企业法人营业执照》。公司营业执照签发日期为公司成立日期。公司凭公司登记机关核发的《企业法人营业执照》刻制印章，开立银行账户，申请纳税登记。

第五章 变更登记

第二十六条 公司变更登记事项，应当向原公司登记机关申请变更登记。

未经变更登记，公司不得擅自改变登记事项。

第二十七条 公司申请变更登记，应当向公司登记机关提交下列文件：

（一）公司法定代表人签署的变更登记申请书；

（二）依照《公司法》作出的变更决议或者决定；

（三）国家工商行政管理总局规定要求提交的其他文件。

公司变更登记事项涉及修改公司章程的，应当提交由公司法定代表人签署的修改后的公司章程或者公司章程修正案。

变更登记事项依照法律、行政法规或者国务院决定规定在登记前须经批准的，还应当向公司登记机关提交有关批准文件。

第二十八条 公司变更名称的，应当自变更决议或者决定作出之日起30日内申请变更登记。

第二十九条 公司变更住所的，应当在迁入新住所前申请变更登记，并提交新住所使用证明。

公司变更住所跨公司登记机关辖区的，应当在迁入新住所前向迁入地公司登记机关申请变更登记；迁入地公司登记机关受理的，由原公司登记机关将公司登记档案移送迁入地公司登记机关。

第三十条 公司变更法定代表人的，应当自变更决议或者决定作出之日起30日内申请变更登记。

第三十一条 公司变更注册资本的，应当提交依法设立的验资机构出具的验资证明。

公司增加注册资本的，有限责任公司股东认缴新增资本的出资和股份有限公司的股东认购新股，应当分别依照《公司法》设立有限责任公司缴纳出资和设立股份有限公司缴纳股款的有关规定执行。股份有限公司以公开发行新股方式或者上市公司以非公开发行新股方式增加注册资本的，还应当提交国务院证券监督管理机构的核准文件。

公司法定公积金转增为注册资本的，验资证明应当载明留存的该项公积金不少于转增前公司注册资本的25%。

公司减少注册资本的，应当自公告之日起45日后申请变更登记，并应当提交公司在报纸上登载公司减少注册资本公告的有关证明和公司债务清偿或者债务担保情况的说明。

公司减资后的注册资本不得低于法定的最低限额。

第三十二条 公司变更实收资本的，应当提交依法设立的验资机构出具的验资证明，并应当按照公司章程载明的出资时间、出资方式缴纳出资。公司应当自足额缴纳出资或者股款之日起30日内申请变更登记。

第三十三条 公司变更经营范围的，应当自变更决议或者决定作出之日起30日内申请变更登记；变更经营范围涉及法律、行政法规或者国务院决定规定在登记前须经批准的项目的，应当自国家有关部门批准之日起30日内申请变更登记。

公司的经营范围中属于法律、行政法规或者国务院决定规定须经批准的项目被吊销、撤销许可证或者其他批准文件，或者许可证、其他批准文件有效期届满的，应当自吊销、撤销许可证、其他批准文件或者许可证、其他批准文件有效期届满之日起30日内申请变更登记或者依照本条例第六章的规定办理注销登记。

第三十四条 公司变更类型的，应当按照拟变更的公司类型的设立条件，在规定的期限内向公司登记机关申请变更登记，并提交有关文件。

第三十五条 有限责任公司股东转让股权的，应当自转让股权之日起30日内申请变更登记，并应当提交新股东的主体资格证明或者自然人身份证明。

有限责任公司的自然人股东死亡后，其合法继承人继承股东资格的，公司应当依照前款规定申请变更登记。

有限责任公司的股东或者股份有限公司的发起人改变姓名或者名称的，应当自改变姓名或者名称之日起30日内申请变更登记。

第三十六条 公司登记事项变更涉及分公司登记事项变更的，应当自公司变更登记之日起30日内申请分公司变更登记。

第三十七条 公司章程修改未涉及登记事项的，公司应当将修改后的公司章程或者公司章程修正案送原公司登记机关备案。

第三十八条 公司董事、监事、经理发生变动的,应当向原公司登记机关备案。

第三十九条 因合并、分立而存续的公司,其登记事项发生变化的,应当申请变更登记;因合并、分立而解散的公司,应当申请注销登记;因合并、分立而新设立的公司,应当申请设立登记。

公司合并、分立的,应当自公告之日起45日后申请登记,提交合并协议和合并、分立决议或者决定以及公司在报纸上登载公司合并、分立公告的有关证明和债务清偿或者债务担保情况的说明。法律、行政法规或者国务院决定规定公司合并、分立必须报经批准的,还应当提交有关批准文件。

第四十条 变更登记事项涉及《企业法人营业执照》载明事项的,公司登记机关应当换发营业执照。

第四十一条 公司依照《公司法》第二十二条规定向公司登记机关申请撤销变更登记的,应当提交下列文件:

(一)公司法定代表人签署的申请书;

(二)人民法院的裁判文书。

第六章 注销登记

第四十二条 公司解散,依法应当清算的,清算组应当自成立之日起10日内将清算组成员、清算组负责人名单向公司登记机关备案。

第四十三条 有下列情形之一的,公司清算组应当自公司清算结束之日起30日内向原公司登记机关申请注销登记:

(一)公司被依法宣告破产;

(二)公司章程规定的营业期限届满或者公司章程规定的其他解散事由出现,但公司通过修改公司章程而存续的除外;

(三)股东会、股东大会决议解散或者一人有限责任公司的股东、外商投资的公司董事会决议解散;

(四)依法被吊销营业执照、责令关闭或者被撤销;

（五）人民法院依法予以解散；

（六）法律、行政法规规定的其他解散情形。

第四十四条 公司申请注销登记，应当提交下列文件：

（一）公司清算组负责人签署的注销登记申请书；

（二）人民法院的破产裁定、解散裁判文书，公司依照《公司法》作出的决议或者决定，行政机关责令关闭或者公司被撤销的文件；

（三）股东会、股东大会、一人有限责任公司的股东、外商投资的公司董事会或者人民法院、公司批准机关备案、确认的清算报告；

（四）《企业法人营业执照》；

（五）法律、行政法规规定应当提交的其他文件。

国有独资公司申请注销登记，还应当提交国有资产监督管理机构的决定，其中，国务院确定的重要的国有独资公司，还应当提交本级人民政府的批准文件。

有分公司的公司申请注销登记，还应当提交分公司的注销登记证明。

第四十五条 经公司登记机关注销登记，公司终止。

第七章 分公司的登记

第四十六条 分公司是指公司在其住所以外设立的从事经营活动的机构。分公司不具有企业法人资格。

第四十七条 分公司的登记事项包括：名称、营业场所、负责人、经营范围。

分公司的名称应当符合国家有关规定。

分公司的经营范围不得超出公司的经营范围。

第四十八条 公司设立分公司的，应当自决定作出之日起30日内向分公司所在地的公司登记机关申请登记；法律、行政法规或者国务院决定规定必须报经有关部门批准的，应当自批准之日起

30日内向公司登记机关申请登记。

设立分公司，应当向公司登记机关提交下列文件：

（一）公司法定代表人签署的设立分公司的登记申请书；

（二）公司章程以及加盖公司印章的《企业法人营业执照》复印件；

（三）营业场所使用证明；

（四）分公司负责人任职文件和身份证明；

（五）国家工商行政管理总局规定要求提交的其他文件。

法律、行政法规或者国务院决定规定设立分公司必须报经批准，或者分公司经营范围中属于法律、行政法规或者国务院决定规定在登记前须经批准的项目的，还应当提交有关批准文件。

分公司的公司登记机关准予登记的，发给《营业执照》。公司应当自分公司登记之日起30日内，持分公司的《营业执照》到公司登记机关办理备案。

第四十九条 分公司变更登记事项的，应当向公司登记机关申请变更登记。

申请变更登记，应当提交公司法定代表人签署的变更登记申请书。变更名称、经营范围的，应当提交加盖公司印章的《企业法人营业执照》复印件，分公司经营范围中属于法律、行政法规或者国务院决定规定在登记前须经批准的项目的，还应当提交有关批准文件。变更营业场所的，应当提交新的营业场所使用证明。变更负责人的，应当提交公司的任免文件以及其身份证明。

公司登记机关准予变更登记的，换发《营业执照》。

第五十条 分公司被公司撤销、依法责令关闭、吊销营业执照的，公司应当自决定作出之日起30日内向该分公司的公司登记机关申请注销登记。申请注销登记应当提交公司法定代表人签署的注销登记申请书和分公司的《营业执照》。公司登记机关准予注销登记后，应当收缴分公司的《营业执照》。

第八章　登记程序

第五十一条　申请公司、分公司登记，申请人可以到公司登记机关提交申请，也可以通过信函、电报、电传、传真、电子数据交换和电子邮件等方式提出申请。

通过电报、电传、传真、电子数据交换和电子邮件等方式提出申请的，应当提供申请人的联系方式以及通讯地址。

第五十二条　公司登记机关应当根据下列情况分别作出是否受理的决定：

（一）申请文件、材料齐全，符合法定形式的，或者申请人按照公司登记机关的要求提交全部补正申请文件、材料的，应当决定予以受理。

（二）申请文件、材料齐全，符合法定形式，但公司登记机关认为申请文件、材料需要核实的，应当决定予以受理，同时书面告知申请人需要核实的事项、理由以及时间。

（三）申请文件、材料存在可以当场更正的错误的，应当允许申请人当场予以更正，由申请人在更正处签名或者盖章，注明更正日期；经确认申请文件、材料齐全，符合法定形式的，应当决定予以受理。

（四）申请文件、材料不齐全或者不符合法定形式的，应当当场或者在5日内一次告知申请人需要补正的全部内容；当场告知时，应当将申请文件、材料退回申请人；属于5日内告知的，应当收取申请文件、材料并出具收到申请文件、材料的凭据，逾期不告知的，自收到申请文件、材料之日起即为受理。

（五）不属于公司登记范畴或者不属于本机关登记管辖范围的事项，应当即时决定不予受理，并告知申请人向有关行政机关申请。

公司登记机关对通过信函、电报、电传、传真、电子数据交换和电子邮件等方式提出申请的，应当自收到申请文件、材料之日起5

日内作出是否受理的决定。

第五十三条 除依照本条例第五十四条第一款第(一)项作出准予登记决定的外,公司登记机关决定予以受理的,应当出具《受理通知书》;决定不予受理的,应当出具《不予受理通知书》,说明不予受理的理由,并告知申请人享有依法申请行政复议或者提起行政诉讼的权利。

第五十四条 公司登记机关对决定予以受理的登记申请,应当分别情况在规定的期限内作出是否准予登记的决定:

(一)对申请人到公司登记机关提出的申请予以受理的,应当当场作出准予登记的决定。

(二)对申请人通过信函方式提交的申请予以受理的,应当自受理之日起15日内作出准予登记的决定。

(三)通过电报、电传、传真、电子数据交换和电子邮件等方式提交申请的,申请人应当自收到《受理通知书》之日起15日内,提交与电报、电传、传真、电子数据交换和电子邮件等内容一致并符合法定形式的申请文件、材料原件;申请人到公司登记机关提交申请文件、材料原件的,应当当场作出准予登记的决定;申请人通过信函方式提交申请文件、材料原件的,应当自受理之日起15日内作出准予登记的决定。

(四)公司登记机关自发出《受理通知书》之日起60日内,未收到申请文件、材料原件,或者申请文件、材料原件与公司登记机关所受理的申请文件、材料不一致的,应当作出不予登记的决定。

公司登记机关需要对申请文件、材料核实的,应当自受理之日起15日内作出是否准予登记的决定。

第五十五条 公司登记机关作出准予公司名称预先核准决定的,应当出具《企业名称预先核准通知书》;作出准予公司设立登记决定的,应当出具《准予设立登记通知书》,告知申请人自决定之日起10日内,领取营业执照;作出准予公司变更登记决定的,应当出具《准予变更登记通知书》,告知申请人自决定之日起10日内,换发营业执照;作出准予公司注销登记决定的,应当出具《准予注销登记通知书》,收缴营业执照。

公司登记机关作出不予名称预先核准、不予登记决定的,应当出具《企业名称驳回通知书》、《登记驳回通知书》,说明不予核准、登记的理由,并告知申请人享有依法申请行政复议或者提起行政诉讼的权利。

第五十六条 公司办理设立登记、变更登记,应当按照规定向公司登记机关缴纳登记费。

领取《企业法人营业执照》的,设立登记费按注册资本总额的0.8‰缴纳;注册资本超过1000万元的,超过部分按0.4‰缴纳;注册资本超过1亿元的,超过部分不再缴纳。

领取《营业执照》的,设立登记费为300元。

变更登记事项的,变更登记费为100元。

第五十七条 公司登记机关应当将登记的公司登记事项记载于公司登记簿上,供社会公众查阅、复制。

第五十八条 吊销《企业法人营业执照》和《营业执照》的公告由公司登记机关发布。

第九章 年度检验

第五十九条 每年3月1日至6月30日,公司登记机关对公司进行年度检验。

第六十条 公司应当按照公司登记机关的要求,在规定的时间内接受年度检验,并提交年度检验报告书、年度资产负债表和损益表、《企业法人营业执照》副本。

设立分公司的公司在其提交的年度检验材料中,应当明确反映分公司的有关情况,并提交《营业执照》的复印件。

第六十一条 公司登记机关应当根据公司提交的年度检验材料,对与公司登记事项有关的情况进行审查。

第六十二条 公司应当向公司登记机关缴纳年度检验费。年度检验费为50元。

第十章　证照和档案管理

第六十三条　《企业法人营业执照》、《营业执照》分为正本和副本,正本和副本具有同等法律效力。

《企业法人营业执照》正本或者《营业执照》正本应当置于公司住所或者分公司营业场所的醒目位置。

公司可以根据业务需要向公司登记机关申请核发营业执照若干副本。

第六十四条　任何单位和个人不得伪造、涂改、出租、出借、转让营业执照。

营业执照遗失或者毁坏的,公司应当在公司登记机关指定的报刊上声明作废,申请补领。

公司登记机关依法作出变更登记、注销登记、撤销变更登记决定,公司拒不缴回或者无法缴回营业执照的,由公司登记机关公告营业执照作废。

第六十五条　公司登记机关对需要认定的营业执照,可以临时扣留,扣留期限不得超过10天。

第六十六条　借阅、抄录、携带、复制公司登记档案资料的,应当按照规定的权限和程序办理。

任何单位和个人不得修改、涂抹、标注、损毁公司登记档案资料。

第六十七条　营业执照正本、副本样式以及公司登记的有关重要文书格式或者表式,由国家工商行政管理总局统一制定。

第十一章　法律责任

第六十八条　虚报注册资本,取得公司登记的,由公司登记机关责令改正,处以虚报注册资本金额5%以上15%以下的罚款;情节严重的,撤销公司登记或者吊销营业执照。

第六十九条 提交虚假材料或者采取其他欺诈手段隐瞒重要事实，取得公司登记的，由公司登记机关责令改正，处以5万元以上50万元以下的罚款；情节严重的，撤销公司登记或者吊销营业执照。

第七十条 公司的发起人、股东虚假出资，未交付或者未按期交付作为出资的货币或者非货币财产的，由公司登记机关责令改正，处以虚假出资金额5%以上15%以下的罚款。

第七十一条 公司的发起人、股东在公司成立后，抽逃出资的，由公司登记机关责令改正，处以所抽逃出资金额5%以上15%以下的罚款。

第七十二条 公司成立后无正当理由超过6个月未开业的，或者开业后自行停业连续6个月以上的，可以由公司登记机关吊销营业执照。

第七十三条 公司登记事项发生变更时，未依照本条例规定办理有关变更登记的，由公司登记机关责令限期登记；逾期不登记的，处以1万元以上10万元以下的罚款。其中，变更经营范围涉及法律、行政法规或者国务院决定规定须经批准的项目而未取得批准，擅自从事相关经营活动，情节严重的，吊销营业执照。

公司未依照本条例规定办理有关备案的，由公司登记机关责令限期办理；逾期未办理的，处以3万元以下的罚款。

第七十四条 公司在合并、分立、减少注册资本或者进行清算时，不按照规定通知或者公告债权人的，由公司登记机关责令改正，处以1万元以上10万元以下的罚款。

公司在进行清算时，隐匿财产，对资产负债表或者财产清单作虚假记载或者在未清偿债务前分配公司财产的，由公司登记机关责令改正，对公司处以隐匿财产或者未清偿债务前分配公司财产金额5%以上10%以下的罚款；对直接负责的主管人员和其他直接责任人员处以1万元以上10万元以下的罚款。

公司在清算期间开展与清算无关的经营活动的，由公司登记机关予以警告，没收违法所得。

第七十五条 清算组不按照规定向公司登记机关报送清算报告，或者报送清算报告隐瞒重要事实或者有重大遗漏的，由公司登记机关责令改正。

清算组成员利用职权徇私舞弊、谋取非法收入或者侵占公司财产的，由公司登记机关责令退还公司财产，没收违法所得，并可以处以违法所得1倍以上5倍以下的罚款。

第七十六条 公司不按照规定接受年度检验的，由公司登记机关处以1万元以上10万元以下的罚款，并限期接受年度检验；逾期仍不接受年度检验的，吊销营业执照。年度检验中隐瞒真实情况、弄虚作假的，由公司登记机关处以1万元以上5万元以下的罚款，并限期改正；情节严重的，吊销营业执照。

第七十七条 伪造、涂改、出租、出借、转让营业执照的，由公司登记机关处以1万元以上10万元以下的罚款；情节严重的，吊销营业执照。

第七十八条 未将营业执照置于住所或者营业场所醒目位置的，由公司登记机关责令改正；拒不改正的，处以1000元以上5000元以下的罚款。

第七十九条 承担资产评估、验资或者验证的机构提供虚假材料的，由公司登记机关没收违法所得，处以违法所得1倍以上5倍以下的罚款，并可以由有关主管部门依法责令该机构停业、吊销直接责任人员的资格证书，吊销营业执照。

承担资产评估、验资或者验证的机构因过失提供有重大遗漏的报告的，由公司登记机关责令改正，情节较重的，处以所得收入1倍以上5倍以下的罚款，并可以由有关主管部门依法责令该机构停业、吊销直接责任人员的资格证书，吊销营业执照。

第八十条 未依法登记为有限责任公司或者股份有限公司，而冒用有限责任公司或者股份有限公司名义的，或者未依法登记为有限责任公司或者股份有限公司的分公司，而冒用有限责任公司或者股份有限公司的分公司名义的，由公司登记机关责令改正或者予以取缔，可以并处10万元以下的罚款。

第八十一条 公司登记机关对不符合规定条件的公司登记申请予以登记,或者对符合规定条件的登记申请不予登记的,对直接负责的主管人员和其他直接责任人员,依法给予行政处分。

第八十二条 公司登记机关的上级部门强令公司登记机关对不符合规定条件的登记申请予以登记,或者对符合规定条件的登记申请不予登记的,或者对违法登记进行包庇的,对直接负责的主管人员和其他直接责任人员依法给予行政处分。

第八十三条 外国公司违反《公司法》规定,擅自在中国境内设立分支机构的,由公司登记机关责令改正或者关闭,可以并处5万元以上20万元以下的罚款。

第八十四条 利用公司名义从事危害国家安全、社会公共利益的严重违法行为的,吊销营业执照。

第八十五条 分公司有本章规定的违法行为的,适用本章规定。

第八十六条 违反本条例规定,构成犯罪的,依法追究刑事责任。

第十二章 附 则

第八十七条 外商投资的公司的登记适用本条例。有关外商投资企业的法律对其登记另有规定的,适用其规定。

第八十八条 法律、行政法规或者国务院决定规定设立公司必须报经批准,或者公司经营范围中属于法律、行政法规或者国务院决定规定在登记前须经批准的项目的,由国家工商行政管理总局依照法律、行政法规或者国务院决定规定编制企业登记前置行政许可目录并公布。

第八十九条 本条例自1994年7月1日起施行。

烟花爆竹安全管理条例

（国务院令第455号　2006.01.21）

第一章　总　则

第一条　为了加强烟花爆竹安全管理，预防爆炸事故发生，保障公共安全和人身、财产的安全，制定本条例。

第二条　烟花爆竹的生产、经营、运输和燃放，适用本条例。

本条例所称烟花爆竹，是指烟花爆竹制品和用于生产烟花爆竹的民用黑火药、烟火药、引火线等物品。

第三条　国家对烟花爆竹的生产、经营、运输和举办焰火晚会以及其他大型焰火燃放活动，实行许可证制度。

未经许可，任何单位或者个人不得生产、经营、运输烟花爆竹，不得举办焰火晚会以及其他大型焰火燃放活动。

第四条　安全生产监督管理部门负责烟花爆竹的安全生产监督管理；公安部门负责烟花爆竹的公共安全管理；质量监督检验部门负责烟花爆竹的质量监督和进出口检验。

第五条　公安部门、安全生产监督管理部门、质量监督检验部门、工商行政管理部门应当按照职责分工，组织查处非法生产、经营、储存、运输、邮寄烟花爆竹以及非法燃放烟花爆竹的行为。

第六条　烟花爆竹生产、经营、运输企业和焰火晚会以及其他大型焰火燃放活动主办单位的主要负责人，对本单位的烟花爆竹安全工作负责。

烟花爆竹生产、经营、运输企业和焰火晚会以及其他大型焰火燃放活动主办单位应当建立健全安全责任制,制定各项安全管理制度和操作规程,并对从业人员定期进行安全教育、法制教育和岗位技术培训。

中华全国供销合作总社应当加强对本系统企业烟花爆竹经营活动的管理。

第七条 国家鼓励烟花爆竹生产企业采用提高安全程度和提升行业整体水平的新工艺、新配方和新技术。

第二章 生产安全

第八条 生产烟花爆竹的企业,应当具备下列条件:

(一)符合当地产业结构规划;

(二)基本建设项目经过批准;

(三)选址符合城乡规划,并与周边建筑、设施保持必要的安全距离;

(四)厂房和仓库的设计、结构和材料以及防火、防爆、防雷、防静电等安全设备、设施符合国家有关标准和规范;

(五)生产设备、工艺符合安全标准;

(六)产品品种、规格、质量符合国家标准;

(七)有健全的安全生产责任制;

(八)有安全生产管理机构和专职安全生产管理人员;

(九)依法进行了安全评价;

(十)有事故应急救援预案、应急救援组织和人员,并配备必要的应急救援器材、设备;

(十一)法律、法规规定的其他条件。

第九条 生产烟花爆竹的企业,应当在投入生产前向所在地设区的市人民政府安全生产监督管理部门提出安全审查申请,并提交能够证明符合本条例第八条规定条件的有关材料。设区的市人民政府安全生产监督管理部门应当自收到材料之日起20日内提出安全审查初步意见,报省、自治区、直辖市人民政府安全生产监督管理部门审查。省、自治区、直辖市人民政府安全生产监督管理部门应当自受理申请之日起45日内进行安全审查，对符合条件的，核发《烟花爆竹安全生产许可证》；对不符合条件的，应当说明理由。

第十条 生产烟花爆竹的企业为扩大生产能力进行基本建设或者技术改造的，应当依照本条例的规定申请办理安全生产许可证。

生产烟花爆竹的企业，持《烟花爆竹安全生产许可证》到工商行政管理部门办理登记手续后，方可从事烟花爆竹生产活动。

第十一条 生产烟花爆竹的企业，应当按照安全生产许可证核定的产品种类进行生产，生产工序和生产作业应当执行有关国家标准和行业标准。

第十二条 生产烟花爆竹的企业，应当对生产作业人员进行安全生产知识教育，对从事药物混合、造粒、筛选、装药、筑药、压药、切引、搬运等危险工序的作业人员进行专业技术培训。从事危险工序的作业人员经设区的市人民政府安全生产监督管理部门考核合格，方可上岗作业。

第十三条 生产烟花爆竹使用的原料，应当符合国家标准的规定。生产烟花爆竹使用的原料，国家标准有用量限制的，不得超过规定的用量。不得使用国家标准规定禁止使用或者禁忌配伍的物质生产烟花爆竹。

第十四条 生产烟花爆竹的企业，应当按照国家标准的规定，在烟花爆竹产品上标注燃放说明，并在烟花爆竹包装物上印制易燃易爆危险物品警示标志。

第十五条 生产烟花爆竹的企业，应当对黑火药、烟火药、引火线的保管采取必要的安全技术措施，建立购买、领用、销售登记制度，防止黑火药、烟火药、引火线丢失。黑火药、烟火药、引火线丢失的，企业应当立即向当地安全生产监督管理部门和公安部门报告。

第三章 经营安全

第十六条 烟花爆竹的经营分为批发和零售。

从事烟花爆竹批发的企业和零售经营者的经营布点，应当经安全生产监督管理部门审批。

禁止在城市市区布设烟花爆竹批发场所；城市市区的烟花爆竹零售网点，应当按照严格控制的原则合理布设。

第十七条 从事烟花爆竹批发的企业，应当具备下列条件：

（一）具有企业法人条件；

（二）经营场所与周边建筑、设施保持必要的安全距离；

（三）有符合国家标准的经营场所和储存仓库；

（四）有保管员、仓库守护员；

（五）依法进行了安全评价；

（六）有事故应急救援预案、应急救援组织和人员，并配备必要的应急救援器材、设备；

（七）法律、法规规定的其他条件。

第十八条 烟花爆竹零售经营者，应当具备下列条件：

（一）主要负责人经过安全知识教育；

（二）实行专店或者专柜销售，设专人负责安全管理；

（三）经营场所配备必要的消防器材，张贴明显的安全警示标志；

（四）法律、法规规定的其他条件。

第十九条 申请从事烟花爆竹批发的企业，应当向所在地省、自治区、直辖市人民政府安全生产监督管理部门或者其委托的设区的市人民政府安全生产监督管理部门提出申请，并提供能够证明符合本条例第十七条规定条件的有关材料。受理申请的安全生产监督管理部门应当自受理申请之日起30日内对提交的有关材料和经营场所进行审查，对符合条件的，核发《烟花爆竹经营（批发）许可证》；对不符合条件的，应当说明理由。

申请从事烟花爆竹零售的经营者，应当向所在地县级人民政府安全生产监督管理部门提出申请，并提供能够证明符合本条例第十八条规定条件的有关材料。受理申请的安全生产监督管理部门应当自受理申请之日起20日内对提交的有关材料和经营场所进行审查，对符合条件的，核发《烟花爆竹经营（零售）许可证》；对不符合条件的，应当说明理由。

《烟花爆竹经营（零售）许可证》，应当载明经营负责人、经营场所地址、经营期限、烟花爆竹种类和限制存放量。

烟花爆竹的批发企业、零售经营者，持烟花爆竹经营许可证到工商行政管理部门办理登记手续后，方可从事烟花爆竹经营活动。

第二十条 从事烟花爆竹批发的企业，应当向生产烟花爆竹的企业采购烟花爆竹，向从事烟花爆竹零售的经营者供应烟花爆竹。从事烟花爆竹零售的经营者，应当向从事烟花爆竹批发的企业采购烟花爆竹。

从事烟花爆竹批发的企业、零售经营者不得采购和销售非法生产、经营的烟花爆竹。

从事烟花爆竹批发的企业，不得向从事烟花爆竹零售的经营者供应按照国家标准规定应由专业燃放人员燃放的烟花爆竹。从事烟花爆竹零售的经营者，不得销售按照国家标准规定应由专业燃放人员燃放的烟花爆竹。

第二十一条 生产、经营黑火药、烟火药、引火线的企业，不得向未取得烟花爆竹安全生产许可的任何单位或者个人销售黑火药、烟火药和引火线。

第四章　运输安全

第二十二条 经由道路运输烟花爆竹的，应当经公安部门许可。

经由铁路、水路、航空运输烟花爆竹的，依照铁路、水路、航空运输安全管理的有关法律、法规、规章的规定执行。

第二十三条 经由道路运输烟花爆竹的，托运人应当向运达地县级人民政府公安部门提出申请，并提交下列有关材料：

（一）承运人从事危险货物运输的资质证明；

（二）驾驶员、押运员从事危险货物运输的资格证明；

（三）危险货物运输车辆的道路运输证明；

（四）托运人从事烟花爆竹生产、经营的资质证明；

（五）烟花爆竹的购销合同及运输烟花爆竹的种类、规格、数量；

（六）烟花爆竹的产品质量和包装合格证明；

（七）运输车辆牌号、运输时间、起始地点、行驶路线、经停地点。

第二十四条 受理申请的公安部门应当自受理申请之日起3日内对提交的有关材料进行审查，对符合条件的，核发《烟花爆竹道路运输许可证》；对不符合条件的，应当说明理由。

《烟花爆竹道路运输许可证》应当载明托运人、承运人、一次性运输有效期限、起始地点、行驶路线、经停地点、烟花爆竹的种类、规格和数量。

第二十五条 经由道路运输烟花爆竹的，除应当遵守《中华人民共和国道路交通安全法》外，还应当遵守下列规定：

（一）随车携带《烟花爆竹道路运输许可证》；

（二）不得违反运输许可事项；

（三）运输车辆悬挂或者安装符合国家标准的易燃易爆危险物品警示标志；

（四）烟花爆竹的装载符合国家有关标准和规范；

（五）装载烟花爆竹的车厢不得载人；

（六）运输车辆限速行驶，途中经停必须有专人看守；

（七）出现危险情况立即采取必要的措施，并报告当地公安部门。

第二十六条 烟花爆竹运达目的地后，收货人应当在3日内将《烟花爆竹道路运输许可证》交回发证机关核销。

第二十七条　禁止携带烟花爆竹搭乘公共交通工具。

禁止邮寄烟花爆竹，禁止在托运的行李、包裹、邮件中夹带烟花爆竹。

第五章　燃放安全

第二十八条　燃放烟花爆竹，应当遵守有关法律、法规和规章的规定。县级以上地方人民政府可以根据本行政区域的实际情况，确定限制或者禁止燃放烟花爆竹的时间、地点和种类。

第二十九条　各级人民政府和政府有关部门应当开展社会宣传活动，教育公民遵守有关法律、法规和规章，安全燃放烟花爆竹。

广播、电视、报刊等新闻媒体，应当做好安全燃放烟花爆竹的宣传、教育工作。

未成年人的监护人应当对未成年人进行安全燃放烟花爆竹的教育。

第三十条　禁止在下列地点燃放烟花爆竹：

（一）文物保护单位；

（二）车站、码头、飞机场等交通枢纽以及铁路线路安全保护区内；

（三）易燃易爆物品生产、储存单位；

（四）输变电设施安全保护区内；

（五）医疗机构、幼儿园、中小学校、敬老院；

（六）山林、草原等重点防火区；

（七）县级以上地方人民政府规定的禁止燃放烟花爆竹的其他地点。

第三十一条　燃放烟花爆竹，应当按照燃放说明燃放，不得以危害公共安全和人身、财产安全的方式燃放烟花爆竹。

第三十二条　举办焰火晚会以及其他大型焰火燃放活动，应当按照举办的时间、地点、环境、活动性质、规模以及燃放烟花爆竹的种类、规格和数量，确定危险等级，实行分级管理。分级管理的具体办法，由国务院公安部门规定。

第三十三条 申请举办焰火晚会以及其他大型焰火燃放活动，主办单位应当按照分级管理的规定，向有关人民政府公安部门提出申请，并提交下列有关材料：

（一）举办焰火晚会以及其他大型焰火燃放活动的时间、地点、环境、活动性质、规模；

（二）燃放烟花爆竹的种类、规格、数量；

（三）燃放作业方案；

（四）燃放作业单位、作业人员符合行业标准规定条件的证明。

受理申请的公安部门应当自受理申请之日起20日内对提交的有关材料进行审查，对符合条件的，核发《焰火燃放许可证》；对不符合条件的，应当说明理由。

第三十四条 焰火晚会以及其他大型焰火燃放活动燃放作业单位和作业人员，应当按照焰火燃放安全规程和经许可的燃放作业方案进行燃放作业。

第三十五条 公安部门应当加强对危险等级较高的焰火晚会以及其他大型焰火燃放活动的监督检查。

第六章 法律责任

第三十六条 对未经许可生产、经营烟花爆竹制品，或者向未取得烟花爆竹安全生产许可的单位或者个人销售黑火药、烟火药、引火线的，由安全生产监督管理部门责令停止非法生产、经营活动，处2万元以上10万元以下的罚款，并没收非法生产、经营的物品及违法所得。

对未经许可经由道路运输烟花爆竹的，由公安部门责令停止非法运输活动，处1万元以上5万元以下的罚款，并没收非法运输的物品及违法所得。

非法生产、经营、运输烟花爆竹，构成违反治安管理行为的，依法给予治安管理处罚;构成犯罪的,依法追究刑事责任。

第三十七条 生产烟花爆竹的企业有下列行为之一的,由安全生产监督管理部门责令限期改正,处1万元以上5万元以下的罚款;逾期不改正的,责令停产停业整顿,情节严重的,吊销安全生产许可证:

(一)未按照安全生产许可证核定的产品种类进行生产的;

(二)生产工序或者生产作业不符合有关国家标准、行业标准的;

(三)雇佣未经设区的市人民政府安全生产监督管理部门考核合格的人员从事危险工序作业的;

(四)生产烟花爆竹使用的原料不符合国家标准规定的,或者使用的原料超过国家标准规定的用量限制的;

(五)使用按照国家标准规定禁止使用或者禁忌配伍的物质生产烟花爆竹的;

(六)未按照国家标准的规定在烟花爆竹产品上标注燃放说明,或者未在烟花爆竹的包装物上印制易燃易爆危险物品警示标志的。

第三十八条 从事烟花爆竹批发的企业向从事烟花爆竹零售的经营者供应非法生产、经营的烟花爆竹,或者供应按照国家标准规定应由专业燃放人员燃放的烟花爆竹的,由安全生产监督管理部门责令停止违法行为,处2万元以上10万元以下的罚款,并没收非法经营的物品及违法所得;情节严重的,吊销烟花爆竹经营许可证。

从事烟花爆竹零售的经营者销售非法生产、经营的烟花爆竹,或者销售按照国家标准规定应由专业燃放人员燃放的烟花爆竹的,由安全生产监督管理部门责令停止违法行为,处1000元以上5000元以下的罚款,并没收非法经营的物品及违法所得;情节严重的,吊销烟花爆竹经营许可证。

第三十九条 生产、经营、使用黑火药、烟火药、引火线的企业,丢失黑火药、烟火药、引火线未及时向当地安全生产监督管理部门和公安部门报告的，由公安部门对企业主要负责人处5000元以上2万元以下的罚款，对丢失的物品予以追缴。

第四十条 经由道路运输烟花爆竹，有下列行为之一的，由公安部门责令改正，处200元以上2000元以下的罚款：

（一）违反运输许可事项的；

（二）未随车携带《烟花爆竹道路运输许可证》的；

（三）运输车辆没有悬挂或者安装符合国家标准的易燃易爆危险物品警示标志的；

（四）烟花爆竹的装载不符合国家有关标准和规范的；

（五）装载烟花爆竹的车厢载人的；

（六）超过危险物品运输车辆规定时速行驶的；

（七）运输车辆途中经停没有专人看守的；

（八）运达目的地后，未按规定时间将《烟花爆竹道路运输许可证》交回发证机关核销的。

第四十一条 对携带烟花爆竹搭乘公共交通工具，或者邮寄烟花爆竹以及在托运的行李、包裹、邮件中夹带烟花爆竹的，由公安部门没收非法携带、邮寄、夹带的烟花爆竹，可以并处200元以上1000元以下的罚款。

第四十二条 对未经许可举办焰火晚会以及其他大型焰火燃放活动，或者焰火晚会以及其他大型焰火燃放活动燃放作业单位和作业人员违反焰火燃放安全规程、燃放作业方案进行燃放作业的，由公安部门责令停止燃放，对责任单位处1万元以上5万元以下的罚款。

在禁止燃放烟花爆竹的时间、地点燃放烟花爆竹，或者以危害公共安全和人身、财产安全的方式燃放烟花爆竹的，由公安部门责令停止燃放，处100元以上500元以下的罚款；构成违反治安管理行为的，依法给予治安管理处罚。

第四十三条 对没收的非法烟花爆竹以及生产、经营企业弃置的废旧烟花爆竹，应当就地封存，并由公安部门组织销毁、处置。

第四十四条 安全生产监督管理部门、公安部门、质量监督检验部门、工商行政管理部门的工作人员，在烟花爆竹安全监管工作中滥用职权、玩忽职守、徇私舞弊，构成犯罪的，依法追究刑事责任；尚不构成犯罪的，依法给予行政处分。

第七章　附　　则

第四十五条　《烟花爆竹安全生产许可证》、《烟花爆竹经营（批发）许可证》、《烟花爆竹经营（零售）许可证》，由国务院安全生产监督管理部门规定式样；《烟花爆竹道路运输许可证》、《焰火燃放许可证》，由国务院公安部门规定式样。

第四十六条　本条例自公布之日起施行。

取水许可和水资源费征收管理条例

（国务院令第460号　2006.02.21）

第一章　总　　则

第一条　为加强水资源管理和保护，促进水资源的节约与合理开发利用，根据《中华人民共和国水法》，制定本条例。

第二条　本条例所称取水，是指利用取水工程或者设施直接从江河、湖泊或者地下取用水资源。

取用水资源的单位和个人，除本条例第四条规定的情形外，都应当申请领取取水许可证，并缴纳水资源费。

本条例所称取水工程或者设施，是指闸、坝、渠道、人工河道、虹吸管、水泵、水井以及水电站等。

第三条　县级以上人民政府水行政主管部门按照分级管理权限，负责取水许可制度的组织实施和监督管理。

国务院水行政主管部门在国家确定的重要江河、湖泊设立的流域管理机构（以下简称流域管理机构），依照本条例规定和国务院水行政主管部门授权，负责所管辖范围内取水许可制度的组织实施和监督管理。

县级以上人民政府水行政主管部门、财政部门和价格主管部门依照本条例规定和管理权限，负责水资源费的征收、管理和监督。

第四条　下列情形不需要申请领取取水许可证：

（一）农村集体经济组织及其成员使用本集体经济组织的水塘、水库中的水的；

（二）家庭生活和零星散养、圈养畜禽饮用等少量取水的；

（三）为保障矿井等地下工程施工安全和生产安全必须进行临时应急取（排）水的；

（四）为消除对公共安全或者公共利益的危害临时应急取水的；

（五）为农业抗旱和维护生态与环境必须临时应急取水的。

前款第（二）项规定的少量取水的限额，由省、自治区、直辖市人民政府规定；第（三）项、第（四）项规定的取水，应当及时报县级以上地方人民政府水行政主管部门或者流域管理机构备案；第（五）项规定的取水，应当经县级以上人民政府水行政主管部门或者流域管理机构同意。

第五条 取水许可应当首先满足城乡居民生活用水，并兼顾农业、工业、生态与环境用水以及航运等需要。

省、自治区、直辖市人民政府可以依照本条例规定的职责权限，在同一流域或者区域内，根据实际情况对前款各项用水规定具体的先后顺序。

第六条 实施取水许可必须符合水资源综合规划、流域综合规划、水中长期供求规划和水功能区划，遵守依照《中华人民共和国水法》规定批准的水量分配方案；尚未制定水量分配方案的，应当遵守有关地方人民政府间签订的协议。

第七条 实施取水许可应当坚持地表水与地下水统筹考虑，开源与节流相结合、节流优先的原则，实行总量控制与定额管理相结合。

流域内批准取水的总耗水量不得超过本流域水资源可利用量。

行政区域内批准取水的总水量，不得超过流域管理机构或者上一级水行政主管部门下达的可供本行政区域取用的水量；其中，批准取用地下水的总水量，不得超过本行政区域地下水可开采量，并应当符合地下水开发利用规划的要求。制定地下水开发利用规划应当征求国土资源主管部门的意见。

第八条　取水许可和水资源费征收管理制度的实施应当遵循公开、公平、公正、高效和便民的原则。

第九条　任何单位和个人都有节约和保护水资源的义务。

对节约和保护水资源有突出贡献的单位和个人,由县级以上人民政府给予表彰和奖励。

第二章　取水的申请和受理

第十条　申请取水的单位或者个人(以下简称申请人),应当向具有审批权限的审批机关提出申请。申请利用多种水源,且各种水源的取水许可审批机关不同的,应当向其中最高一级审批机关提出申请。

取水许可权限属于流域管理机构的,应当向取水口所在地的省、自治区、直辖市人民政府水行政主管部门提出申请。省、自治区、直辖市人民政府水行政主管部门,应当自收到申请之日起20个工作日内提出意见,并连同全部申请材料转报流域管理机构;流域管理机构收到后,应当依照本条例第十三条的规定作出处理。

第十一条　申请取水应当提交下列材料:

(一)申请书;

(二)与第三者利害关系的相关说明;

(三)属于备案项目的,提供有关备案材料;

(四)国务院水行政主管部门规定的其他材料。

建设项目需要取水的,申请人还应当提交由具备建设项目水资源论证资质的单位编制的建设项目水资源论证报告书。论证报告书应当包括取水水源、用水合理性以及对生态与环境的影响等内容。

第十二条　申请书应当包括下列事项:

(一)申请人的名称(姓名)、地址;

(二)申请理由;

(三)取水的起始时间及期限;

（四）取水目的、取水量、年内各月的用水量等；

（五）水源及取水地点；

（六）取水方式、计量方式和节水措施；

（七）退水地点和退水中所含主要污染物以及污水处理措施；

（八）国务院水行政主管部门规定的其他事项。

第十三条 县级以上地方人民政府水行政主管部门或者流域管理机构，应当自收到取水申请之日起5个工作日内对申请材料进行审查，并根据下列不同情形分别作出处理：

（一）申请材料齐全、符合法定形式、属于本机关受理范围的，予以受理；

（二）提交的材料不完备或者申请书内容填注不明的，通知申请人补正；

（三）不属于本机关受理范围的，告知申请人向有受理权限的机关提出申请。

第三章 取水许可的审查和决定

第十四条 取水许可实行分级审批。

下列取水由流域管理机构审批：

（一）长江、黄河、淮河、海河、滦河、珠江、松花江、辽河、金沙江、汉江的干流和太湖以及其他跨省、自治区、直辖市河流、湖泊的指定河段限额以上的取水；

（二）国际跨界河流的指定河段和国际边界河流限额以上的取水；

（三）省际边界河流、湖泊限额以上的取水；

（四）跨省、自治区、直辖市行政区域的取水；

（五）由国务院或者国务院投资主管部门审批、核准的大型建设项目的取水；

（六）流域管理机构直接管理的河道（河段）、湖泊内的取水。

前款所称的指定河段和限额以及流域管理机构直接管理的河

道(河段)、湖泊,由国务院水行政主管部门规定。

其他取水由县级以上地方人民政府水行政主管部门按照省、自治区、直辖市人民政府规定的审批权限审批。

第十五条 批准的水量分配方案或者签订的协议是确定流域与行政区域取水许可总量控制的依据。

跨省、自治区、直辖市的江河、湖泊,尚未制定水量分配方案或者尚未签订协议的,有关省、自治区、直辖市的取水许可总量控制指标,由流域管理机构根据流域水资源条件,依据水资源综合规划、流域综合规划和水中长期供求规划,结合各省、自治区、直辖市取水现状及供需情况,商有关省、自治区、直辖市人民政府水行政主管部门提出,报国务院水行政主管部门批准;设区的市、县(市)行政区域的取水许可总量控制指标,由省、自治区、直辖市人民政府水行政主管部门依据本省、自治区、直辖市取水许可总量控制指标,结合各地取水现状及供需情况制定,并报流域管理机构备案。

第十六条 按照行业用水定额核定的用水量是取水量审批的主要依据。

省、自治区、直辖市人民政府水行政主管部门和质量监督检验管理部门对本行政区域行业用水定额的制定负责指导并组织实施。

尚未制定本行政区域行业用水定额的,可以参照国务院有关行业主管部门制定的行业用水定额执行。

第十七条 审批机关受理取水申请后,应当对取水申请材料进行全面审查,并综合考虑取水可能对水资源的节约保护和经济社会发展带来的影响,决定是否批准取水申请。

第十八条 审批机关认为取水涉及社会公共利益需要听证的,应当向社会公告,并举行听证。

取水涉及申请人与他人之间重大利害关系的,审批机关在作出是否批准取水申请的决定前,应当告知申请人、利害关系人。申请人、利害关系人要求听证的,审批机关应当组织听证。

因取水申请引起争议或者诉讼的,审批机关应当书面通知申请人中止审批程序;争议解决或者诉讼终止后,恢复审批程序。

第十九条 审批机关应当自受理取水申请之日起 45 个工作日内决定批准或者不批准。决定批准的,应当同时签发取水申请批准文件。

对取用城市规划区地下水的取水申请,审批机关应当征求城市建设主管部门的意见,城市建设主管部门应当自收到征求意见材料之日起 5 个工作日内提出意见并转送取水审批机关。

本条第一款规定的审批期限,不包括举行听证和征求有关部门意见所需的时间。

第二十条 有下列情形之一的,审批机关不予批准,并在作出不批准的决定时,书面告知申请人不批准的理由和依据:

(一)在地下水禁采区取用地下水的;

(二)在取水许可总量已经达到取水许可控制总量的地区增加取水量的;

(三)可能对水功能区水域使用功能造成重大损害的;

(四)取水、退水布局不合理的;

(五)城市公共供水管网能够满足用水需要时,建设项目自备取水设施取用地下水的;

(六)可能对第三者或者社会公共利益产生重大损害的;

(七)属于备案项目,未报送备案的;

(八)法律、行政法规规定的其他情形。

审批的取水量不得超过取水工程或者设施设计的取水量。

第二十一条 取水申请经审批机关批准,申请人方可兴建取水工程或者设施。需由国家审批、核准的建设项目,未取得取水申请批准文件的,项目主管部门不得审批、核准该建设项目。

第二十二条 取水申请批准后 3 年内,取水工程或者设施未开工建设,或者需由国家审批、核准的建设项目未取得国家审批、核准的,取水申请批准文件自行失效。

建设项目中取水事项有较大变更的,建设单位应当重新进行建设项目水资源论证,并重新申请取水。

第二十三条 取水工程或者设施竣工后,申请人应当按照国务院水行政主管部门的规定,向取水审批机关报送取水工程或者设施试运行情况等相关材料;经验收合格的,由审批机关核发取水许可证。

直接利用已有的取水工程或者设施取水的,经审批机关审查合格,发给取水许可证。

审批机关应当将发放取水许可证的情况及时通知取水口所在地县级人民政府水行政主管部门,并定期对取水许可证的发放情况予以公告。

第二十四条 取水许可证应当包括下列内容:

(一)取水单位或者个人的名称(姓名);

(二)取水期限;

(三)取水量和取水用途;

(四)水源类型;

(五)取水、退水地点及退水方式、退水量。

前款第(三)项规定的取水量是在江河、湖泊、地下水多年平均水量情况下允许的取水单位或者个人的最大取水量。

取水许可证由国务院水行政主管部门统一制作,审批机关核发取水许可证只能收取工本费。

第二十五条 取水许可证有效期限一般为5年,最长不超过10年。有效期届满,需要延续的,取水单位或者个人应当在有效期届满45日前向原审批机关提出申请,原审批机关应当在有效期届满前,作出是否延续的决定。

第二十六条 取水单位或者个人要求变更取水许可证载明的事项的,应当依照本条例的规定向原审批机关申请,经原审批机关批准,办理有关变更手续。

第二十七条 依法获得取水权的单位或者个人,通过调整产品和产业结构、改革工艺、节水等措施节约水资源的,在取水许可的有效期和取水限额内,经原审批机关批准,可以依法有偿转让其节约的水资源,并到原审批机关办理取水权变更手续。具体办法由国务院水行政主管部门制定。

第四章 水资源费的征收和使用管理

第二十八条 取水单位或者个人应当缴纳水资源费。

取水单位或者个人应当按照经批准的年度取水计划取水。超计划或者超定额取水的,对超计划或者超定额部分累进收取水资源费。

水资源费征收标准由省、自治区、直辖市人民政府价格主管部门会同同级财政部门、水行政主管部门制定,报本级人民政府批准,并报国务院价格主管部门、财政部门和水行政主管部门备案。其中,由流域管理机构审批取水的中央直属和跨省、自治区、直辖市水利工程的水资源费征收标准,由国务院价格主管部门会同国务院财政部门、水行政主管部门制定。

第二十九条 制定水资源费征收标准,应当遵循下列原则:

(一)促进水资源的合理开发、利用、节约和保护;

(二)与当地水资源条件和经济社会发展水平相适应;

(三)统筹地表水和地下水的合理开发利用,防止地下水过量开采;

(四)充分考虑不同产业和行业的差别。

第三十条 各级地方人民政府应当采取措施,提高农业用水效率,发展节水型农业。

农业生产取水的水资源费征收标准应当根据当地水资源条件、农村经济发展状况和促进农业节约用水需要制定。农业生产取水的水资源费征收标准应当低于其他用水的水资源费征收标准,粮食作物的水资源费征收标准应当低于经济作物的水资源费征收标准。农业生产取水的水资源费征收的步骤和范围由省、自治区、直辖市人民政府规定。

第三十一条 水资源费由取水审批机关负责征收;其中,流域管理机构审批的,水资源费由取水口所在地省、自治区、直辖市人民政府水行政主管部门代为征收。

第三十二条 水资源费缴纳数额根据取水口所在地水资源费征收标准和实际取水量确定。

水力发电用水和火力发电贯流式冷却用水可以根据取水口所在地水资源费征收标准和实际发电量确定缴纳数额。

第三十三条 取水审批机关确定水资源费缴纳数额后，应当向取水单位或者个人送达水资源费缴纳通知单，取水单位或者个人应当自收到缴纳通知单之日起 7 日内办理缴纳手续。

直接从江河、湖泊或者地下取用水资源从事农业生产的，对超过省、自治区、直辖市规定的农业生产用水限额部分的水资源，由取水单位或者个人根据取水口所在地水资源费征收标准和实际取水量缴纳水资源费；符合规定的农业生产用水限额的取水，不缴纳水资源费。取用供水工程的水从事农业生产的，由用水单位或者个人按照实际用水量向供水工程单位缴纳水费，由供水工程单位统一缴纳水资源费；水资源费计入供水成本。

为了公共利益需要，按照国家批准的跨行政区域水量分配方案实施的临时应急调水，由调入区域的取用水的单位或者个人，根据所在地水资源费征收标准和实际取水量缴纳水资源费。

第三十四条 取水单位或者个人因特殊困难不能按期缴纳水资源费的，可以自收到水资源费缴纳通知单之日起 7 日内向发出缴纳通知单的水行政主管部门申请缓缴；发出缴纳通知单的水行政主管部门应当自收到缓缴申请之日起 5 个工作日内作出书面决定并通知申请人；期满未作决定的，视为同意。水资源费的缓缴期限最长不得超过 90 日。

第三十五条 征收的水资源费应当按照国务院财政部门的规定分别解缴中央和地方国库。因筹集水利工程基金，国务院对水资源费的提取、解缴另有规定的，从其规定。

第三十六条 征收的水资源费应当全额纳入财政预算，由财政部门按照批准的部门财政预算统筹安排，主要用于水资源的节约、保护和管理，也可以用于水资源的合理开发。

第三十七条 任何单位和个人不得截留、侵占或者挪用水资源费。

审计机关应当加强对水资源费使用和管理的审计监督。

第五章 监督管理

第三十八条 县级以上人民政府水行政主管部门或者流域管理机构应当依照本条例规定，加强对取水许可制度实施的监督管理。

县级以上人民政府水行政主管部门、财政部门和价格主管部门应当加强对水资源费征收、使用情况的监督管理。

第三十九条 年度水量分配方案和年度取水计划是年度取水总量控制的依据，应当根据批准的水量分配方案或者签订的协议，结合实际用水状况、行业用水定额、下一年度预测来水量等制定。

国家确定的重要江河、湖泊的流域年度水量分配方案和年度取水计划，由流域管理机构会同有关省、自治区、直辖市人民政府水行政主管部门制定。

县级以上各地方行政区域的年度水量分配方案和年度取水计划，由县级以上地方人民政府水行政主管部门根据上一级地方人民政府水行政主管部门或者流域管理机构下达的年度水量分配方案和年度取水计划制定。

第四十条 取水审批机关依照本地区下一年度取水计划、取水单位或者个人提出的下一年度取水计划建议，按照统筹协调、综合平衡、留有余地的原则，向取水单位或者个人下达下一年度取水计划。

取水单位或者个人因特殊原因需要调整年度取水计划的，应当经原审批机关同意。

第四十一条 有下列情形之一的，审批机关可以对取水单位或者个人的年度取水量予以限制：

(一)因自然原因，水资源不能满足本地区正常供水的；

(二)取水、退水对水功能区水域使用功能、生态与环境造成严重影响的;

(三)地下水严重超采或者因地下水开采引起地面沉降等地质灾害的;

(四)出现需要限制取水量的其他特殊情况的。

发生重大旱情时,审批机关可以对取水单位或者个人的取水量予以紧急限制。

第四十二条 取水单位或者个人应当在每年的12月31日前向审批机关报送本年度的取水情况和下一年度取水计划建议。

审批机关应当按年度将取用地下水的情况抄送同级国土资源主管部门,将取用城市规划区地下水的情况抄送同级城市建设主管部门。

审批机关依照本条例第四十一条第一款的规定,需要对取水单位或者个人的年度取水量予以限制的,应当在采取限制措施前及时书面通知取水单位或者个人。

第四十三条 取水单位或者个人应当依照国家技术标准安装计量设施,保证计量设施正常运行,并按照规定填报取水统计报表。

第四十四条 连续停止取水满2年的,由原审批机关注销取水许可证。由于不可抗力或者进行重大技术改造等原因造成停止取水满2年的,经原审批机关同意,可以保留取水许可证。

第四十五条 县级以上人民政府水行政主管部门或者流域管理机构在进行监督检查时,有权采取下列措施:

(一)要求被检查单位或者个人提供有关文件、证照、资料;

(二)要求被检查单位或者个人就执行本条例的有关问题作出说明;

(三)进入被检查单位或者个人的生产场所进行调查;

(四)责令被检查单位或者个人停止违反本条例的行为,履行法定义务。

监督检查人员在进行监督检查时,应当出示合法有效的行政执法证件。有关单位和个人对监督检查工作应当给予配合,不得拒绝或者阻碍监督检查人员依法执行公务。

第四十六条 县级以上地方人民政府水行政主管部门应当按照国务院水行政主管部门的规定,及时向上一级水行政主管部门或者所在流域的流域管理机构报送本行政区域上一年度取水许可证发放情况。

流域管理机构应当按照国务院水行政主管部门的规定,及时向国务院水行政主管部门报送其上一年度取水许可证发放情况,并同时抄送取水口所在地省、自治区、直辖市人民政府水行政主管部门。

上一级水行政主管部门或者流域管理机构发现越权审批、取水许可证核准的总取水量超过水量分配方案或者协议规定的数量、年度实际取水总量超过下达的年度水量分配方案和年度取水计划的,应当及时要求有关水行政主管部门或者流域管理机构纠正。

第六章 法律责任

第四十七条 县级以上地方人民政府水行政主管部门、流域管理机构或者其他有关部门及其工作人员,有下列行为之一的,由其上级行政机关或者监察机关责令改正;情节严重的,对直接负责的主管人员和其他直接责任人员依法给予行政处分;构成犯罪的,依法追究刑事责任:

(一)对符合法定条件的取水申请不予受理或者不在法定期限内批准的;

(二)对不符合法定条件的申请人签发取水申请批准文件或者发放取水许可证的;

(三)违反审批权限签发取水申请批准文件或者发放取水许可证的;

(四)对未取得取水申请批准文件的建设项目,擅自审批、核准的；

（五）不按照规定征收水资源费，或者对不符合缓缴条件而批准缓缴水资源费的；

（六）侵占、截留、挪用水资源费的；

（七）不履行监督职责，发现违法行为不予查处的；

（八）其他滥用职权、玩忽职守、徇私舞弊的行为。

前款第（六）项规定的被侵占、截留、挪用的水资源费，应当依法予以追缴。

第四十八条 未经批准擅自取水，或者未依照批准的取水许可规定条件取水的，依照《中华人民共和国水法》第六十九条规定处罚；给他人造成妨碍或者损失的，应当排除妨碍、赔偿损失。

第四十九条 未取得取水申请批准文件擅自建设取水工程或者设施的，责令停止违法行为，限期补办有关手续；逾期不补办或者补办未被批准的，责令限期拆除或者封闭其取水工程或者设施；逾期不拆除或者不封闭其取水工程或者设施的，由县级以上地方人民政府水行政主管部门或者流域管理机构组织拆除或者封闭，所需费用由违法行为人承担，可以处5万元以下罚款。

第五十条 申请人隐瞒有关情况或者提供虚假材料骗取取水申请批准文件或者取水许可证的，取水申请批准文件或者取水许可证无效，对申请人给予警告，责令其限期补缴应当缴纳的水资源费，处2万元以上10万元以下罚款；构成犯罪的，依法追究刑事责任。

第五十一条 拒不执行审批机关作出的取水量限制决定，或者未经批准擅自转让取水权的，责令停止违法行为，限期改正，处2万元以上10万元以下罚款；逾期拒不改正或者情节严重的，吊销取水许可证。

第五十二条 有下列行为之一的，责令停止违法行为，限期改正，处5000元以上2万元以下罚款；情节严重的，吊销取水许可证：

（一）不按照规定报送年度取水情况的；

（二）拒绝接受监督检查或者弄虚作假的；

（三）退水水质达不到规定要求的。

第五十三条 未安装计量设施的，责令限期安装，并按照日最大取水能力计算的取水量和水资源费征收标准计征水资源费，处5000元以上2万元以下罚款；情节严重的，吊销取水许可证。

计量设施不合格或者运行不正常的，责令限期更换或者修复；逾期不更换或者不修复的，按照日最大取水能力计算的取水量和水资源费征收标准计征水资源费，可以处1万元以下罚款；情节严重的，吊销取水许可证。

第五十四条 取水单位或者个人拒不缴纳、拖延缴纳或者拖欠水资源费的，依照《中华人民共和国水法》第七十条规定处罚。

第五十五条 对违反规定征收水资源费、取水许可证照费的，由价格主管部门依法予以行政处罚。

第五十六条 伪造、涂改、冒用取水申请批准文件、取水许可证的，责令改正，没收违法所得和非法财物，并处2万元以上10万元以下罚款；构成犯罪的，依法追究刑事责任。

第五十七条 本条例规定的行政处罚，由县级以上人民政府水行政主管部门或者流域管理机构按照规定的权限决定。

第七章 附 则

第五十八条 本条例自2006年4月15日起施行。1993年8月1日国务院发布的《取水许可制度实施办法》同时废止。

民用爆炸物品安全管理条例

（国务院令第466号　2006.05.10）

第一章　总　则

第一条　为了加强对民用爆炸物品的安全管理，预防爆炸事故发生，保障公民生命、财产安全和公共安全，制定本条例。

第二条　民用爆炸物品的生产、销售、购买、进出口、运输、爆破作业和储存以及硝酸铵的销售、购买，适用本条例。

本条例所称民用爆炸物品，是指用于非军事目的、列入民用爆炸物品品名表的各类火药、炸药及其制品和雷管、导火索等点火、起爆器材。

民用爆炸物品品名表，由国务院国防科技工业主管部门会同国务院公安部门制订、公布。

第三条　国家对民用爆炸物品的生产、销售、购买、运输和爆破作业实行许可证制度。

未经许可，任何单位或者个人不得生产、销售、购买、运输民用爆炸物品，不得从事爆破作业。

严禁转让、出借、转借、抵押、赠送、私藏或者非法持有民用爆炸物品。

第四条　国防科技工业主管部门负责民用爆炸物品生产、销售的安全监督管理。

公安机关负责民用爆炸物品公共安全管理和民用爆炸物品购买、运输、爆破作业的安全监督管理，监控民用爆炸物品流向。

安全生产监督、铁路、交通、民用航空主管部门依照法律、行政法规的规定，负责做好民用爆炸物品的有关安全监督管理工作。

国防科技工业主管部门、公安机关、工商行政管理部门按照职责分工，负责组织查处非法生产、销售、购买、储存、运输、邮寄、使用民用爆炸物品的行为。

第五条 民用爆炸物品生产、销售、购买、运输和爆破作业单位（以下称民用爆炸物品从业单位）的主要负责人是本单位民用爆炸物品安全管理责任人，对本单位的民用爆炸物品安全管理工作全面负责。

民用爆炸物品从业单位是治安保卫工作的重点单位，应当依法设置治安保卫机构或者配备治安保卫人员，设置技术防范设施，防止民用爆炸物品丢失、被盗、被抢。

民用爆炸物品从业单位应当建立安全管理制度、岗位安全责任制度，制订安全防范措施和事故应急预案，设置安全管理机构或者配备专职安全管理人员。

第六条 无民事行为能力人、限制民事行为能力人或者曾因犯罪受过刑事处罚的人，不得从事民用爆炸物品的生产、销售、购买、运输和爆破作业。

民用爆炸物品从业单位应当加强对本单位从业人员的安全教育、法制教育和岗位技术培训，从业人员经考核合格的，方可上岗作业；对有资格要求的岗位，应当配备具有相应资格的人员。

第七条 国家建立民用爆炸物品信息管理系统，对民用爆炸物品实行标识管理，监控民用爆炸物品流向。

民用爆炸物品生产企业、销售企业和爆破作业单位应当建立民用爆炸物品登记制度，如实将本单位生产、销售、购买、运输、储存、使用民用爆炸物品的品种、数量和流向信息输入计算机系统。

第八条 任何单位或者个人都有权举报违反民用爆炸物品安全管理规定的行为；接到举报的主管部门、公安机关应当立即查处，并为举报人员保密，对举报有功人员给予奖励。

第九条 国家鼓励民用爆炸物品从业单位采用提高民用爆炸物品安全性能的新技术，鼓励发展民用爆炸物品生产、配送、爆破作业一体化的经营模式。

第二章　生　　产

第十条　设立民用爆炸物品生产企业，应当遵循统筹规划、合理布局的原则。

第十一条　申请从事民用爆炸物品生产的企业，应当具备下列条件：

（一）符合国家产业结构规划和产业技术标准；

（二）厂房和专用仓库的设计、结构、建筑材料、安全距离以及防火、防爆、防雷、防静电等安全设备、设施符合国家有关标准和规范；

（三）生产设备、工艺符合有关安全生产的技术标准和规程；

（四）有具备相应资格的专业技术人员、安全生产管理人员和生产岗位人员；

（五）有健全的安全管理制度、岗位安全责任制度；

（六）法律、行政法规规定的其他条件。

第十二条　申请从事民用爆炸物品生产的企业，应当向国务院国防科技工业主管部门提交申请书、可行性研究报告以及能够证明其符合本条例第十一条规定条件的有关材料。国务院国防科技工业主管部门应当自受理申请之日起45日内进行审查，对符合条件的，核发《民用爆炸物品生产许可证》；对不符合条件的，不予核发《民用爆炸物品生产许可证》，书面向申请人说明理由。

民用爆炸物品生产企业为调整生产能力及品种进行改建、扩建的，应当依照前款规定申请办理《民用爆炸物品生产许可证》。

第十三条　取得《民用爆炸物品生产许可证》的企业应当在基本建设完成后，向国务院国防科技工业主管部门申请安全生产许可。国务院国防科技工业主管部门应当依照《安全生产许可证条例》的规定对其进行查验，对符合条件的，在《民用爆炸物品生产许可证》上标注安全生产许可。民用爆炸物品生产企业持经标注安全生产许可的《民用爆炸物品生产许可证》到工商行政管理部门办理工商登记后,方可生产民用爆炸物品。

民用爆炸物品生产企业应当在办理工商登记后3日内,向所在地县级人民政府公安机关备案。

第十四条 民用爆炸物品生产企业应当严格按照《民用爆炸物品生产许可证》核定的品种和产量进行生产,生产作业应当严格执行安全技术规程的规定。

第十五条 民用爆炸物品生产企业应当对民用爆炸物品做出警示标识、登记标识,对雷管编码打号。民用爆炸物品警示标识、登记标识和雷管编码规则,由国务院公安部门会同国务院国防科技工业主管部门规定。

第十六条 民用爆炸物品生产企业应当建立健全产品检验制度,保证民用爆炸物品的质量符合相关标准。民用爆炸物品的包装,应当符合法律、行政法规的规定以及相关标准。

第十七条 试验或者试制民用爆炸物品,必须在专门场地或者专门的试验室进行。严禁在生产车间或者仓库内试验或者试制民用爆炸物品。

第三章 销售和购买

第十八条 申请从事民用爆炸物品销售的企业,应当具备下列条件:

(一)符合对民用爆炸物品销售企业规划的要求;

(二)销售场所和专用仓库符合国家有关标准和规范;

(三)有具备相应资格的安全管理人员、仓库管理人员;

(四)有健全的安全管理制度、岗位安全责任制度;

(五)法律、行政法规规定的其他条件。

第十九条 申请从事民用爆炸物品销售的企业,应当向所在地省、自治区、直辖市人民政府国防科技工业主管部门提交申请书、可行性研究报告以及能够证明其符合本条例第十八条规定条件的有关材料。省、自治区、直辖市人民政府国防科技工业主管部门应当自受理申请之日起30日内进行审查，并对申请单位的销售场所和专用仓库等经营设施进行查验，对符合条件的，核发《民用爆炸物品销售许可证》；对不符合条件的，不予核发《民用爆炸物品销售许可证》，书面向申请人说明理由。

民用爆炸物品销售企业持《民用爆炸物品销售许可证》到工商行政管理部门办理工商登记后，方可销售民用爆炸物品。

民用爆炸物品销售企业应当在办理工商登记后3日内，向所在地县级人民政府公安机关备案。

第二十条 民用爆炸物品生产企业凭《民用爆炸物品生产许可证》，可以销售本企业生产的民用爆炸物品。

民用爆炸物品生产企业销售本企业生产的民用爆炸物品，不得超出核定的品种、产量。

第二十一条 民用爆炸物品使用单位申请购买民用爆炸物品的，应当向所在地县级人民政府公安机关提出购买申请，并提交下列有关材料：

（一）工商营业执照或者事业单位法人证书；

（二）《爆破作业单位许可证》或者其他合法使用的证明；

（三）购买单位的名称、地址、银行账户；

（四）购买的品种、数量和用途说明。

受理申请的公安机关应当自受理申请之日起5日内对提交的有关材料进行审查，对符合条件的，核发《民用爆炸物品购买许可证》；对不符合条件的，不予核发《民用爆炸物品购买许可证》，书面向申请人说明理由。

《民用爆炸物品购买许可证》应当载明许可购买的品种、数量、购买单位以及许可的有效期限。

第二十二条 民用爆炸物品生产企业凭《民用爆炸物品生产许可证》购买属于民用爆炸物品的原料，民用爆炸物品销售企业凭《民用爆炸物品销售许可证》向民用爆炸物品生产企业购买民用爆炸物品，民用爆炸物品使用单位凭《民用爆炸物品购买许可证》购买民用爆炸物品，还应当提供经办人的身份证明。

销售民用爆炸物品的企业，应当查验前款规定的许可证和经办人的身份证明；对持《民用爆炸物品购买许可证》购买的，应当按照许可的品种、数量销售。

第二十三条 销售、购买民用爆炸物品，应当通过银行账户进行交易，不得使用现金或者实物进行交易。

销售民用爆炸物品的企业，应当将购买单位的许可证、银行账户转账凭证、经办人的身份证明复印件保存2年备查。

第二十四条 销售民用爆炸物品的企业，应当自民用爆炸物品买卖成交之日起3日内，将销售的品种、数量和购买单位向所在地省、自治区、直辖市人民政府国防科技工业主管部门和所在地县级人民政府公安机关备案。

购买民用爆炸物品的单位，应当自民用爆炸物品买卖成交之日起3日内，将购买的品种、数量向所在地县级人民政府公安机关备案。

第二十五条 进出口民用爆炸物品，应当经国务院国防科技工业主管部门审批。进出口民用爆炸物品审批办法，由国务院国防科技工业主管部门会同国务院公安部门、海关总署规定。

进出口单位应当将进出口的民用爆炸物品的品种、数量向收货地或者出境口岸所在地县级人民政府公安机关备案。

第四章 运 输

第二十六条 运输民用爆炸物品，收货单位应当向运达地县级人民政府公安机关提出申请，并提交包括下列内容的材料：

（一）民用爆炸物品生产企业、销售企业、使用单位以及进出口单位分别提供的《民用爆炸物品生产许可证》、《民用爆炸物品销售许可证》、《民用爆炸物品购买许可证》或者进出口批准证明；

（二）运输民用爆炸物品的品种、数量、包装材料和包装方式；

（三）运输民用爆炸物品的特性、出现险情的应急处置方法；

（四）运输时间、起始地点、运输路线、经停地点。

受理申请的公安机关应当自受理申请之日起3日内对提交的有关材料进行审查，对符合条件的，核发《民用爆炸物品运输许可证》；对不符合条件的，不予核发《民用爆炸物品运输许可证》，书面向申请人说明理由。

《民用爆炸物品运输许可证》应当载明收货单位、销售企业、承运人，一次性运输有效期限、起始地点、运输路线、经停地点，民用爆炸物品的品种、数量。

第二十七条 运输民用爆炸物品的，应当凭《民用爆炸物品运输许可证》，按照许可的品种、数量运输。

第二十八条 经由道路运输民用爆炸物品的，应当遵守下列规定：

（一）携带《民用爆炸物品运输许可证》；

（二）民用爆炸物品的装载符合国家有关标准和规范，车厢内不得载人；

（三）运输车辆安全技术状况应当符合国家有关安全技术标准的要求，并按照规定悬挂或者安装符合国家标准的易燃易爆危险物品警示标志；

（四）运输民用爆炸物品的车辆应当保持安全车速；

（五）按照规定的路线行驶，途中经停应当有专人看守，并远离建筑设施和人口稠密的地方，不得在许可以外的地点经停；

（六）按照安全操作规程装卸民用爆炸物品，并在装卸现场设置警戒，禁止无关人员进入；

（七）出现危险情况立即采取必要的应急处置措施，并报告当地公安机关。

第二十九条 民用爆炸物品运达目的地，收货单位应当进行验收后在《民用爆炸物品运输许可证》上签注，并在3日内将《民用爆炸物品运输许可证》交回发证机关核销。

第三十条 禁止携带民用爆炸物品搭乘公共交通工具或者进入公共场所。

禁止邮寄民用爆炸物品，禁止在托运的货物、行李、包裹、邮件中夹带民用爆炸物品。

第五章 爆破作业

第三十一条 申请从事爆破作业的单位，应当具备下列条件：

（一）爆破作业属于合法的生产活动；

（二）有符合国家有关标准和规范的民用爆炸物品专用仓库；

（三）有具备相应资格的安全管理人员、仓库管理人员和具备国家规定执业资格的爆破作业人员；

（四）有健全的安全管理制度、岗位安全责任制度；

（五）有符合国家标准、行业标准的爆破作业专用设备；

（六）法律、行政法规规定的其他条件。

第三十二条 申请从事爆破作业的单位，应当按照国务院公安部门的规定，向有关人民政府公安机关提出申请，并提供能够证明其符合本条例第三十一条规定条件的有关材料。受理申请的公安机关应当自受理申请之日起 20 日内进行审查，对符合条件的，核发《爆破作业单位许可证》；对不符合条件的，不予核发《爆破作业单位许可证》，书面向申请人说明理由。

营业性爆破作业单位持《爆破作业单位许可证》到工商行政管理部门办理工商登记后，方可从事营业性爆破作业活动。

爆破作业单位应当在办理工商登记后 3 日内，向所在地县级人民政府公安机关备案。

第三十三条 爆破作业单位应当对本单位的爆破作业人员、安全管理人员、仓库管理人员进行专业技术培训。爆破作业人员应当经设区的市级人民政府公安机关考核合格，取得《爆破作业人员许可证》后，方可从事爆破作业。

第三十四条 爆破作业单位应当按照其资质等级承接爆破作业项目，爆破作业人员应当按照其资格等级从事爆破作业。爆破作业的分级管理办法由国务院公安部门规定。

第三十五条 在城市、风景名胜区和重要工程设施附近实施爆破作业的，应当向爆破作业所在地设区的市级人民政府公安机关提出申请，提交《爆破作业单位许可证》和具有相应资质的安全评估企业出具的爆破设计、施工方案评估报告。受理申请的公安机关应当自受理申请之日起20日内对提交的有关材料进行审查，对符合条件的，作出批准的决定；对不符合条件的，作出不予批准的决定，并书面向申请人说明理由。

实施前款规定的爆破作业，应当由具有相应资质的安全监理企业进行监理，由爆破作业所在地县级人民政府公安机关负责组织实施安全警戒。

第三十六条 爆破作业单位跨省、自治区、直辖市行政区域从事爆破作业的，应当事先将爆破作业项目的有关情况向爆破作业所在地县级人民政府公安机关报告。

第三十七条 爆破作业单位应当如实记载领取、发放民用爆炸物品的品种、数量、编号以及领取、发放人员姓名。领取民用爆炸物品的数量不得超过当班用量，作业后剩余的民用爆炸物品必须当班清退回库。

爆破作业单位应当将领取、发放民用爆炸物品的原始记录保存2年备查。

第三十八条 实施爆破作业，应当遵守国家有关标准和规范，在安全距离以外设置警示标志并安排警戒人员，防止无关人员进入；爆破作业结束后应当及时检查、排除未引爆的民用爆炸物品。

第三十九条 爆破作业单位不再使用民用爆炸物品时，应当将剩余的民用爆炸物品登记造册，报所在地县级人民政府公安机关组织监督销毁。

发现、拣拾无主民用爆炸物品的，应当立即报告当地公安机关。

第六章 储 存

第四十条 民用爆炸物品应当储存在专用仓库内，并按照国家规定设置技术防范设施。

第四十一条 储存民用爆炸物品应当遵守下列规定：

（一）建立出入库检查、登记制度，收存和发放民用爆炸物品必须进行登记，做到账目清楚，账物相符；

（二）储存的民用爆炸物品数量不得超过储存设计容量，对性质相抵触的民用爆炸物品必须分库储存，严禁在库房内存放其他物品；

（三）专用仓库应当指定专人管理、看护，严禁无关人员进入仓库区内，严禁在仓库区内吸烟和用火，严禁把其他容易引起燃烧、爆炸的物品带入仓库区内，严禁在库房内住宿和进行其他活动；

（四）民用爆炸物品丢失、被盗、被抢，应当立即报告当地公安机关。

第四十二条 在爆破作业现场临时存放民用爆炸物品的，应当具备临时存放民用爆炸物品的条件，并设专人管理、看护，不得在不具备安全存放条件的场所存放民用爆炸物品。

第四十三条 民用爆炸物品变质和过期失效的，应当及时清理出库，并予以销毁。销毁前应当登记造册，提出销毁实施方案，报省、自治区、直辖市人民政府国防科技工业主管部门、所在地县级人民政府公安机关组织监督销毁。

第七章 法律责任

第四十四条 非法制造、买卖、运输、储存民用爆炸物品，构成犯罪的，依法追究刑事责任；尚不构成犯罪，有违反治安管理行为的，依法给予治安管理处罚。

违反本条例规定，在生产、储存、运输、使用民用爆炸物品中发生重大事故，造成严重后果或者后果特别严重，构成犯罪的，依法追究刑事责任。

违反本条例规定，未经许可生产、销售民用爆炸物品的，由国防科技工业主管部门责令停止非法生产、销售活动,处10万元以上50万元以下的罚款,并没收非法生产、销售的民用爆炸物品及其违法所得。

违反本条例规定,未经许可购买、运输民用爆炸物品或者从事爆破作业的,由公安机关责令停止非法购买、运输、爆破作业活动,处5万元以上20万元以下的罚款,并没收非法购买、运输以及从事爆破作业使用的民用爆炸物品及其违法所得。

国防科技工业主管部门、公安机关对没收的非法民用爆炸物品,应当组织销毁。

第四十五条 违反本条例规定,生产、销售民用爆炸物品的企业有下列行为之一的,由国防科技工业主管部门责令限期改正,处10万元以上50万元以下的罚款;逾期不改正的,责令停产停业整顿;情节严重的,吊销《民用爆炸物品生产许可证》或者《民用爆炸物品销售许可证》:

(一)超出生产许可的品种、产量进行生产、销售的;

(二)违反安全技术规程生产作业的;

(三)民用爆炸物品的质量不符合相关标准的;

(四)民用爆炸物品的包装不符合法律、行政法规的规定以及相关标准的;

(五)超出购买许可的品种、数量销售民用爆炸物品的;

(六)向没有《民用爆炸物品生产许可证》、《民用爆炸物品销售许可证》、《民用爆炸物品购买许可证》的单位销售民用爆炸物品的;

(七)民用爆炸物品生产企业销售本企业生产的民用爆炸物品未按照规定向国防科技工业主管部门备案的;

(八)未经审批进出口民用爆炸物品的。

第四十六条 违反本条例规定,有下列情形之一的,由公安机关责令限期改正,处5万元以上20万元以下的罚款;逾期不改正的,责令停产停业整顿:

(一)未按照规定对民用爆炸物品做出警示标识、登记标识或者未对雷管编码打号的；

（二）超出购买许可的品种、数量购买民用爆炸物品的；

（三）使用现金或者实物进行民用爆炸物品交易的；

（四）未按照规定保存购买单位的许可证、银行账户转账凭证、经办人的身份证明复印件的；

（五）销售、购买、进出口民用爆炸物品，未按照规定向公安机关备案的；

（六）未按照规定建立民用爆炸物品登记制度，如实将本单位生产、销售、购买、运输、储存、使用民用爆炸物品的品种、数量和流向信息输入计算机系统的；

（七）未按照规定将《民用爆炸物品运输许可证》交回发证机关核销的。

第四十七条 违反本条例规定，经由道路运输民用爆炸物品，有下列情形之一的，由公安机关责令改正，处 5 万元以上 20 万元以下的罚款：

（一）违反运输许可事项的；

（二）未携带《民用爆炸物品运输许可证》的；

（三）违反有关标准和规范混装民用爆炸物品的；

（四）运输车辆未按照规定悬挂或者安装符合国家标准的易燃易爆危险物品警示标志的；

（五）未按照规定的路线行驶，途中经停没有专人看守或者在许可以外的地点经停的；

（六）装载民用爆炸物品的车厢载人的；

（七）出现危险情况未立即采取必要的应急处置措施、报告当地公安机关的。

第四十八条 违反本条例规定，从事爆破作业的单位有下列情形之一的，由公安机关责令停止违法行为或者限期改正，处 10 万元以上 50 万元以下的罚款；逾期不改正的，责令停产停业整顿；情节严重的，吊销《爆破作业单位许可证》：

（一）爆破作业单位未按照其资质等级从事爆破作业的；

（二）营业性爆破作业单位跨省、自治区、直辖市行政区域实施爆破作业，未按照规定事先向爆破作业所在地的县级人民政府公安机关报告的；

（三）爆破作业单位未按照规定建立民用爆炸物品领取登记制度、保存领取登记记录的；

（四）违反国家有关标准和规范实施爆破作业的。

爆破作业人员违反国家有关标准和规范的规定实施爆破作业的，由公安机关责令限期改正，情节严重的，吊销《爆破作业人员许可证》。

第四十九条 违反本条例规定，有下列情形之一的，由国防科技工业主管部门、公安机关按照职责责令限期改正，可以并处 5 万元以上 20 万元以下的罚款；逾期不改正的，责令停产停业整顿；情节严重的，吊销许可证：

（一）未按照规定在专用仓库设置技术防范设施的；

（二）未按照规定建立出入库检查、登记制度或者收存和发放民用爆炸物品，致使账物不符的；

（三）超量储存、在非专用仓库储存或者违反储存标准和规范储存民用爆炸物品的；

（四）有本条例规定的其他违反民用爆炸物品储存管理规定行为的。

第五十条 违反本条例规定，民用爆炸物品从业单位有下列情形之一的，由公安机关处 2 万元以上 10 万元以下的罚款；情节严重的，吊销其许可证；有违反治安管理行为的，依法给予治安管理处罚：

（一）违反安全管理制度，致使民用爆炸物品丢失、被盗、被抢的；

（二）民用爆炸物品丢失、被盗、被抢，未按照规定向当地公安机关报告或者故意隐瞒不报的；

（三）转让、出借、转借、抵押、赠送民用爆炸物品的。

第五十一条 违反本条例规定，携带民用爆炸物品搭乘公共交通工具或者进入公共场所，邮寄或者在托运的货物、行李、包裹、邮件中夹带民用爆炸物品，构成犯罪的，依法追究刑事责任；尚不构成犯罪的，由公安机关依法给予治安管理处罚，没收非法的民用爆炸物品，处1000元以上1万元以下的罚款。

第五十二条 民用爆炸物品从业单位的主要负责人未履行本条例规定的安全管理责任，导致发生重大伤亡事故或者造成其他严重后果，构成犯罪的，依法追究刑事责任；尚不构成犯罪的，对主要负责人给予撤职处分，对个人经营的投资人处2万元以上20万元以下的罚款。

第五十三条 国防科技工业主管部门、公安机关、工商行政管理部门的工作人员，在民用爆炸物品安全监督管理工作中滥用职权、玩忽职守或者徇私舞弊，构成犯罪的，依法追究刑事责任；尚不构成犯罪的，依法给予行政处分。

第八章　附　　则

第五十四条 《民用爆炸物品生产许可证》、《民用爆炸物品销售许可证》，由国务院国防科技工业主管部门规定式样；《民用爆炸物品购买许可证》、《民用爆炸物品运输许可证》、《爆破作业单位许可证》、《爆破作业人员许可证》，由国务院公安部门规定式样。

第五十五条 本条例自2006年9月1日起施行。1984年1月6日国务院发布的《中华人民共和国民用爆炸物品管理条例》同时废止。

中华人民共和国测绘成果管理条例

（国务院令第469号　2006.05.27）

第一章　总　　则

第一条　为了加强对测绘成果的管理，维护国家安全，促进测绘成果的利用，满足经济建设、国防建设和社会发展的需要，根据《中华人民共和国测绘法》，制定本条例。

第二条　测绘成果的汇交、保管、利用和重要地理信息数据的审核与公布，适用本条例。

本条例所称测绘成果，是指通过测绘形成的数据、信息、图件以及相关的技术资料。测绘成果分为基础测绘成果和非基础测绘成果。

第三条　国务院测绘行政主管部门负责全国测绘成果工作的统一监督管理。国务院其他有关部门按照职责分工，负责本部门有关的测绘成果工作。

县级以上地方人民政府负责管理测绘工作的部门（以下称测绘行政主管部门）负责本行政区域测绘成果工作的统一监督管理。县级以上地方人民政府其他有关部门按照职责分工，负责本部门有关的测绘成果工作。

第四条　汇交、保管、公布、利用、销毁测绘成果应当遵守有关保密法律、法规的规定，采取必要的保密措施，保障测绘成果的安全。

第五条　对在测绘成果管理工作中作出突出贡献的单位和个人，由有关人民政府或者部门给予表彰和奖励。

第二章　汇交与保管

第六条　中央财政投资完成的测绘项目，由承担测绘项目的单位向国务院测绘行政主管部门汇交测绘成果资料；地方财政投资完成的测绘项目，由承担测绘项目的单位向测绘项目所在地的省、自治区、直辖市人民政府测绘行政主管部门汇交测绘成果资料；使用其他资金完成的测绘项目，由测绘项目出资人向测绘项目所在地的省、自治区、直辖市人民政府测绘行政主管部门汇交测绘成果资料。

第七条　测绘成果属于基础测绘成果的，应当汇交副本；属于非基础测绘成果的，应当汇交目录。测绘成果的副本和目录实行无偿汇交。

下列测绘成果为基础测绘成果：

（一）为建立全国统一的测绘基准和测绘系统进行的天文测量、三角测量、水准测量、卫星大地测量、重力测量所获取的数据、图件；

（二）基础航空摄影所获取的数据、影像资料；

（三）遥感卫星和其他航天飞行器对地观测所获取的基础地理信息遥感资料；

（四）国家基本比例尺地图、影像图及其数字化产品；

（五）基础地理信息系统的数据、信息等。

第八条　外国的组织或者个人依法与中华人民共和国有关部门或者单位合资、合作，经批准在中华人民共和国领域内从事测绘活动的，测绘成果归中方部门或者单位所有，并由中方部门或者单位向国务院测绘行政主管部门汇交测绘成果副本。

外国的组织或者个人依法在中华人民共和国管辖的其他海域从事测绘活动的，由其按照国务院测绘行政主管部门的规定汇交测绘成果副本或者目录。

第九条　测绘项目出资人或者承担国家投资的测绘项目的单

位应当自测绘项目验收完成之日起3个月内，向测绘行政主管部门汇交测绘成果副本或者目录。测绘行政主管部门应当在收到汇交的测绘成果副本或者目录后，出具汇交凭证。

汇交测绘成果资料的范围由国务院测绘行政主管部门商国务院有关部门制定并公布。

第十条 测绘行政主管部门自收到汇交的测绘成果副本或者目录之日起10个工作日内，应当将其移交给测绘成果保管单位。

国务院测绘行政主管部门和省、自治区、直辖市人民政府测绘行政主管部门应当定期编制测绘成果资料目录，向社会公布。

第十一条 测绘成果保管单位应当建立健全测绘成果资料的保管制度，配备必要的设施，确保测绘成果资料的安全，并对基础测绘成果资料实行异地备份存放制度。

测绘成果资料的存放设施与条件，应当符合国家保密、消防及档案管理的有关规定和要求。

第十二条 测绘成果保管单位应当按照规定保管测绘成果资料，不得损毁、散失、转让。

第十三条 测绘项目的出资人或者承担测绘项目的单位，应当采取必要的措施，确保其获取的测绘成果的安全。

第三章 利 用

第十四条 县级以上人民政府测绘行政主管部门应当积极推进公众版测绘成果的加工和编制工作，并鼓励公众版测绘成果的开发利用，促进测绘成果的社会化应用。

第十五条 使用财政资金的测绘项目和使用财政资金的建设工程测绘项目，有关部门在批准立项前应当书面征求本级人民政府测绘行政主管部门的意见。测绘行政主管部门应当自收到征求意见材料之日起10日内，向征求意见的部门反馈意见。有适宜测绘成果的，应当充分利用已有的测绘成果，避免重复测绘。

第十六条 国家保密工作部门、国务院测绘行政主管部门应当商军队测绘主管部门，依照有关保密法律、行政法规的规定，确定测绘成果的秘密范围和秘密等级。

利用涉及国家秘密的测绘成果开发生产的产品，未经国务院测绘行政主管部门或者省、自治区、直辖市人民政府测绘行政主管部门进行保密技术处理的，其秘密等级不得低于所用测绘成果的秘密等级。

第十七条 法人或者其他组织需要利用属于国家秘密的基础测绘成果的，应当提出明确的利用目的和范围，报测绘成果所在地的测绘行政主管部门审批。

测绘行政主管部门审查同意的，应当以书面形式告知测绘成果的秘密等级、保密要求以及相关著作权保护要求。

第十八条 对外提供属于国家秘密的测绘成果，应当按照国务院和中央军事委员会规定的审批程序，报国务院测绘行政主管部门或者省、自治区、直辖市人民政府测绘行政主管部门审批；测绘行政主管部门在审批前，应当征求军队有关部门的意见。

第十九条 基础测绘成果和财政投资完成的其他测绘成果，用于国家机关决策和社会公益性事业的，应当无偿提供。

除前款规定外，测绘成果依法实行有偿使用制度。但是，各级人民政府及其有关部门和军队因防灾、减灾、国防建设等公共利益的需要，可以无偿使用测绘成果。

依法有偿使用测绘成果的，使用人与测绘项目出资人应当签订书面协议，明确双方的权利和义务。

第二十条 测绘成果涉及著作权保护和管理的，依照有关法律、行政法规的规定执行。

第二十一条 建立以地理信息数据为基础的信息系统，应当利用符合国家标准的基础地理信息数据。

第四章　重要地理信息数据的审核与公布

第二十二条　国家对重要地理信息数据实行统一审核与公布制度。

任何单位和个人不得擅自公布重要地理信息数据。

第二十三条　重要地理信息数据包括：

(一)国界、国家海岸线长度；

(二)领土、领海、毗连区、专属经济区面积；

(三)国家海岸滩涂面积、岛礁数量和面积；

(四)国家版图的重要特征点，地势、地貌分区位置；

(五)国务院测绘行政主管部门商国务院其他有关部门确定的其他重要自然和人文地理实体的位置、高程、深度、面积、长度等地理信息数据。

第二十四条　提出公布重要地理信息数据建议的单位或者个人，应当向国务院测绘行政主管部门或者省、自治区、直辖市人民政府测绘行政主管部门报送建议材料。

对需要公布的重要地理信息数据，国务院测绘行政主管部门应当提出审核意见，并与国务院其他有关部门、军队测绘主管部门会商后，报国务院批准。具体办法由国务院测绘行政主管部门制定。

第二十五条　国务院批准公布的重要地理信息数据，由国务院或者国务院授权的部门以公告形式公布。

在行政管理、新闻传播、对外交流、教学等对社会公众有影响的活动中，需要使用重要地理信息数据的，应当使用依法公布的重要地理信息数据。

第五章　法律责任

第二十六条　违反本条例规定，县级以上人民政府测绘行政主管部门有下列行为之一的,由本级人民政府或者上级人民政府测绘行政主管部门责令改正,通报批评;对直接负责的主管人员和其他直接责任人员,依法给予处分:

(一)接收汇交的测绘成果副本或者目录,未依法出具汇交凭证的;

(二)未及时向测绘成果保管单位移交测绘成果资料的;

(三)未依法编制和公布测绘成果资料目录的;

(四)发现违法行为或者接到对违法行为的举报后,不及时进行处理的;

(五)不依法履行监督管理职责的其他行为。

第二十七条 违反本条例规定,未汇交测绘成果资料的,依照《中华人民共和国测绘法》第四十七条的规定进行处罚。

第二十八条 违反本条例规定,测绘成果保管单位有下列行为之一的,由测绘行政主管部门给予警告,责令改正;有违法所得的,没收违法所得;造成损失的,依法承担赔偿责任;对直接负责的主管人员和其他直接责任人员,依法给予处分:

(一)未按照测绘成果资料的保管制度管理测绘成果资料,造成测绘成果资料损毁、散失的;

(二)擅自转让汇交的测绘成果资料的;

(三)未依法向测绘成果的使用人提供测绘成果资料的。

第二十九条 违反本条例规定,有下列行为之一的,由测绘行政主管部门或者其他有关部门依据职责责令改正,给予警告,可以处10万元以下的罚款;对直接负责的主管人员和其他直接责任人员,依法给予处分:

(一)建立以地理信息数据为基础的信息系统,利用不符合国家标准的基础地理信息数据的;

(二)擅自公布重要地理信息数据的;

(三)在对社会公众有影响的活动中使用未经依法公布的重要地理信息数据的。

第六章 附 则

第三十条 法律、行政法规对编制出版地图的管理另有规定的,从其规定。

第三十一条 军事测绘成果的管理,按照中央军事委员会的有关规定执行。

第三十二条 本条例自2006年9月1日起施行。1989年3月21日国务院发布的《中华人民共和国测绘成果管理规定》同时废止。

防治海洋工程建设项目污染损害海洋环境管理条例

（国务院令第 475 号　2006.09.19）

第一章　总　则

第一条　为了防治和减轻海洋工程建设项目（以下简称海洋工程）污染损害海洋环境，维护海洋生态平衡，保护海洋资源，根据《中华人民共和国海洋环境保护法》，制定本条例。

第二条　在中华人民共和国管辖海域内从事海洋工程污染损害海洋环境防治活动，适用本条例。

第三条　本条例所称海洋工程，是指以开发、利用、保护、恢复海洋资源为目的，并且工程主体位于海岸线向海一侧的新建、改建、扩建工程。具体包括：

（一）围填海、海上堤坝工程；

（二）人工岛、海上和海底物资储藏设施、跨海桥梁、海底隧道工程；

（三）海底管道、海底电（光）缆工程；

（四）海洋矿产资源勘探开发及其附属工程；

（五）海上潮汐电站、波浪电站、温差电站等海洋能源开发利用工程；

（六）大型海水养殖场、人工鱼礁工程；

（七）盐田、海水淡化等海水综合利用工程；

（八）海上娱乐及运动、景观开发工程；

（九）国家海洋主管部门会同国务院环境保护主管部门规定

的其他海洋工程。

第四条 国家海洋主管部门负责全国海洋工程环境保护工作的监督管理，并接受国务院环境保护主管部门的指导、协调和监督。沿海县级以上地方人民政府海洋主管部门负责本行政区域毗邻海域海洋工程环境保护工作的监督管理。

第五条 海洋工程的选址和建设应当符合海洋功能区划、海洋环境保护规划和国家有关环境保护标准，不得影响海洋功能区的环境质量或者损害相邻海域的功能。

第六条 国家海洋主管部门根据国家重点海域污染物排海总量控制指标，分配重点海域海洋工程污染物排海控制数量。

第七条 任何单位和个人对海洋工程污染损害海洋环境、破坏海洋生态等违法行为，都有权向海洋主管部门进行举报。

接到举报的海洋主管部门应当依法进行调查处理，并为举报人保密。

第二章 环境影响评价

第八条 国家实行海洋工程环境影响评价制度。

海洋工程的环境影响评价，应当以工程对海洋环境和海洋资源的影响为重点进行综合分析、预测和评估，并提出相应的生态保护措施，预防、控制或者减轻工程对海洋环境和海洋资源造成的影响和破坏。

海洋工程环境影响报告书应当依据海洋工程环境影响评价技术标准及其他相关环境保护标准编制。编制环境影响报告书应当使用符合国家海洋主管部门要求的调查、监测资料。

第九条 海洋工程环境影响报告书应当包括下列内容：

（一）工程概况；

（二）工程所在海域环境现状和相邻海域开发利用情况；

（三）工程对海洋环境和海洋资源可能造成影响的分析、预测和评估；

（四）工程对相邻海域功能和其他开发利用活动影响的分析及预测；

（五）工程对海洋环境影响的经济损益分析和环境风险分析；

（六）拟采取的环境保护措施及其经济、技术论证；

（七）公众参与情况；

（八）环境影响评价结论。

海洋工程可能对海岸生态环境产生破坏的，其环境影响报告书中应当增加工程对近岸自然保护区等陆地生态系统影响的分析和评价。

第十条 新建、改建、扩建海洋工程的建设单位，应当委托具有相应环境影响评价资质的单位编制环境影响报告书，报有核准权的海洋主管部门核准。

海洋主管部门在核准海洋工程环境影响报告书前，应当征求海事、渔业主管部门和军队环境保护部门的意见；必要时，可以举行听证会。其中，围填海工程必须举行听证会。

海洋主管部门在核准海洋工程环境影响报告书后，应当将核准后的环境影响报告书报同级环境保护主管部门备案，接受环境保护主管部门的监督。

海洋工程建设单位在办理项目审批、核准、备案手续时，应当提交经海洋主管部门核准的海洋工程环境影响报告书。

第十一条 下列海洋工程的环境影响报告书，由国家海洋主管部门核准：

（一）涉及国家海洋权益、国防安全等特殊性质的工程；

（二）海洋矿产资源勘探开发及其附属工程；

（三）50 公顷以上的填海工程，100 公顷以上的围海工程；

（四）潮汐电站、波浪电站、温差电站等海洋能源开发利用工程；

（五）由国务院或者国务院有关部门审批的海洋工程。

前款规定以外的海洋工程的环境影响报告书，由沿海县级以上地方人民政府海洋主管部门根据沿海省、自治区、直辖市人民政府规定的权限核准。

海洋工程可能造成跨区域环境影响并且有关海洋主管部门对环境影响评价结论有争议的，该工程的环境影响报告书由其共同的上一级海洋主管部门核准。

第十二条 海洋主管部门应当自收到海洋工程环境影响报告书之日起60个工作日内，作出是否核准的决定，书面通知建设单位。

需要补充材料的，应当及时通知建设单位，核准期限从材料补齐之日起重新计算。

第十三条 海洋工程环境影响报告书核准后，工程的性质、规模、地点、生产工艺或者拟采取的环境保护措施等发生重大改变的，建设单位应当委托具有相应环境影响评价资质的单位重新编制环境影响报告书，报原核准该工程环境影响报告书的海洋主管部门核准；海洋工程自环境影响报告书核准之日起超过5年方开工建设的，应当在工程开工建设前，将该工程的环境影响报告书报原核准该工程环境影响报告书的海洋主管部门重新核准。

海洋主管部门在重新核准海洋工程环境影响报告书后，应当将重新核准后的环境影响报告书报同级环境保护主管部门备案。

第十四条 建设单位可以采取招标方式确定海洋工程的环境影响评价单位。其他任何单位和个人不得为海洋工程指定环境影响评价单位。

第十五条 从事海洋工程环境影响评价的单位和有关技术人员，应当按照国务院环境保护主管部门的规定，取得相应的资质证书和资格证书。

国务院环境保护主管部门在颁发海洋工程环境影响评价单位的资质证书前，应当征求国家海洋主管部门的意见。

第三章 海洋工程的污染防治

第十六条 海洋工程的环境保护设施应当与主体工程同时设

计、同时施工、同时投产使用。

第十七条 海洋工程的初步设计，应当按照环境保护设计规范和经核准的环境影响报告书的要求，编制环境保护篇章，落实环境保护措施和环境保护投资概算。

第十八条 建设单位应当在海洋工程投入运行之日30个工作日前，向原核准该工程环境影响报告书的海洋主管部门申请环境保护设施的验收；海洋工程投入试运行的，应当自该工程投入试运行之日起60个工作日内，向原核准该工程环境影响报告书的海洋主管部门申请环境保护设施的验收。

分期建设、分期投入运行的海洋工程，其相应的环境保护设施应当分期验收。

第十九条 海洋主管部门应当自收到环境保护设施验收申请之日起30个工作日内完成验收；验收不合格的，应当限期整改。

海洋工程需要配套建设的环境保护设施未经海洋主管部门验收或者经验收不合格的，该工程不得投入运行。

建设单位不得擅自拆除或者闲置海洋工程的环境保护设施。

第二十条 海洋工程在建设、运行过程中产生不符合经核准的环境影响报告书的情形的，建设单位应当自该情形出现之日起20个工作日内组织环境影响的后评价，根据后评价结论采取改进措施，并将后评价结论和采取的改进措施报原核准该工程环境影响报告书的海洋主管部门备案；原核准该工程环境影响报告书的海洋主管部门也可以责成建设单位进行环境影响的后评价，采取改进措施。

第二十一条 严格控制围填海工程。禁止在经济生物的自然产卵场、繁殖场、索饵场和鸟类栖息地进行围填海活动。

围填海工程使用的填充材料应当符合有关环境保护标准。

第二十二条 建设海洋工程，不得造成领海基点及其周围环境的侵蚀、淤积和损害，危及领海基点的稳定。

进行海上堤坝、跨海桥梁、海上娱乐及运动、景观开发工程建设的，应当采取有效措施防止对海岸的侵蚀或者淤积。

第二十三条　污水离岸排放工程排污口的设置应当符合海洋功能区划和海洋环境保护规划，不得损害相邻海域的功能。

污水离岸排放不得超过国家或者地方规定的排放标准。在实行污染物排海总量控制的海域，不得超过污染物排海总量控制指标。

第二十四条　从事海水养殖的养殖者，应当采取科学的养殖方式，减少养殖饵料对海洋环境的污染。因养殖污染海域或者严重破坏海洋景观的，养殖者应当予以恢复和整治。

第二十五条　建设单位在海洋固体矿产资源勘探开发工程的建设、运行过程中，应当采取有效措施，防止污染物大范围悬浮扩散，破坏海洋环境。

第二十六条　海洋油气矿产资源勘探开发作业中应当配备油水分离设施、含油污水处理设备、排油监控装置、残油和废油回收设施、垃圾粉碎设备。

海洋油气矿产资源勘探开发作业中所使用的固定式平台、移动式平台、浮式储油装置、输油管线及其他辅助设施，应当符合防渗、防漏、防腐蚀的要求；作业单位应当经常检查，防止发生漏油事故。

前款所称固定式平台和移动式平台，是指海洋油气矿产资源勘探开发作业中所使用的钻井船、钻井平台、采油平台和其他平台。

第二十七条　海洋油气矿产资源勘探开发单位应当办理有关污染损害民事责任保险。

第二十八条　海洋工程建设过程中需要进行海上爆破作业的，建设单位应当在爆破作业前报告海洋主管部门，海洋主管部门应当及时通报海事、渔业等有关部门。

进行海上爆破作业，应当设置明显的标志、信号，并采取有效措施保护海洋资源。在重要渔业水域进行炸药爆破作业或者进行其他可能对渔业资源造成损害的作业活动的，应当避开主要经济类鱼虾的产卵期。

第二十九条 海洋工程需要拆除或者改作他用的，应当报原核准该工程环境影响报告书的海洋主管部门批准。拆除或者改变用途后可能产生重大环境影响的，应当进行环境影响评价。

海洋工程需要在海上弃置的，应当拆除可能造成海洋环境污染损害或者影响海洋资源开发利用的部分，并按照有关海洋倾倒废弃物管理的规定进行。

海洋工程拆除时，施工单位应当编制拆除的环境保护方案，采取必要的措施，防止对海洋环境造成污染和损害。

第四章 污染物排放管理

第三十条 海洋油气矿产资源勘探开发作业中产生的污染物的处置，应当遵守下列规定：

（一）含油污水不得直接或者经稀释排放入海，应当经处理符合国家有关排放标准后再排放；

（二）塑料制品、残油、废油、油基泥浆、含油垃圾和其他有毒有害残液残渣，不得直接排放或者弃置入海，应当集中储存在专门容器中，运回陆地处理。

第三十一条 严格控制向水基泥浆中添加油类，确需添加的，应当如实记录并向原核准该工程环境影响报告书的海洋主管部门报告添加油的种类和数量。禁止向海域排放含油量超过国家规定标准的水基泥浆和钻屑。

第三十二条 建设单位在海洋工程试运行或者正式投入运行后，应当如实记录污染物排放设施、处理设备的运转情况及其污染物的排放、处置情况，并按照国家海洋主管部门的规定，定期向原核准该工程环境影响报告书的海洋主管部门报告。

第三十三条 县级以上人民政府海洋主管部门，应当按照各自的权限核定海洋工程排放污染物的种类、数量，根据国务院价格主管部门和财政部门制定的收费标准确定排污者应当缴纳的排污费数额。

排污者应当到指定的商业银行缴纳排污费。

第三十四条 海洋油气矿产资源勘探开发作业中应当安装污染物流量自动监控仪器，对生产污水、机舱污水和生活污水的排放进行计量。

第三十五条 禁止向海域排放油类、酸液、碱液、剧毒废液和高、中水平放射性废水；严格限制向海域排放低水平放射性废水，确需排放的，应当符合国家放射性污染防治标准。

严格限制向大气排放含有毒物质的气体，确需排放的，应当经过净化处理，并不得超过国家或者地方规定的排放标准；向大气排放含放射性物质的气体，应当符合国家放射性污染防治标准。

严格控制向海域排放含有不易降解的有机物和重金属的废水；其他污染物的排放应当符合国家或者地方标准。

第三十六条 海洋工程排污费全额纳入财政预算，实行"收支两条线"管理，并全部专项用于海洋环境污染防治。具体办法由国务院财政部门会同国家海洋主管部门制定。

第五章 污染事故的预防和处理

第三十七条 建设单位应当在海洋工程正式投入运行前制定防治海洋工程污染损害海洋环境的应急预案，报原核准该工程环境影响报告书的海洋主管部门和有关主管部门备案。

第三十八条 防治海洋工程污染损害海洋环境的应急预案应当包括以下内容：

（一）工程及其相邻海域的环境、资源状况；

（二）污染事故风险分析；

（三）应急设施的配备；

（四）污染事故的处理方案。

第三十九条 海洋工程在建设、运行期间，由于发生事故或者其他突发性事件，造成或者可能造成海洋环境污染事故时，建设单位应当立即向可能受到污染的沿海县级以上地方人民政府海洋主管部门或者其他有关主管部门报告，并采取有效措施，减轻或者消除污染，同时通报可能受到危害的单位和个人。

沿海县级以上地方人民政府海洋主管部门或者其他有关主管部门接到报告后，应当按照污染事故分级规定及时向县级以上人民政府和上级有关主管部门报告。县级以上人民政府和有关主管部门应当按照各自的职责，立即派人赶赴现场，采取有效措施，消除或者减轻危害，对污染事故进行调查处理。

第四十条 在海洋自然保护区内进行海洋工程建设活动，应当按照国家有关海洋自然保护区的规定执行。

第六章 监督检查

第四十一条 县级以上人民政府海洋主管部门负责海洋工程污染损害海洋环境防治的监督检查，对违反海洋污染防治法律、法规的行为进行查处。

县级以上人民政府海洋主管部门的监督检查人员应当严格按照法律、法规规定的程序和权限进行监督检查。

第四十二条 县级以上人民政府海洋主管部门依法对海洋工程进行现场检查时，有权采取下列措施：

（一）要求被检查单位或者个人提供与环境保护有关的文件、证件、数据以及技术资料等，进行查阅或者复制；

（二）要求被检查单位负责人或者相关人员就有关问题作出说明；

（三）进入被检查单位的工作现场进行监测、勘查、取样检验、拍照、摄像；

（四）检查各项环境保护设施、设备和器材的安装、运行情况；

（五）责令违法者停止违法活动，接受调查处理；

（六）要求违法者采取有效措施，防止污染事态扩大。

第四十三条 县级以上人民政府海洋主管部门的监督检查人员进行现场执法检查时，应当出示规定的执法证件。用于执法检查、巡航监视的公务飞机、船舶和车辆应当有明显的执法标志。

第四十四条 被检查单位和个人应当如实提供材料，不得拒绝或者阻碍监督检查人员依法执行公务。

有关单位和个人对海洋主管部门的监督检查工作应当予以配合。

第四十五条 县级以上人民政府海洋主管部门对违反海洋污染防治法律、法规的行为，应当依法作出行政处理决定；有关海洋主管部门不依法作出行政处理决定的，上级海洋主管部门有权责令其依法作出行政处理决定或者直接作出行政处理决定。

第七章 法律责任

第四十六条 建设单位违反本条例规定，有下列行为之一的，由负责核准该工程环境影响报告书的海洋主管部门责令停止建设、运行，限期补办手续，并处5万元以上20万元以下的罚款：

（一）环境影响报告书未经核准，擅自开工建设的；

（二）海洋工程环境保护设施未申请验收或者经验收不合格即投入运行的。

第四十七条 建设单位违反本条例规定，有下列行为之一的，由原核准该工程环境影响报告书的海洋主管部门责令停止建设、运行，限期补办手续，并处5万元以上20万元以下的罚款：

（一）海洋工程的性质、规模、地点、生产工艺或者拟采取的环境保护措施发生重大改变，未重新编制环境影响报告书报原核准该工程环境影响报告书的海洋主管部门核准的；

（二）自环境影响报告书核准之日起超过5年，海洋工程方开工建设，其环境影响报告书未重新报原核准该工程环境影响报告书的海洋主管部门核准的；

（三）海洋工程需要拆除或者改作他用时，未报原核准该工程环境影响报告书的海洋主管部门批准或者未按要求进行环境影响评价的。

第四十八条 建设单位违反本条例规定，有下列行为之一的，由原核准该工程环境影响报告书的海洋主管部门责令限期改正；逾期不改正的，责令停止运行，并处1万元以上10万元以下的罚款：

（一）擅自拆除或者闲置环境保护设施的；

（二）未在规定时间内进行环境影响后评价或者未按要求采取整改措施的。

第四十九条 建设单位违反本条例规定，有下列行为之一的，由县级以上人民政府海洋主管部门责令停止建设、运行，限期恢复原状；逾期未恢复原状的，海洋主管部门可以指定具有相应资质的单位代为恢复原状，所需费用由建设单位承担，并处恢复原状所需费用1倍以上2倍以下的罚款：

（一）造成领海基点及其周围环境被侵蚀、淤积或者损害的；

（二）违反规定在海洋自然保护区内进行海洋工程建设活动的。

第五十条 建设单位违反本条例规定，在围填海工程中使用的填充材料不符合有关环境保护标准的，由县级以上人民政府海洋主管部门责令限期改正；逾期不改正的，责令停止建设、运行，并处5万元以上20万元以下的罚款；造成海洋环境污染事故，直接负责的主管人员和其他直接责任人员构成犯罪的，依法追究刑事责任。

第五十一条 建设单位违反本条例规定，有下列行为之一的，由原核准该工程环境影响报告书的海洋主管部门责令限期改正；逾期不改正的，处1万元以上5万元以下的罚款：

（一）未按规定报告污染物排放设施、处理设备的运转情况或者污染物的排放、处置情况的；

（二）未按规定报告其向水基泥浆中添加油的种类和数量的；

（三）未按规定将防治海洋工程污染损害海洋环境的应急预案备案的；

（四）在海上爆破作业前未按规定报告海洋主管部门的；

（五）进行海上爆破作业时，未按规定设置明显标志、信号的。

第五十二条 建设单位违反本条例规定，进行海上爆破作业时未采取有效措施保护海洋资源的，由县级以上人民政府海洋主管部门责令限期改正；逾期未改正的，处1万元以上10万元以下的罚款。

建设单位违反本条例规定，在重要渔业水域进行炸药爆破或者进行其他可能对渔业资源造成损害的作业，未避开主要经济类鱼虾产卵期的，由县级以上人民政府海洋主管部门予以警告、责令停止作业，并处5万元以上20万元以下的罚款。

第五十三条 海洋油气矿产资源勘探开发单位违反本条例规定向海洋排放含油污水，或者将塑料制品、残油、废油、油基泥浆、含油垃圾和其他有毒有害残液残渣直接排放或者弃置入海的，由国家海洋主管部门或者其派出机构责令限期清理，并处2万元以上20万元以下的罚款；逾期未清理的，国家海洋主管部门或者其派出机构可以指定有相应资质的单位代为清理，所需费用由海洋油气矿产资源勘探开发单位承担；造成海洋环境污染事故，直接负责的主管人员和其他直接责任人员构成犯罪的，依法追究刑事责任。

第五十四条 海水养殖者未按规定采取科学的养殖方式，对海洋环境造成污染或者严重影响海洋景观的，由县级以上人民政府海洋主管部门责令限期改正；逾期不改正的，责令停止养殖活动，并处清理污染或者恢复海洋景观所需费用1倍以上2倍以下的罚款。

第五十五条 建设单位未按本条例规定缴纳排污费的，由县级以上人民政府海洋主管部门责令限期缴纳；逾期拒不缴纳的，处应缴纳排污费数额2倍以上3倍以下的罚款。

第五十六条 违反本条例规定，造成海洋环境污染损害的，责任者应当排除危害，赔偿损失。完全由于第三者的故意或者过失造成海洋环境污染损害的，由第三者排除危害，承担赔偿责任。

违反本条例规定，造成海洋环境污染事故，直接负责的主管人员和其他直接责任人员构成犯罪的,依法追究刑事责任。

第五十七条 海洋主管部门的工作人员违反本条例规定,有下列情形之一的,依法给予行政处分;构成犯罪的,依法追究刑事责任:

(一)未按规定核准海洋工程环境影响报告书的;

(二)未按规定验收环境保护设施的;

(三)未按规定对海洋环境污染事故进行报告和调查处理的;

(四)未按规定征收排污费的;

(五)未按规定进行监督检查的。

第八章 附 则

第五十八条 船舶污染的防治按照国家有关法律、行政法规的规定执行。

第五十九条 本条例自2006年11月1日起施行。

机动车安全技术检验机构管理规定

（国家质量监督检验检疫总局令第87号　2006.02.27）

第一章　总　则

第一条　为了加强对机动车安全技术检验机构的管理，规范机动车安全技术检验活动，根据《中华人民共和国道路交通安全法》及其实施条例、《中华人民共和国行政许可法》、《中华人民共和国产品质量法》、《中华人民共和国计量法》及其实施细则等有关法律法规规定，制定本规定。

第二条　机动车安全技术检验机构（以下简称“安检机构”）开展机动车安全技术检验以及对安检机构实施监督管理应当遵守本规定。

本规定所称机动车安全技术检验，是指根据《中华人民共和国道路交通安全法》及其实施条例规定，按照国家机动车安全技术标准和规程等技术规范要求，对上路行驶的机动车进行检验检测的活动。

本规定所称安检机构，是指在中华人民共和国境内，依法接受委托，从事机动车安全技术检验，并向社会出具公正数据的技术机构。

第三条　国家质量监督检验检疫总局（以下简称国家质检总局）对全国安检机构实施统一监督管理。

各省级质量技术监督部门负责组织本行政区域内安检机构的监督管理工作。市县级质量技术监督部门在各自的职责范围内负责本行政区域内安检机构的监督管理工作。

第四条 各级质量技术监督部门应当遵循科学、公正、廉洁、高效的原则,依法对安检机构实施监督管理。

第五条 安检机构应当严格依据国家有关法律法规规定,按照规定的检验项目以及检验标准和规程等技术规范对机动车实施检验,并对检验结果负责。

第二章 安检机构设置规划和资格管理

第六条 安检机构的设置,应当遵循统筹规划、合理布局、方便检测、数量控制的原则。

各省级质量技术监督部门应当结合本行政区域内机动车安全技术检验工作的需要,提出本行政区域的安检机构数量、规模等设置规划,报国家质检总局批准后执行;设置规划未经国家质检总局批准,不得设置安检机构。

第七条 国家对安检机构实施检验资格许可制度。

检验资格分为常规检验资格和特殊检验资格。取得常规检验资格的安检机构可以承担申请机动车注册登记时的初次检验和定期检验;取得特殊检验资格的安检机构可以承担肇事、改装和报废等机动车的特殊检验。

第八条 安检机构必须依照国家有关法律法规和本规定的规定,经省级以上质量技术监督部门资格考核,取得安检机构检验资格许可证书,方可在许可的范围内从事相关机动车安全技术检验活动。

未取得安检机构检验资格许可证书的,不得从事机动车安全技术检验活动。

第九条 申请取得安检机构检验资格许可,应当具备以下基本条件:

(一)具有法人资格;

(二)经省级以上质量技术监督部门计量认证,取得计量认证证书,并在认证合格有效期内;

(三)有12名以上具有相应机动车安全技术检验业务知识,

并经省级以上质量技术监督部门考核合格的从事机动车安全技术检验工作的技术人员；

（四）有严格完备的工作管理制度，有完整的机动车安全技术检验标准和规程等技术规范文件资料；

（五）机动车安全技术检验设备已通过合法有效的型式认定，在用计量器具经质量技术监督部门授权的计量技术机构计量检定合格，并在检定有效期内；

（六）具备与质量技术监督部门和有关部门信息联网的设施；

（七）有相应的停车场地、行车跑道和检验制动器的驻坡台，进、出、停车场地标志标线明显，出入口视线良好，不影响公共交通；

（八）检验厂房宽敞、明亮、防雨，通风照明设备完好，消防安全设备齐全；检测线布置合理，便于流水作业；

（九）拥有申报所承担的检测车辆类型和项目所需的侧滑、灯光、轴重、制动、排放、噪声、速度等必要的能够满足机动车安全技术检验的设备及其校准设备。

申请取得安检机构特殊检验资格许可，除具备前款规定条件外，还应当具备与从事特殊检验相适应的2名以上高级技术人员和必要设备等条件。

第十条 安检机构的常规检验资格由安检机构所在地省级质量技术监督部门实施许可申请的受理、审查和决定；安检机构的特殊检验资格由安检机构所在地省级质量技术监督部门实施许可申请的受理，由国家质检总局实施许可申请的审查和决定。

第十一条 申请安检机构检验资格许可，应当向所在地省级质量技术监督部门提交以下申请材料：

（一）申请书；

（二）申请人法人证明；

（三）计量认证证书；

（四）安检人员考核合格证明及复印件；

（五）计量器具检定证书及复印件；

（六）检测线配置明细以及检测设备清单；

（七）检测用厂房及地理位置、场地平面图，相应所有权或合法使用权证明及复印件；

（八）其他有关证明材料。

第十二条 省级质量技术监督部门接到申请后，应当按照《中华人民共和国行政许可法》关于许可受理的规定，根据申请不同情况，分别做出处理。

对应当由国家质检总局实施审查和决定的申请，省级质量技术监督部门受理后，应当在5个工作日内将全部申请材料报送国家质检总局。

第十三条 国家质检总局和省级质量技术监督部门在受理申请后，应当按照职责分工及时组织有关人员对申请人进行审查，审查包括资料审查和实地考察。

第十四条 国家质检总局和省级质量技术监督部门对申请人进行审查后，应当按照职责分工，根据《中华人民共和国行政许可法》关于许可审查和决定的程序、期限等规定，作出是否批准检验资格的决定。

第十五条 对批准安检机构常规检验资格的，由省级质量技术监督部门为申请人颁发安检机构检验资格证书和检验专用印章；对批准安检机构特殊检验资格的，由国家质检总局为申请人颁发安检机构检验资格证书和检验专用印章。

安检机构常规检验和特殊检验资格证书的编号、式样、印制，由国家质检总局统一管理。

第十六条 安检机构检验资格证书有效期为3年。

安检机构检验资格有效期满，继续从事机动车安全技术检验活动的，应当于期满前3个月内向省级质量技术监督部门重新提出申请；申请的受理、审查和决定按照本规定执行。

第三章 安检机构行为规范

第十七条 安检机构应当在许可的检验资格范围内，依法接受委托，严格按照检验标准和规程等技术规范开展机动车安全技术检验，并及时向委托人出具检测结果，不得伪造检测数据。

第十八条 安检机构应当保持与质量技术监督部门和有关部门电子监管信息系统联网通畅，提供机动车安全技术检验信息准确、及时、可靠。

第十九条 安检机构应当确保在用设备正常完好，在用计量器具依法进行计量检定；并按照质量技术监督部门的要求定期参加检验能力比对试验。

第二十条 安检机构应当建立健全各项规章制度；建立健全机动车安全技术检验档案，按照国家有关规定对检验结果和有关技术资料进行保存，有保密要求的，应当遵守保密规定。

第二十一条 安检机构应当加强机动车安全技术检验人员培训和内部管理，不断提高检验服务水平。

第二十二条 安检机构应当接受质量技术监督部门的监督检查和管理，每年 12 月底之前向质量技术监督部门提交年度工作报告。

年度工作报告内容应当包括：

(一)法人注册等有关基本情况；

(二)机动车安全技术检验业务开展情况以及收费情况；

(三)在用设备的使用情况和计量器具检定情况；

(四)检验人员考核情况；

(五)其他遵纪守法情况。

第二十三条 安检机构在机动车安全技术检验活动中发现普遍性质量安全问题的，应当在 5 个工作日内向质量技术监督部门等有关部门报告。

第二十四条 安检机构按照国家有关规定收取检验费用。

第二十五条 安检机构独立接受委托、开展机动车安全技术检验活动，不受任何第三方影响。

第四章 监督管理

第二十六条 各级质量技术监督部门应当在各自的职责范围内加强对辖区内安检机构及其工作情况的监督检查。

监督检查可以采取以下方式进行：

（一）联网监察；

（二）查阅原始检验记录、调取检验报告；

（三）检验能力比对试验；

（四）审核年度工作报告；

（五）听取当地公安交通管理部门、检验委托人以及社会对安检机构机动车安全技术检验工作的评价；

（六）调查处理投诉案件。

第二十七条 各级质量技术监督部门对在安检机构监督检查工作中发现的问题，应当及时依法进行处理；对发现的重大问题，应当及时向上级质量技术监督部门汇报。

第二十八条 机动车安全技术检验委托人可以就安检机构行为规范以及检测活动中存在的问题，向安检机构查询；也可以向质量技术监督部门投诉，接受投诉的质量技术监督部门应当负责处理。

第五章 法律责任

第二十九条 安检机构在机动车安全技术检验活动中，给受检车辆委托人或者所有人造成损失的，应当依法承担赔偿责任。

第三十条 安检机构未取得检验资格证书擅自开展机动车安全技术检验业务的，由县级以上质量技术监督部门依法予以取缔，处以 2 万元以上 3 万元以下罚款；超范围开展机动车安全技术检验业务的，由县级以上质量技术监督部门责令改正，处以 3 万元以下罚款；情节严重的，由发证部门撤销安检机构检验资格。

第三十一条 安检机构未按照规定提交年度工作报告，未按照规定参加比对试验，拒不接受监督检查和管理的，由县级以上质量技术监督部门予以警告，并处以3万元以下罚款；情节严重的，由发证部门撤销安检机构资格。

第三十二条 安检机构聘用未经考核或者考核不合格的人员从事机动车安全技术检验工作的，由县级以上质量技术监督部门予以警告，并处安检机构5000元以上1万元以下罚款；情节严重的，由发证部门撤销安检机构检验资格。

第三十三条 安检机构在用计量器具未经计量检定，超过检定周期未检定，或者经检定不合格继续使用的，由县级以上质量技术监督部门依据《中华人民共和国计量法》有关规定予以处罚。

第三十四条 安检机构不按照检验标准和规程开展机动车安全技术检验，出具虚假检测结果，伪造检测数据的，由县级以上质量技术监督部门依照《中华人民共和国产品质量法》有关规定予以处罚。

第三十五条 从事机动车安全技术检验工作的人员在检验活动中接受贿赂，以职谋私的，由省级以上质量技术监督部门撤销其合格考核；情节严重的，移送有关部门追究责任。

第三十六条 质量技术监督工作人员在安检机构监督管理活动中滥用职权、玩忽职守、徇私舞弊的，依法给予行政处分；构成犯罪的，依法追究刑事责任。

第六章　附　　则

第三十七条 承担进出口机动车安全技术检验的机构的监督管理，按照《中华人民共和国进出口商品检验法》及其实施条例的有关规定执行。

第三十八条 军用及特殊管理的机动车安全技术检验，按照有关规定执行。

第三十九条 本规定由国家质检总局负责解释。

第四十条 本规定自2006年5月1日起施行。

部分地方交通法规

湖北省港口管理办法

（湖北省人民政府令第 286 号，2006.03.31）

第一章　总　则

第一条　为加强港口管理，维护港口安全和经营秩序，促进本省港口建设与水运事业发展，根据《中华人民共和国港口法》和其他法律、法规，结合本省实际，制定本办法。

第二条　凡在本省行政区域内从事港口规划、建设、维护、经营、管理及其他相关活动，适用本办法。

第三条　省交通主管部门主管全省的港口工作，其所属的港航管理机构具体负责对全省港口的管理工作。

市、县人民政府确定的港口行政管理部门，具体实施对本地区港口的行政管理。

县级以上人民政府相关部门按照各自的职责，协同港口行政管理部门做好港口管理工作。

第二章　港口规划及岸线管理

第四条　港口规划应当根据国民经济和社会发展的要求以及国防建设的需要编制，体现合理利用岸线资源的原则，符合城镇体系规划，并与土地利用总体规划、城市总体规划、江河流域规划、防洪规划、水路运输发展规划和其他运输方式发展规划以及法律、法规规定的其他有关规划相衔接、协调。

第五条　全省港口布局规划，由省人民政府根据全国港口布局规划组织编制，具体工作由省港口行政管理部门负责。全省港口布局规划由省人民政府征求国务院交通主管部门意见后，批准并公布实施。

第六条 本省有关市(州)港口行政管理部门编制列入国家主要港口名录的港口总体规划，经本级人民政府审核同意，省港口行政管理部门提出意见后，报国务院交通主管部门。

有关市、县港口行政管理部门编制省人民政府确定的重要港口的总体规划，经本级人民政府审核同意后，报省港口行政管理部门。省港口行政管理部门征求省政府相关部门意见并提出本部门意见后，报省人民政府。省人民政府征求国务院交通主管部门意见后，批准并公布实施。

前两款规定以外的港口总体规划，由港口所在地的市、县港口行政管理部门编制并征求省港口行政管理部门的意见，经本级人民政府批准后公布实施，并报省人民政府备案。

第七条 港口所在地的县以上港口行政管理部门，应当根据港口规划，合理拟定港口区域界线方案，并报本级人民政府审批。港口区域界线由批准机关组织划定或授权港口行政管理部门划定。

第八条 在港口规划区域内建设港口设施使用港口岸线的，应向港口所在地的市(州)港口行政管理部门提出申请，港口行政管理部门征求有关部门意见后，报省港口行政管理部门。省港口行政管理部门对使用港口岸线的合理性进行评估。对使用港口深水岸线的，由省港口行政管理部门征求省发展和改革委员会的意见后，报国务院交通主管部门；对使用港口非深水岸线的，由省港口行政管理部门征求省发展和改革委员会意见后批准。

非港口设施占用港口岸线必须符合港口总体规划。

第九条 使用港口非深水岸线的申请人，必须提交下列材料：

(一)港口岸线使用申请书；

(二)法人证明及法定代表人身份证明；

（三）由法定机构审定的有关港口岸线地段的500分之一至2000分之一的地形图；

（四）港口行政管理部门告知的其他有关文件。

申请使用港口深水岸线的，除提交上述材料外，还应当提交项目可行性研究报告或者项目申请报告。

第十条 取得许可的港口岸线使用人，在2年内未开发利用和未按批准用途使用的，省港口行政管理部门注销其非深水岸线使用许可；深水岸线的注销按国家有关规定办理。

凡需改变港口非深水岸线使用用途或范围的，必须变更港口岸线使用许可；终止港口非深水岸线使用的，必须注销港口岸线使用许可。改变港口深水岸线使用用途或范围，以及终止港口深水岸线使用的，按国家有关规定办理。

第十一条 需要临时使用港口岸线的，应向港口所在地的市（州）港口行政管理部门提出申请，港口行政管理部门提出审查意见后，报省港口行政管理部门批准。省港口行政管理部门审批前应征求省政府相关部门的意见。省政府相关部门须在收到征求意见材料之日起15日之内提出意见；省港口行政管理部门须在收到部门意见之日起的15日之内作出是否批准的决定。不能在上述规定时间内办结的，应向申请人说明原因。

在临时使用的港口岸线上，不得修建永久性港口设施。

港口建设需使用被批准临时使用的岸线时，岸线临时使用人必须限期撤出。

第十二条 港口岸线使用期限不超过50年。港口岸线使用权年限届满，岸线使用人需继续使用的，应当在使用期届满30日前依法办理延续使用的许可手续。

临时使用港口岸线的期限不超过一年，期限届满后，临时岸线使用人需继续使用的，应当在使用期届满30日前办理延续使用的临时许可手续。

第三章 港口建设

第十三条 港口建设应当符合港口规划，不得违反港口规划建设任何港口设施。

第十四条 港口设施工程建设应按照国家有关规定办理审批手续，并符合国家有关标准和技术规范。其中，对于不使用政府投资的建设项目按国家有关规定实行核准制。

第十五条 港口建设项目用地，采取协议出让方式的，可以按协议出让国有土地使用权最低价标准缴纳土地出让金。

第十六条 用于港口公用的集疏运通道（水、电、进港道路）、航道、锚地及防波堤等基础设施的建设和维护，应纳入城市公共设施配套建设规划，其建设和维护经费，列入政府财政预算。

第十七条 港口设施建设实行“谁修建，谁受益”的原则。鼓励、支持民间资本、外资投资建设港口设施，鼓励货主码头向社会提供公共服务。

第十八条 港口的建设和使用应当符合防洪标准，不得危害堤防安全、影响河势稳定、妨碍行洪畅通。

第四章 港口安全与保护

第十九条 港口行政管理部门应当加强对港口安全生产作业的监督检查，制止和查处危害港口安全的行为；加强港口公用基础设施的维护，使其保持良好的技术状态。

第二十条 禁止在港区内挖取砂石、泥土、倾倒废弃物和有毒物质、设置碍航渔具、从事养殖、种植活动及其他危害港口安全的活动。

在港区内堆放物料、设置广告牌等非港航业务标志，行政许可机关应事先征求港口行政管理部门的意见。

第二十一条 港口经营人应当将船舶预计进出港口的时间、

靠离泊计划、货物载运情况报告港口行政管理部门,并接受港口行政管理部门的监督检查。

第二十二条 港口新建、改建、扩建和技术改造工程项目应当进行港口建设项目安全预评价、安全验收评价;港口生产经营单位应当进行安全现状评价、专项安全评价。

法律、法规、规章对港口新建、改建、扩建和技术改造工程项目管理另有规定的,从其规定。

第二十三条 港口行政管理部门应当划定港区内的停泊地、锚泊地,并根据情况变化,适时进行调整。

第二十四条 对港区内的沉没物、漂流物,物主有及时打捞清除的义务。物主不及时打捞清除导致沉没物、漂流物妨碍航行或港口作业的,港口行政管理部门有权采取措施,进行打捞清除,费用由物主承担。

第五章 港口经营

第二十五条 在设区的市申请从事港口经营的,申请人应当向市(州)港口行政管理部门提出书面申请,由市(州)港口行政管理部门作出许可或者不予许可的决定;在县(市)申请从事港口经营的,申请人应当向县(市)港口行政管理部门提出书面申请,经县(市)港口行政管理部门审核后,报市(州)港口行政管理部门作出许可或者不许可的决定。

外商独资企业、中外合资企业、中外合作企业从事港口经营、国际集装箱装卸业务以及港口汽车滚装业务的,应当向港口所在地市(州)港口行政管理部门提出书面申请,经市(州)港口行政管理部门审核后,报省港口行政管理部门批准。

港口经营人凭《港口经营许可证》到工商管理部门办理工商登记手续。

第二十六条 港口经营人应结合装卸作业合同制定装卸作业方案报港口行政管理部门。对存在安全隐患、危及港口或船舶安全的，港口行政管理部门应责令经营人完善装卸作业方案、消除隐患。

港口经营人不得为不具备经营资格、超范围经营的船舶提供装卸作业服务。

第二十七条 港口经营人从事危险货物港口作业应当按《港口危险货物管理规定》的规定，向市(州)港口行政管理部门申请危险货物港口作业资质认定。未取得危险货物港口作业认可证的，不得从事危险货物港口作业活动。

第二十八条 港口经营人应当按有关规定向港口行政管理部门提供统计资料，港口行政管理部门应当为港口经营人保守商业秘密。

第二十九条 港口经营人应当优先安排抢险救灾物资和国防建设急需物资的作业。

遇有旅客滞留、货物积压阻塞港口的情况，港口行政管理部门应当及时采取有效措施疏港；港口所在地的市、县人民政府认为必要时，可以直接采取措施疏港。

第三十条 港口行政管理部门应定期对辖区内港口经营人的经营行为进行检查。

第六章 规费征收

第三十一条 港口规费由各级港口行政管理部门负责征收。港口规费的种类、征收标准及管理办法，按照国家和本省的有关规定执行。

第三十二条 港口规费的缴纳义务人，必须按时足额向港口行政管理部门缴纳港口规费。

减、免港口规费必须经省人民政府批准。

港口行政管理部门不得擅自提高征费标准或重复征费，缴纳义务人有权拒绝缴纳违规规费，并对违规收费行为进行举报。

第七章　法律责任

第三十三条　港口规划建设和生产经营中的违法行为,法律法规有处罚规定的,从其规定。

第三十四条　港口经营人违反本办法第八条第二款、第二十一条和第二十六条规定的,由港口行政管理部门责令其限期改正;逾期不改正的,由港口行政管理部门给予警告,并处3000元以上3万元以下罚款。

第三十五条　未按规定的期限缴纳港口规费的,港口行政管理部门除责令其限期补缴外,按日加收滞纳费款3‰的滞纳金;故意拖欠或抗缴港口规费的,除责令其限期补缴,加收滞纳金外,处以拖欠或抗缴费款2倍至5倍的罚款,但罚款最高不得超过3万元。

第三十六条　港口管理人员违反本办法,玩忽职守、滥用职权、徇私舞弊的,由其所在单位或上级主管部门给予行政处分。构成犯罪的,由司法机关依法追究刑事责任。

第八章　附　则

第三十七条　全省渔业港口的管理,根据国家和省有关规定执行。

第三十八条　本办法自2006年5月1日起施行。1995年4月20日发布的《湖北省港口管理办法》同时废止。

上海市查处车辆非法客运规定

（上海市人民政府令第60号　2006.06.07）

第一条　（目的和依据）

为保障乘客安全，规范本市客运市场秩序，制止车辆非法客运行为，根据本市实际情况，制定本规定。

第二条　（适用范围）

本规定适用于本市行政区域范围内各类机动车、非机动车非法客运的查处及相关管理活动。

第三条　（管理部门）

上海市城市交通管理局（以下简称市交通局）负责本市行政区域范围内车辆非法客运查处的管理；浦东新区、闵行、宝山、嘉定、金山、松江、南汇、奉贤、青浦、崇明等区、县交通行政管理部门（以下称区、县交通管理部门）负责本辖区范围内车辆非法客运查处的管理。市和区、县交通行政执法机构（以下统称交通行政执法机构）按照规定职责，负责本辖区范围内车辆非法客运的监督检查。公安交通管理部门负责非法客运的车辆违反道路交通安全的监督检查。

第四条　（禁止行为）

禁止下列行为：（一）无动力装置的人力三轮非机动车加装动力装置；

（二）无牌、无证车辆上路行驶；

（三）违反道路交通安全规定，车辆非法载人；

（四）三轮非机动车非法加装座位等客运设施；

（五）非营业性客运的汽车安装客运营运设施或者标识；

（六）各类机动车、非机动车非法客运。

第五条　（监督检查）

交通行政执法机构、公安交通管理部门应当加强对车辆非法客运和非法客运的车辆违反道路交通安全的监督检查，并建立相应的监管档案，对机场、码头、火车站、公共交通枢纽站、轨道交通站点等主要交通集散地，应当加大对车辆非法客运的查处力度。被检查的单位或者个人应当配合管理部门的检查，并提供相关的资料，不得拒绝、阻挠。

第六条 （暂扣车辆的处理）

交通行政执法机构、公安交通管理部门按照有关法律、法规的规定，可以对非法客运的车辆予以暂扣，并通知当事人在规定的期限内到指定的地点接受处理。被暂扣的车辆达到报废条件的，依法予以报废。按期接受处理并履行行政处罚决定的，交通行政执法机构或者公安交通管理部门应当及时归还暂扣车辆；逾期不接受处理的，交通行政执法机构、公安交通管理部门可以依法作出行政处罚决定。当事人无正当理由逾期不履行行政处罚决定的，按照有关规定公告后，交通行政执法机构、公安交通管理部门可将暂扣车辆依法予以拍卖，拍卖所得扣除拍卖费用、车辆停放费用、罚款数额后尚有余款的，交通行政执法机构、公安交通管理部门应当通知当事人领取。

第七条 （证据采集）

交通行政执法机构查处车辆非法客运时，现场应当有两名以上的执法人员，并收集相应的证据。下列资料可以作为认定车辆非法客运的证据：

（一）现场笔录；

（二）现场录音、录像；

（三）其他证明车辆非法客运的证据。

第八条 （行政处罚）

违反本规定第四条第一项、第二项、第三项规定，无动力装置的人力三轮非机动车加装动力装置、无牌或者无证车辆上路行驶、车辆违反道路交通安全规定非法载人的，由公安交通管理部门按照有关法律、法规、规章的规定处理。涉及车辆非法客运的，移送市交通局或者区、县交通管理部门依法处理。

违反本规定第四条第四项规定,三轮非机动车非法加装座位等客运设施的,由市交通局或者区、县交通管理部门处以1000元以上5000元以下的罚款。

违反本规定第四条第五项规定,非营业性客运的汽车安装客运营运设施或者标识的,由市交通局或者区、县交通管理部门处以1000元以上3000元以下的罚款。

违反本规定第四条第六项规定,非营业性客运的汽车非法客运的,按照《上海市公共汽车和电车客运管理条例》、《上海市出租汽车管理条例》、《上海市道路运输管理条例》的有关规定处罚;摩托车和非机动车非法客运的,由公安交通管理部门负责道路检查,收集有关证据后,将案件材料移送市交通局或者区、县交通管理部门,由市交通局或者区、县交通管理部门处以1000元以上5000元以下的罚款。违反本规定,由市交通局或者区、县交通管理部门负责处罚的,市交通局或者区、县交通管理部门可以委托交通行政执法机构进行处罚。

第九条 (案件移送)

交通行政执法机构和公安交通管理部门在查处车辆非法客运时,发现有违反税务、环保、规费收缴、道路交通安全、客运经营等有关规定的行为,但不属于本部门管理范围的,应当及时移送相关管理部门,由相关管理部门及时予以处理。

第十条 (妨碍公务的处理)

交通行政执法机构在查处车辆非法客运时,有下列情形之一的,可以移交公安机关依法处理;构成犯罪的,依法追究刑事责任:

(一)围堵、伤害执法人员的;

(二)抢夺暂扣的非法客运车辆的;

(三)暴力破坏执法设施、执法车辆的;

(四)其他暴力抗拒执法的。

第十一条 (施行日期)

本规定自2006年7月10日起施行。

广东省航标管理办法

（广东省人民政府令第110号　2006.08.25）

第一条　为加强对航标的管理和保护,保证航标处于良好的使用状态,保障船舶航行安全,根据《中华人民共和国航标条例》、《广东省航道管理条例》等规定,结合广东省实际,制定本办法。

第二条　广东省辖区的内河和沿海通航水域以及相关陆域航标的设置和管理活动,适用本办法。

军用航标、渔业航标不适用本办法。

第三条　广东省辖区的内河通航水域以及相关陆域的航标,由省交通行政主管部门所属的省航道部门负责管理。

广东省辖区的沿海通航水域以及相关陆域的航标,由海事管理机构、省交通行政主管部门所属的省航道部门按照国家有关规定进行管理。

第四条　各级人民政府及其有关行政主管部门应当支持航标管理机关依法履行航标管理职责,打击侵占、破坏、偷盗航标或者航标辅助设施的行为。

第五条　航标管理机关应当依法做好航标的规划、建设工作。

编制航标规划应当遵循便利航行、保障安全、统筹兼顾、科学布局的原则,并与防洪、港口、航道、航运发展规划、城市总体规划及其他有关发展规划相协调。

第六条　航标管理机关应当根据港口、航道、航运等发展需要,设置、撤除航标或者移动航标位置。

航标管理机关应当加强对其设置的航标的维护保养,保证航标处于良好的使用状态。

第七条　根据《中华人民共和国航标条例》第六条规定,专用航标的设置、撤除、位置移动和其他状况改变，应当经航标管理机关同意。

公民、法人或者其他组织应当依法设置和维护专用航标，接受航标管理机关的业务指导和监督。

第八条 在通航水域具有下列情形之一的，负责建设或者管理的公民、法人或者其他组织应当按照通航要求设置专用航标：

（一）已建、新建、改建和扩建的桥梁以及管道、电缆、电线、船闸等拦河、跨（过）河建筑物；

（二）进行打捞、钻探、疏浚、采砂、挖泥以及其他水上水下施工作业；

（三）标示专用航道、锚地、禁航区和抛泥区；

（四）标示取水口、排水口、泵房、码头、丁坝等水上构筑物；

（五）标示水上体育训练区、娱乐场、游泳场；

（六）标示渔栅、定置网、网箱养殖等水产作业区。

第九条 因工程建设或者施工作业需要搬迁、拆除或者调整航标的，负责建设、施工的公民、法人或者其他组织应当征得航标管理机关同意，在采取替补措施后方可搬迁、拆除或者调整航标。

搬迁、拆除、调整、恢复航标以及采取替补措施所需费用，由建设、施工的公民、法人或者其他组织承担。

第十条 公民、法人或者其他组织设置专用航标或者需要搬迁、拆除或者调整航标的，应当向航标管理机关提交以下材料：

（一）申请报告；

（二）航标类型、用途、作用距离、灯质、标位、预定工期等航标设置方案及设计图纸；

（三）航标检查、保养、维护等航标维护方案；

（四）设置于新建港口、航道的，应当附有完整的航标配布图。

申请人应当按照批准文件、国家有关规定和技术标准，完成航标设置。

第十一条 专用航标的设置、搬迁、拆除或者调整的行政许可程序等，按照《行政许可法》规定执行。

第十二条 航标管理机关应当将航标异动情况,按照通航需要及时发布航道通告,并抄送军事、海洋与渔业部门。

设置或者撤除航标,航标管理机关应当提前发布航标动态和航道通告。

第十三条 专用航标所有人,可以委托他人设置或者维护专用航标,所需费用由委托人承担。

专用航标所有人应当在办理委托手续后15日内向航标管理机关备案。

专用航标所有人或者维护人应当每月向航标管理机关书面报送航标维护记录和统计报表。

第十四条 航标管理机关应当按照国家有关要求,制定航标设置、维护质量标准,确保航标设置、维护质量。

航标维护应当符合以下要求:

(一)建立健全航标技术和统计资料档案,制定航标工作原始记录和统计报表,及时填报,定期整理,归档保存;

(二)制定航标维护质量检查办法,建立航标质量保证体系;

(三)航标设备应当选用合格的定型产品和具有规定的储备量,并按有关要求进行维修保养;

(四)建立健全安全生产规章制度,定期开展安全检查,防止安全事故的发生。

第十五条 公民、法人或者其他组织都有保护航标的义务,发现航标损坏、移位、效能失常等状况应当及时报告航标管理机关。

公民、法人或者其他组织不得阻挠航标建设,严禁侵占、破坏航标及其场地、器材,禁止一切危害或者影响航标工作效能的行为。

公民、法人或者其他组织拾获漂失的航标,应当及时归还航标管理机关。

第十六条 公民、法人或者其他组织不得在航标附近设置可能被误认为航标或者影响航标工作效能的灯光或者其他装置。

对影响航标工作效能的灯光,应当妥善遮蔽。

第十七条 对违反本办法有关规定的行为，由航标管理机关根据《中华人民共和国航标条例》、《广东省航道管理条例》等规定进行处罚。

法人或者其他组织违反本办法第 7 条、第 8 条、第 13 条规定的，由航标管理机关依法责令其限期改正，并视违法情节轻重，处以 1000 元以上 5000 元以下的罚款。

第十八条 航标管理机关工作人员玩忽职守、滥用职权或者徇私舞弊的，由所在单位或者上级主管部门给予处分；构成犯罪的，依法追究刑事责任。

第十九条 本办法自 2006 年 11 月 1 日起施行。

南昌市港口管理规定

（南昌市人民政府令第111号　2006.02.28）

第一条　为了加强港口管理，促进港口的建设与发展，根据《中华人民共和国港口法》，结合本市实际，制定本规定。

第二条　本市行政区域内从事港口规划、建设、经营、管理及其相关活动，应当遵守《中华人民共和国港口法》和本规定。

第三条　市交通主管部门负责全市港口的行政管理工作，并具体实施对南昌港的行政管理；县交通主管部门负责本行政区域内南昌港范围以外港口的行政管理工作。市、县交通主管部门所属的港口管理机构承担港口行政管理的具体工作。

第四条　港口总体规划的编制和审批按照《中华人民共和国港口法》的规定办理。经批准的港口总体规划应当公布。

港口总体规划确定的范围为港口总体规划区。

第五条　建设港口设施应当符合港口总体规划。任何单位和个人不得擅自改变港口总体规划区内的自然地形或者违法建设港口设施。

建设港口设施依法须经有关部门批准的，应当依法办理审批手续。

第六条　在港口总体规划区内建设港口设施，使用深水岸线或者使用非深水岸线期限在两年以上的，应当依法报经国家或者省交通主管部门批准。

第七条　在港口总体规划区内建设港口设施，使用非深水岸线期限在两年以内的，应当按照管理权限向市或者县交通主管部门申请办理审批手续。

申请办理审批手续应当提交下列材料：

(一)申请书;

(二)使用岸线位置图;

(三)使用岸线对其他建设项目、防洪、航道及环境可能产生影响的论证报告。

第八条 市或者县交通主管部门应当自受理申请之日起20日内作出决定,其中生米大桥至赣江大桥范围内的,应当报经市政府同意后再作出决定。许可的,颁发批准文件;不予许可的,书面通知申请人并告知理由。

批准文件应当载明使用非深水岸线使用权人、范围、用途及期限等。县交通主管部门应当将批准文件报市交通主管部门备案。市交通主管部门应当将批准文件及县交通主管部门上报的批准文件报省交通主管部门备案。

第九条 经批准使用非深水岸线的,应当按照批准的范围、用途及期限使用,不得擅自转让使用权。需变更使用权人、用途或者范围的,应当向审批机关申请办理变更手续。

第十条 经批准使用非深水岸线的期限届满,使用权人应当及时拆除有关港口设施。在使用期限内,因国家建设、防洪或者其他公共利益需要,拆除有关港口设施的,由有关部门依法给予相应补偿。

第十一条 从事港口经营,应当按照本规定取得港口经营许可,并依法办理工商登记。港口经营包括码头、库场、储罐、趸船、水上作业平台等港口设施的经营,港口旅客运输服务经营,在港区陆域、水域从事货物的装卸、驳运、仓储的经营和港口拖轮经营等。

第十二条 申请港口经营许可,应当按照管理权限向市或者县交通主管部门提交下列材料:

(一)申请书;

(二)经营管理机构的组成及办公用房的所有权或者使用权证明;

(三)港口码头、库场、储罐等固定设施竣工验收证明;

(四)港口岸线使用批准文件;

（五）与经营规模、范围相适应的专业技术人员、管理人员资料；

（六）使用港口作业船舶的，提交船舶证书；

（七）依法应当提交的其他材料。

第十三条 市或者县交通主管部门应当自受理申请之日起20日内作出决定。许可的，颁发港口经营许可证；不予许可的，书面通知申请人并告知理由。

第十四条 港口经营人应当按照国家有关规定向市或者县交通主管部门如实提供港口经营统计资料及有关信息。市或者县交通主管部门依法实施监督检查时，可以查阅港口经营人的有关资料，并为港口经营人保守商业秘密。港口经营人应当按照国家和省有关规定及时足额缴纳港口行政性规费。

第十五条 港口经营人不得为无船名船号、无船籍港、无船舶证书的船舶组织装卸作业，不得超过核定的载重吨位、客位为船舶配载货物、旅客。

第十六条 违反本规定，市或者县交通主管部门有下列情形之一的，对直接负责的主管人员和其他直接责任人员依法给予行政处分；构成犯罪的，依法追究刑事责任：

（一）不按照规定批准使用非深水岸线的；

（二）不按照规定实施港口经营许可的；

（三）其他滥用职权、玩忽职守、徇私舞弊的情形。

第十七条 违反本规定，未经批准建设港口设施使用港口岸线的，由市、县人民政府或者交通主管部门责令限期改正；逾期不改正的，由作出限期改正决定的机关申请人民法院强制拆除违法建设的设施，可以处2万元以下罚款。

第十八条 违反本规定，不按照批准的范围、用途、期限使用非深水岸线，或者擅自转让非深水岸线使用权的，由市或者县交通主管部门责令限期改正，并可以处1万元以下罚款。

第十九条 违反本规定，使用非深水岸线期限届满，使用权人不拆除有关港口设施的，由市或者县交通主管部门组织拆除，所需费用由使用权人承担。

第二十条 违反本规定，港口经营人不及时足额缴纳港口行政性规费的，责令补缴，并自应缴之日起按照欠缴金额的千分之五加收滞纳金。

第二十一条 本规定自2006年5月1日起施行。

广州市小型客运船舶运输管理办法

（广州市人民政府令第3号　2006.07.04）

第一条　为加强本市小型客运船舶运输管理，保障人民群众生命财产安全，根据《中华人民共和国水路运输管理条例》等有关法律、法规的规定，结合本市实际，制定本办法。

第二条　本办法适用于本市通航水域内的小型客运船舶运输经营活动及其行政监督管理。

第三条　本办法所称小型客运船舶，是指运输距离在10公里以内的营业性客渡船和额定客位在12人以下（含12人）的从事营业性旅客运输的机动船艇。

第四条　广州港口行政管理部门是本市小型客运船舶运输的主管部门，负责组织实施本办法。

交通、海事、工商、水上治安、环保、劳动保障、物价、安全生产监督等行政管理部门应当按照各自职责，协同实施本办法。

各区、县级市人民政府应当依法履行对本辖区内小型客运船舶的安全管理职责，建立、健全有关安全管理责任制。

第五条　经营小型客运船舶运输，应当依法经广州港口行政管理部门许可。

鼓励小型客运船舶所有人之间开展联合经营或者与具有企业法人资格的经营人建立委托经营合同关系。

第六条　经营小型客运船舶运输应当具备下列条件：

（一）从事运输的船舶已经依法取得船舶检验证书和船舶登记证书，同时配备取得相应适任证书或者其他适任证件的船员，并符合国家有关防治船舶污染规定的要求；

（二）有明确的候泊地点、船舶航线或者航行区域范围，并已

落实船舶靠泊、旅客上下所必需的安全服务设施;

(三)有经营管理的组织机构和负责人;

(四)有与运输业务相适应的自有流动资金。

经营客渡船运输的,还应当取得渡口所在区、县级市人民政府同意设置渡口以及核定渡运路线的批准文件。

以个体工商户组织形式经营小型客运船舶运输的,不需具备前款第(三)项规定的条件,但应当有确定的负责人。

第七条 申请经营小型客运船舶运输的,应当提交下列文件和资料:

(一)经营水路运输申请书;

(二)组织机构业务章程和负责人身份证件复印件;

(三)具备本办法第六条规定条件的相关证明文件和资料。

以个体工商户组织形式经营小型客运船舶运输的,不需提交前款第(二)项规定的业务章程,但应当提交负责人的身份证件复印件。

第八条 申请经营小型客运船舶运输的,应当按照下列程序办理:

(一)申请人持本办法第七条规定的文件和资料向其经营活动所在地的广州港口行政管理部门派出机构提出许可申请;

(二)广州港口行政管理部门应当自受理申请之日起20个工作日内作出许可决定。20个工作日内不能作出决定的,经本部门负责人批准,可以延长10个工作日,并应当将延长期限的理由告知申请人;

(三)广州港口行政管理部门作出准予许可决定的,应当自作出决定之日起10个工作日内向申请人核发水路运输许可证。

第九条 禁止伪造水路运输许可证或者使用伪造的水路运输许可证。

第十条 经营人应当凭水路运输许可证向所在地工商行政管理机关办理登记,领取营业执照后,方可开展经营活动。

第十一条 经营人变更水路运输许可事项的,应当提前10日向广州港口行政管理部门申请办理相关手续。

第十二条 经营人停业的,应当提前20日向广州港口行政管理部门申请办理注销手续,交回水路运输许可证。

第十三条 经营人和船员应当遵守下列规定:

(一)严格按照核定的渡运路线或者具体候泊地点、船舶航线或者航行区域范围开展运输;

(二)不得故意刁难或者无理拒绝要求搭乘的旅客;

(三)不得阻碍、干扰其他经营人的正常运输活动;

(四)客渡船暂停营运的,经营人应当提前3日在渡口张贴布告对外公布;

(五)办理船舶保险和旅客意外人身伤害保险;

(六)按照载客定额运输,严禁超载;

(七)遇到严重影响航行安全的恶劣天气时,应当停止载客运输;

(八)不得允许携带易燃、易爆及剧毒等危险品的旅客乘船;

(九)做好船舶的维修保养工作,配备生活污水、垃圾的回收设备,船舶污水的排放应当符合规定的标准;

(十)载客航行途中,船员应当穿着并督促旅客穿着救生衣。

第十四条 经营人应当依法建立、健全安全生产管理制度,落实安全生产责任制。

船舶所有权与经营权相分离的所有人与经营人之间、经营人与其所雇船员之间应当签订安全责任书,明确各自的安全生产责任。经营人应当自签订安全责任书之日起30日内将安全责任书送经营活动所在地的广州港口行政管理部门派出机构备案。

第十五条 经营人应当做好所经营船舶及其设备的维修保养工作,定期组织所雇船员参加业务培训和学习有关法律法规,增强安全营运意识。

第十六条 发生水上交通事故后,经营人和船员应当及时采取自救措施,并立即报告海事、港口、水上治安和安全生产监督管理部门。

第十七条 经营人应当依法履行缴纳税费的义务。

广州港口行政管理部门应当依法执行并公示经营小型客运船舶运输所应缴纳的收费项目及收费标准。

第十八条 经营人违反本办法规定的行为，由市交通行政管理部门按照下列规定给予处罚：

（一）违反本办法第五条第一款，未依法取得水路运输许可证擅自经营小型客运船舶运输的，没收违法所得，并处违法所得1倍以上3倍以下的罚款；没有违法所得的，处3万元罚款；

（二）违反本办法第九条，伪造水路运输许可证的，处以1000元以上2000元以下罚款；

（三）违反本办法第十一条、第十二条，不办理变更或者注销手续的，处以1000元以上2000元以下罚款；

（四）违反本办法第十三条第（一）、（二）、（三）、（四）、（五）项，不履行营运义务的，予以警告，并可按每艘船舶100元以上500元以下处以罚款；

（五）违反本办法第十四条，不签订安全责任书或未将安全责任书备案的，予以警告，并可处以500元以上2000元以下罚款；

（六）违反本办法第十七条，不履行或者不完全履行缴费义务的，责令限期缴纳；逾期仍不缴纳的，除责令补缴所欠费款外，处欠缴费款1倍以上3倍以下的罚款；情节严重的，并可以暂扣水路运输许可证。

市交通行政管理部门可委托广州港口行政管理部门实施上述行政处罚。

第十九条 经营人违反本办法第十三条第（六）、（七）、（八）、（九）项，不履行安全责任和防治船舶污染义务的，由海事或者其他行政管理部门依照《中华人民共和国内河交通安全管理条例》和其他有关法律、法规、规章处罚。

违反本办法第十三条第（十）项，船员在载客航行途中不穿着或者不督促旅客穿着救生衣的，由海事行政管理部门予以警告，并可按每艘船舶100元以上500元以下处以罚款。

第二十条 经营人违反海事、工商、物价、水上治安、环境保护、劳动保障和安全生产等方面的其他管理规定的，由相关行政管理部门依法处理。

第二十一条 广州港口行政管理部门和其他行政管理部门工作人员滥用职权、徇私舞弊或者不履行法定职责的，视情节轻重，由其所属部门给予行政处分；构成犯罪的，由司法机关依法追究刑事责任。

第二十二条 本办法自2006年9月1日起施行。

成都市农村公路建设养护管理办法

（成都市人民政府令第127号　2006.08.10）

第一条　（目的依据）

为适应建设社会主义新农村，推进城乡一体化的需要，加强农村公路建设、养护和管理，促进农村公路持续、稳定发展，根据《中华人民共和国公路法》等法律法规，结合成都市实际，制定本办法。

第二条　（农村公路）

本办法所称农村公路，是指按国家规定的公路工程技术标准修建的能行驶汽车的县道、乡道和村道。

第三条　（适用范围）

本市行政区域内农村公路的建设、养护和管理适用本办法。

第四条　（公路路产）

农村公路路产包括农村公路、公路用地和公路附属设施。禁止破坏、损坏或者非法占用农村公路路产，禁止侵犯农村公路路权。

第五条　（责任主体）

区（市）县政府是本行政区域内农村公路建设、养护和管理的责任主体。

交通行政主管部门负责对农村公路工作的管理，具体工作由公路管理机构组织实施。

公安、土地、建设、规划、工商等部门应配合交通行政主管部门做好农村公路管理工作。

第六条　（规划管理）

县道规划由市交通行政主管部门会同市级有关部门和区

(市)县政府编制,报市政府批准。

乡道规划、村道规划、重点镇的过境路规划、对外通道规划由区(市)县交通行政主管部门会同有关部门和乡(镇)政府编制,征求市交通行政主管部门的意见后,报区(市)县政府批准,并报市交通行政主管部门备案。

第七条 (建设资金)

县道建设资金由区(市)县政府负责筹集,列入年度财政预算。

乡道、村道建设资金由乡(镇)政府负责筹措,市和区(市)县财政给予补助。

重点镇区域内路网建设资金由区(市)县政府负责筹集,对符合规划的农村公路项目,市交通行政主管部门给予资金补助。

鼓励利用冠名权、路边资源开发权、绿化权等方式吸引社会力量投资建设农村公路;鼓励单位和个人捐资建设农村公路。

第八条 (管养资金)

市和区(市)县政府应根据农村公路养护实际需要,统筹本级财政预算,安排必要的财政资金,保证农村公路正常养护。

农村公路养护资金由省、市下达的养路费分成资金、市级财政补助、区(市)县财政预算安排、区(市)县交通行政主管部门征收拖拉机和摩托车养路费以及公路路产赔(补)偿费等构成。

市交通行政主管部门安排用于农村公路养护的养路费分成资金的标准按国务院的规定执行。

区(市)县交通行政主管部门征收的拖拉机、摩托车养路费以及公路路产赔(补)偿费全部用于农村公路的养护。

县级财政预算安排的养护资金不得低于市交通行政主管部门下达的养护资金,并随着农村公路里程的增加和地方财力的增长逐步增加。

区(市)县交通行政主管部门按实际管理里程安排和落实公路路政管理经费,其标准不得低于本行政区域内农村公路养护资金的10%。

第九条 (资金管理)

农村公路养护资金由区(市)县交通行政主管部门根据农村公路养护计划,综合平衡、统筹安排、专款专用。省、市下达的养路费分成资金、市级财政补助资金统一由市交通行政主管部门根据农村公路养护计划和进度拨付区(市)县交通行政主管部门;区(市)县财政资金由同级财政部门拨付区(市)县交通行政主管部门。

农村公路建设、养护和管理资金应接受交通行政主管部门和财政部门的监管;审计部门应定期对资金使用情况进行审计。

农村公路建设、养护和管理资金实行预、决算管理,专款专用,任何单位和个人不得挤占、挪用。

第十条 (建设标准)

县道和乡道应按交通部《公路工程技术标准》建设,县道不低于三级公路技术标准;乡道不低于四级公路技术标准;村道的建设标准应根据当地的交通和社会经济发展需求及经济条件确定。

第十一条 (设计施工)

承担农村公路建设项目的设计单位、施工单位,应按照有关法律、法规、规章以及公路工程技术标准的规定和合同约定进行设计、施工。

因工程需要设计变更的,必须报原审批单位批准,并报上一级交通行政主管部门备案。

第十二条 (建设质量)

县道建设的质量监督由市交通行政主管部门所属交通工程质量监督机构负责;乡道、村道建设质量监督由区(市)县交通行政主管部门负责,并接受交通工程质量监督机构监督指导。

未进行工程质量鉴定的工程不得组织竣工验收。

第十三条 (建设验收)

农村公路交工、竣工验收由业主负责组织,交通行政主管部门负责监督指导。未经验收或验收不合格的农村公路不得交付使用,不得列入养护计划。农村公路建设竣工资料和相关技术档案由区（市）县交通行政主管部门或公路管理机构建档保存。

第十四条 （养护标准）

农村公路日常养护应按交通部《公路养护技术规范》执行，保持路面清洁平整；路基、边坡稳定；排水通畅；桥涵等构筑物维护完好。因发生山洪、泥石流、滑坡、地震等自然灾害，致使农村公路受到损坏，区（市）县政府应及时组织修复。

第十五条 （养护组织）

农村公路养护实行管养分离，由区（市）县公路管理机构按工程费制进行计量管理或发包，逐步实行招投标。县道应由专业养护单位实施，其他农村公路日常养护按交通行政主管部门的要求落实养护管理工作。

第十六条 （大、中修）

农村公路应根据行车流量、使用年限和路面状况按一定比例安排大（中）修。大（中）修工程应逐步引入竞争机制，在具有相应施工能力的公路养护单位中实行招投标。

第十七条 （安全标志）

农村公路应参照中华人民共和国《道路交通标志和标线》规定逐步完善标志、标线，定期保养。公路两侧应合理设置紧急报警设施、公告救援电话号码。

第十八条 （桥梁管理）

区（市）县交通行政主管部门应健全桥梁养护管理制度，建立桥梁基本状况永久性档案。区（市）县公路管理机构应配备专职桥梁养护工程师，负责农村公路桥梁安全及养护管理，组织桥梁安全检查。

禁止在距农村公路桥梁河流上、下游各200米范围内实施采挖砂石等危及农村公路桥梁安全的行为。

第十九条 （公路绿化）

农村公路绿化应纳入区（市）县政府的绿化规划。行道树采伐更新应按有关法律法规规定办理采伐更新手续。

第二十条 （质量评定）

农村公路养护质量的检查评定按交通部《公路养护质量检查评定标准》执行。

第二十一条 （控制区域）

村道用地范围自公路两侧边沟外缘起不少于1米，村道两侧建筑控制区自村道用地外缘起不少于5米的土地范围。

在村道沿线规划和修建小集镇、中心村，应选在公路一侧进行，房屋等建（构）筑物边缘与村道用地外缘的距离不得少于10米。

第二十二条 （禁止性规定）

禁止超载超限运输车辆在村道上行驶。禁止在村道上非法设卡、收费、罚款和拦截车辆。

第二十三条 （公路赔补偿）

因施工或其他行为损坏村道及附属设施的，应按公路技术标准自行恢复或按实际造价赔（补）偿。

第二十四条 （违法责任）

违反本办法第二十一条规定的，由区（市）县交通行政主管部门责令限期拆除，恢复原状。逾期不拆除的，依法强制拆除，有关费用由管理相对人承担。

违反本办法第二十二条规定的，由公安、交通行政主管部门依照有关法律、法规处理。

第二十五条 （责任追究）

交通行政主管部门或公路管理机构的工作人员玩忽职守、徇私舞弊、滥用职权的，依法给予行政处分；构成犯罪的，依法追究刑事责任。

第二十六条 （实施细则）

区（市）县政府可结合本地实际制定实施细则，报市政府备案。

第二十七条 （术语含义）

本办法下列用语的含义：

（一）"县道"是指联结县城和县内主要乡（镇）、主要商品生产和集散地的公路，以及不属于国道、省道的县际间公路。

（二）“乡道”是指主要为乡（镇）经济、文化、行政服务的公路，以及不属于县道以上公路的乡与乡之间及乡与外部联络的公路。

（三）“村道”是指联结一个或数个行政村、与乡以上公路相联接的公路。

（四）“公路养护”是指按照公路养护技术规范和操作规程，为保持公路及其附属设施处于良好的技术状态而进行的小修保养、中修、大修、改善和洪水、地质灾害造成公路损毁的恢复行为。公路养护范围包括公路路基、路面、桥涵、隧道、安全设施、绿化及其他设施。

（五）“公路附属设施”是指公路的涵洞、排水设施、防护构筑物、里程碑、界碑、测桩、指路牌、安全设施、养护设施、花草林木、专用房屋等。

第二十八条 （解释机关）

本办法具体应用中的问题由成都市人民政府法制办公室负责解释。

第二十九条 （施行日期）

本办法自 2006 年 8 月 10 日起施行。

国际公约

关于我国加入《经1978年议定书修订的〈1973年国际防止船舶造成污染公约〉》1997年议定书的公告

（交通部公告 2006年第15号 2006.07.06）

国际海事组织于1997年9月26日通过了《经1978年议定书修订的〈1973年国际防止船舶造成污染公约〉》1997年议定书。该议定书已于2005年5月19日生效。

经国务院批准，我国于2006年3月15日向国际海事组织秘书长交存了加入《经1978年议定书修订的〈1973年国际防止船舶造成污染公约〉》1997年议定书的文件。

现接到国际海事组织秘书长通知，根据有关规定，该议定书将于2006年8月23日正式对我国生效。

现将该议定书中文本印发，请遵照执行。

附件：《经1978年议定书修订的〈1973年国际防止船舶造成污染公约〉》1997年议定书（略）

关于经修正的《1974 年国际海上人命安全公约》修正案生效的公告

（交通部公告　2006 年第 20 号　2006.07.19）

国际海事组织海上安全委员会第 77 届会议（2003 年 6 月 5 日）、第 78 届会议（2004 年 5 月 20 日）和第 79 届会议（2004 年 12 月 9 日）分别以 MSC.142(77)号、MSC.152(78)号、MSC.153(78)号和 MSC.170(79)号决议通过了经修正的《1974 年国际海上人命安全公约》（以下简称"安全公约"）的四项修正案。

根据安全公约第 VIII(b)(vii)(2)条关于修正案默认接受程序的规定，上述四项修正案已于 2006 年 7 月 1 日生效。

我国是安全公约的缔约国，在上述修正案通过后未对其内容提出任何反对意见，因此修正案对我国具有约束力。

现将修正案印发，请遵照执行。

附件：1. 经修正的《1974 年国际海上人命安全公约》修正案（MSC.142(77)）（略）

2. 经修正的《1974 年国际海上人命安全公约》修正案（MSC.152(78)）（略）

3. 经修正的《1974 年国际海上人命安全公约》修正案（MSC.153(78)）（略）

4. 经修正的《1974 年国际海上人命安全公约》修正案（MSC.170(79)）（略）

关于《单舷侧结构散货船舷侧结构标准和衡准》生效的公告

（交通部公告　2006 年第 21 号　2006.07.19）

国际海事组织海上安全委员会第 79 届会议于 2004 年 12 月 9 日以 MSC.168(79)号决议通过了《单舷侧结构散货船舷侧结构标准和衡准》(以下简称"标准和衡准")。

根据经修正的安全公约第 XII 章第 14 条的有关规定(参见以 MSC.170(79)号决议通过的经修正的《1974 年国际海上人命安全公约》修正案),上述标准和衡准为强制性要求,并与该条于 2006 年 7 月 1 日同时生效。我国是《1974 年国际海上人命安全公约》的缔约国,因此上述标准和衡准对我国具有约束力。

现将《单舷侧结构散货船舷侧结构标准和衡准》印发,请遵照执行。

附件:单舷侧结构散货船舷侧结构标准和衡准
　　(MSC.168(79))(略)

《〈1974 年国际海上人命安全公约〉1988 年议定书》修正案生效的公告

（交通部公告　2006 年第 23 号　2006.07.19）

国际海事组织海上安全委员会第 78 届会议（2004 年 5 月 20 日）、第 79 届会议（2004 年 12 月 9 日）分别以 MSC.154（78）号、MSC.171（79）号决议通过了《〈1974 年国际海上人命安全公约〉1988 年议定书》（以下简称"安全公约 1988 年议定书"）的两项修正案。

根据《1974 年国际海上人命安全公约》（以下简称"安全公约"）第 VIII（b）（vii）（2）条和安全公约 1988 年议定书第 VI 条关于修正案默认接受程序的规定，上述两项修正案已于 2006 年 7 月 1 日生效。

我国是安全公约 1988 年议定书的缔约国，在上述修正案通过后未对其内容提出任何反对意见，因此修正案对我国具有约束力。

现将修正案印发，请遵照执行。

附件：1.《〈1974 年国际海上人命安全公约〉1988 年议定书》修正案（MSC.154（78））（略）

2.《〈1974 年国际海上人命安全公约〉1988 年议定书》修正案（MSC.171（79））（略）

关于《散货船舱口盖的船东检查和维护标准》生效的公告

（交通部公告　2006 年第 24 号　2006.07.19）

国际海事组织海上安全委员会第 79 届会议于 2004 年 12 月 9 日以 MSC.169(79)号决议通过了《散货船舱口盖的船东检查和维护标准》(以下简称“标准”)。

根据经修正的安全公约第 XII 章第 7 条的有关规定(参见以 MSC.170(79)号决议通过的经修正的《1974 年国际海上人命安全公约》修正案),上述标准为强制性要求,并与该条于 2006 年 7 月 1 日同时生效。我国是《1974 年国际海上人命安全公约》的缔约国,因此上述标准对我国具有约束力。

现将《散货船舱口盖的船东检查和维护标准》印发,请遵照执行。

附件:散货船舱口盖的船东检查和维护标准(MSC.169(79))(略)

经修正的《1979年国际海上搜寻和救助公约》修正案生效的公告

（交通部公告　2006年第25号　2006.07.19）

国际海事组织海上安全委员会第78届会议于2004年5月20日以MSC.155(78)号决议通过了经修正的《1979年国际海上搜寻和救助公约》(以下简称“搜救公约”)的修正案。

根据搜救公约第III(2)(h)条关于修正案默认接受程序的规定,上述修正案已于2006年7月1日生效。

我国是搜救公约的缔约国,在上述修正案通过后未对其内容提出任何反对意见,因此修正案对我国具有约束力。

现将修正案印发,请遵照执行。

附件:经修正的《1979年国际海上搜寻和救助公约》修正案(MSC.155(78))(略)

关于《2000 年国际高速船(HSC)安全规则》修正案生效的公告

(交通部公告 2006 年第 26 号 2006.07.19)

国际海事组织海上安全委员会第 79 届会议于 2004 年 12 月 10 日以 MSC.175(79)号决议通过了《2000 年国际高速船(HSC)安全规则》(以下简称"2000 年 HSC 规则")的修正案。

根据《1974 年国际海上人命安全公约》(以下简称"安全公约")第 VIII(b)(vii)(2)条关于修正案默认接受程序的规定,上述修正案已于 2006 年 7 月 1 日生效。

根据安全公约的有关规定,2000 年 HSC 规则为强制性要求。我国是安全公约的缔约国,在上述修正案通过后未对其内容提出任何反对意见,因此修正案对我国具有约束力。

现将修正案印发,请遵照执行。

附件:《2000 年国际高速船(HSC)安全规则》修正案(MSC.175(79))(略)

关于《国际船舶安全操作和防止污染管理规则》(国际安全管理(ISM)规则)修正案生效的公告

(交通部公告　2006年第27号　2006.07.19)

国际海事组织海上安全委员会第79届会议于2004年12月10日以MSC.179(79)号决议通过了《国际船舶安全操作和防止污染管理规则》(以下简称"国际安全管理(ISM)规则")的修正案。

根据《1974年国际海上人命安全公约》(以下简称"安全公约")第VII(b)(vii)(2)条关于修正案默认接受程序的规定,上述修正案已于2006年7月1日生效。

根据安全公约的有关规定,国际安全管理(ISM)规则为强制性要求。我国是安全公约的缔约国,在上述修正案通过后未对其内容提出任何反对意见,因此修正案对我国具有约束力。

现将修正案印发,请遵照执行。

附件:《国际船舶安全操作和防止污染管理规则》(国际安全管理(ISM)规则)修正案(MSC.179(79))(略)

关于《国际耐火试验程序(FTP)应用规则》修正案生效的公告

(交通部公告　2006 年第 28 号　2006.07.19)

国际海事组织海上安全委员会第 79 届会议于 2004 年 12 月 10 日以 MSC.173(79)号决议通过了《国际耐火试验程序(FTP)应用规则》(以下简称“FTP 规则”)的修正案。

根据《1974 年国际海上人命安全公约》(以下简称“安全公约”)第Ⅷ(b)(vii)(2)条关于修正案默认接受程序的规定,上述修正案已于 2006 年 7 月 1 日生效。

根据安全公约的有关规定,FTP 规则为强制性要求。我国是安全公约的缔约国,在上述修正案通过后未对其内容提出任何反对意见,因此修正案对我国具有约束力。

现将修正案印发,请遵照执行。

附件:《国际耐火试验程序(FTP)应用规则》修正案(MSC.173(79))(略)

关于《1994 年国际高速船（HSC）安全规则》修正案生效的公告

（交通部公告　2006 年第 29 号　2006.07.19）

国际海事组织海上安全委员会第 79 届会议于 2004 年 12 月 10 日以 MSC.174(79) 号决议通过了《1994 年国际高速船(HSC)安全规则》(以下简称“1994 年 HSC 规则”)的修正案。

根据《1974 年国际海上人命安全公约》(以下简称“安全公约”)第 VIII(b)(vii)(2)条关于修正案默认接受程序的规定，上述修正案已于 2006 年 7 月 1 日生效。

根据安全公约的有关规定，1994 年 HSC 规则为强制性要求。我国是安全公约的缔约国，在上述修正案通过后未对其内容提出任何反对意见，因此修正案对我国具有约束力。

现将修正案印发，请遵照执行。

附件：《1994 年国际高速船(HSC)安全规则》修正案(MSC.174(79))(略)

关于《国际船舶安全载运包装的辐放射性核燃料、钚和高放射性废料(INF)规则》修正案生效的公告

(交通部公告 2006年第30号 2006.07.19)

国际海事组织海上安全委员会第79届会议于2004年12月10日以MSC.178(79)号决议通过了《国际船舶安全载运包装的辐放射核燃料、钚和高放射性废料(INF)规则》(以下简称"INF规则")的修正案。

根据《1974年国际海上人命安全公约》(以下简称"安全公约")第Ⅷ(b)(vii)(2)条关于修正案默认接受程序的规定,上述修正案已于2006年7月1日生效。

根据安全公约的有关规定,INF规则为强制性要求。我国是安全公约的缔约国,在上述修正案通过后未对其内容提出任何反对意见,因此修正案对我国具有约束力。

现将修正案印发,请遵照执行。

附件:《国际船舶安全载运包装的辐放射性核燃料、钚和高放射性废料(INF)规则》修正案(MSC.178(79))(略)

关于《海员培训、发证和值班（STCW）规则》修正案生效的公告

（交通部公告 2006年第31号 2006.07.19）

国际海事组织海上安全委员会第78届会议（2004年5月20日）、第79届会议（2004年12月9日）分别以MSC.156（78）号、MSC.180（79）号决议通过了《海员培训、发证和值班（STCW）规则》（以下简称“STCW规则”）A部分的两项修正案。

根据《1978年海员培训、发证和值班标准公约》（以下简称“STCW公约”）第XII（1）（a）（ix）条关于修正案默认接受程序的规定，上述两项修正案已于2006年7月1日生效。

根据STCW公约的有关规定，STCW规则A部分为强制性要求。我国是STCW公约的缔约国，在上述修正案通过后未对其内容提出任何反对意见，因此修正案对我国具有约束力。

现将修正案印发，请遵照执行。

附件：1.《海员培训、发证和值班（STCW）规则》修正案（MSC.156（78）号）（略）

2.《海员培训、发证和值班（STCW）规则》修正案（MSC.180（79）号）（略）

关于我国加入经修正的《经 1978 年议定书修订的〈1973 年国际防止船舶造成污染公约〉》附则 IV 的公告

（交通部公告　2006 年第 46 号　2006.12.25）

国际海事组织于 2004 年 4 月 1 日通过了经修正的《经 1978 年议定书修订的〈1973 年国际防止船舶造成污染公约〉》附则 IV—《防止船舶生活污水污染规则》。该附则已于 2005 年 8 月 1 日正式生效。

经国务院批准，我国于 2006 年 11 月 2 日向国际海事组织秘书长交存了加入经修正的《经 1978 年议定书修订的〈1973 年国际防止船舶造成污染公约〉》附则 IV 的文件。

现接到国际海事组织秘书长通知，根据有关规定，上述附则将于 2007 年 2 月 2 日正式对我国生效。

现将经修正的附则 IV 的中文本印发，请遵照执行。

附件：经修正的《经 1978 年议定书修订的〈1973 年国际防止船舶造成污染公约〉》附则 IV（略）

附　　录

关于废止33件交通规章的决定

（交通部令2006年第10号　2006.11.24）

现决定废止下列33件规章：

编号	发布机关	规章名称	发布文号	发布日期	联合发文部委的意见
1	交通部	外轮入港悬旗办法	交航(50)字第193号	1950年4月17日	
2	交通部	关于我航务无线电台对外籍船舶电台通讯联络的规定	交厅电(56)字第132号	1956年6月1日	
3	交通部	海上雾中航行规则	交督(57)于字第225号	1957年6月11日	
4	交通部	水运货物自然减量试行标准	交商杂(57)于字第248号	1957年12月20日	
5	交通部	关于港口理货的几项具体规定	交运商(60)于字第10号	1960年12月19日	
6	交通部、铁道部	铁路和水路货物联运规则	交运商(61)于字第224号	1961年10月15日	铁道部同意废止
7	交通部、铁道部	铁路和水路货物联运费用清算办法	交运商(61)于字第224号	1961年10月15日	铁道部同意废止
8	交通部	关于禁止通过遇岩以内海区的规定	安港(62)字第65号	1962年2月14日	

续上表

编号	发布机关	规章名称	发布文号	发布日期	联合发文部委的意见
9	交通部	长江区船舶、排筏撞损航标处理办法	交运航(62)于字第105号	1962年5月15日	
10	交通部	水运散装货物船舶水尺计量试行办法(草案)	交运商(62)于字第253号	1962年7月31日	
11	交通部	旅客在轮船上因病或死亡时有关处理和医疗埋葬费用负担的规定	交运商(62)于字第261号	1962年8月6日	
12	交通部	港口生产设备安全使用规定	交水港(63)于字第214号	1963年11月4日	
13	交通部	关于水路运邮的规定	(1972)交邮字2398号	1972年12月27日	
14	交通部	中华人民共和国交通部沿海港口信号规定	(76)交船监字1302号	1976年11月15日	
15	交通部、邮电部	关于远洋船舶运输国际邮件试行办法	〔1978〕交远字1181号	1978年7月17日	信息产业部同意废止
16	交通部	汽车货物运输质量管理办法(试行)	(83)交公路字193号	1983年2月25日	
17	交通部	关于汽车货物运输质量指标统计和考核的具体规定(试行)	(83)交公路字1070号	1983年5月26日	
18	国家经委、铁道部、交通部、中国民用航空总局、中国人民银行	联运工作条例	(84)交公路字1754号	1984年9月7日	国家发展改革委、铁道部、中国民用航空总局、中国人民银行同意废止

续上表

编号	发布机关	规章名称	发布文号	发布日期	联合发文部委的意见
19	交通部	公路运输统一单证使用和管理规定	(87)交公路字109号	1987年2月7日	
20	交通部	中华人民共和国交通部公路汽车零担货物运输统计指标及计算方法的规定	(87)交公路字595号	1987年8月22日	
21	交通部	外国水路、公路运输企业在中国设立常驻代表机构管理办法	交通部令1990年第9号	1990年2月18日	
22	交通部	长江水系航运建设前期工作管理办法(试行)	(90)交计字695号	1990年12月20日	
23	交通部	交通系统报刊管理暂行规定	(91)交政法字115号	1991年2月1日	
24	交通部	交通科技情报工作管理规定	交科发〔1992〕548号	1992年7月7日	
25	交通部	交通部软科学研究计划管理办法	交科发〔1996〕451号	1996年5月20日	
26	交通部	港口装卸机械产品生产许可证实施细则	交体法发〔1997〕173号	1997年4月1日	

续上表

编号	发布机关	规章名称	发布文号	发布日期	联合发文部委的意见
27	交通部	救生衣产品生产许可证实施细则	交体法发〔1997〕179 号	1997 年 4 月 4 日	
28	交通部	中华人民共和国船舶最低安全配员规则	交通部令 1997 年第 9 号	1997 年 9 月 24 日	
29	交通部	交通企业年度会计报表内部审计规定	交审计发（1997）695 号	1997 年 11 月 5 日	
30	交通部	交通部跨世纪优秀专业技术人才专项经费资助项目及优秀青年科技人才项目管理暂行办法	交科发〔1998〕322 号	1998 年 6 月 2 日	
31	交通部	交通部科技成果鉴定、评审实施办法	交科教发〔1998〕773 号	1998 年 12 月 14 日	
32	交通部	交通部重点实验室认定办法	交科教发〔1999〕25 号	1999 年 1 月 12 日	
33	交通部	交通部贯彻《信访条例》暂行办法	交办发〔2000〕289 号	2000 年 6 月 7 日	

2006年废止的交通规章目录

被废止的规章名称	被废止的规章的发布日期	废止依据
中华人民共和国机动车驾驶员培训管理规定	1996年12月23日交通部以交通部令1996年第11号发布	2006年4月1日被交通部以交通部令2006年第2号公布的《机动车驾驶员培训管理规定》废止
汽车驾驶员培训行业管理办法	1995年7月3日交通部以交公路发〔1995〕246号文发布	
中华人民共和国高速客船安全管理规则	1996年12月24日交通部以交通部令1996年第13号发布	2006年6月1日被交通部以交通部令2006年第4号公布的《中华人民共和国高速客船安全管理规则》废止
公路工程施工监理招标投标管理办法	1998年12月28日交通部以交通部令1998年第9号发布	2006年7月1日被交通部以交通部令2006年第5号公布的《公路工程施工监理招标投标管理办法》废止
公路建设监督管理办法	2000年8月28日交通部以交通部令2000年第8号公布	2006年8月1日被交通部以交通部令2006年第6号公布的《公路建设监督管理办法》废止
公路工程施工招标投标管理办法	2002年6月6日交通部以交通部令2002年第2号公布	2006年8月1日被交通部以交通部令2006年第7号公布的《公路工程施工招标投标管理办法》废止
老旧运输船舶管理规定	2001年4月9日交通部以交通部令2001年第2号公布	2006年8月1日被交通部以交通部令2006年第8号公布的《老旧运输船舶管理规定》废止

续上表

被废止的规章名称	被废止的规章的发布日期	废止依据
营业性道路运输驾驶员职业培训管理规定	2001年9月6日交通部以交通部令2001年第7号公布	2007年3月1日被交通部以交通部令2006年第9号公布的《道路运输从业人员管理规定》废止
交通法规制定程序规定	1992年8月6日交通部以交通部令1992年第38号公布	2007年1月1日被交通部以交通部令2006年第11号公布的《交通法规制定程序规定》废止
中华人民共和国内河交通事故调查处理规则	1993年3月24日交通部以交通部令1993年第1号公布	2007年1月1日被交通部以交通部令2006年第12号公布的《中华人民共和国内河交通事故调查处理规定》废止

图书在版编目（CIP）数据

中华人民共和国交通法规汇编.2006 / 中华人民共和国交通部主编.—北京：人民交通出版社，2007.4
ISBN 978－7－114－06505－7

Ⅰ.中… Ⅱ.中… Ⅲ.交通运输管理－法规－汇编中国－2006 Ⅳ.D922.149

中国版本图书馆 CIP 数据核字（2007）第 051261 号

Zhonghua Renmin Gongheguo Jiaotong Fagui Huibian（2006）

书　　名：中华人民共和国交通法规汇编（2006）
著 作 者：中华人民共和国交通部
责任编辑：钱悦良
出版发行：人民交通出版社
地　　址：（100011）北京市朝阳区安定门外外馆斜街 3 号
网　　址：http：//www.ccpress.com.cn
销售电话：（010）85285838，85285995
总 经 销：北京中交盛世书刊有限公司
经　　销：各地新华书店
印　　刷：北京宝莲鸿图科技有限公司
开　　本：850×1168　1/32
印　　张：22.125
字　　数：581 千
版　　次：2007 年 4 月　第 1 版
印　　次：2007 年 4 月　第 1 次印刷
书　　号：ISBN 978－7－114－06505－7
印　　数：0001－2000 册
定　　价：50.00 元

ISBN 978-7-114-06505-7

9 787114 065057 >